V&R

ALFRED ADLER STUDIENAUSGABE

herausgegeben von Karl Heinz Witte

Band 1: Alfred Adler
Persönlichkeit und neurotische Entwicklung
herausgegeben von Almuth Bruder-Bezzel

Alfred Adler

Persönlichkeit und neurotische Entwicklung

Frühe Schriften (1904–1912)

herausgegeben von Almuth Bruder-Bezzel

Vandenhoeck & Ruprecht

Die Alfred Adler Studienausgabe wird im Auftrag der Deutschen Gesellschaft für
Individualpsychologie herausgegeben von Karl Heinz Witte
unter Mitarbeit von Vera Kalusche.

Bibliografische Information der Deutschen Nationalbibliothek

Die Deutsche Nationalbibliothek verzeichnet diese Publikation in der
Deutschen Nationalbibliografie; detaillierte bibliografische Daten sind
im Internet über http://dnb.d-nb.de abrufbar.

ISBN 978-3-525-46051-1

© 2007, Vandenhoeck & Ruprecht GmbH & Co. KG, Göttingen
Internet: www.v-r.de
Alle Rechte vorbehalten. Das Werk und seine Teile sind urheberrechtlich
geschützt. Jede Verwertung in anderen als den gesetzlich
zugelassenen Fällen bedarf der vorherigen schriftlichen
Einwilligung des Verlages. Hinweis zu § 52a UrhG: Weder das Werk noch seine Teile dürfen ohne vorherige schriftliche Einwilligung des Verlages
öffentlich zugänglich gemacht werden. Dies gilt auch bei einer entsprechenden Nutzung
für Lehr- und Unterrichtszwecke.
© Umschlagabbildung: DGIP-Archiv Gotha.
Printed in Germany
Satz: KCS GmbH, Buchholz / Hamburg
Druck und Bindung: ⊕ Hubert & Co, Göttingen
Gedruckt auf alterungsbeständigem Papier.

Inhalt

Vorwort	7
Einleitung	9
Editorische Vorbemerkung	23

Textausgabe

1.	Der Arzt als Erzieher (1904)	25
2.	Das sexuelle Problem in der Erziehung (1905)	35
3.	Drei Psycho-Analysen von Zahleneinfällen und obsedierenden Zahlen (1905)	41
4.	Zwei Träume einer Prostituierten (1908)	48
5.	Die Theorie der Organminderwertigkeit und ihre Bedeutung für Philosophie und Psychologie (1908)	51
6.	Der Aggressionstrieb im Leben und in der Neurose (1908)	64
7.	Das Zärtlichkeitsbedürfnis des Kindes (1908)	77
8.	Über neurotische Disposition. Zugleich ein Beitrag zur Ätiologie und zur Frage der Neurosenwahl (1909)	82
9.	Der psychische Hermaphroditismus im Leben und in der Neurose. Zur Dynamik und Therapie der Neurosen (1910)	103
10.	Über den Selbstmord, insbesondere den Schülerselbstmord (1910)	114
11.	Trotz und Gehorsam (1910)	122
12.	Die psychische Behandlung der Trigeminusneuralgie (1910)	132
13.	Ein erlogener Traum. Beitrag zum Mechanismus der Lüge in der Neurose (1911)	154
14.	Zur Kritik der Freud'schen Sexualtheorie der Nervosität (1911)	161
15.	Über männliche Einstellung bei weiblichen Neurotikern (1911)	181
16.	Beitrag zur Lehre vom Widerstand (1911)	213
17.	Zur Erziehung der Eltern (1912)	223
18.	Das organische Substrat der Psychoneurosen (1912)	237
19.	Organdialekt (1912)	250
20.	Zur Theorie der Halluzination (1912)	260

Literatur	267
Personenverzeichnis	273
Sachverzeichnis	277

Vorwort

Die Rezeption der Werke Alfred Adlers hatte in den siebziger und achtziger Jahren des letzten Jahrhunderts zusammen mit dem Aufschwung der Individualpsychologie als Psychotherapie- und Beratungsmethode starkes Interesse gefunden. Seither sind die meisten und wichtigsten seiner Schriften nicht mehr im Buchhandel greifbar. Insofern darf diese Studienausgabe mit erneuter Aufmerksamkeit bei den Lesern rechnen.

Das Interesse der individualpsychologisch orientierten Psychotherapeuten hat sich inzwischen verlagert. Sie verstehen sich heute als Psychoanalytiker mit einem spezifischen, humanistisch geprägten Therapiekonzept und Menschenbild. Ermöglicht wurde das unter anderem dadurch, dass die neue Psychoanalyse durch die Objektbeziehungstheorie, die Selbstpsychologie, den intersubjektiven und relationalen Ansatz sowie durch die Ergebnisse der psychoanalytisch inspirierten Entwicklungspsychologie eine Wende genommen hat, die vielen Intentionen Alfred Adlers und der Adlerianer entgegenkommt. Die Forschungsergebnisse und methodischen Differenzierungen der neueren analytisch orientierten Psychotherapie sind vielmehr unverzichtbarer Bestandteil auch der – in Adlers Verständnis – individualpsychologisch motivierten Psychoanalyse. Auch die Beratungskonzepte Adlers sind durch die Entwicklungen in den Bereichen des Persönlichkeitstrainings, des Coaching und des Manangement-Trainings sowie durch die Methodenentwicklung in Pädagogik und Supervision erheblich bereichert worden.

So wird es heute wenigen Individualpsychologen darum gehen, die Lehre und Begrifflichkeit Adlers buchstabengetreu wiederzubeleben. Umso ergiebiger wird es aber sein, die hinter Adlers Konzepten wirksamen geistesgeschichtlichen und anthropologischen, sozial- und gesellschaftspsychologischen Beweggründe zu integrieren. Aus ihnen leitet sich ein Verständnis psychischer Störungen ab, das humane gesundheitspolitische und behandlungsmethodische Prinzipien nahelegt, denen angesichts der problematischen Vorherrschaft des technologisch-ökonomischen Denkens eine vermehrte Bedeutung im interkulturellen Austausch der globalen Welt zukommt.

Die neue Ausgabe der Werke Adlers beschränkt sich, von einigen Ausnahmen abgesehen, auf seine deutschsprachigen Bücher und Aufsätze, die für die Konstitution seiner Theorie und Praxis grundlegend waren. Die Bände sind thematisch und in den thematischen Gruppierungen zugleich historisch angelegt. Das spiegelt die Absicht der Herausgeber, die Konturen der Lehre Adlers in ihren zeitgeschichtlichen Relationen und als Entwicklungsprozess zu verstehen und nicht als Kanon von maßgeblichen Ideen oder gar Anleitungen vorzustellen. Über die Dokumentation der Entwicklung der Lehre Adlers hinaus soll deren mögliche Relevanz in den thematischen Feldern und die Weiterentwicklung der Entwürfe Adlers in Individualpsychologie und Psychoanalyse aufgezeigt werden.

Die historische Linie tritt in den ersten beiden Bänden, den Frühschriften und dem theoretischen Hauptwerk »Über den nervösen Charakter«, besonders deutlich hervor. Hier werden die vielfältigen gelehrten Bezüge Adlers und seine engagierte Auseinandersetzung mit den medizinischen, kulturellen und psychotherapeutischen Strömungen der Gründerzeit der Tiefenpsychologie sichtbar. Der dritte Band über Adlers Gedanken zur »Psychopathologie, Psychodynamik und Psychotherapie« und der vierte Band, der Adlers Schriften zur Erziehung zusammenstellt, dokumentieren seine individuelle Leistung, den charakteristischen Ansatz seiner Arbeit auf diesen Feldern und gehen der Frage nach, inwiefern und wie weit Adler Ideen entwickelt hat, die in Erziehungs- und Psychotherapiekonzepten der Gegenwart Spuren hinterlassen haben und immer noch richtungweisend sein können. Der fünfte Band »Menschenkenntnis« sowie der sechste Band »Sinn des Lebens« und »Religion und Individualpsychologie« stellen Adlers Versuche dar, seine Ideen zu einer Gesamtsicht des Menschlichen, des Lebens, ja zu einer Weltanschauung weiterzuentwickeln – mit der Problematik, aber auch der Vitalität eines solchen Unterfangens. Schließlich führt der siebte Band mit Adlers Schriften zur Kultur und Gesellschaft die humanistische und soziale Dimension sowohl seiner Psychotherapie und Beratung als auch seiner Erziehungsideen vor Augen.

Diese Studienausgabe konnte nur durch das aufopferungsvolle und beharrliche Engagement der Herausgeber und der Lektorin, Frau Vera Kalusche, und vieler Helferinnen und Helfer sowie durch die Unterstützung durch die Deutsche Gesellschaft für Individualpsychologie verwirklicht werden. Allen sei hierfür herzlich gedankt. Besonderen Dank verdient Frau Ursula Heuss-Wolff, Basel, die durch ihre großzügige Spende aus dem Annemarie-Wolff-Fonds die Herstellung dieses Werkes ermöglicht hat.

Karl Heinz Witte

Einleitung

Am 2. November 1902 wurde Alfred Adler von Sigmund Freud gebeten, sich einem »kleinen Kreis von Kollegen und Anhängern« (Kahane, Reitler, Stekel) anzuschließen, »um die uns interessierenden Themata Psychologie und Neuropathologie zu besprechen« (Freud an Adler, unveröff.). Aus diesem »kleinen Kreis« wurde die psychoanalytische »Mittwochgesellschaft«, die dann zur »Wiener Psychoanalytischen Vereinigung« der »Internationalen Psychoanalytischen Vereinigung« expandierte. Adler gehörte somit zu den Gründungsmitgliedern, er wurde nach neunjähriger Zugehörigkeit 1911 ihr erster »Dissident«.

Alfred Adler, 1870 in Wien geboren und aufgewachsen (gest. 1937) – somit 14 Jahre jünger als Freud – war um diese Zeit Allgemeinmediziner, ab 1910 Nervenarzt. Er war damals mit einigen kleineren Beiträgen zur neuen Sozialmedizin im reformerischen und sozialdemokratischen Sinn hervorgetreten (ab 1898).

Freud (geboren 1856) war um 1902 bereits weithin bekannt, vor allem durch die »Traumdeutung« (1900). Ab 1886/87 hatte er Vorlesungen an der Universität gehalten, 1895 waren die »Studien über Hysterie« erschienen – über die es zum Zerwürfnis mit Josef Breuer kam –, 1897 hatte er die »Verführungstheorie« aufgegeben. Er hatte Beiträge zur Angstneurose und Thesen zur sexuellen Ätiologie der Neurose geschrieben, auch die ersten Ansätze zur psychoanalytischen Methode, zur *talking cure* waren erarbeitet. Im März 1902 wurde Freud zum außerordentlichen Professor ernannt, die sehr enge Beziehung zu Wilhelm Fließ begann bereits zu bröckeln, um dann um 1904/06 endgültig zu zerbrechen.

Weshalb Freud gerade Adler ansprach, ist bis heute nicht so recht geklärt. Es gibt die Selbstaussage von Adler (Adler 1928l), dass er Freud in der Universität gehört habe, und unbestätigte Gerüchte, dass er ihn öffentlich verteidigt habe (vgl. Handlbauer 1990, S. 16 f.). Zu belegen ist allerdings eine drei Jahre zurückliegende Konsultation über einen Patienten, zu der Freud an Adler einige Zeilen schrieb (Freud an Adler 27.2.1899, unveröff.).

Adler wurde in diesem Freud-Kreis der frühen Jahre einer der aktivsten, ideenreichsten, einflussreichsten und stets anwesenden Vortragenden und Diskutanten – wie dies in den »Protokollen der Wiener Psychoanalytischen Vereinigung« (ab 1906) gut zu verfolgen ist (Protokolle I 1976; II 1977; III 1979). 1908 schrieb auch Freud ihm, er sei »der stärkste Kopf der kleinen Vereinigung und einer, der so viel Einfluss auf deren Zusammensetzung genommen hat« (Freud an Adler 31.1.08, unveröff.). Adler war Freud-Schüler geworden, er stand in Übereinstimmung mit der Denkweise der Psychoanalyse, mit der Triebpsychologie, dem psychischen Determinismus, dem Unbewussten, der Rolle der kindlichen Sexualität, der Traumdeutung, der analytischen Methode.

Aber er hatte bald auch eigene Ideen, mit denen sich Freud auseinandersetzen musste und dies auch in seinen weiteren Jahren getan hat – auch dies ist in den »Protokollen« nachzuvollziehen und an Freuds verschiedenen Theorieänderungen nachzuweisen (vgl. Gast 1992). Bereits 1906 brachte Adler die der Medizin entlehnte Lehre der Organminderwertigkeit und ihrer Kompensation – die für Adlers weitere Entwicklung die entscheidende Neuerung war – in den psychoanalytischen Kreis ein. 1907 veröffentlichte er dazu sein erstes Buch (1907a). Er vertrat diese medizinische Theorie auch als Theorie der Ätiologie der Neurose, parallel neben der Freud'schen Theorie und verstand sie als Ergänzung zur Psychoanalyse. Spätestens aber um 1908 kam es zu ersten grundlegenderen Streitigkeiten um den »Aggressionstrieb«. Nun begann Adler sich kritisch mit Freud auseinanderzusetzen und, auf der Grundlage einer erweiterten Kompensationstheorie, eine eigenständige Theorie zur Dynamik der Persönlichkeit und Neurosenentwicklung zu formulieren. Damit begann er, sich von Freud abzuwenden. Allerdings hatte er offenbar bereits Anfang des Jahres 1908 (noch vor dem »Aggressionstrieb«) seinen Austritt erklärt. Das geht aus einem Brief von Freud an Adler vom 31.1.1908 hervor, in dem Freud sich freundlich darum bemüht, Adlers Austrittserklärung rückgängig zu machen – offensichtlich erfolgreich (Freud an Adler 31.1.08, unveröff.).

Die Abkehr von der Freud'schen Analyse bedeutete damals im Kern eine Abkehr vom Konflikt zwischen den Trieben und von der Rolle des Sexualtriebs als *primum movens*. Diese Relativierung oder Aufgabe des Triebbegriffs implizierte dann andere Vorstellungen über den Entwicklungsverlauf, die Relativierung des psychischen Determinismus, und einen anderen Blick auf die Einheit und Zielgerichtetheit des Individuums. Dies wurde oder konnte in Freuds Kreis nicht mehr geduldet werden, so dass es, ausgelöst durch Freud, 1911 zum Bruch kam.

Adler gründete nach dem Bruch seine eigene Vereinigung – zunächst mit ehemaligen Mitgliedern der Mittwochgesellschaft – und nannte sie zuerst »Vereinigung für freie Psychoanalyse«, um damit eine »freie wissenschaftliche Arbeit«, eine »unabhängige psychoanalytische Forschung« (1912a, S. 25) auszudrücken und zu gewährleisten. Ab 1913 nannte sich die Vereinigung, in weitergehender Abgrenzung von der Psychoanalyse, »Vereinigung für Individualpsychologie«, womit sie auf das Individuum als Einheit, auf das Zusammenspiel aller seiner Teile abhob.

Nachdem die Arbeit der individualpsychologischen Vereinigung durch den Ersten Weltkrieg unterbrochen gewesen war, führte Adler 1918/19 das Konzept des »Gemeinschaftsgefühls« ein und gab damit seiner Theorie eine ganz neue Stoßrichtung. Er griff mit dem Gemeinschaftsbegriff Parolen dieses Krieges auf und wandte ihn zugleich gegen diese. Wahres Gemeinschaftsgefühl drücke sich eben nicht in der Kriegsrhetorik aus, sondern zeige sich in der Zusammenarbeit für den neuen Aufbau in der nun republikanischen Gesellschaft. Dies entsprach dem Tenor des sozialdemokratischen Wiens, in dessen Dienst sich Adler nun stellte. In seiner mittleren Phase (bis Mitte der 1920er Jahre) widmete sich Adler dieser Zusammenarbeit, vorwiegend in der Schul- und Bildungsreform. In einer späteren Phase

(1930er Jahre) führte er diese Ansätze in variierter Form in den USA fort. Ein Hang zur metaphysischen Weltanschauung tritt in dieser späteren Zeit verstärkt hervor.

Dieser hier vorliegende erste Band der Alfred Adler Studienausgabe umfasst 20 Vorträge und Aufsätze aus seiner Zeit im Freud-Kreis, von 1904 bis 1912, zwei Jahre nach dem Beginn ihrer Zusammenarbeit und ein Jahr nach dem Bruch mit Freud und dem Jahr, in dem Adlers Hauptwerk »Über den Nervösen Charakter« (1912a) erschienen ist. Die wichtigsten dieser Aufsätze wurden in der Mittwochgesellschaft vorgetragen und diskutiert.

Wir müssen dabei vor Augen haben, dass Adler zu dieser Zeit mit einer Psychoanalyse konfrontiert war, die selbst erst in ihren Anfängen stand und sich in dieser Zeit stark veränderte, nicht zuletzt als Ergebnis der Diskussionen in diesem Kreis.

Freud schrieb in dieser Zeit viel und Grundlegendes zur Hysterie, Phobie, zum psychischen Triebdeterminismus, zur kindlichen Sexualität und den psychosexuellen Phasen, zum topischen Modell »bewusst, vorbewusst, unbewusst« und zu den Anfängen seiner Kulturtheorie.

Die »Mittwochgesellschaft« erweiterte sich nach ihrer Gründung 1902 rasch, zwischen 1906/07 bis 1910/11 war sie von 20 Mitgliedern auf 43 Mitglieder angewachsen. In dieser Zeit entwickelte sich die enge Beziehung Freuds zu C. G. Jung (1907). 1910 wurde auf dem Nürnberger Kongress (30./31.3.) die »Internationale Psychoanalytische Vereinigung« gegründet und kam es zu Auseinandersetzungen zwischen der Wiener und der Züricher Gruppe um Jung, in die Adler verwickelt war.

Dieser Kreis hatte Einfluss auf die breit gefächerte Thematik, die Art der Diskussionen und der Auseinandersetzungen – über die man heute zuweilen auch schmunzeln oder den Kopf schütteln kann. Die Verehrung Freuds und das Bemühen um größtmögliche Nähe zu seinen Gedanken waren offensichtlich. Größere Unsicherheiten und unterschiedliche, auch von Freud abweichende Vorstellungen bestanden noch vor allem zur Rolle von Übertragung und Widerstand in der Behandlung (vgl. Leitner 2001). Adler hatte also keineswegs nur Freud vor sich, sondern diesen Kreis. Vor diesem Hintergrund müssen seine Beiträge auch eingeschätzt und verglichen werden.

Diese Diskussionen wiederum wurden selbst begleitet und vorangetrieben durch Entwicklungen von außerhalb, also von gesellschaftlichen – politischen, kulturellen und wissenschaftlichen – Veränderungen und Umbrüchen, die es in dieser Zeit in bedeutsamem Ausmaß gab und auf die besonders Adler reagierte.

Adlers Vorträge und Aufsätze sind durchweg Beiträge zur Neurosen- und Persönlichkeitstheorie, wobei er zwischen »normal« und »neurotisch« keine scharfe Unterscheidung macht. Sie bewegen sich entweder auf einer vorwiegend metatheoretischen oder klinischen (neurosenpsychologischen, psychosomatischen) oder anwendungsorientierten therapeutischen und pädagogischen Ebene. Stets ist eine implizite oder explizite Auseinandersetzung mit Freud deutlich sichtbar. Vorwiegend (meta)theoretisch sind die folgenden fünf Aufsätze: »Zahleneinfälle«

(1905), »Organminderwertigkeit« (1908), »Aggressionstrieb« (1908), »Selbstmord« (1910), »Kritik an Freud« (1911). Betont klinische Ausrichtung mit ausführlichen Falldarstellungen haben die folgenden sieben Aufsätze: »Träume einer Prostituierten« (1908), »Neurotische Disposition« (1909), »Psychischer Hermaphroditismus« (1910), »Trigeminusneuralgie« (1910), »Erlogener Traum« (1911), »Widerstand« (1911) und »Halluzination« (1912/20). Die vorwiegend pädagogische Ebene zeigt sich in diesen fünf Aufsätzen: »Arzt als Erzieher« (1904), »Sexuelles Problem (1905), »Zärtlichkeitsbedürfnis« (1908), »Trotz und Gehorsam« (1910), »Erziehung der Eltern« (1912).

Von Anbeginn an hört man bei Adler auch den Mediziner, sein Interesse an dem Zusammenhang von Körper und Psyche, wie sich dies in seiner »Organminderwertigkeitslehre« (1906), aber auch in seinen späteren Beiträgen mit explizit psychosomatischer Thematik (»Trigeminusneuralgie« [1910], »Organisches Substrat« [1912] und »Organdialekt« [1912]) zeigt.

Auffallend ist bei Adler zudem ein Interesse an individuellen Charakterbeschreibungen, die die verschiedenen kompensatorischen Mechanismen und individuellen Ausdrucksweisen verknüpfen. Vor allem ab 1909 zeigt er dies an vielen Falldarstellungen und Fallvignetten.

Die Theorieentwicklung dieser Zeit, die wir hier nachvollziehen, lässt sich zeitlich etwa folgendermaßen unterteilen: Spuren aus der Sozialmedizin (1904) – Integration in die Psychoanalyse (1905/06) – Rückkehr zur naturwissenschaftlichen Medizin (1906/07) – Betonung psychoanalytischer Triebpsychologie (1908) – allmähliche Abkehr von der Triebpsychologie und psychoanalytischen Ätiologie mit der Neuformulierung der psychischen Dynamik von Minderwertigkeitsgefühl und Kompensation (ab 1909).

Adlers erste Arbeit jenseits der Sozialmedizin im engen Sinn (1898–1903; s. Studienausgebe, Bd. 7), »Der Arzt als Erzieher« (1904), zeigt nach zwei Jahren Zusammenarbeit mit Freud noch wenig psychoanalytischen Einfluss, dagegen aber noch die Spuren aufklärerischer, volkspädagogischer, prophylaktischer Tendenz. Im Zentrum steht die pädagogische Stärkung des Selbstbewusstseins und Muts durch Vermeidung von Erniedrigung und Gehorsam. Damit sind bereits hier die ersten Grundzüge individualpsychologischen Denkens angelegt. Zugleich entspricht die Betonung der Überwindung von Schwäche den Bewegungen der Zeit im Kampf gegen Nervosität und Neurasthenie, wie sich dies damals in medizinisch-pädagogischen Kampagnen, aber ebenso in kulturellen, literarischen und künstlerischen Strömungen ausdrückte.

In den Jahren 1905 bis 1908 zeigt Adler in seinen Vorträgen (»Sexuelles Problem« 1905, »Zahleneinfälle« 1908, »Träume einer Prostituierten« 1908) und in seinen Diskussionsbeiträgen in der »Mittwochgesellschaft« (vgl. besonders Protokolle I 1976, 1906: S. 11 f., S. 32, 1907: S. 84, S. 91, S. 131 ff.) die engste Beziehung zu Freuds Denkweise und die Übernahme von dessen Themen und Terminologie. Kindliche Sexualität (und ihre pädagogische Nutzung), Sexualtrieb, Triebpsychologie, psychischer Determinismus und Traum als Wunschtraum sind hier seine Themen und die Grundlage seiner Argumentation. Adler stand somit ganz auf dem Boden der Psychoanalyse und der Triebpsychologie.

Allerdings hatte er parallel dazu ab 1906 (vgl. Protokolle I 1976, S. 36 ff.), in diesem Band in der Fassung von 1908, ein zweites Standbein in seiner Hinwendung zur somatischen Medizin und zum naturwissenschaftlichen Denken: mit seiner Theorie der Organminderwertigkeit und Kompensation. Die (funktionelle oder morphologische) Minderwertigkeit eines Organs zwinge dazu, diese zu überwinden, auszugleichen oder höherwertige Leistung zu bringen. Das aber fordere viel psychische Kraft oder könne entgleisen, womit eine neurotische Entwicklung eingeleitet werde. Verallgemeinernd sagt er, jede Neurose basiere auf einer Organminderwertigkeit – eine Position, die er zwar nie wirklich revidierte, aber in dieser Schärfe später so nicht mehr vertrat. Indem er diesen Ansatz damals mit der Triebpsychologie verband, verstand er ihn als Ergänzung zu Freud. Das wurde auch so aufgenommen.

Beides, die Triebpsychologie und die Kompensationslehre, vertrat Adler nebeneinander, auch wenn bereits hier schon Widersprüche zur bisherigen Triebtheorie zu erkennen sind. Denn durch die Kompensationstheorie wurde das motivationale Zentrum verschoben und sollte die Triebtheorie eher eine genetische und dynamisch untergeordnete Rolle bekommen. Diese Zweigleisigkeit Adlers war ein Übergangsphänomen und wäre auf Dauer nicht aufrechtzuerhalten gewesen. Über dessen Bedeutung als »Abweichung« waren sich vermutlich weder Adler noch Freud bewusst. Der weitere Weg Adlers hin zur psychologischen Kompensationstheorie war zu diesem Zeitpunkt noch nicht entschieden.

Stattdessen verstärkte ja Adler mit dem »Aggressionstrieb« und auch dem »Zärtlichkeitsbedürfnis« (1908) den triebpsychologischen Strang, in der Überzeugung, mit der triebpsychologischen Metapsychologie (Triebwandlungen, Triebverschränkungen) und mit dem »Aggressionstrieb« Freud nur zu erweitern. In Wirklichkeit aber hatte Adler mit dem »Aggressionstrieb« ein Herzstück der Psychoanalyse, den alleinigen Vorrang des Sexualtriebs, in Frage gestellt, weshalb dieser Vortrag für Freud der Ausgangspunkt des Bruchs mit Adler war.

Mit der Postulierung eines Aggressionstriebs (neben dem Sexualtrieb) ist Adler Vorläufer von Freuds Aggressionstrieb (1920g), der wiederum in Varianten von verschiedenen Biologien und Psychologien übernommen wurde. Indem Adler aber den Aggressionstrieb zugleich reaktiv und kompensatorisch fasst – als Trieb zur Erkämpfung einer Befriedigung, sobald diese verwehrt ist –, wurde der Begriff »Trieb« darin fragwürdig und ist Adler zugleich Vorläufer eines Konzepts, das Aggression als Reaktion auf Frustration sieht. Dieser Aggressionsbegriff wird zumindest seit Dollard und Miller (Dollard et al. 1939) in der Psychologie, aber auch im allgemeinen Verständnis und selbst in breitem Maße in der Psychoanalyse heute weithin vertreten. Auch Adlers Unterscheidung zwischen »feindseliger« und »kultureller« Aggression (im »Zärtlichkeitsbedürfnis«) entspricht einem weiten Verständnis in der Psychologie und Psychoanalyse (vgl. Mentzos 1993; Bruder-Bezzel 2004a).

Dass Adler den Aggressionstrieb in den Rang eines Triebes neben den Sexualtrieb erhebt, hat zwei Implikationen, in Abweichung von Freud: Zum einen hat er damit den Eros als *primum movens* vom Thron gestoßen und damit die rein sexuelle Ätiologie in Frage gestellt (nicht das Sexuelle eliminiert, wie Freud meinte). Adler geht eher von Triebverschränkungen und Triebverwandlungen aus. Zum anderen ist hiermit eine dualistische Triebkonzeption angelegt: Sexualtrieb und Aggressionstrieb. Diese dualistische Sicht wird noch verstärkt mit dem »Zärtlichkeitsbedürfnis« (als Variante der Libido) neben dem Aggressionstrieb. Fasst man den Aggressionstrieb weiter gehend als Trieb zur Aufrechterhaltung des Gleichgewichts auf, dann können wir ihn auch als Selbsterhaltungstrieb sehen – in beidem Vorläufer von Freud.

Freud fühlte sich 1908 von solchen Abänderungen noch bedroht. Der Sexualtrieb, die Libidotheorie standen für Freud und mit ihm für die »sexualisierte Wiener Moderne« (vgl. Eder 1993) noch an so zentraler Stelle, dass er nichts anderes, keinen Aggressionstrieb, duldete oder dulden konnte. Umgekehrt griff Adler mit der Aggression als zentralem Faktor psychischen Lebens, im Rang eines Triebes, wiederum aggressive Stimmungen und Erscheinungen der Zeit auf, wie sie sich im politischen und kulturellen Leben zeigten (Zeit des bewaffneten Friedens, Straßenkämpfe, parlamentarische Debatten, Expressionismus, Futurismus) und sich auch in wissenschaftlichen Diskussionen niederschlugen. Nicht zufällig hielt der sozialdemokratische Adler 1909 in der Mittwochgesellschaft einen Vortrag über das *Marx'sche* kämpferische Klassenbewusstsein (Adler 1909d/1977d) – ein erster Beitrag zum Thema Psychoanalyse und Marxismus (s. Studienausgabe, Bd. 7). Zudem konnte er sich auf Vordenker beziehen, die allgemein und auch für ihn persönlich von Bedeutung waren, auf Darwin, Marx und Nietzsche, die das Kämpferische und Aggressive in ihrem Denken betont hatten.

Das »Zärtlichkeitsbedürfnis« aus dem gleichen Jahr – im Mittwochskreis nie vorgetragen – ist theoretisch deshalb bedeutsam, weil es mit dem Bedürfnis nach Zärtlichkeit und Liebkosung die Libidotheorie variiert und die erogenen Zonen in die Suche nach dem Objekt einbindet. Entgegen Freuds Position eines Autoerotismus oder primären Narzissmus ist dieses Bedürfnis von vornherein ein sozial gerichtetes – dieser Gedanke findet sich auch 1911 in der »Kritik an Freud« (S. 172 [106]) wieder. Mit dieser Abkehr von einem primären Narzissmus entspricht Adler einer verbreiteten Auffassung innerhalb der modernen Psychoanalyse, die sich aus der Folge von Balint ableitet und auch mit der Bindungstheorie und der Säuglingsforschung verknüpft ist. Für Adler ist das Zärtlichkeitsbedürfnis die Grundlage eines späteren Bedürfnisses nach Gemeinschaft, der »Gemeinschaftsgefühle«, wie er dies schon hier nannte. Adler gelingt in diesem Beitrag zugleich eine sehr frühe und feine Beschreibung der narzisstischen Persönlichkeitsstörung. In seinen pädagogischen Überlegungen ist für Adler das kindliche Bedürfnis nach Zärtlichkeit die Grundlage dafür, dass »Liebe als Erziehungsmittel« wirken kann. Er warnt aber vor zu viel und vor zu wenig Zärtlichkeit (weil dies das Minderwertigkeitsgefühl verstärke) und schließt damit an die Diskussionen in der Entwicklungs- und Kinderpsychologie über Bestrafung und Verwöhnung an, aber auch an das Problem der sexuellen Verführung. Er kann hier auf seine eigenen Beiträge von 1904 (»Arzt als Erzieher«) und 1905 (»Sexuelles Problem«) zurückgreifen.

Die Reaktion Freuds und seines Kreises auf den »Aggressionstrieb« war so harsch, dass sie für Adler wegweisend gewesen sein muss und er nun keinen Weg mehr sah, seine Gedanken in die Psychoanalyse Freuds zu integrieren. Die Überlegung scheint berechtigt, dass diese starke Zurückweisung für Adler das weitere Signal war, die Triebpsychologie überhaupt zu verlassen. Trieb wird bei ihm zumindest sekundär, wird der Kompensation untergeordnet, wird geformt von Zielen, Strebungen. Aggression wird antreibende, dann schöpferische Kraft, Aggression wird Antrieb für Kompensation oder wird selbst Kompensation.

Diesen Weg ging Adler ab 1909. Er wandte sich wieder seiner Kompensationstheorie zu und baute sie zu einer psychologischen Theorie um, indem nicht mehr nur organische Schwäche, sondern auch subjektive Gefühle von Schwäche mit psychologischen Mitteln überwunden werden sollten. Nicht mehr der Trieb, aber auch nicht mehr nur die »Organminderwertigkeit« bestimmten die Ätiologie der Neurose und die Entwicklung der Persönlichkeit. Dies war die eigentliche Geburtsstunde der Adler'schen Theorie 1909/10. Erst ging er von der »psychischen Überempfindlichkeit« aus (»Neurotische Disposition« 1909) – die wiederum an die zeitgemäße »neurasthenische Sensibilität« oder »Reizsamkeit« anknüpft –, die die kompensatorische Dynamik in Gang setze und das Kind zwischen aktiv und passiv, zwischen Aggression und Hemmung schwanken lasse.

Ab 1910 spricht er vom »Gefühl« der Schwäche, des Kleinseins oder der unterlegenen Rolle. Kompensation war dann das Bemühen, diese Gefühle zu überwinden durch das Bestreben, die Verhältnisse umkehren, größer oder stärker sein zu wollen, durch Überlegenheitsstreben, Geltungsstreben, Trotz, Größenfantasie, Sicherung des Persönlichkeitsideals.

Die Nietzsche entlehnte Formel des »Willens zur Macht«, bei Adler als übergeordneter Ausdruck der Kompensation, erscheint zwar 1912 im »Nervösen Charakter«, nicht aber in diesen Aufsätzen.

Dagegen wird die Dynamik des Minderwertigkeitsgefühls und der Kompensation bevorzugt in den Metaphern der Geschlechtsrollen ausgedrückt, als Folge der gesellschaftlichen Unterordnung der Frau und dem kompensatorischen Wunsch beider Geschlechter, Mann oder männlich sein zu wollen: der kompensatorische »männliche Protest«, der bei beiden Geschlechtern auftritt. Das Schwanken zwischen der unterlegenen weiblichen und der omnipotenten männlichen Rolle nennt Adler 1910 »psychischen Hermaphroditismus«, der dann auch als Schwanken zwischen Gehorsam und Trotz erscheint.

Die Geschlechtermetaphorik »männlicher Protest« wird bis heute oft missverstanden. Adler geht nicht von einem biologisch begründeten Wesen von Männlich – Weiblich aus, sondern von den gesellschaftlichen Zuweisungen der Geschlechter, der Unterdrückung und Geringachtung der Frau und den Geschlechtsrollenklischees, die beide Geschlechter veranlassten, nicht Frau – und damit unterlegen –, sondern Mann oder männlich sein zu wollen. Der »zu starke Vorrang der Männlichkeit« sei »der Krebsschaden unserer Kultur.« (1910d, S. 127 *[325]*). »Herabsetzende Bemerkungen« gegen den »Wert der Frau« »vergiften das Gemüt des Kindes und nötigen Knaben wie Mädchen, sich frühzeitig den falschen Schein einer übertriebenen Männlichkeit beizulegen« (S. 130f. *[327]*). Adler hatte immer wieder sehr dezidiert – und in dieser Schärfe als einziges Mitglied der Mittwochgesellschaft – Position für die Gleichstellung der Frauen bezogen und sich damit vor allem mit Fritz Wittels angelegt (vgl. Protokolle I, S. 331 u. Protokolle II, S. 82}.

Diese Geschlechtsmetapher und die Betonung des Leidens unter der weiblichen Geschlechtszugehörigkeit ist natürlich recht kultur- und zeitabhängig. Sie ist nur dann verständlich, wenn man die damalige scharfe Polarisierung zwischen Mann und Frau und zugleich den damaligen emanzipatorischen Kampf der Frauen einbezieht, den Adler positiv aufgriff. Diese Polarisierung hat heute nach den vielen Jahren Frauenbewegung in unseren Breitengraden etwas an Schärfe verloren, sodass auch der »männliche Protest« vielleicht nicht mehr generell so im Zentrum steht wie dies Adler gesehen hatte.

Durch die Aufforderung Freuds im November 1910, seine Theorie nun im Ganzen darzustellen, wurde Adler herausgefordert, die bisherige indirekte oder implizite Abkehr von Freud und seiner Triebpsychologie offenzulegen. Adler ging nun im Januar und Februar 1911 zum Angriff und zur Verteidigung über. Adlers Angriff richtet sich gegen den Primat des Triebes und seiner Verdrängung, gegen die Substanzialisierung des Unbewussten, und er verteidigt sein Konzept des männlichen Protests: Dem Wirken des Triebes gingen Orientierungen nach außen und Objektbeziehungen voraus. Treibend sei in der Neurose daher nicht die Triebverdrängung, sondern die zielgerichtete Psyche, die unter anderem auch verdränge. Triebe seien nicht konstant und messbar, sie würden bearbeitet, variiert und gerichtet durch das psychische Leben, durch das Ziel. Und dieses Ziel sei nicht Lustgewinnung, sondern die Herstellung und Erhaltung der Sicherheit und Macht, durch die Dynamik der zielgerichteten Kompensation, besonders in Form des männlichen Protests. Indem der Trieb seinen Inhalt, seine Gestalt und seine Richtung erst durch diese andere Dynamik bekomme, verliere der Trieb seine determinierende Wirkung. Mit dieser Position wird Adler hier zum Vorläufer psychoanalytischer Triebkritik, wie wir sie von Balint, Kohut, Fairbairn und vielen anderen kennen.

Hier musste es nun zum Bruch kommen, den Freud seit langem geplant und mit der Aufforderung, Adler solle sich erklären, inszeniert hatte. Die gereizte Stimmung auf dem Nürnberger Kongress 1910 hatte diesen Prozess gewiss begünstigt. Adler erklärte seinen Rücktritt als Obmann der Vereinigung und als Redakteur des »Zentralblattes«. Die Diskussion um Adler hatte sich noch bis zum Sommer 1911 hingezogen. Am 11. Oktober 1911 verließ nach einer Abstimmung eine Reihe von Anhängern oder von solchen, die sich gegen die »Machtkämpfe« im Verein wandten, die Vereinigung (vgl. Protokolle III 1979, S. 272 ff.). Der Rücktritt Adlers vom »Zentralblatt für Psychoanalyse« wurde von diesen als Herausdrängen Adlers gesehen, als letzter Schritt »einer ganzen Reihe von unfreundlichen Akten« gegen Adler (Protestbrief 20.6.1911, in: Furtmüller 1912/1983, S. 300 f.).

In dem Jahr nach dem Bruch und dem folgenden, 1911 und 1912, variiert Adler die Themen. Er stellt interessante neue Bezüge her und liefert in plastischen Falldarstellungen überraschende Charakterbeschreibungen mit ihren verschlungenen Netzen von individuellen Unterlegenheitsgefühlen, Kompensationen, Sicherungen, Kompromissen, die über die Zerrissenheiten und Konflikte hinaus zusammen eine Einheit bilden. Die pädagogische Fragestellung (»Erziehung der Eltern« 1912) und das Thema Psychosomatik (»Trigeminusneuralgie« 1910, »Organdialekt« 1912, »Organisches Substrat« 1912) tauchen erneut und verstärkt auf. Schließlich stellt er seine Theorie nochmal unter der behandlungstechnischen Frage von Übertragung und Widerstand dar (»Beitrag zum Widerstand« 1911). Zu diesem Thema hatte er sich all die Jahre bereits häufig geäußert (vgl. Leitner 2001).

Sowohl die Gefühle von Minderwertigkeit als auch die Kompensationsformen entsprechen nicht objektiven Gegebenheiten, sondern stellen für Adler subjektive Meinungen, falsche, aber praktikable Annahmen, also »Fiktionen« im Sinn des Philosophen Hans Vaihinger dar, auf den Adler sich im »Nervösen Charakter« (1912a) stützt.

Diese Fiktionen und Empfindungen sind für ihn ganz oder teilweise unbewusst zu denken. Adler hatte damals und auch später nie in Frage gestellt, dass alle psychischen Funktionen »zum größeren Teil unbewusst, nur zum kleinen Teil bewusst« wirken (1912a, S. 91). Aber er unterscheidet sich bereits damals von Freud darin, dass die unbewusste Motivierung sich nicht aus der Triebverdrängung speist, sondern aus dem (unbewussten) Ziel der Kompensation. Und es deutet sich auch schon an, dass er Bewusstsein und Unbewusstes dynamisch und nicht als abgeschlossene Systeme (also nicht substanzialisiert), sondern als fließend versteht – woraus bei ihm die Einheit von bewusst und unbewusst folgt. Erst viel später, in den 1930er Jahren, setzte er sich wieder eingehender mit dem Unbewussten auseinander, mit verschiedenen Formen des Unbewussten, mit dessen Verhältnis zur Sprache und mit der Einheit von bewusst und unbewusst (vgl. Bruder-Bezzel 2005).

Die kompensatorische Dynamik stellt eine unbewusste, zielgerichtete psychische Eigenaktivität, einen »schöpferischen Akt« (Adler 1912e/1920a, S. 262 [37] dar und ist der Motor jeder psychischen Äußerung und jeder psychischen Entwicklung. Dieses finale Moment, die aktive, gestaltende Orientierung auf Überwindung, auf Zukunft wird besonders deutlich und plastisch an seinen Fallbeschreibungen. Damit wird Zukunft, das Umzu, mehr betont als die erlittene Vergangenheit. Kindheit wird Ausgangssituation einer unbewussten aktiven Bewegung, mit den Defiziten fertig zu werden. In der kompensatorischen Dynamik bedingen sich die beiden Pole Minderwertigkeitsgefühl und ihre Kompensation, so dass sie zusammen innerhalb ihrer Konflikthaftigkeit die Einheit des Individuums herstellen (»Individualpsychologie«). Und schließlich steckt in Minderwertigkeit und Kompensation der soziale Vergleich und in beiden der Einfluss kultureller Muster wie zum Beispiel die geringe Wertung des Weiblichen oder andere Vorbilder aus dem sozialen Umfeld.

Adler kann mit seiner Kompensationstheorie auf medizinische und biologische Forschungen zurückgreifen. Für seine (Rück-)Übertragung auf die Psychologie (und Philosophie) nennt er keinen eigentlichen Gewährsmann. Zu denken ist natürlich an Nietzsche und die damalige Nietzsche-Rezeption, an Hans Vaihinger, an Darwin und Lamarck und an Marx. Vielerlei gesellschaftliche Erscheinungen und Einflüsse mögen diese Gedanken befördert haben – Existenzkämpfe, Aufstiegswünsche und Überwindungskämpfe klassenmäßiger, nationaler, geschlechtsspezifischer Unterlegenheiten und die Rufe nach Überwindung von Nervosität durch Stärkung des Willens und der Tat, wie sie damals in Literatur und Kunst und in sozialpädagogischen Bewegungen erscheinen (vgl. Bruder-Bezzel 1983).

Blättert man in den »Protokollen der Wiener psychoanalytischen Vereinigung«, so erstaunt doch immer wieder, worüber diese Vereinigung diskutiert hat, wie viele kulturelle Phänomene und kulturelle Erscheinungen in Literatur, Kunst und Philosophie neben den rein klinischen und psychiatrischen Fragen psychoanalytisch bearbeitet wurden. Dieser breite Horizont des wissenschaftlichen und kulturellen Interesses des Mittwochskreises spiegelt sich auch bei Adler wider, in seinen vielfältigen Literaturverweisen aus Literatur, Mythologie, Philosophie, aber auch Geschichte, Medizin, Biologie, Psychiatrie. Einige von diesen Verweisen gehen direkt auf Anregungen und Diskussionen des Mittwochskreises zurück. Dass er insgesamt mehr als Freud der Philosophie und der ganzheitlichen Betrachtungsweise zugeneigt ist und auch – zeitgemäß – von Nietzsche mehr beeinflusst ist, als er erkennen lässt, ist ziemlich sicher und ist auch für die Abkehr von Freud von durchaus entscheidender Bedeutung (vgl. Bruder-Bezzel 2004b).

Die hier versammelten 20 Aufsätze sind mit drei Ausnahmen (»Kritik Freud« 1911, »Organdialekt 1912«, »Halluzination 1912«) zuerst jeweils in einer Zeitschrift veröffentlicht worden, und zwar sechs in medizinisch-psychiatrischen Zeitschriften (Ärztliche Standeszeitung, Zeitschrift für gesamte Neurologie und Psychiatrie, Zeitschrift für Sexualwissenschaft, Fortschritte der Medizin, Psychiatrisch-Neurologische Wochenschrift), vier in einer pädagogischen Zeitschrift (Monatshefte für Pädagogik und Schulpolitik), sechs in einem psychoanalytischen Organ (Diskussionen des Wiener Psychoanalytischen Vereins, Jahrbuch für psychoanalytische und psychopathologische Forschung, Zentralblatt für Psychoanalyse), ein Aufsatz in einem politisch-kulturellen Organ (Neue Gesellschaft) und einer in einem universitären Organ (Universität Wien: Philosophische Gesellschaft).

Diese relative Breite von Publikationsorten zeigt, dass Adler über den psychoanalytischen Kreis hinaus noch andere Bezüge und Kontakte pflegte und entsprechend seinem weiten Interessenkreis auch herzustellen vermochte. Allerdings waren solche Kontakte auch nötig, wenn er publizieren wollte, da die psychoanalytischen Organe in dieser Zeit erst allmählich aufgebaut wurden. In C. G. Jungs »Hauszeitschrift«, »Jahrbuch für psychoanalytische und psychopathologische Forschungen«, hat Adler nur einmal veröffentlicht (1909). Dagegen wird es ab 1910 das »Zentralblatt für Psychoanalyse«, in dem Adler nun vorwiegend publiziert. Diese Zeitschrift wurde nach den Auseinandersetzungen auf dem Nürnberger Kongress neu gegründet, und Adler wurde mit Stekel ihr Redakteur (und Obmann des Wiener Vereins). Das »Zentralblatt« wurde quasi die »Hauszeitschrift« Adlers und blieb dies auch dann noch für einige Zeit, als er nach dem Bruch von der Redaktion zurückgetreten war. Daher kommen vor und selbst nach dem Bruch mit Freud hier auch sehr häufig Autoren zu Wort, die sich positiv mit Adler auseinandersetzten, zum Beispiel I. B. Birstein (1913), Otto Kaus (1913), Robert Freschl (1913/14), Otto Hinrichsen (1913), Paul Schrecker (1913).

Vier der in diesen Band aufgenommenen Aufsätze (»Sexuelles Problem« 1905, »Zahleneinfälle« 1905, »Träume einer Prostituierten« 1908, »Erlogener Traum« 1911) sind zu Adlers Lebzeiten nicht wieder erschienen. Es sind dies, vielleicht mit Ausnahme des Aufsatzes von 1911 (»Erlogener Traum«), bezeichnenderweise solche, die sehr eng an Freud und die Freud'sche Sexualtheorie gebunden waren und nicht in die Individualpsychologie eingeordnet wurden. Sie werden somit in diesem Band erstmals wieder leicht zugänglich.

Mit Ausnahme dieser vier Aufsätze sind alle in jeweils veränderter Form in Adlers Sammelbänden »Heilen und Bilden« (1914) und »Praxis und Theorie« (1920) wieder erschienen. Elf der Aufsätze in diesem Band entstammen »Heilen und Bilden«, fünf »Praxis und Theorie«. »Heilen und Bilden« ist zu Adlers Lebzeiten in drei Auflagen (1914, 1922, 1928) erschienen, »Praxis und Theorie« in vier Auflagen (1920, 1924, 1927, 1930). Jede Neuauflage dieser Bände brachte Änderungen mit sich, die hier in den Fußnoten dokumentiert sind.

»Heilen und Bilden«, kurz vor dem Ersten Weltkrieg erschienen, war das erste Gemeinschaftswerk der individualpsychologischen Gruppe. Neben diesen frühen Aufsätzen Adlers kommen dort eine ganze Reihe von anderen Autoren mit vorwiegend pädagogischen Themen zu Wort. Der Band »Heilen und Bilden« hat für die Gruppe der Individualpsychologen – neben Adlers eher theoretischem und klinischem »Nervösen Charakter« (1912a) – programmatischen Charakter und zielt auf einen vornehmlich pädagogischen Kreis, den Adler bereits schon vorher gepflegt hatte. Dieser Kreis wurde durch diese Buchpublikation gezielt angesprochen und erweitert. Adler ist damit darauf vorbereitet, im reformpädagogischen Roten Wien nach dem Krieg eine wichtige Rolle zu spielen.

»Praxis und Theorie« enthält ausschließlich Aufsätze von Adler aus den Jahren 1911–1920, also aus der Zeit vor und nach dem Bruch mit Freud. Das Buch ist nach dem Krieg 1920 zur Neuorganisierung der individualpsychologischen Gruppe erschienen.

Diese beiden Sammelbände, denen die vorliegenden Aufsätze entnommen sind, gehörten von Anfang an zum theoretischen Grundbestand der Individualpsychologie zu Adlers Lebzeiten. Vor allem »Heilen und Bilden« fand auch außerhalb der individualpsychologischen und psychoanalytischen Kreise Beachtung, wie viele Rezensionen in verschiedenen Zeitschriften zeigen. Als sich der Kreis der Individualpsychologen in den 1920er Jahren erweitert hatte und sich das Interesse verstärkt auf die pädagogische und beraterische Praxis konzentrierte, trat seine Bedeutung möglicherweise etwas zurück, zumal inzwischen neben Adlers Werken selbst eine Vielzahl von Büchern und Publikationsreihen von individualpsychologischen Autoren neben der »Internationalen Zeitschrift für Individualpsychologie« erschienen waren.

Nach 1945 kam das Adler'sche Gedankengut zunächst in einer amerikanischen Version (Rudolf Dreikurs) nach Deutschland. Doch ab den 1970er Jahren, als der Großteil des Adler'schen Werks in der Fischer-Taschenbuchausgabe wieder zugänglich wurde, gehörten diese beiden Bände (1973 und 1974 erschienen) – nach der »Menschenkenntnis« (1927a/1966) – zu den meistverkauften Adler-Bänden. Dass diese Ausgaben im Fischer-Verlag den jeweils letzten Auflagen (1928 bzw. 1930) entsprachen und somit die Originaltexte nur mit den späteren Veränderungen durch Adler vorlagen, wurde kaum bemerkt oder im Allgemeinen sogar begrüßt, galt doch der spätere Adler als der reifere und daher maßgebliche[1]. Erst in den letzten 20 Jahren verstärkte sich das Interesse an den frühen Schriften und entstand damit das Bedürfnis auch an ihren originalen Fassungen.

Diese Wiederentdeckung der frühen Schriften hatte verschiedene Gründe. Mit der neuen Ausrichtung der Individualpsychologie auf Psychotherapie stieg das Interesse an der Neurosentheorie und damit auch an den Grundlagen von Adlers Theorieentwicklung. Im Wunsch, wieder den Anschluss an die Psychoanalyse zu gewinnen, suchte man in den frühen Schriften nach Adlers psychoanalytischen Quellen und nach den Gründen der Trennung von Freud. Dies wurde gefördert durch das parallel dazu entwickelte historische Interesse an Adler. So wurde der Wunsch unterstützt, Adler in seiner Entwicklung und in seinen Verwicklungen in seiner Zeit und nicht als fertige, kompakte »Lehre« zu sehen und zu verstehen.

Die Aufsätze in diesem Band zeigen, dass Adler durch die neun Jahre der Zusammenarbeit mit Freud und dessem Kreis zweifellos psychoanalytisch geschult war und sich im analytischen Feld bewegte. Auch wenn Adler sich nach dem Bruch natürlich nicht mehr als »Psychoanalytiker« verstanden hat – weil dies damals mit »freudianisch« gleichgesetzt wurde und beide durch eine tiefe Feindschaft getrennt waren –, blieb das Ringen um und die Auseinandersetzung mit Freud in allen seinen Beiträgen und auch in seinem gesamten Werk deutlich sichtbar. Er hat Grundle-

---

1 Wenn nicht gar Adler über die Ansbacher'sche Zitatensammlung (Ansbacher u. Ansbacher 1972b) rezipiert wurde. Auch diese Zitate entstammten nicht den Originalen oder wurden bevorzugt dem späteren Adler entnommen.

gendes der Psychoanalyse beibehalten: die Bedeutung der Kindheit, der Erinnerungen und der Träume, das Unbewusste und die Ansätze der Therapietechnik.

Über diese Grundlagen hinaus findet die Individualpsychologie mühelos Anschluss an die modernen Richtungen der Psychoanalyse – wenn sie sie nicht gar mitgeprägt hat –; denn in dieser modernen Psychoanalyse findet sich sehr vieles von Adlers Denken, auch wenn kein Bezug zu ihm hergestellt und eine andere Begrifflichkeit verwendet wird. So wird zum Beispiel weithin Aggression als Reaktion akzeptiert; auch lässt sich »Minderwertigkeitsgefühl« mit geringem Selbstwertgefühl, »Kompensation« in Teilen mit Abwehrmechanismen gleichsetzen. Von Adler aus ist der Bezug zur Narzissmusdiskussion, zum Schwanken des Narzissten zwischen erlebten Defiziten und Omnipotenzansprüchen in einer Person und der Suche nach einem ihn spiegelnden Objekt einfach herzustellen. Auch die Abkehr vom primären Narzissmus, die Distanz zur Triebpsychologie, der Einbezug der sozialen Beziehungen sind weithin in der modernen Psychoanalyse wie bei Adler zu finden. So kann man ohne Weiteres Beziehungen der frühen Individualpsychologie zu modernen Psychoanalysen herstellen, die sich aus der Neopsychoanalyse, aus Balints Objektbeziehungstheorie, aus Kohuts Selbstpsychologie heraus entwickelt haben. Die Mehrheit der heutigen Individualpsychologen im deutschen Sprachraum versteht sich in solchen und ähnlichen Verbindungen zur Psychoanalyse.

Trotzdem geht die Individualpsychologie nicht bruchlos in der modernen Psychoanalyse auf, sie hat selbst zu ihr etwas beizutragen. Das ist ihre andere Sichtweise, ihre andere Denkstruktur, wie es sich gerade in der Kompensationsthematik und dem damit verbundenen finalen, einheitlichen, subjektzentrierten und konstruktivistischen (oder perspektivistischen) Denken niederschlägt. Auch die weitreichende und ins Zentrum gestellte Anerkennungsproblematik mit ihrer Analyse des Schwankens zwischen existenziell erlebter Hilflosigkeit und des Geltungs- und Machtstrebens gehören ebenso dazu wie die – bei Adler zumindest angelegte – sozialpsychologische Dimension – zu der der Machtbegriff, als Machtstreben und als Leiden unter der Macht und Ohnmacht ebenso gehören wie die gesellschaftlich geprägte Geschlechterspannung.

Die in diesem Band gesammelten Aufsätze Adlers sind in ihrer Originalfassung abgedruckt. In den Fußnoten wurden nahezu alle Veränderungen der von Adler herausgegebenen Neuauflagen vermerkt. So können die Stufen der Entwicklung der Adler'schen Theorie nachvollzogen werden. Da allerdings diese Änderungen nur bis zu den letzen Auflagen 1928 beziehungsweise 1930 reichen und selbst nur Eingriffe in die Originaltexte sind, Adler aber bis zu seinem Tod 1937 geschrieben hat – und er dabei vieles von der ursprünglichen Begrifflichkeit und Denk- und Schreibweise stehen gelassen hat, spiegeln diese Änderungen nicht vollständig die Veränderungen seiner Theorie der spätesten Zeit wider.

Die Änderungen beziehen sich im Wesentlichen darauf, dass Spuren von der Psychoanalyse, die Nennung von Freud, der Bezug auf die Sexualtheorie weitgehend gelöscht sind. Dann findet man eine weitere Betonung des subjektiven, intentionalen und fiktiven Charakters der Prozesse, die Hervorhebung kultureller oder erzieherischer Einflüsse und die Einfügung von »Machtstreben« und »Gemeinschaftsgefühl«. Über die bisherige Forschung hinaus bleibt es weiterhin Aufgabe, diese Änderungen systematisch auf ihre Bedeutsamkeit hin zu untersuchen. Zwischen dem frühen (bis 1912/14), mittleren (1920er Jahre) und späten (1930er Jahre) Adler gibt es wichtige Unterschiede, aber auch ausgeprägte Kontinuitäten, keine eindeutigen Brüche oder Phasen – mit Ausnahme der bedeutenden Änderung, die die Einführung des »Gemeinschaftsgefühls« nach dem Ersten Weltkrieg gebracht hat.

Die Aufsätze in diesem Band sind chronologisch nach ihrem Erscheinungsjahr und -monat angeordnet. So ist es leicht möglich, die schrittweise Herausbildung der individualpsychologischen Theorie aus der intensiven Zusammenarbeit mit Freud nachzuvollziehen. Jeder Text wird durch »Editorische Hinweise« eingeleitet, die die editorischen Quellen der Erst- und Neuveröffentlichung zu Adlers Lebzeiten, eine Zusammenfassung des Inhalts und Hinweise auf den jeweiligen Kontext angeben. An einigen Stellen wurden im Text selbst oder in Fußnoten (in eckiger Klammer) Autorenverweise, Erscheinungszahlen und Sachkommentare hinzugefügt. Der Band wird mit einem Personenregister mit kurz gefassten Personenkommentaren, einem Sachregister und den Literaturangaben abgeschlossen.

Die Herstellung dieses ersten Bandes der siebenbändigen Studienausgabe der Adler'schen Werke erforderte umfangreiche Arbeiten, die nicht allein zu bewältigen waren. So gebührt besonderer Dank dem Gesamtherausgeber, Karl Heinz Witte, für die digitale Erstellung der Texte und seine umsichtigen redaktionellen Arbeiten in der Koordination. Ebenso danke ich Christoph Bialluch für seine redaktionelle Mithilfe.

Almuth Bruder-Bezzel

Editorische Vorbemerkung

Die Edition der Texte wählt jeweils die Erstveröffentlichung als Leittext. Wesentliche Varianten werden in den Fußnoten wiedergegeben. Die Orthografie und Interpunktion Adlers, die im Laufe der Jahre variieren, werden den gegenwärtig gültigen Regeln angepasst. Inhaltlich relevante Änderungen werden im Variantenapparat vermerkt. Offensichtliche Druckfehler oder grammatikalische Irrtümer werden stillschweigend korrigiert. Von Adler gesperrt hervorgehobene Textstellen werden kursiv wiedergegeben.

Hinweise Adlers auf Literatur werden wörtlich übernommen. In eckigen Klammern wird jeweils die aktuelle Zitationsweise eingefügt, die das Auffinden des Werks im Literaturverzeichnis ermöglicht.

Ebenfalls in eckigen Klammern und kursiv werden im fortlaufenden Text die Seitenzahlen der Erstveröffentlichung mitgeteilt, zum Beispiel: »Das Eigentümliche der *[361]* früh vorhandenen Sexualität ...«. In den Einleitungen der Herausgeber beziehen sich Seitenverweise auf Adlerschriften, die in anderen Bänden dieser Studienausgabe veröffentlicht werden, jeweils auf diese in den Text eingefügte Originalpaginierung, zum Beispiel: Siehe auch Adler, »Dostojewski« (1918c–1920a); Bd. 7 der Studienausgabe S. [197].

Karl Heinz Witte

Textausgabe

1. Der Arzt als Erzieher (1904)

Editorische Hinweise
Erstveröffentlichung:
1904: Ärztliche Standeszeitung. Central-Organ für die Gesamtinteressen der Ärzte Österreichs. Redigiert von Dr. Heinrich Grün, 3. Jg., H. 13, S. 4 f.; H. 14, S. 3 f.; H. 15, S. 4 f.
Neuauflagen:
1914: Heilen und Bilden, S. 1–10
1922: Heilen und Bilden, S. 1–8
1928: Heilen und Bilden, S. 16–23

»Der Arzt als Erzieher« knüpft gedanklich an Adlers Arbeiten zur sozialen Medizin, zu Fragen der Volksgesundheit (1898–1903, vgl. Bd. 7 dieser Studienausgabe) an, die in der gleichen Zeitschrift »Ärztliche Standeszeitung« erschienen sind. Der Herausgeber dieser Zeitschrift, der Mediziner Heinrich Grün, entstammt dem sozialdemokratischen Umkreis. Adlers »Arzt als Erzieher« ist zugleich sein erster Beitrag, der sich, unter Bezugnahme auf Freud, einer pädagogisch-psychologischen Fragestellung zuwendet.

Der »Arzt als Erzieher« war eine Bewegung unter Ärzten, speziell unter Kinder- und Nervenärzten, der ab 1905 eine gleichnamige Zeitschrift entsprach (vgl. Czerny 1908/1942; Schröder 1995, S. 61 ff.). Hier bekam auch die neu entstandene Entwicklungs- und Kinderpsychologie ihren Stellenwert. Leitidee dieser Bewegung war der Auftrag zu prophylaktischer Aufklärung der Bevölkerung und zu erzieherisch verstandener Psychotherapie (Psychagogik). Dies ist als Antwort auf die epidemisch aufgetretene oder diagnostizierte »Nervosität« oder »Neurasthenie« zu verstehen, die als Willensschwäche, Überempfindlichkeit und Affektlabilität angesehen wurde und der man pädagogisch-therapeutisch durch Stärkung des Willens, des Muts, der Tatkraft, mit entsprechenden Trainingsprogrammen beikommen wollte.

Adler nennt eine ganze Reihe von körperlichen und seelischen Erziehungsaufgaben, Erziehungsmitteln und Umgangsweisen mit Kindern, die diesen Zielen entsprechen. Dazu gehören die Förderung des Muts, der Selbstständigkeit, des »Vertrauens in die eigene Kraft« durch Liebe und Lob, aber nicht Verzärtelung und übermäßige Behütung, durch gemäßigte, einsehbare Strafe (Prügelstrafe sei »Barbarei«), Vermeidung jeglicher Demütigung und Erzwingung von Gehorsam. Schüchternheit, Feigheit, Frömmelei seien »kulturwidrige Elemente«. Adlers Maximen zeigen zugleich das Menschenbild, von dem aus Adler seine spätere Theorie entwickelt: Überwindung der Schwäche, Stärkung der eigenen Kraft. Insofern kommt diesem Aufsatz eine Schlüsselstellung in der Entwicklung der Individualpsychologie zu. Es ist auch der einzige Aufsatz aus dieser frühen Zeit, den Adler in »Heilen und Bilden« aufnimmt.

Die meisten und wichtigsten Änderungen und Ergänzungen im Sinn seiner späteren Theorie stammen von 1922. Hinweise auf Freud werden (ab 1922) verwischt, auf Strafe als Erziehungsmittel verzichtet Adler 1928 ganz, und Schüchternheit wird ab 1914 nicht mehr im Zusammenhang mit Masturbation genannt.

Der Arzt als Erzieher

Das Problem der Erziehung, wie es Eltern und Lehrer auf ihrem Wege vorfinden, ist eines der schwierigsten. Man sollte meinen, dass die Jahrtausende menschlicher Kultur die strittigen Fragen längst gelöst haben müssten, dass eigentlich jeder, der lange Jahre Objekt der Erziehung gewesen ist, das Erlernte auch an andere weitergeben und in klarer Erkenntnis der vorhandenen Kräfte und Ziele fruchtbar wirken könnte. Welch ein Trugschluss wäre das! Denn nirgendwo fällt uns so deutlich in die Augen, wie durchaus subjektiv unsere Anschauungsweise, und wie unser Denken und Trachten, unsere ganze Lebensführung vom innersten Willen beseelt ist. Ein nahezu unüberwindlicher Drang leitet den Erzieher Schritt für Schritt, das Kind auf die eigene Bahn herüber zu ziehen, es dem Erzieher gleich zu machen, und das nicht nur im Handeln, sondern auch in der Anschauungsweise und im Temperament. Nach einem Muster oder zu einem Muster das Kind zu erziehen, war vielfach und ist auch heute noch oft der oberste Leitstern der Eltern. Mit Unrecht natürlich! Aber diesem Zwang erliegen alle, die sich des Zwangs nicht bewusst werden.

Ein flüchtiger Blick belehrt uns über die überraschende Mannigfaltigkeit persönlicher Anlagen. Kein Kind ist dem andern gleich, und bei jedem sind die Spuren seiner Anlagen bis ins höchste Alter zu verfolgen. Ja, alles was wir an einem Menschen erblicken, bewundern oder hassen, ist nichts anderes als die Summe seiner Anlagen und die Art, wie sie sich der Außenwelt gegenüber geltend machen. Bei einer derartigen Auffassung der Verhältnisse ist es klar, dass von einer völligen Vernichtung ursprünglicher Anlagen, ob sie nun dem

Erzieher passen oder nicht, keine Rede sein kann. Was der Erziehungskunst möglich ist, lässt sich dahin zusammenfassen, dass wir imstande sind, eine Anlage zu fördern oder ihre Entwicklung zu hemmen, oder – und dies ist leichter praktikabel – eine Anlage auf kulturelle Ziele hinzulenken, die ohne Erziehung oder bei falschen Methoden nicht erreicht werden können. Letzteren Vorgang nennt *Freud*, dem wir die Aufklärung über die ungeheure Rolle infantiler Eindrücke, Erlebnisse und Entwicklungen beim Normalen und Neurotiker verdanken, die Sublimierung. Er ist unerlässlich für die Entstehung und Entfaltung der Kultur.[1]

Daraus geht aber auch hervor, dass die Rolle des Erziehers keineswegs für jeden passt. Anlage und Entwicklung derselben sind auch für ihn und seine Bedeutung ausschlaggebend. Er muss ausgezeichnet sein durch die Fähigkeit ruhiger Erwägung. Ein Kenner der Höhen und Tiefen der Menschenseele, muss er mit seinem Späherauge seine eigenen wie die fremden Anlagen und ihr Wachstum erfassen. Er muss die Kraft besitzen, unter Hintansetzung seiner eigenen persönlichen Neigungen sich in die Persönlichkeit des andern zu vertiefen und aus dem Schachte einer fremden Seele herauszuholen, was dort etwa geringes Wachstum zeigt. Findet sich solch eine Individualität einmal, unter Tausenden ein Mal, mit dieser ursprünglichen Finderfähigkeit ausgestattet: Das ist ein Erzieher.

Nicht viel anders wird unser Urteil lauten, wenn wir über jene Anlagen und Fähigkeiten zu Gericht sitzen, die den guten Arzt ausmachen. Auch ihn muss die Eigenschaft ruhiger Überlegung auszeichnen, die menschliche Seele sei ihm ein vertrautes Instrument, und wie der Erzieher muss er es vermeiden, an der Oberfläche der Erscheinungen seine Kraft zu erschöpfen. Mit immer wachem Interesse schafft er an den Wurzeln und Triebkräften jeder abnormalen Gestaltung und versteht es, einzudringen in die Bahn, die vom Symptom zum Krankheitsherd führt. Frei von übermächtigen Selbsttäuschungen, denn er muss sein Wesen kennen und meistern wie der Erzieher, soll er in fruchtbarer Logik und Intuition die heilenden Kräfte im Kranken erschließen, wecken und fördern.

Die erzieherische Kraft der Ärzte und der medizinischen Wissenschaft ist eine ungeheure. Auf allen Gebieten der Prophylaxe gräbt sie unvergängliche Spuren und bewegt die Besten des Volkes zur tätigen Mitarbeit. Wir stellen die vordersten Reihen im Kampf gegen den Alkoholismus und gegen Infektionskrankheiten. Von den Ärzten ging der Notschrei aus gegen die Erdrückung der Volkskraft durch die Geschlechtskrankheiten. Der Ansturm der Tuberkulose findet einzig nur Widerstand an den stetigen Belehrungen und Ermahnungen der Ärzte, solange nicht materielle Hilfe naht. Das grässliche Säuglingssterben, durch Jahrzehnte geheiligter Mord und Barbarei, ist durch die leuchtenden Strahlen der Wissenschaft erhellt und in das Zentrum des Kampfes gerückt.

---

1 Letzteren *bis* Kultur] Ausl. 1922

Schon harrt die Schulhygiene auf den Beginn ihrer fruchtbaren Tätigkeit und entwindet sich den ehernen Klammern engherziger Verwaltungen. Eine Fülle uneigennütziger, wertvoller Ratschläge und Lehren strömt Tag für Tag in die Volksseele über, und wenn nicht viele Früchte reifen, so deshalb, weil Aufklärungsdienst und materielle Wohlfahrt des Volkes nicht in den Händen der Ärzte liegen.

In der Frage der körperlichen Erziehung des Kindes ist die oberste Instanz des Arztes unanfechtbar. Das Ausmaß und die Art der Ernährung, Einteilung von Arbeit, Erholung und Spiel, Übung und Ausbildung der Körperkraft soll immer vom Arzt, muss von ihm im Falle der Not geregelt werden. Die Überwachung der körperlichen Entwicklung des Kindes, die sofortige Behebung auftauchender Übelstände ist eine der wichtigsten Berufspflichten des Arztes. Nicht erkrankte Kinder zu behandeln und zu heilen, sondern gesunde vor der Krankheit zu schützen, ist die konsequente, erhabene Forderung der medizinischen Wissenschaft.

Von der körperlichen Erziehung ist die geistige nicht zu trennen. In der Letzteren mitzureden, ist dem Arzte nicht allzu häufig Gelegenheit geboten, obgleich gerade er aus dem reichen Borne seiner Erfahrung kraft seiner Objektivität und Gründlichkeit wertvolle Schätze schöpft. *Preyers* Buch über »Die Seele des Kindes«[2] fördert eine Unzahl fundamentaler Tatsachen zutage, die jedem Erzieher bekannt sein sollten. Es ist lange nicht erschöpfend, aber es bietet Material zur Beurteilung und Sichtung der eigenen Erfahrungen. Das Gleiche gilt von dem Buche *Karl Groos* »Über das Seelenleben des Kindes«[3], das ungleich mehr das Interesse des Psychologen erweckt. Dass sie die allgemeine Volkserziehung beeinflussen, streben beide Bücher nicht an, können sie aus *[13,5]* mehrfachen Gründen nicht erreichen. Vielleicht war erst der wichtige Akzent nötig, mit dem *Freud*[4] das Kinderleben bedenkt, die Aufzeigung der tragischen Konflikte, die aus Anomalien der kindlichen Erlebnisse fließen, um uns die hohe Bedeutung einer Erziehungslehre klarzumachen.

Bei der vollständigen Anarchie, in der im Allgemeinen die kindliche Seele im Elternhaus heranwächst, können wir es begreiflich finden, dass manche wertvolle Persönlichkeit den Mangel einer jeden Erziehung höher schätzt als eine jede der heute möglichen Erziehungsformen. Dennoch gibt es eine Anzahl von Schwierigkeiten, die ohne Einsicht in das Wesen der Kindesseele nicht überwunden werden können. Einige dieser immer wieder auftauchenden Fragen wollen wir im Folgenden besprechen, da es uns dünkt, dass vorwiegend die Ärzte dabei berufen sind, das Wort zu ergreifen. *[14,3]*

Bekanntlich soll die Erziehung des Kindes bereits im Mutterleib beginnen.

---

2   *Anm. Adlers:* 4. Auflage, Leipzig, Th. Griebens Verlag [Preyer 1882]
3   *Anm. Adlers:* Berlin, Reuther & Reichardt [Groos 1904]
4   *Anm. Adlers:* S. Freud, Traumdeutung, Deuticke, Wien [Freud 1900]

Dem Arzte obliegt dabei die Pflicht, die Aufmerksamkeit der Eheschließenden darauf zu lenken, dass nur gesunde Menschen zur Fortpflanzung geschaffen sind. [14,4] Ihre Aufgabe ist es, bei vorliegendem Alkoholismus, bei Geschlechtskrankheiten, Epilepsie, Tuberkulose etc. auf die Gefahren einer Ehe, auf die schädlichen Folgen für die Nachkommenschaft hinzuweisen. Die körperliche und seelische Pflege der Schwangeren ist nicht zu vernachlässigen, der Hinweis auf die Wichtigkeit des Selbststillens darf nicht unterlassen werden.

Von größter Wichtigkeit für die Erziehung des Säuglings sind Pünktlichkeit und Reinlichkeit. Nichts leichter, als durch ständiges Nachgeben in der Nahrungsbefriedigung einen eigensinnigen Schreihals heranzuziehen, der es später nicht ertragen wird, auf die Befriedigung seiner Wünsche zu warten, ohne in die heftigste Erregung zu geraten. Nun gar die Erziehung zur Reinlichkeit muss uns als einer der mächtigsten Hebel zur Kultur dienen, und ein Kind, das seinen Körper rein zu halten gewöhnt ist, wird sich späterhin in schmutzigen Dingen nicht leicht wohl fühlen.

Die Vernachlässigung der körperlichen Erziehung, wie sie in unserer Zeit gang und gäbe ist, übt stets einen schädlichen Rückschlag auf körperliche und geistige Gesundheit aus. Hier gibt es Zusammenhänge, die nicht übersehen werden dürfen. Gute körperliche Entwicklung geht meist mit gesunder geistiger Entwicklung Hand in Hand. Schwächliche und kränkliche Kinder verlieren leicht die beste Stütze ihres geistigen Fortschritts: das Vertrauen in die eigene Kraft. Ähnliches findet man bei verzärtelten und allzu ängstlich behüteten Kindern. Sie weichen jeder körperlichen und geistigen Anstrengung aus, flüchten sich gerne in eine Krankheitssimulation oder übertreiben ihre Beschwerden in unerträglicher Weise. Deshalb können körperliche Übungen, Turnen, Springen, Schwimmen, Spiele im Freien bei der Erziehung nicht entbehrt werden. Sie verleihen dem Kinde Selbstvertrauen, und auch späterhin sind es wieder solche Äußerungen persönlichen Muts und persönlicher Kraft, die – aus überschüssigen Kraftquellen gespeist – das Kind vor Entartungen behüten.

Hat man es mit Schwachsinnigen, Kretinen, Taubstummen oder Blinden zu tun, so wird es Aufgabe des Arztes sein, die Größe des Defekts sicherzustellen, die Chancen einer Heilung oder Besserung zu erwägen und eine entsprechende, zumeist individualisierende Behandlung und Erziehung zu empfehlen.

Das wichtigste Hilfsmittel der Erziehung ist die Liebe. Eine Erziehung kann nur unter Assistenz der Liebe und Zuneigung des Kindes geleistet werden. Wir beobachten immer wieder, wie das Kind stets auf die von ihm geliebte Person achtet und wie es deren Bewegungen, Mienen, Gebärden und Worte nachahmt. Diese Liebe darf nicht gering geschätzt werden, denn sie ist das sicherste Unterpfand der Erziehungsmöglichkeit. Diese Liebe soll sich nahezu gleichmäßig auf Vater und Mutter erstrecken, und es muss alles vermieden werden, was den einen Teil davon ausschließen könnte. Streitigkeiten unter den Eltern, Kritik der getroffenen Maßnahmen sollen vor dem Kinde geheim gehalten werden. Bevorzugung eines der Kinder muss hintan gehalten werden, denn sie würde sofort die erbitterte Eifersucht des anderen hervorrufen. Es ist ohnehin nicht leicht, die eifersüchtigen Regungen des älteren Kindes gegenüber dem neu angekommenen, die sich in mannigfachster Weise äußern, einzudämmen. – Andererseits darf kein Übermaß von Liebe, keine Überschwänglichkeit gezüchtet werden. So angenehm es auch die Eltern berührt, ein derartiger Überschwang hemmt leicht die Entwicklung des Kindes. Besonnenheit den Liebkosungen des Kindes gegenüber, Hinlenken auf ethisch wertvolle Bestrebungen, auf Arbeit, Fleiß, Aufmerksamkeit kann in solchen Fällen die richtige Mittellinie garantieren.

Wer die Erziehung seines Kindes fremden Personen: Ammen, Hauslehrern, Gouvernanten, Pensionaten, überlässt, muss sich der großen Gefahren bewusst bleiben, die mit einer solchen Überantwortung verbunden sind. Selbst wo von ansteckenden Krankheiten oder offenkundigen Lastern abgesehen werden kann, muss man doch die Fähigkeit einer Gouvernante etwa, die väterliche oder mütterliche Erziehung zu ersetzen, in Frage ziehen. Verschüchtert, verbittert, ihr Leben lang gedemütigt, sind diese bedauernswerten Geschöpfe kaum in der Lage, die geistige Entwicklung eines Mädchens, geschweige eines Knaben zu leiten.

Strafen können in der Erziehung nicht entbehrt werden. Dabei hat aber einzig und allein der Gesichtspunkt des Besserns zu gelten.[5] Seit die Prügel aus der Justiz verschwunden sind, muss es als Barbarei angesehen werden, Kinder zu schlagen. Wer da glaubt, nicht ohne Schläge in der Erziehung auskommen zu können, gesteht seine Unfähigkeit ein und sollte lieber die Hand von den Kindern lassen. Wenn wir der Strafen nicht entbehren können, so sind dies doch nur solche, die dem Kinde sein Unrecht, die Grenzen seiner Macht zeigen, es darüber belehren und durch kleine, unschädliche Entziehungen seine Aufmerksamkeit auf das Bessere konzentrieren. Entfernung vom Tisch der Eltern, eine kurze ernste Ermahnung, ein strafender Blick müssen gemeiniglich genügen. Entziehung von Nahrung, am ehesten noch von Obst und Leckerbissen, soll nur im äußersten Falle, eventuell bei störrischer Nahrungsverweigerung, dann aber für sehr kurze Zeit und energisch als Strafe dienen.[6] Abschließung an einem einsamen Ort halten wir für ebenso barbarisch als Schläge, und wir können uns des Verdachts nicht erwehren, dass diese Strafe dem Charakter ebenso verhängnisvoll werden kann als die erste Gefängnishaft dem jugendlichen Verbrecher. Aber auch leichtere Strafen, wenn sie zu häufig erfolgen, können das Kind leicht zur Wiederholung verleiten und schädigen das Ehrgefühl. Schimpfworte oder beharrlicher, harter Tadel verschlechtern die Chancen der Erziehung. Es geht damit wie mit allen zu weit getriebenen

---

5   Strafen *bis* gelten] *Ausl. 1928*
6   Wenn *bis* dienen] *Ausl. 1928*

erzieherischen Eingriffen: Wer als Kind daran gewöhnt wurde, der wird sie auch später leicht hinnehmen. An Lob und Belohnung dagegen verträgt das Kind erstaunlich viel, doch kann auch hier ein schädliches Übermaß geleistet werden, sobald das Kind in dem Glauben heranwächst, dass jede seiner Handlungen lobenswert sei und die Belohnung sofort nach sich ziehe. Die Erziehung des Kindes muss von weitblickenden Erziehern geleitet werden, nicht für den nächsten Tag, sondern für die ferne Zukunft. Vor allem aber sei dafür Sorge getragen, dass das Kind mit dem deutlichen Bewusstsein heranwachse, in seinen Eltern stets gerecht abwägende Beurteiler, aber zugleich auch immer liebevolle Beschützer zu finden. [15,4]

Unter den Untugenden der Kinder, die gemeiniglich unter Strafe stehen, stechen der kindliche Eigensinn und das Lügen besonders hervor. Eigensinn in früher Kindheit ist mit freundlicher Ermahnung ganz sachte einzudämmen. Er bedeutet in den ersten Jahren nichts weiter als einen Drang zur Selbstständigkeit, also eigentlich ein erfreuliches Symptom, das nur unter beständiger Lobhudelei ausarten könnte. Bei großen Kindern dagegen und Erwachsenen ist der konstant auftretende Eigensinn nahezu ein Entwicklungsdefekt und lässt eigentlich nur eine einzige Art der Bekämpfung zu: Vorhersagen einer möglichen Schädigung und ruhiger Hinweis auf den Eintritt derselben. Dabei müssen alle Andeutungen auf ein überirdisches Eingreifen, wie »Strafe Gottes« etc. entfallen, da sie dem Kinde den Zusammenhang von Ursache und Wirkung verhüllen. Von dieser Seite her ist selbst bei Eigensinnigen die Entwicklung ihrer Selbstständigkeit bedroht. Neben den »Jasagern« gibt es nahezu ebenso viele »ewige Neinsager«, die sich in ihrer Gesinnungs- und Charakterschwäche ewig gleich bleiben. [15,5]

Bezüglich der Lügen bei Kindern herrscht die größtmögliche Verwirrung. Da unser ganzes Leben von Lügen durchseucht ist, darf es uns nicht wundern, auch in der Kinderstube die Lüge wiederzufinden. In der Tat lügen die ganz Kleinen in der harmlosesten Weise. Anfangs ist es ein Spiel mit Worten, dem jeder Zweck oder böse Absicht mangelt. Späterhin kommen Fantasielügen an die Reihe. Sie sind gleichfalls nicht tragisch zu nehmen, sind oft genährt durch ein Übermaß fantastischer Erzählungen und Lektüre[7]. Hinweis auf die Wirklichkeit, Ersatz der Fantasiereize durch realeres Material, Naturgeschichte, Reisebeschreibungen und körperliche Tätigkeit[8] genügen, um diesen Lügen ein Ende zu machen. In den weiteren Jahren sind die Motive meist deutlich. Lügner aus Eitelkeit, Selbstsucht und Furcht sind die hauptsächlichsten Vertreter. Lassen sich diese Motive wirkungsvoll bekämpfen, so fällt auch das Lügen fort. Besonders deutlich wird das Verschulden der Erziehung bei Angst- oder Ver-

---

7 *Erg. 1922:* und sind Folgen einer stärker hervortretenden Großmannssucht oder Herrschsucht
8 *Erg. 1922:* wie Hinweis auf die Plusmacherei

legenheitslügen. Denn unter keinen Umständen sollte das Kind vor seinem Erzieher Furcht empfinden. Man hüte sich davor, das Kind an Geheimnissen, Lügen oder Verstellungen vor anderen Personen teilnehmen zu lassen. Man hüte sich besonders vor Redensarten wie: »Warte, ich werd's dem Vater sagen!«, um das Kind zur Abbitte zu bewegen. Denn man zieht damit den Hang zum Verschweigen und Lügen groß. Auch die Beichte kann bei unvorsichtiger Haltung der Eltern der Erziehung zur Wahrhaftigkeit abträglich werden, da sie dem Hang zur Heimlichtuerei gegen die natürlichen Erzieher eine Stütze bietet. Gegen das Aufkommen eingewurzelter Lügenhaftigkeit bietet das gute Beispiel der Umgebung wie für das gesamte Erziehungsresultat eine sichere Gewähr. Jede Art von Konfrontation dagegen und Inquisitionsverfahren wirken schädlich. Das Gleiche gilt vom Zwang zur Abbitte, die überdies nie sofort, sondern nur als freiwillige eingefordert werden darf. Ein höchst verlässliches Schutzmittel gegen Lügenhaftigkeit bildet die Entwicklung eines mutigen Charakters, der die Lüge als unerträgliche Beeinträchtigung verwirft.

Gehorsamkeit beim Kinde darf nicht erzwungen werden, sondern muss sich als selbstständiger Effekt der Erziehung ergeben. Die Freiheit der Entschließung muss dem Kinde möglichst gewahrt werden. Nichts ist unrichtiger als das fortwährende Ermahnen, wie es leider so weit verbreitet ist. Da es aber unerlässlich ist, in manchen Fällen Folgsamkeit zu erlangen, so stütze man sie auf das Verständnis des Kindes. Deshalb muss jeder unverständliche Befehl, jedes ungerecht scheinende Verlangen vermieden werden, denn sie erschüttern das Zutrauen zu den Eltern. Ebenso sind unnütze, unausführbare und häufige Androhungen zu unterlassen. Ungerechtigkeiten dem Kinde gegenüber, von Geschwistern oder Kameraden verübt, erweisen sich oft als nützlich, wenn man an ihnen den Wert der Gerechtigkeit für alle aufweist.

Überhaupt obliegt dem Erzieher, die wichtige Rolle des orientierenden Bewusstseins dem Kinde gegenüber zu vertreten. Er hat die Aufgabe, das Kind darauf zu leiten, wie die Kräfte und Äußerungen seines Seelenlebens zusammenhängen, um zu verhüten, dass das Kind irregeht oder von anderen missleitet werde. Ein allzu häufiger Typus ist der des verängstigten, überaus schüchternen, überempfindlichen Kindes. Weder zur Arbeit noch zum Spiel taugt es nicht. Jeder laute Ton schreckt diese »Zerstreuten« aus ihren Träumen, und sieht man ihnen ins Gesicht, so wenden sie die Augen ab. Ihre Verlegenheit in der Gesellschaft, in der Schule, dem Arzte gegenüber (Ärztefurcht!) schlägt sie immer wieder zurück und lässt sie in die Einsamkeit flüchten. Die ernstesten Ermahnungen verhallen spurlos, die Schüchternheit bleibt, verstärkt sich und macht die Kinder zu dieser Zeit nahezu entwicklungsunfähig. Nun gibt es aber gar kein kulturwidrigeres Element als solche Zurückgezogenheit oder Feigheit, die noch obendrein den Eindruck erweckt, als stünde sie unter dem Zeichen des Zwanges. Ich getraute mich zur Not aus dem grausamsten Knaben einen tauglichen Fleischhauer, Jäger, Insektensammler oder – Chirurgen zu machen. Der Feige wird immer kulturell minderwertig bleiben. Gelingt es bei solchen Kindern, die Wurzel ihrer Schüchternheit aufzudecken, die, wie leicht zu erraten, in der Masturbation besteht,[9] so retten wir das Kind vor dem Verfall, vor einem Versinken in Frömmlerei und Pietismus. Man findet dann in der Regel, dass dieses Kind – meist zwischen dem achten und 15. Lebensjahr[10] – eine Zeit der bittersten Selbstanklagen und Selbstbeschuldigungen[11] hinter sich hat. In seiner Unkenntnis der Welt und durch unverständige Erziehung gepeinigt, erwartet es beständig eine Strafe des Himmels[12]. Daneben besteht die Ursache – Masturbation – ruhig weiter fort, das Kind hat aber im Laufe der Zeit den Zusammenhang aufgegeben und kann ihn aus eigener Kraft meist nicht mehr finden. Hebt man die Ursache hervor und stellt man den Zusammenhang deutlich für das Kind wieder her, so hat man die Möglichkeit einer Einwirkung auf Ursache und Folgeerscheinung.[13]

An dieser Stelle können wir einige wichtige Bemerkungen nicht unterdrücken. Erstens: Unter gar keinen Umständen, auch bei sexuellen Vergehungen nicht, ist es gestattet, dem Kinde Schrecken einzujagen. Denn man erreicht damit sein Ziel niemals, nimmt dem Kinde das Selbstvertrauen und stürzt es in ungeheure Verwirrung. Solche Kinder, denen man Schreckbilder vor die Seele bringt, flüchten regelmäßig in die Arme der Religion[14] und werden denselben Weg auch im reiferen Alter finden, wenn ihnen von irgendeiner Seite Ungemach droht. Zweitens: Das Selbstvertrauen des Kindes, sein persönlicher Mut ist sein größtes Glück. Mutige Kinder werden auch später ihr Schicksal nicht von außen erwarten, sondern von ihrer eigenen Kraft. Und drittens: Den natürlichen Drang des Kindes nach Erkenntnis soll man nicht unterbinden. Bei den meisten Kindern kommt eine Zeit, wo sie unaufhörlich Fragen stellen. Man darf dies nie als Sekkatur[15] empfinden; denn durch dieses Fragen verrät das Kind, dass es nunmehr in seiner eigenen Existenz viele Rätsel gefunden hat, und die ganze Fragerei steht eigentlich nur an Stelle der einen Frage: Wo bin ich hergekommen[16]? Man beantworte, so viel man kann, zeige dem Kinde das Unsinnige und Lächerliche vieler seiner Fragen, und kommt es

---

9 die *bis* besteht] *Ausl. 1914*
10 meist *bis* Lebensjahr] *Ausl. 1922*
11 Selbstanklagen und Selbstbeschuldigungen] *Änd. 1922*: Minderwertigkeitsgefühle
12 Strafe des Himmels] *Änd. 1922*: Entlarvung seiner Unfähigkeit
13 Daneben *bis* Folgeerscheinung] *Änd. 1922*: Als Ursache findet man Organminderwertigkeiten, die oft schon einen Ausgleich gefunden haben, oder in den Folgen als gleichwertig eine strenge oder verzärtelnde Erziehung; durch sie wird die Seele des Kindes verleitet, die Schwierigkeiten des Lebens schreckhaft zu empfinden, den Mitmenschen als Gegner anzusehen und zuerst an sich zu denken.
14 in die Arme der Religion] *Änd. 1922*: vor den Lebenssorgen
15 als Sekkatur] *Änd. 1922*: bloß als Quälerei
16 *Erg. 1914*: und wohin gehe ich

dann endlich doch einmal zu der einen großen Frage seiner Entstehung, so beantworte man diese nach der Entwicklung des Kindes, nehme die Vorgänge bei Pflanzen oder niedrigeren Tieren behufs Erläuterung vor, und man wird dadurch den Keim zum Verständnis der monistischen Naturauffassung[17], der Einheit des organischen Lebens gelegt haben.

Dagegen muss die Erweckung sexueller Frühreife strengstens hintangehalten werden. Nach *Freuds* Forschungen liegt hier geradezu der Schlüssel zur Prophylaxe der Neurosen.[18] Wir wissen heute, dass die Sexualität in frühester Kindheit bereits vorhanden ist. Sie kann durch unvorsichtige oder böswillige Behandlung, Unreinlichkeit, krankhafte Veränderungen durch Gewährenlassen von Unarten, Spielen, Lutschen, ferner durch gewisse, weit verbreitete Kinderspiele leicht gesteigert werden. – Das Kind beobachtet gerne und mit Neugierde. Das Schlafzimmer der Eltern sollte stets vom Kinderzimmer abgesondert sein. Der Koedukation können wir das Wort reden, warnen aber vor Sorglosigkeit und Überraschungen. Die Kenntnisnahme ehelicher Vorgänge wirkt auf die kindliche Seele besonders verheerend ein. Eifersüchtige Regungen gegen den Vater oder die Mutter müssen frühzeitig bemerkt und korrigiert werden.

In den so genannten Flegeljahren, zur Zeit der Pubertät, tritt meist ein eigentümlicher Zerfall der Kinder mit ihren Eltern, ja mit ihrer ganzen Umgebung ein. Spott- und Zweifelsucht werden rege, eine negative, jeder Autorität abholde Stimmung ergreift besonders die Knaben. Es ist kaum ein Zweifel berechtigt, dass diese Erscheinung mit dem vollen Erfassen des sexuellen Problems, mit dem gänzlichen Erwachen des Sexualtriebs[19] zusammenhängt[20]. In dieser Zeit wird nur der Erzieher bestehen können, der mit vollem Recht das Vertrauen des Kindes besitzt. Dies ist auch die Zeit, wo die sexuelle Aufklärung, am besten durch Vater, Mutter, älteren Freund oder Arzt in wohlwollender Weise zu erfolgen hat. Eine wichtige Aufgabe erwächst sodann dem zum Berater gewordenen Erzieher des Kindes, diese Zeit des Zweifels, des Widerstands gegen unbefugte Autoritäten auszunützen und dieses negierende Gefühl mit lauterem Inhalt zu füllen.[21]

---

17 monistischen Naturauffassung] *Änd. 1922*: des kosmischen Zusammenhangs
18 Nach bis Neurosen] *Ausl. 1922*
19 *Erg. 1922*: mit der Verselbstständigung und Mannbarkeit
20 *Erg. 1922*: die häufig über das notwendige Ziel hinausschießen
21 *Erg. 1922*: Das Kind muss für die *Gemeinschaft* erzogen werden. Familie und Schule richten sich automatisch, wenn auch oft unter Widerstand nach diesen Forderungen. Jede Abweichung von dieser Linie bedroht das Kind später mit Schwierigkeiten der Anpassung in Beruf, Liebe und Gesellschaft. Als Lehrer und Erzieher taugen deshalb nur Personen, die selbst ein entwickeltes Gemeinschaftsgefühl besitzen – Querköpfe, Individualitäten, Egoisten, Fatalisten, besonders die an unausrottbare Vererbung glauben, stiften nur Schaden. Ebenso einseitige Theoretiker, wenn sie nach ihren Schablonen, nicht nach den realen Bedürfnissen einer tauglichen Gesellschaft erziehen wollen.

2. Das sexuelle Problem in der Erziehung (1905)

Editorische Hinweise
Erstveröffentlichung:
1905: Die Neue Gesellschaft. Sozialistische Wochenschrift (Berlin), N. F. 1, Bd. 8, S. 360–362.

Dieser Aufsatz ist zu Adlers Lebzeiten nicht wieder erschienen, da dessen psychoanalytische Ausrichtung später nicht mehr in sein Konzept passte. Er basiert auf Freuds »Drei Abhandlungen zur Sexualtheorie« von 1905, die Adler als seine »theoretische Grundlage« nennt. Seine Betonung liegt aber auf deren Anwendung in der Erziehung und den möglichen Fehlentwicklungen. Sexualität wird als zentrale Triebfeder beschrieben, die den Kontakt zur Außenwelt herstellt, die aber der kulturellen Kontrolle unterworfen und sublimiert werden muss – Freuds Kulturtheorie ist hierin impliziert. Freud folgend beschreibt Adler die kindliche Sexualität in ihren verschiedenen Äußerungen und mit ihren erogenen Zonen. Die Liebe zu den Eltern, dann zum Lehrer, zu Freunden erscheint als sublimierter Abkömmling – nicht in ihrer ödipalen Vehemenz. Es zieht sich durch den Text eine Warnung vor sexueller Frühreife durch künstliche Steigerung der Sexualität oder durch mangelnde Kontrolle, die zu allerlei Fehlentwicklungen und zu Kulturunfähigkeit führe. Ebenso aber warnt Adler vor Strafen und Einschüchterung.

Die Zeitschrift »Die Neue Gesellschaft«, wurde von Heinrich und Lily Braun ab 1903 herausgegeben. Diese gehören dem revisionistischen Flügel des Austromarxismus an, der dezidiert nietzscheanisch orientiert (nietzscheanischer Sozialismus) und als solcher heftig umstritten war.

Das sexuelle Problem in der Erziehung

Es ist ein allgemeiner Brauch, sich zu entschuldigen, wenn man öffentlich von sexuellen Fragen spricht. Diese Scheu hat ihre tiefen Gründe. Wir werden dadurch belehrt, dass wir vor einem Komplex sorgfältig gehüteter psychischer Gebilde stehen, die sich nicht ohne Kampf erschließen. Dass sich der Unwille der Gesellschaft gegen die Aufklärer richtet, ist sonach verständlich, wenngleich beklagt werden muss, dass durch diesen Widerstand die praktische und theoretische Behandlung der sexuellen Fragen eine Hemmung erfährt. Im Leben der Völker wie des Einzelnen zeigt sich nun das gleiche Bild: Erst mit ihrer Mannbarkeit erwachen sie zum Bewusstsein eines sexuellen Problems. Erst die städtische Kultur drängt die Gesellschaft unaufhaltsam zu einer Lösung dieser Frage. Ebenso verwandelt erst der vermehrte Bewusstseinsinhalt beim Einzelindividuum den sexuellen »Urwillen« in einen der Kultur unterworfenen Trieb.

Im Allgemeinen wird der Beginn der Sexualität beim Menschen auf ein viel zu vorgeschrittenes Alter verlegt, wobei die Frage, woher sie gekommen sei, keinerlei Berücksichtigung erfährt. Pädagogische Erfahrungen aber und die zunehmende Einsicht in die Psyche des Kindes zwingen uns zur Annahme, dass die Sexualität schon in den ersten Lebenstagen des Kindes deutlich nachzuweisen ist.[1] Wer Gelegenheit hat, Säuglinge zu beobachten, wird sich des Verdachtes nicht erwehren können, dass sich vor allem der Saugakt des Kindes an der Mutterbrust, nach der der Säugling gierig und voll Aufregung hascht, unter sinnlichen, erotischen Gefühlen vollzieht. Nichts wirkt beruhigender auf den Säugling und löst so deutliche Gefühle der Befriedigung aus, auch wenn er vollgetrunken und nachweislich gesättigt ist, als wenn er an die Brust gelegt wird. Selbst an der leeren Brust oder mit einem Lutscher im Mund beruhigt sich das schreiende, ja sogar das hungrige, das kranke und leidende Kind für einige Zeit. Das Eigentümliche der *[361]* früh vorhandenen Sexualität aber ist ihre Zerstreuung über den gesamten Körper, ihre Haftung an jeder einzelnen Zelle, und wo immer sie beim Säugling in zweckmäßiger Weise erregt wird, löst sie sinnliches Wohlbehagen aus. So ist es vor allem die Haut, die durch Streicheln, durch ein warmes Bad in angenehme Erregung versetzt wird. So ist es aber auch mit maßvollen Eindrücken auf Auge und Ohr, auf die das Kind schon in den frühesten Tagen mit Heiterkeit und freudigem Behagen antwortet. Besonders zu beachten ist der Fortbestand von Resten dieser Sinnlichkeit. Sie finden sich normalerweise wohl im ganzen Leben. Der Mund und die Mundschleimhaut behalten zeitlebens ihre allerdings eingeschränkte erotische Bedeutung. So verweise ich auf das ziemlich allgemein verbreitete Lutschen der kleinen Kinder am Daumen, an der Lippe, gegen das sich die Erziehungskunst der Eltern oft nur mit Mühe durchsetzt. Dass der Kuss seine erotische Bedeutung von der ursprünglichen Sinnlichkeit dieser Stelle bezieht, brauche ich nicht besonders hervorzuheben. Auch die Haut verliert nie ganz ihre sinnliche Erregbarkeit; besonders jene Stellen bleiben mit sinnlichen Akzenten behaftet, die einer Dehnung durch Wachstum weniger ausgesetzt sind. So die Achselhöhlen, der Hals, die Fußsohlen. Bezüglich der Beigabe von Sinnlichkeit zu den Gesichts- und Gehörseindrücken verlohnt es sich weiter auszuholen.

Vorerst drängt sich uns eine Frage auf: Welchen Zweck verfolgt wohl die Natur damit, wenn sie dem Säugling die Sexualität auf die Welt mitgibt? Der Sinn und die Bedeutung dieser Tatsache, ferner der der Zerstreuung von Sinn-

---

1 *Anm. Adlers:* Wer sich für die theoretischen Grundlagen dieser Arbeit und ihrer Auffassung interessiert, findet dieselben in *Freud*, »Drei Abhandlungen zur Sexualtheorie«, Leipzig und Wien 1905 [Freud 1905].

lichkeit über den ganzen Körper, ihrer auffälligen Zuteilung an alle Sinnesorgane – das Geruchsorgan bleibt keineswegs ausgeschlossen – sind offenbar darin zu suchen, dass die Sinnlichkeit und Sucht nach Befriedigung das Individuum zwingt, mit allen Organen zur Außenwelt in Beziehung zu treten, um Eindrücke und Nahrung zu sammeln. So dient die sexuelle Triebfeder, der sinnliche Mechanismus der Zelle dazu, das Kind an die Dinge der Außenwelt heranzuführen und den Verkehr mit der Kultur einzuleiten. Zu all dem – aber auch nur zu dem! – muss uns beim Erziehungswerk die Sexualität dienen. In diesem Lichte gesehen wird die Entwicklung von Auge und Ohr in den Mittelpunkt der Erziehung rücken, weil diese Organe sich am raschesten des rein sinnlichen Akzentes entschlagen und sich am leichtesten kulturellen Zwecken dienstbar machen lassen.

Eine unverständige Behandlung des Kindes kann in dieser Richtung gleich anfangs großen Schaden stiften. Die Kultur des Kindes steht und fällt mit der *Übertragung* der Leistungsfähigkeit von dem sinnlichen Führer auf die kulturfähige Tragkraft der Zellkomplexe. Eine namhafte Erhöhung der sinnlichen Erregbarkeit, bei der die rasche Befriedigung dem Kinde dauernder Selbstzweck wird, stellt sich dieser Übertragung hemmend in den Weg und hindert den Fortschritt der Kultur.

Mit dieser künstlichen Steigerung der natürlichen Sinnlichkeit, die zur sexuellen Frühreife, aber auch zur Perversität im späteren Leben Anlass geben kann, verknüpft sich noch ein weiterer Missstand. Unser ganzes Kulturleben setzt die Fähigkeit voraus, unerfüllte oder momentan unerfüllbare Wünsche mit gleich bleibender Kraft des Geistes zu ertragen, bis durch Einsetzung der ganzen psychischen und physischen Kraft ein befriedigendes Ziel erreicht werden kann. Das sicherste Zeichen von Kulturfähigkeit ist, vor den Mühen und Nöten einer zielbewussten Unternehmung nicht zurückzuschrecken. Es ist nun durchaus nicht gewagt, zu behaupten, dass der Grundstein zu dieser Vorbedingung der Kultur im frühesten Kindesalter gelegt werden muss. Werden die kindlichen Wünsche im Säuglings- und späteren Kindesalter durch allerlei sinnlichen Genuss, durch eifriges Reichen der Nahrung, durch Hutschen, Schaukeln, Schleudern statt durch notwendige Darbietungen eingelullt, dann bleibt die Beherrschung des sinnlichen Begehrens durch die psychischen Kräfte hinter der Norm zurück.

Der Kreis der sexuellen Beziehungen des Kindes zur Außenwelt ist damit lange nicht erschöpft. Das Spiel der Glieder, Laufen, Hüpfen, Springen, später Raufen und Turnen, besonders Klettern, nicht weniger Schaukeln, Wiegen und Fahren, sind gleichfalls imstande, sinnliche Erregungen auszulösen. Man wird in allen diesen Fällen, insbesondere wo der erotische Selbstzweck, nicht körperliche Förderung, ins Auge fällt, ein sichtliches Übermaß zu unterdrücken trachten müssen.

Die Geschlechtsteile des Säuglings besitzen gleichfalls sinnliche Erregbarkeit. Ebenso steht das Gebiet des Exkrementellen, die Befriedigung der Notdurft des Kindes unter der Leitung der Sinnlichkeit. Auch für diese Zonen lassen sich Reste bis ins spätere Kindesalter nachweisen. Berührungen, die der Säugling an diesen Teilen vornimmt, sind nicht selten und werden vom Ausdruck sinnlicher Lust begleitet. Gewiegte Kinderfrauen kennen und üben das Kunststück, schreiende Kinder durch Berührungen der kindlichen Geschlechtsteile zu beruhigen und zum Schlafen zu bringen. Solche Erlebnisse führen oft zur sexuellen Frühreife und sperren, wie oben hervorgehoben, den Weg zur Kultur. Mit dem Eintritt sexueller Frühreife findet man tatsächlich eine ganz auffällige Verschlechterung der Moral verknüpft. Dem Erzieher entgleiten förmlich die Zügel. Heftigste Ungebärdigkeit – auch im späteren, schulpflichtigen Alter –, Hang zum Lügen, zum Diebstahl, rapide Verschlechterung in der Schule, Unfähigkeit aufzumerken, Verlust des Schamgefühls, Neigung zu grausamen Handlungen, zu Brandstiftung, bei etwas älteren Kindern eher Menschenscheu, gedrücktes Wesen, Verträumtheit lassen den erfahrenen Pädagogen auf sexuelle Frühreife Verdacht hegen. Oft stellen sich als einzige Verdachtsmomente ein: unablässiges Nägelbeißen und heftiges Nasenbohren.

Eng verbunden mit der Sexualität ist beim Kinde die Lust am Exkrementellen. Auch davon ragen Reste bei ganz normaler Entwicklung ins spätere Kindesalter. Verhältnismäßig harmlos sind: beständiges Laufen aufs Klosett, die Lust, öffentlich oder in Gesellschaft von Kameraden die Notdurft zu befriedigen. Eine andere Gruppe von Kindern steht schon dem Gebiete des Arztes näher: meist blasse Kinder, die auffällig selten, besonders in der Schule, sich zur Notdurftsverrichtung anschicken. In der Schule sind sie oft zerstreut, klagen häufig über Kopfweh und suchen sich erst im letzten Moment eilends vor dem Schiffbruch zu retten. Ein ziemlich sicheres Zeichen sexueller Frühreife, wenn es sich nicht um ein Symptom der Epilepsie handelt, ist Bettnässen. Im Zusammenhang mit der früher erwähnten Verschlechterung der Moral bei Frühreifen steht die hohe Zahl von Bettnässern unter den jugendlichen Verbrechern und Nervösen. Nächtliches Aufschreien, Angstanfälle, übergroße Ängstlichkeit, allerlei Zuckungen im Gesicht, an den Augenlidern sind meist als Zeichen der inneren Not, der Abwehr gegen die Wogen der hereinbrechenden Sexualität anzusehen.

Die sexuelle Frühreife ist zumeist Folge einer absichtlichen oder unabsichtlichen Verführung. Einige weit verbreitete Kinderspiele, wie »Doktor spielen«, sind hier *[362]* besonders anzuschuldigen. Daneben finden sich: familiäre Disposition, Lues, Alkoholismus oder Verwandtschaft der Eltern. Aufs Heftigste zu tadeln ist Mangel an Vorsicht beim ehelichen Verkehr. Welche Rolle hierbei die Beschränkung der Wohnräume und alkoholische Sünden spielen, ist einleuchtend genug. Ungemein verderblich wirken auch familiäre Zwistigkeiten, besonders wenn sie vor den Kindern ausgetragen werden und das Kind zwingen, Partei zu ergreifen.

Dies ist der Verlauf der nicht mehr normalen, zuweilen pathologischen Entwicklung der Sexualität. Anders die normale Evolution. Nach dem zweiten bis dritten Lebensjahr sehen wir die Sexualität erblassen. An deren Stelle hat das Kind eingetauscht: Schamgefühl, ursprünglich auf Entblößung und Notdurftsverrichtung beschränkt, Ekel gegen das Exkrementelle und gegen Dinge, die kleinere Kinder in den Mund zu stecken pflegen, und Liebe zu einem oder seltener beiden Teilen der Eltern. Ja, wenn wir näher zusehen, können wir finden, dass es gerade diese Liebe zu den Eltern ist, um derentwillen das Kind – wo Rauch, da Feuer! – von sinnlicher Lust zu Scham und Ekel kommt. Der früher so deutliche sinnliche Zug seines Wesens blasst merklich ab, und an seine Stelle tritt als Führer zur Kultur die Liebe zum Vater oder zur Mutter. Meist bringen die Mädchen dem Vater, die Knaben der Mutter die größere Neigung entgegen; im späteren Leben fallen die Mädchen recht häufig zur Mutter, die Knaben zum Vater ab. Dabei kann man deutlich wahrnehmen, wie das Kind den von ihm bevorzugten Elternteil meisterhaft nachahmt. Auffällige Bevorzugung des Vaters oder der Mutter ist energisch hintanzuhalten, was oft deshalb versäumt wird, weil einem die ausschließliche Liebe des Kindes allzu sehr schmeichelt. Überhaupt sei auch an diesem Punkte die Warnung ausgesprochen, diese Liebe nicht zum Selbstzweck werden zu lassen; sie nimmt sonst – ihr Ursprung prädestiniert sie dazu – unter Umständen erotischen Charakter an. Verhätschelung, stürmische Liebkosungen oder der Missbrauch, das Kind ins Bett der Eltern zu nehmen können die normale Unterdrückung der Sexualität wieder aufheben.

Sonst aber taucht die Sexualität bis auf leichte Spuren unter, um der wachsenden Kultur Platz zu machen. Gelegentliche unzweideutige Regungen, besonders gegen das achte Lebensjahr, zeigen deutlich, dass kein völliges Verlöschen, sondern eine länger währende Unterdrückung und Verwandlung der Sexualität eingetreten ist. Für die öffentlichen Schüler nun ist dies auch das Alter, wo sie, in den überfüllten Schulen dem Auge des Lehrers entzogen, der Verführung zur Masturbation anheim fallen. Nicht wenig trägt in katholischen Gegenden zur Störung des normalen Ablaufs der sinnlichen Regungen die Beichte bei, wie denn überhaupt die katholische Kirche es meisterhaft verstanden hat, die Bedeutung der kindlichen Sexualität für ihre Ziele auszunützen. – In dieser Zeit bringt auch ein wachsender Hang zur Freundschaft die Kinder näher aneinander, eine Neigung, die wohl die gleiche Beziehung zur Erotik hat wie die Neigung zu den Eltern, zum Lehrer, zum Erzieher.

Ist eines dieser Kinder einmal in seiner Frühreife bis zur Masturbation gelangt, oder wie so häufig in geschlossenen Anstalten und Pensionaten in perverse Beziehung getreten, so hält es unendlich schwer, es wieder davon abzubringen. Sicher ist, dass ein solches Kind nicht durch Prügel oder unmäßige Strenge, sondern am ehesten durch Gewinnung seiner Liebe und durch freundschaftliche Überwachung auf den rechten Weg zurückgebracht werden kann.

Wenn wir den weiteren Weg dieser Früh-Masturbanten verfolgen, so finden wir auch tatsächlich, dass sie ihre endgültige Erlösung durch die Liebe finden, durch ihre erste Liebe.

Viele der Frühreifen tragen freilich Schädigungen davon, seien es Einbußen der Charakterentwicklung im Sinne einer verminderten Selbstständigkeit und Courage, seien es Stillstände ihrer geistigen Entwicklung oder späteres Auftauchen von Neurosen. Andere überwinden dies Stadium der Frühreife früher oder später aus eigener Kraft; denen wird man oft eine hervorragende geistige oder künstlerische Entwicklung voraussagen können.

Die normal Entwickelten bleiben ungefähr bis ins 14. Lebensjahr von Ausschreitungen ihrer Sexualität verschont. Da aber erfolgt mit geringen Ausnahmen, oft nur für kurze Zeit, der Eintritt einer Masturbationsperiode, die für unsere Zeit und gesellschaftliche Zustände nicht als krankhaft anzusehen ist. Nichtsdestoweniger ist auch dieses Emporkommen der Sexualität, das vom Wachstum der Geschlechtsdrüsen ausgelöst zu werden scheint, mit heftigen Erschütterungen des psychischen Gleichgewichts verbunden. Mit überraschender Schnelle tritt besonders bei den Knaben um diese Zeit eine Periode des heftigsten Kritizismus ein, eine aggressive und negierende Beziehung zu Eltern und Lehrern, und nur der Erzieher wird in dieser Zerfallsperiode vor seinem Zögling bestehen, der mit Recht sein uneingeschränktes Vertrauen genossen hat. Eine Frucht aber beginnt in dieser Zeit des Sturms und Drangs zu reifen, welcher die Bestimmung zufällt, die mächtig anschwellende psychische Not zu sänftigen: die Gestaltung der philosophischen und politischen Betrachtung der Welt, der Aufbau einer endgültigen Weltanschauung des reifenden Menschen.

Andererseits ist die Zeit nach dem 14. Lebensjahr auch am geeignetsten zu einer vollen Aufklärung der sexuellen Verhältnisse. Keine Androhung, keine Strafe, kein Bangemachen soll da den Lebensmut des Jünglings einschränken. Der hohen Bedeutung der Beherrschung des Sexualtriebs soll sich der Jüngling bewusst werden, eine Erkenntnis, die bessere Resultate zeitigt als Bann und Furcht.

Die einmal abnorm geratenen Fälle halte ich am besten gewahrt in der Hand ärztlicher Pädagogen, die freilich derzeit noch dünn gesät sind. Am verwerflichsten find ich es, sexuellen Verirrungen mit Schlägen, Einschüchterungen, Androhung von zeitlicher und ewiger Strafe, mit Verheißung von Krankheiten, wie es populäre Schriften tun, zu begegnen. Die Schuld liegt nie am Kinde, sondern immer an der Erziehung, weshalb sich die Erziehung bessern muss. Dies scheitert freilich oft an dem Mangel an Einsicht, oft aber auch am Mangel an Zeit und Geld, ausreichenden Wohnungen, am Mangel einer niedrig bemessenen Schülerzahl und einer genügenden Überwachung.

3. Drei Psycho-Analysen von Zahleneinfällen und obsedierenden Zahlen (1905)

Editorische Hinweise
Erstveröffentlichung:
1905: Psychiatrisch-Neurologische Wochenschrift, 7. Jg., Nr. 27, S. 263–267

Auf der Grundlage von Freuds »Psychopathologie des Alltagslebens« von 1904 führt Adler an eigenem Material drei Analysen von Zahleneinfällen durch. Adler will wie Freud daran den »psychischen Determinismus« als Gesetzmäßigkeit des Psychischen nachweisen.

Auch für Adler haben Zahleneinfälle etwas Zwingendes, nichts Zufälliges und Zusammenhangloses. »Die Überdetermination der Zahlvorstellung« sei »nicht zu leugnen«. Sie sei Ausdruck eines »Kompromisses« aus dem Kampf von Bewusstem und Unbewusstem.

Dieser Aufsatz steht in engster Übereinstimmung mit Freuds Denken zu jener Zeit, wir finden hier keine spezifisch Adler'schen Ideen. Er erscheint wie eine Schrift, in der Freuds Gedanken unter Nervenärzten verbreitet werden sollten.

Drei Psycho-Analysen von Zahleneinfällen und obsedierenden Zahlen

In seiner »Psychopathologie des Alltagslebens« [Freud 1904] hat *Freud* unter anderem die Tatsache aufgedeckt, dass auch eine »gedankenlos hingeworfene« Zahl sich als determiniert erweist. Das zum Beweise angeführte Beispiel zeigt, wie tief ins Seelenleben die Analyse einer solchen Zahl hineinführt. Aus den Betrachtungen, die *Freud* an diesen Fund knüpft, sei hervorgehoben: 1. die Sicherheit, mit der sich die Analyse abwickelt, 2. die Neigung zum Aberglauben, die hinter den mathematischen Gedankenoperationen des Unbewussten unschwer zu entdecken ist.

Andere Analysen von scheinbar willkürlich ge[264]wählten Zahlen sind mir nicht bekannt geworden. Ich konnte aber beobachten, dass dieser Punkt der *Freud*'schen Mitteilungen zu den bestrittenen zählt. Durch die folgenden drei Analysen bin ich nun in der Lage, das zugehörige Material zu vermehren. Zwei dieser Fälle verdanke ich durchaus gesunden Personen, die selbstständig, ohne jegliche Methode, ihre Autoanalysen durchgeführt haben, anknüpfend an eine selbst gewählte Zahl. Man wird ihrem Gedankenablauf, trotzdem er sich »spielend« vollzog, eine hervorragend genetische Gruppierung nicht absprechen können. Ebenso auffallend ist die doppelte Form des Widerstandes, der sich bei fortschreitender Analyse geltend macht, das eine Mal vordringlich und fühlbar, so dass ihn der Gedanken Spinnende leicht erkennt und abweist, das andere Mal maskiert, im Gewande theoretischen Einwurfs, durch welchen beim Hörer der Glaube an eine fest gefügte Zusammengehörigkeit von Zahl und Deutung erschüttert werden soll. Zuletzt freilich überwiegt die Fülle und Bedeutung des bloßgelegten Materials alle kritischen Bedenken und richtet die ganze Aufmerksamkeit der Versuchsperson auf sich.

Man kann dieser »Spielerei« durchaus nicht jeden Nutzwert absprechen. Die Aufschlüsse über das eigene Seelenleben sind beträchtlich genug, und in beiden Fällen ist die Erwartung gerechtfertigt, dass die hilflosen Spielzeuge von üblen Launen und Verstimmungen sich zu bewussten Bekämpfern oder Duldern eines auferlegten Geschickes erheben. Geradezu in die Augen springend ist der Wert der Zahlenanalyse im dritten Falle, der uns das Bild einer hysterischen Angstneurose mit einer Zahlenphobie bietet. Trotz weitestgehender Besserung, trotz Verschwindens der quälenden, beängstigenden, nervösen Gefühle erhält sich die Phobie einer bestimmten Zahl, bis auch deren Bedeutung von mir in einer Analyse klargestellt und sie als Überbau über den gleichen unbewussten Regungen erkannt wurde, die auf einem andern Wege zu den oben erwähnten nervösen Gefühlen und Angstvorstellungen geführt hatten.

Ich teile nun die beiden Autoanalysen mit, wie sie mir zugekommen sind, während ich die dritte von mir angestellte Analyse meinen Aufzeichnungen entnehme:

1. Fall

A. schreibt mir: »Gestern Abend habe ich mich über die »Psychopathologie des Alltags« [Freud 1904] hergemacht, und ich hätte das Buch gleich ausgelesen, wenn mich nicht ein merkwürdiger Zwischenfall gehindert hätte. Als ich nämlich las, dass jede Zahl, die wir scheinbar ganz willkürlich ins Bewusstsein rufen, einen bestimmten Sinn hat, beschloss ich, einen Versuch zu machen. Es fiel mir die Zahl 1734 ein. *Nun überstürzten sich folgende Einfälle: 1734 : 17 = 102; 102 : 17 = 6.* Dann zerreiße ich die Zahl in 17 und 34. Ich bin 34 Jahre alt. Ich betrachte, wie ich Ihnen, glaube ich, einmal gesagt habe, das 34. Jahr als das letzte Jugendjahr, und ich habe mich darum an meinem letzten Geburtstag sehr miserabel gefühlt. Am Ende meines 17. Jahres begann für mich eine sehr schöne und interessante Periode meiner Entwicklung. Ich teile mein Leben in Abschnitte von 17 Jahren. Was haben nun die Divisionen zu bedeuten? Es fällt mir zu der Zahl 102 ein, dass die Nummer 102 der reclamschen »Universalbibliothek« das *Kotzebue*sche Stück »Menschenhass und Reue« [Kotzebue 1906] enthält.

Mein gegenwärtiger psychischer Zustand ist Menschenhass und Reue. Nr. 6 der »Universalbibliothek« (ich weiß eine ganze Menge Nummern auswendig) ist *Müllners* »Schuld« [Müllner 1816]. Mich quält in einem fort der Gedanke, dass ich durch meine Schuld nicht geworden bin, was ich nach meinen Fähigkeiten hätte werden können. Weiter fällt mir ein, dass Nr. 34 der »Universalbibliothek« eine Erzählung desselben Müllner, betitelt »Der Kaliber« [Müllner 1828/2002] enthält. Ich zerreiße das Wort in ›Ka-liber‹; weiter fällt mir ein, dass es die Worte ›Ali‹ und ›Kali‹ enthält. Das erinnert mich daran, dass ich einmal mit meinem (6-jährigen) Sohn Ali Reime machte. Ich forderte ihn auf, einen Reim auf Ali zu suchen. Es fiel ihm keiner ein und ich sagte ihm, als er einen von mir wollte: ›Ali reinigt den Mund mit hypermangansaurem Kali‹. Wir lachten viel und Ali war sehr lieb. In den letzten Tagen musste ich mit Verdruss konstatieren, dass er ›ka (kein) lieber‹ Ali sei.

Ich fragte mich nun: Was ist Nr. 17 der »Universalbibliothek«?, konnte es aber nicht herausbringen. Ich habe es aber früher ganz bestimmt gewusst, nehme also an, dass ich diese Zahl vergessen wollte. Alles Nachsinnen blieb umsonst. Ich wollte weiterlesen, las aber nur mechanisch, ohne ein Wort zu verstehen, da mich die 17 quälte. Ich löschte das Licht aus und suchte weiter. Schließlich fiel mir ein, dass Nr. 17 ein Stück von *Shakespeare* sein muss. Welches aber? Es fällt mir ein: »Hero und Leander«. Offenbar ein blödsinniger Versuch meines Willens, mich abzulenken. Ich stehe endlich auf und suche den Katalog der »Universalbibliothek«. Nr. 17 ist »Macbeth«. Zu meiner Verblüffung muss ich konstatieren, dass ich von dem Stück fast gar nichts weiß, trotzdem es mich nicht weniger beschäftigt hat als andere Dramen *Shakespeares*. Es fällt mir nur ein: Mörder, Lady Macbeth, [265] Hexen, ›Schön ist hässlich‹ und dass ich seinerzeit Schillers Macbethbearbeitung sehr schön gefunden habe. Zweifellos habe ich also auch das Stück vergessen wollen. Noch fällt mir ein, dass 17 und 34 durch 17 dividiert 1 und 2 ergibt. Nr. 1 und 2 der »Universalbibliothek« ist *Goethes* »Faust«. Ich habe früher sehr viel Faustisches in mir gefunden.«

Es folgen nun einige theoretische Bedenken gegen die Annahme einer Determination der Zahl 1734, die ich hier übergehe, die auch trotz des Scharfsinns des Verfassers für den Leser auf den ersten Blick als verfehlt einzusehen sind. Hierauf fährt A. in seiner streng disponierten Auseinandersetzung fort, deren Aufbau lebhaft an die klassischen Reden, etwa Ciceros, erinnert

»Heute früh hatte ich freilich ein Erlebnis, das sehr für die Richtigkeit der *Freud*'schen Auffassung spricht. Meine Frau, die ich beim Aufstehen des Nachts aufgeweckt hatte, fragte mich, was ich denn mit dem Katalog der ›Universalbibliothek‹ gewollt hätte. Ich erzählte ihr die Geschichte. Sie fand, dass alles Rabulistik sei, nur – sehr interessant! – den Macbeth, gegen den ich mich so sehr gewehrt hatte, ließ sie gelten. Sie sagte, ihr falle gar nichts ein, wenn sie sich eine Zahl denke. Ich antwortete: ›Machen wir eine Probe!‹ Sie nennt die

Zahl: 117. Ich erwiderte darauf sofort: ›17 ist eine Beziehung auf das, was ich dir erzählt habe. Ferner habe ich dir gestern gesagt: Wenn eine Frau im 82. Jahre steht und ein Mann im 35., so ist das ein arges Missverhältnis.‹ Ich frotzle seit ein paar Tagen meine Frau mit der Behauptung, dass sie ein altes Mütterchen von 82 Jahren ist. 82 + 35 = 117.«

A. knüpft daran noch einige Bemerkungen, die allgemein als seine schließliche Billigung der *Freud*'schen Auffassung anzusehen wären. Leider ist dem A. die Synthese seiner Auseinandersetzungen nicht mehr gelungen. Aber ich meine, der aufmerksame Leser könnte sie erraten. Es handelt sich offenbar um Gedanken unbehaglicher Natur, die sich bei A. nach vollendetem 34. Jahr intensiv einstellen, Gedanken über die Flucht seiner Jahre, noch mehr der Jahre seiner Gattin. Bei dieser Überlegung scheint uns die rasche Auflösung der Zahl 117 zu unterstützen. Die Gattin dürfte ähnlichen Gedanken Raum gegeben haben, und A. trifft die Analyse mit solcher Zielbewusstheit, weil er »auch hinterm Ofen gesessen«. In diesem Zusammenhang ist es durchaus wahrscheinlich, dass sich die Zahl 17 auf den als »blödsinnig« abgewiesenen Einfall »Hero und Leander« bezieht, den Vorzug des 17. Lebensjahres (s. die Worte des A. selbst) vor höherem Lebensalter auch beim Weibe hervorheben soll und demnach einem unterdrückten Wunsch des Verfassers Ausdruck verleiht.

2. [Fall]

Wir wenden uns zur zweiten Analyse. B. schreibt: »Ich lasse mir eine Zahl einfallen: 22 und beginne sofort, die weiteren Einfälle niederzuschreiben. Heute ist der 22., mein Geburtstag. 2 x 2 = 2 + 2, das heißt, was immer ich auch unternehme, das Resultat ist das gleiche; ich kann gegen das Schicksal nicht ankämpfen. Oder auch: ›Es kann dir nichts geschehen!‹ Später fiel mir dann mein Vater und nach längerer Pause meine Mutter ein. Dies brachte mich auf den Gedanken, dass alle meine Fähigkeiten durch die Eltern bestimmt seien. Ferner fällt mir noch mein Bruder ein, von dem ich mir sage, er sei im Jahre 1882 geboren. Sofort erkenne ich hinter diesem Einfall den Wunsch, wir möchten in den Jahren nicht so weit auseinander sein, denn in Wirklichkeit ist mein älterer Bruder im Jahre 1881 geboren. Meine Mutter liebe ich mehr als meinen Vater. Ihn nenne ich deshalb sofort, wenn es gilt, jemandem mein Schicksal zur Last zu legen. Meinen Bruder stelle ich als Vorbild hin: so hätte ich werden sollen! (Ein früherer Wunsch von mir, so zu sein, wie mein älterer Bruder.) Meine Mutter fiel mir erst nach einer Pause ein; sie steht der Sache ziemlich ferne, sie entlaste ich also von der Schuld.

Hierauf fällt mir ein, dass alle Analysen bei einem Individuum auf das gleiche Zentrum führen; und zugleich tauchen einige Jugenderlebnisse ziemlich deutlich auf, die ich übrigens sehr häufig visuell erinnert hatte. Ich schlief nämlich als Kind lange Zeit hindurch im Schlafzimmer meiner Eltern und belauschte ihren ehelichen Verkehr. Einige Male vernahm ich das Sträuben meiner Mutter und ergriff schon damals für sie Partei gegen den Vater. Eine ähnliche Szene mag meiner Geburt vorausgegangen sein, deswegen trägt mein Vater die Hauptschuld an meinem ›Schicksal‹.

Eine zweite Jugenderinnerung aus meinem siebenten Jahre taucht nun auf. Damals weihte mich ein Schulkollege meines Bruders in die Mysterien der Zeugung ein. Auf Grund dieser Unterweisung verstand ich, was ich im Schlafzimmer gehört hatte.

Derselbe Bursche verleitete mich einmal, ihm bei der Masturbation behilflich zu sein. Ein zweites Mal sah ich ihm zu. Wir waren bei diesen Szenen 2 x 2 gewesen (wir 2 Personen waren 2-mal dabei), wie beim normalen Verkehr, nur mit der Abänderung, als ob das Weib nicht wollte. So [266] musste ich zur Masturbation kommen, die so wie der Koitus das gleiche Resultat ergibt: 2 x 2 = 2 + 2; aber der Prozess ist verschieden: die Multiplikation ist eine innigere Operation, die Addition mehr eine Aneinanderreihung.«

Es folgt eine Erklärung, warum B. Masturbant wurde. Dann fährt er fort:

»Wäre mein Bruder im Jahre 1882 geboren, so hätte er vielleicht den Burschen nicht zum Kollegen gehabt, der mich verleitete.

Mein Taufname – Otto – ergibt vor- und rückwärts gelesen das Gleiche. Er hat vier (2 x 2 = 2 + 2) Buchstaben, jeden davon zweimal. Die zwei Silben sind einander gleich, es sind zwei Pärchen, es bleibt kein Raum für ein außen stehendes Weibchen übrig. Ich weiß auch, dass ich meinen Namen schon als ganz kleines Kind schreiben konnte, d. h., ich masturbierte schon frühzeitig. Der Name ›Otto‹ erinnert lebhaft an den Ausdruck 2 x 2 = 2 + 2, es ist mir eben alles vom Schicksal bestimmt.

Nun fällt mir noch ein Mädchen ein, die mir nicht gleichgültig war und die mir gelegentlich einen andern Namen geben wollte. Unsere Wünsche blieben unerfüllt. Ich behielt den Namen Otto und ließ nicht von der Masturbation.

Kurze Zeit später kam ich auf den Kern der Analyse: Ich hatte mir in früheren Jahren häufig vorgenommen, an bestimmten Terminen, meist meinen Geburtstagen, die Masturbation aufzugeben. An dem Tage nun, an welchem ich mir die Zahl einfallen ließ, waren, weil es wieder mein Geburtstag war, die Vorwürfe, dass ich nicht schon vor Jahren ein Ende gemacht habe, eben aktuell. Die Zahl nun ist eine Antwort auf diese Vorwürfe meines Innern, eine Apologie, sie sagt:

1. ist ja die Masturbation dasselbe wie der Koitus (2 x 2 = 2 + 2);
2. wenn das auch nicht der Fall ist, wenn sie selbst etwas Schädliches, Verwerfliches ist, so bin ich ja nicht schuld daran; denn ich bin ja durch Veranlagung und Jugendeindrücke dazu gelangt, dazu bestimmt (2 x 2 = 2 + 2).«

3. [Fall]

Die dritte Analyse musste ich notgedrungen unternehmen bei einem Patienten C., der sich mir als langjähriger Nervenleidender wegen einer Steigerung seiner Beschwerden vorstellte. Er klagte über Gereiztheit, Angst, heftiges Herzklopfen, Furcht vor apoplektischem Insult und einem unheimlichen Würgegefühl, das sich seit längerer Zeit regelmäßig beim Zähneputzen, aber auch außer Haus zu bestimmten Zeiten und an bestimmten Orten einstelle und ihm das Leben verbittere. Dazu habe er seit Jahren eine zwangsartig auftretende Vorstellung, die Zahl 39, die er in eigenartiger Weise mit allem Unheil, das ihn treffen könnte, selbst mit seinem Tode, in Verbindung bringe. Diese Zahl begegne ihm überall. Er sehe sie auf Tramway und Eisenbahn, in den Kaufpreisen von Geräten und Kunstgegenständen. Er meide sie, wo er nur könne, und würde kein Haus betreten noch einen Theatersitz akzeptieren, die die Zahl 39 tragen. Wie er immer es aber anstelle, um sich dieser Zahl zu entziehen, immer wieder bringe sie ein unglücklicher Zufall vor seine Augen. –

Ich ließ vorerst die Zahl 39 völlig unberücksichtigt und machte mich mangels jedweden objektiven Befunds an die Analyse der übrigen Krankheitserscheinungen. Die eigenartige Ätiologie dieser auf hysterischer Grundlage aufgebauten Symptome ließ sich durch die Analyse feststellen und bestand in einer dem Patienten nie völlig bewusst gewordenen, niemals ausgeübten perversen Neigung, die nach einer Betätigung der Mundpartie verlangte. Eine nachweisbare Schwäche der normalen Sexualität, verbunden mit gesteigerter Libido stand offenbar in Zusammenhang mit der Perversion. – Die Therapie dieses Falls bestand in dem Versuche, die Schwächung der normalen Sexualität zu beseitigen, und in der gänzlichen Aufhellung der perversen Regung, um das Bewusstsein des Patienten gegen die Perversion mobil zu machen. Meine Erwartung einer Besserung erfüllte sich insofern, als der Patient spontan angab, dass seine Beschwerden geringer, das Würgegefühl seit einiger Zeit gänzlich verschwunden sei.

Nun wollte ich an die Analyse der Zahl 39 gehen und hoffte zunächst, neue Quellen der neurotischen Symptome des Patienten zu entdecken. C., der schon ein wenig in der Analyse geschult war, brachte allein keinen Einfall zutage. Erst in der Ordination antwortete er nach anfänglichem Widerstande, es falle ihm ein, dass er sich ursprünglich vor der Zahl 69 gefürchtet habe, und dass diese Zahlenfurcht das erste Mal aufgetreten sei, als er bei einer hervorragend schönen Dame einen Besuch vorhatte. Ich sah, dass ich mich in meiner Erwartung, Neues zu finden, getäuscht hatte, und war nicht wenig erstaunt, hier eine Parallele zu den übrigen Krankheitssymptomen als Bestätigung meiner bisherigen Auffassung dieses Falles zu finden. Auf meine Frage über die Bedeutung der Zahl 69 erwiderte C., er kenne sie nicht. Als ich ihn aufforderte, die Zahl ins Französische zu übersetzen, zeigte er sich über die Bedeutung der gegenseitigen Mundperversion unterrichtet, machte *[267]* aber mehrere Einwände: Er habe nie Neigung zur passiven, sondern nur zur aktiven Art dieser Perversion gespürt, und er fürchte sich auch nicht vor der Zahl 69, sondern vor der Zahl 39. Ich machte ihn aufmerksam, dass darin alles eher als ein Widerspruch zu finden sei, seine perverse Neigung sei ebenso eine Abänderung der mutuellen, wie die Zahl 39 von der Zahl 69. Die weiteren Einfälle des Patienten lieferten weitere Bestätigungen und Determinationen: »Er sei langsam hinuntergestiegen«, zuerst auf 59, dann auf 49, die sich beide nicht als brauchbar erwiesen. Erst 39 habe genügend Raum geboten für ängstliche Vorstellungen, da er anfangs der dreißiger Jahre stand und ein baldiges Unglück erwartete, andererseits die Zahl 39 aus 3 x 13 (Unglückszahl) zusammengesetzt sei. –

Im Rahmen dieser drei Analysen dürfte sich kaum ein Punkt ergeben, der nicht den Eindruck des Zwingenden, des durch Zusammenhänge aller Art Bestimmten an sich trüge. »Zufälliges«, Zusammenhangloses habe ich nicht auffinden können, sondern es bestätigt sich, dass jeder Einfall der Analyse, vor allem aber die gewählte Zahl von mehreren psychischen Kräften, die zumeist gut fassbar sind, getragen wird. Die Überdetermination der Zahlenvorstellung, ob sie nun scheinbar frei gewählt wird oder sich als pathologisch und fixiert erweist, ist demnach nicht zu leugnen.

Der Sinn und Zweck dieser »Reduzierung auf die Zahl« ist offenbar die Nötigung der Psyche zu einem Kompromiss. In keiner der angeführten Analysen finden wir *völlige* Verdrängung psychischen Materials aus dem Bewusstsein, in keiner aber auch volle Toleranz im Bewusstsein für die betreffenden Vorstellungen. Das arithmetische Symbol bedeutet nirgends eine völlige Aufzehrung widerstrebender Kräfte, nirgends ein Symptom des eingetretenen Gleichgewichts wie etwa hysterische Stummheit oder die normale Verdrängung, sondern eher eine teilweise Abrüstung der Psyche, während nebenher der Kampf weitergeht. Die Determination der auftauchenden Zahl geschieht aus dem Unbewussten unter fortwährendem oft bewussten Abweichen gegenüber den Widerständen. Es lassen sich aus allen drei Analysen die großen Anteile des Bewussten, Unverdrängten an der Zahlenbildung mit Leichtigkeit nachweisen, die auf die unbewusst treibende Kraft (unterdrückter Wunsch, verdrängte Regungen), den eigentlichen Träger des modifizierend einwirken und ihm eine äußerliche logische Repräsentation verleihen.

4. Zwei Träume einer Prostituierten (1908)

Editorische Hinweise
Erstveröffentlichung:
1908: Zeitschrift für Sexualwissenschaft, 1. Jg., 1. Halbjahr, S. 103–106, Leipzig (Wigand Verlag). Herausgeber: Dr. Magnus Hirschfeld.

Dieser Aufsatz gehört in die Reihe von Vorträgen und Aufsätzen, die einen engen Bezug zu Freud aufweisen. Adler schreibt hier, er könne Freuds Auffassung vom Traum »in allen Punkten bestätigen«. Der Aufsatz wurde bisher nicht wieder abgedruckt.

Anhand der Darstellung zweier (Angst-)Träume ist Adler bemüht, diese im Sinn von Freud als Wunschträume zu deuten. Er findet in ihnen zudem eine »bekannte« Psychologie bestätigt, nach der Prostituierte zu Frömmigkeit, (lesbischer) Homosexualität und Furcht vor dem Tod (luetische Infektion) neigen.

Zu dem Herausgeber der Zeitschrift, dem Berliner Sexologen und Verfechter der Straffreiheit von Homosexuellen, Magnus Hirschfeld, gab es um diese Zeit seitens der Mittwochgesellschaft und einzelner ihrer Mitglieder verschiedene Kontakte und Kooperationen. Freud schrieb im gleichen Jahr 1908 ebenfalls in dieser Zeitschrift (vgl. Herzer 1992).

Zwei Träume einer Prostituierten

Einer meiner Patienten, der mein Interesse für die Traumdeutung kennt und mir schon manches Mal richtige Deutungen mitteilte, befragte mich vor kurzem über meine Auffassung bezüglich zweier Träume einer Prostituierten, die ihm erzählt worden waren.

1. *Traum:* »Ich sah einen Mann vor mir, der auffälligerweise einen Kamm in den Haaren stecken hatte. Ich empfand *[104]* ein ängstliches Gefühl, das sich noch steigerte, als ich wahrnahm, dass das Geschöpf Hörner und Schweif besaß.«

Wie man leicht erkennen kann, handelt es sich in diesen Traumgedanken um ein bekanntes Inventar aller Religionen, den Teufel. Damit wäre natürlich nicht viel für die Erkenntnis des Wesens dieses Traums gesagt. Um sich den Teufel vorzustellen, dazu bedarf es keines Traumes. *Freud*, dessen Auffassung vom Traume ich in allen Punkten bestätigen kann, fordert als Beweis einer regelrecht durchgeführten Traumdeutung die Aufdeckung eines durch den Traum erfüllten Wunsches. Gleichzeitig werden wir durch die Schilderung der den Traum begleitenden Angst daran gemahnt, dass die zu findende Wunscherfüllung offenbar gegen einen großen psychischen Widerstand zum Durchbruch gelangt sein musste, gegen einen Widerstand, der im wachen Zustand nicht ohne Weiteres zu überwinden wäre. Im Traume nun muss durch die Mittel der Traumtechnik die Umgehung des Hindernisses geglückt sein, und der andauernde Angstaffekt muss in diesem Zusammenhang gedeutet werden als die der Außenwelt zugekehrte Seite eines im Wachen verdrängten Wunsches, dessen Intensitätsmaximum im Unbewussten sitzt. Wir brauchen noch einen Hinweis, um wenigstens annähernd die Art dieses Wunsches zu erkennen. Die Angst ist dieses Hinweises nur teilweise fähig, sie belehrt uns summarisch, dass der unterdrückte Wunsch dem Gebiete des Sexuellen angehört. Wir müssen auf die sonderbare Feststellung zurückgreifen, dass die im Traume auftretende Person einen Kamm in den Haaren trägt, ein sicheres Attribut der Weiblichkeit, also nicht so sehr einem Teufel als vielmehr einer Teufelin gleicht. Die Auflösung der »Teufelin« gelingt leicht. Aller Wahrscheinlichkeit nach ist die vorliegende Traumschöpfung einem in Verdrängung erhaltenen lesbischen Triebe zuzuschreiben, und die Wunscherfüllung besteht in dem Ersatz des Mannes durch das Weib. Die dämonischen Attribute weisen auf die Kindheit der träumenden Person zurück, in der alle sexuellen Regungen als vom Teufel gesandt (Religion, Beichte) hingenommen werden. Interessant ist die Verknüpfung von Frömmigkeit und Perversität, die hier den Verdacht erweckt, dass die eine durch die andere ersetzt werden könnte.

Einige Tage nachher gelangte der *zweite Traum* zur Mitteilung: »Mir war es, als ob ich in einem Kahne über einen Fluss setzte. Mit mir im Kahne befand sich ein junger Bursche, dessen *[105]* Gesicht zahlreiche Pusteln aufwies. Als wir landeten, lief ich einen Berg hinauf und erblickte einen Friedhof. Ich stürzte auf eine Statue los, die die heilige Maria vorstellte, umarmte und küsste sie und biss ihr zuletzt die Nase ab. Dabei verspürte ich Angst.«

Eine richtige Traumdeutung darf von den späteren Einfällen und detaillierten Ergänzungen der träumenden Person nicht absehen. Meine Absicht ist es aber keineswegs, eine komplette Deutung dieser beiden Träume vorzulegen. Sondern in Anbetracht einer verhältnismäßigen Durchsichtigkeit beider Träume, von denen der eine die Deutbarkeit des andern unterstützt, sowie wegen der geradezu vorauszusetzenden Wünsche eines derartig deklassierten Geschöpfes, die sich in gleicher Weise in beiden Träumen widerspiegeln, unternehme ich diese Analyse auf eigene Faust. Mit diesem Vorbehalt gehe ich nunmehr an die Deutung des zweiten Traumes.

Zahlreiche Pusteln im Gesichte eines jungen Burschen wird wohl jede Prostituierte, und nicht nur eine solche, für Syphilis erklären. Häufig genug kommt der Arzt in die Lage, einen mit Akne behafteten Patienten durch die Erklärung zu beglücken, dass er keiner Ansteckung mit Lues zum Opfer gefallen sei. Oder er wird um rascheste Behebung des Übels angefleht, weil die Umgebung des Patienten den Verdacht auf Syphilis ausgesprochen habe. Der Friedhof, bei dem die Reise endet, deutet auf die Furcht, an Lues zu sterben. Leicht zu verstehen ist der Verlust einer Nase, wenn man sich erinnert, dass dies das Schreckgespenst der Luetiker und ein nicht seltener Zufall tertiärer Syphilis ist. Wieder begegnen wir dem Auftauchen aus der Religion geschöpfter Vorstellungen, und wieder wird uns eine Vereinigung von Weib und Religion in der Statue Marias vor Augen geführt. Der lesbische Zug erscheint hier völlig im Religiösen untergegangen und darum gestaltet der Traum, was die Wachende streng in Verdrängung hält. Sollen wir aus den gefundenen psychischen Vorgängen eine Synthese schaffen, die die Form eines erfüllten Wunsches darstellt, so wäre es folgende: Als Lesbierin wäre ich wohl vor einer luetischen Erkrankung sicherer, höchstens würde ich meiner Freundin aus Liebe die Nase abbeißen.

Die Gedankengänge dieser beiden Träume stimmen aber nicht nur untereinander überein, sondern sie stimmen voll[106]kommen zur bisher bekannten Psychologie der Prostituierten. Der Zug zur Frömmigkeit, der »aus der jungen Hure eine alte Betschwester« macht, findet sich bei dem noch jugendlichen Mädchen im Traumleben deutlich vor. Auf den außerordentlichen Hang der Prostituierten zur Homosexualität wurde schon wiederholt hingewiesen. Ich möchte noch hinzufügen, dass – alle andern Ursachen der Prostitution, besonders die ökonomische, in Ehren – als eine der häufigsten Determinationen, wenn nicht als die wichtigste, mangelhafte normale Libido angenommen werden muss, die der geringen Einschätzung der Geschlechtsehre zugrunde liegt und im Verein mit den andern Faktoren einem Mädchen das Aufgehen in die Prostitution gestattet. Im vorliegenden Falle konnte ich den lesbischen Charakter in beiden Träumen zeigen, muss aber nochmals betonen, dass er sich eben dadurch als latent erweist. Ob er je zum Durchbruch gelangt, ob die Ausübung erfolgt, ist Sache des Schicksals. Es ist für mich kein Zweifel, dass die Flucht in die Religion einer homosexuellen Entwicklung zuvorkommen könnte.

Als dritten bedeutsamen Gedankengang in den Vorstellungen dieses Mädchens, ins Traumleben vielleicht gedrängt, um es sich nicht unumwunden gestehen zu müssen, hebe ich die Furcht vor luetischer Infektion und deren Folgen, Entstellung, Tod hervor. Sie wird sich wohl bei allen Prostituierten in ähnlicher Weise einstellen. – Dieser Gedankengang ragt mächtig aus der psychischen Gruppierung des zweiten Traumes hervor. Bei den Kennern des Traumlebens brauche ich wohl kaum besonders für die Agnoszierung dieses Gedankenganges zu plädieren, dessen Bestand übrigens noch durch ein weiteres Detail sichergestellt ist. Der Fluss, den die Träumerin am Weg zum Friedhof zu passieren hat, zeigt uns durch seine Nebenbedeutung (fluor) in gleicher Weise den Sinn der Traumgedanken auf venerische Erkrankung gerichtet.

5. Die Theorie der Organminderwertigkeit und ihre Bedeutung für Philosophie und Psychologie (1908)

Editorische Hinweise
Erstveröffentlichung:
1908: Universität Wien, Phil. Gesellschaft, 21. Wissenschaftliche Beilage. S. 11–26.
Neuauflagen:
1909: Monatshefte für Pädagogik und Schulpolitik. Allgemeine und unabhängige Zeitschrift für Österreichs Lehrerschaft. Wien. Redakteur: Bürgerschullehrer Leopold Lang. 1. Jg., H. 4, S. 171–178
1914: Heilen und Bilden, S. 11–22
1922: Heilen und Bilden, S. 9–17
1928: Heilen und Bilden, S. 24–32

Dieser Aufsatz geht auf einen Vortrag in der Philosophischen Gesellschaft der Universität Wien am 5. März 1908 zurück und stellt eine komprimierte Kurzfassung von Adlers Buch »Studie über die Minderwertigkeit von Organen« (1907a) dar. Hier erscheinen erstmals diese für Adlers Theorie zentralen Begriffe der Organminderwertigkeit und Kompensation.

Bereits am 7. November 1906 hatte Adler in der Psychoanalytischen Vereinigung einen Vortrag darüber gehalten (»Über die (organischen) Grundlagen der Neurose«) (Protokolle I 1976) und war dort gut aufgenommen worden. Freud fand wiederholt lobende Worte: Er sehe seine Minderwertigkeitslehre als Erweiterung »der Erkenntnis der organischen Basis der Neurosen« (Protokolle I 1976, S. 135) und als »Verbindung von Psychoanalyse zur Psychologie und zu den biologischen Grundlagen der Triebvorgänge« (Freud 1914).

In der Theorie der Organminderwertigkeit und Kompensation sieht Adler einen Beitrag zur klinischen Medizin und Pathologie (Krankheitslehre, Psychosomatik), zur Debatte in der Biologie (Darwin, Lamarck), zur Kritik an der Degenerationstheorie (Lombroso) und zur Neurosentheorie und Psychoanalyse. Die Organminderwertigkeitslehre schließt an die aktuelle Krankheitslehre des »locus minoris resistentiae« an und greift den medizinischen und psychologischen, nicht unumstrittenen Begriff der Kompensation auf (Ludwig Traube, Gabriel Anton, Wilhelm Roux; (Böhringer 1985; Bruder-Bezzel 1983).

Von Organminderwertigkeit betroffen ist laut Adler »das unfertige, in der Entwicklung zurückgebliebene, im Ganzen oder in einzelnen Teilen in seinem Wachstum gehemmte oder veränderte Organ«. »Kompensation« definiert er als »Ausgleichung« »des Defekts durch Wachstums- und Funktionssteigerung«, bei der es auch zur »Überkompensation« kommen kann. Organminderwertigkeit und Kompensation bilden für ihn die Grundlagen (»psychische Achsen«) der Charakterentwicklung und des Denkens bis hin zu den hervorragenden, »überwertigen« Leistungen (z. B. von Künstlern), den Eigenheiten von »Kinderfehlern« und der Entwicklung zur Neurose wegen der Zentrierung auf das minderwertige Organ und seiner Störanfälligkeit.

Organminderwertigkeit und Kompensation erweisen sich im Weiteren als die Grundsteine individualpsychologischer Theorie. Somit kann man den Beginn der individualpsychologischen Theorie, die Adler gleichzeitig neben der psychoanalytischen Position vertrat und ausarbeitete, mit dem Vortrag 1906 datieren. Die Organminderwertigkeit als Grundlage der Neurose hat Adler nie ganz aufgegeben, aber durch die psychologische Dimension »Minderwertigkeitsgefühl« erweitert.

Änderungen in den verschiedenen Auflagen stammen vorwiegend von 1922, meist als Ergänzungen, die sich auf Verdeutlichungen und Literaturverweise und auf das Löschen des Bezugs zur Sexualtheorie (Lustgewinn, zum Sexualüberbau) beziehen.

Die Theorie der Organminderwertigkeit und ihre Bedeutung für Philosophie und Psychologie

Als ich zu Beginn des Jahres 1907 meine »Studie über Minderwertigkeit von Organen« (Verlag Urban & Schwarzenberg, Wien und Berlin) erscheinen ließ, hob ich in der Vorrede hervor, dass meine Behauptungen zum großen Teile mit den Ergebnissen der klinischen Medizin und Pathologie in Einklang ständen, dass ich für den anderen Teil den Anschluss wohl zu finden glaube und dass ich für mich nur in Anspruch nehmen darf, ein weiteres Forschungsprinzip biologischer Natur, das der Organminderwertigkeitslehre, zum ersten Male in durchgreifender Weise in der Pathologie zur Anwendung gebracht zu haben.

Seither hatte ich nur allen Anlass, an meinen Behauptungen festzuhalten. Heftigere Opposition habe ich nur gelegentlich erfahren, und ich kann bei kühlster Prüfung der Streitfragen nur sagen, dass dabei Missverständnisse im Spiele waren. So dass ich nach mehr als einem Jahre erneuter Durcharbeitung der Gedankengänge und neu hinzugekommener Erfahrungen es wohl wagen darf, das Wesentliche meiner Arbeit auch einem Kreis von Fachgelehrten eines anderen Gebietes vorzulegen, zumal für die Medizin und Philosophie als unentbehrliches Grenzgebiet die Naturwissenschaft und die Biologie ein gemeinsames Arbeitsfeld bilden.

Zudem fügte es sich, dass ich mich bei meiner Arbeit recht bald genötigt sah, gewissen Eigenschaften des minderwertigen Organs nachzuspüren, die sich als psychische Leistungen darboten; so die Art des Lustgewinns im minderwertigen Organ, Einfügung von Organen mit funktionellen Defekten in die Kultur, Grade der Ausbildung psychischer Fähigkeiten, die das Triebleben, das

Vorstellungsleben und das Weltbild bei dem Träger des minderwertigen Organs anlangen. Dabei stellte sich heraus, dass die Entwicklung der Psyche im Ganzen [14] und im Einzelnen in untrennbarem Zusammenhang mit dem Organ steht. Andererseits fand ich bloß graduelle Verschiedenheiten aller normalen Phänomene und Relationen, sobald ich daranging, die scheinbar stabile, aber veränderte Oberflächenpsychologie in ihrem Werdeprozess zu verfolgen.

Aus diesen Beziehungen des minderwertigen Organs zu seinem psychischen Überbau ergeben sich eine Anzahl von Klarstellungen, die mir in erster Linie bei der Analyse nervöser Erkrankungen unentbehrlich scheinen. Diese Analysen, die ich ursprünglich anstellte, um »verdrängte Vorstellungen« im Sinne *Freuds* als die Ursachen der Neurosen aufzudecken, führten mich zur Feststellung des minderwertigen Organs als der Wurzel der Neurose, und ihnen verdanke ich auch die volle Einsicht in diesen Sachverhalt. Es ergab sich dabei, dass der psychische Überbau des minderwertigen Organs die krankhaften Ausartungen der Aufmerksamkeit, des Gedächtnisses, des Trieblebens[1], des Vorstellungslebens, des Traumes und Schlafes, der Halluzinationen und anderer psychischer Leistungen in sich birgt, und dass alle diese Phänomene sich bis zu dem minderwertigen Organ als vorläufigem Ausgangspunkt zurückverfolgen lassen. – Davon soll später noch gesprochen werden, ebenso über die gleiche Zurückführung künstlerischer Leistungen.

Vorher einige kurze Darlegungen über die von mir aufgestellte Organminderwertigkeitslehre vom medizinisch-pathologischen Standpunkte aus.[2]

Der Begriff der Minderwertigkeit ist sowohl in der Medizin als in der forensischen Praxis seit langem in Verwendung. Man versteht darunter zumeist einen Zustand, der geistige Defekte aufweist, ohne dass man geradezu von geistiger Krankheit sprechen könnte. Dieser Begriff enthält also ein Gesamturteil und herabsetzende Kritik über das Ganze einer Psyche. – Die Minderwertigkeit, mit der ich rechne, betrifft das unfertige, in der Entwicklung zurückgebliebene, im Ganzen oder in einzelnen Teilen in seinem Wachstum gehemmte oder veränderte *Organ*. Das Schicksal dieser minderwertigen Organe, der Sinnesorgane, des Ernährungsapparats, Respirationstraktus, Harn-, Genitalapparats, der Zirkulationsorgane und des Nervensystems, ist ein [15] ungemein wechselndes. Meist nur beim Eintritt ins Leben, oft nur auf embryonaler Stufe ist diese Minderwertigkeit nachzuweisen oder zu erschließen. Die Entwicklung und die Reizquellen des Lebens drängen auf Überwindung der Äußerungen dieser Minderwertigkeit, so dass als Ausgänge ungefähr folgende Stadien mit allen möglichen Zwischenstufen resultieren: Lebensunfähigkeit, Anomalien der Gestalt, der Funktion, Widerstandsunfähigkeit und Krank-

---

1   *Anm. Adlers:* Siehe auch: »Der Aggressionstrieb und die Neurose.« Fortschritte der Medizin. Leipzig 1908. [Adler 1908b]
2   Als ich zu Beginn *bis* Standpunkte aus *] Ausl. 1909*

heitsdisposition, Kompensation im Organ, Kompensation durch ein zweites Organ, durch den psychischen Überbau, Überkompensation im Organischen oder Psychischen.

Der Nachweis der Minderwertigkeit eines Organs ist am ehesten möglich, wenn im *morphologischen Aufbau* desselben eine vom Durchschnitt abweichende Form des ganzen Organs oder einzelner seiner Teile vorliegt, Abweichungen, die sich in die embryonale Zeit oder bis in die infantile Wachstumsperiode zurückverfolgen lassen. Die gleiche Sicherheit gewähren *Ausfallserscheinungen der Funktion oder Veränderungen der Sekretion*; beiderlei Defekte, der eine ein solcher der Tektonik, der andere eine Abänderung der Arbeitsweise, finden sich recht häufig zusammen vor.

Hier muss ich eine biologische Erscheinung anführen, die in minderwertigen Organen eingeleitet wird, sobald unter dem Mangel der Gestalt oder der Funktion das vorauszusetzende Gleichgewicht im Haushalt des Organs oder Organismus gestört erscheint. Die unbefriedigten Ansprüche steigen so lange, bis der Defekt durch Wachstum im minderwertigen Organ, im symmetrischen oder in einem anderen Organ gedeckt wird, das ganz oder teilweise eine Stellvertretung ausüben kann. Diese Deckung des Defekts durch Wachstum und Funktionssteigerung, Kompensation, kann unter günstigen Umständen bis zur Überkompensation gelangen, und *wird zumeist auch das Zentralnervensystem in seine gesteigerte Entwicklung mit einbeziehen.*

Bei der Unsumme von Erscheinungsweisen, die dem minderwertigen Organ eigen sind, erscheint eine Orientierung nicht leicht. Doch gibt es eine Anzahl von Merkzeichen, deren Zusammenhang sich leicht erweisen lässt, so dass auch vereinzelte davon für die Erkennung von Bedeutung werden.

So die Lokalisation einer *Erkrankung* in einem Organ, die eine der Erscheinungsweisen der Organminderwertigkeit *[16]* darstellt, sobald das minderwertige Organ auf so genannte »krank machende« Reize der Umgebung reagiert. Es soll diese Formulierung, die *Krankheit ist eine Resultierende aus Organminderwertigkeit und äußeren Angriffen,* den dunklen Begriff der »Disposition« ersetzen. Die eine der Komponenten, *äußere Beanspruchungen,* hat eine beschränkte Konstanz für kurze Zeit und für einen bestimmten Kulturkreis. Die daran vorgenommenen Änderungen sind kultureller Fortschritt, Änderungen der Lebensweise, soziale Verbesserungen, sind Werke des menschlichen Geistes und halten auf die Dauer jene Richtung ein, durch die allzu große Anspannungen der Organe hintangehalten werden. Sie stehen also in Relation zu den Entwicklungsmöglichkeiten der Organe und ihres nervösen Überbaues, arbeiten auf die gleichmäßige Entwicklung aller hin, sind aber andererseits Bedingung für die relative Minderwertigkeit, sobald ihre Anforderungen ein gewisses Maß überschreiten. In dem ganzen Kreis dieser Beobachtungen erscheint der Zufall als Korrektur der Entwicklung ausgeschlossen. Ein leicht zu durchschauendes Beispiel wäre die Beobachtung Professor *Haber-*

manns, nach welcher Angehörige von Berufen, in deren Betätigung heftige Schallwirkungen das Gehör treffen, zum Beispiel Schmiede, Kanoniere, leicht von Ohrenerkrankungen befallen werden. *Es ist leicht einzusehen, dass sich nicht jeder Gehörapparat zu diesen Berufen eignet; dass derartige Verletzungen eines Organs zu technischen Betriebsänderungen regelmäßig den Anstoß geben; dass die dauernde Ausübung gewisser Berufe die in Anspruch genommenen Organe verändert; und dass auf dem Wege zur Vollwertigkeit gesundheitliche Gefahren bestehen.*

Zusammenfassend können wir von Hygiene und Prophylaxe sagen, dass sie diesen Bedingungen des Ausgleichs gehorchen, und ebenso sind alle *unsere therapeutischen Bestrebungen* auf den Ausgleich der sichtbar gewordenen Organminderwertigkeit gerichtet.

Eine gesonderte Betrachtung des durch Erkrankung geschädigten Organs, der zweiten Komponente, ergibt unter Berücksichtigung der pathologischen Forschung und der weiter unten folgenden Zusammenhänge die Prädestination des von Geburt aus minderwertigen Organs für die Krankheit. – *Die* [17] *angeborenen Anomalien der Organe halten sich in einer Reihe, auf deren einem Pol die angeborene Missbildung, an deren anderem die langsam reifenden sonst normalen Organe stehen. Dazwischen liegen reine, kompensierte und überkompensierte Minderwertigkeiten.* Die Frage nach dem ersten Beginn der Organminderwertigkeit ist gewiss von tiefer biologischer Bedeutung. Heute indes haben wir es bereits mit ausgeprägteren Variationen zu tun, und insbesondere bei den menschlichen Organen mit Abänderungen, *die von meinem Standpunkt aus als angeborene Minderwertigkeiten zu deuten sind.* Dieser Zusammenhang von Erkrankung und embryonal minderwertigem Organ lässt den Schluss zu, dass in der Aszendenz bereits, also am Stammbaum der Familie, der Grund zur Minderwertigkeit gelegt ist, *das heißt, dass die Minderwertigkeit des Organs hereditär ist.*

Bei den starken Beziehungen zwischen Minderwertigkeit und Krankheit ist demnach zu erwarten, dass *recht häufig der hereditären Minderwertigkeit die hereditäre Krankheit entspricht. Und so wird auch die Krankheit an einem Glied des Stammbaumes zum Merkmal der Organminderwertigkeit für die nächsten Aszendenten und Deszendenten,* mögen dieselben auch gesund geblieben sein. Gleichzeitig mit der Organminderwertigkeit oder der Tendenz zu derselben gehen in die Keimsubstanz aber auch die Tendenzen zur Überwindung derselben (*Kompensationstendenzen*) ein, die wieder neue und *leistungsfähigere Varianten schaffen,* leistungsfähiger deshalb, weil sie aus der Überwindung der äußeren Beanspruchungen ihren Kraftzuwachs bezogen haben.

Ich kann mich *bezüglich der weiteren Merkmale der Organminderwertigkeit* kurz fassen, wenn ich von ihnen zusammenfassend hervorhebe, dass sie untereinander die gleichen Beziehungen haben wie zu Krankheit, Heredität und Kompensation.

So die morphologischen angeborenen Anomalien, die Degenerationszeichen und Stigmen, von denen ich behauptet habe, dass sie nicht selten als äußerlich sichtbare Zeichen die Minderwertigkeit des zugehörigen Organs, des Auges, des Ohres, des Atmungs- und Ernährungstraktes verraten, während sie bisher *[18]* entweder als bedeutungslos abgelehnt wurden oder als Zeichen einer allgemeinen Degeneration oder Minderwertigkeit mit Unrecht eingeschätzt wurden. In ihrem weitesten Ausmaß liefern sie das Material der persönlichen Physiognomie.[3]

Ebenso kurz kann ich mich bezüglich der *Reflexanomalien* aussprechen, von denen besonders die dem Organ zugehörigen Schleimhautreflexe *als primitive nervöse Leistungen* des Organs einen Leitfaden zur Auffindung der Organminderwertigkeit abgeben können, sobald sie sich als mangelhaft oder gesteigert erweisen.

Es lag nun angesichts der embryonalen Herkunft der Organminderwertigkeit nahe, die Aufmerksamkeit auf die Anfänge der extrauterinen Entwicklung zu richten, in der Voraussicht, dass das Einsetzen der Kompensation nicht ohne auffällige Störung zustande käme, dass andererseits bei fertiger Kompensation das Bild der Organminderwertigkeit verwischt würde. – Tatsächlich hat uns diese Annahme nicht betrogen. *Das minderwertige Organ braucht länger, um zur normalen Funktion zu gelangen und macht dabei eine Anzahl Störungen durch, deren Überwindung nur auf dem Wege gesteigerter Hirnleistung gelingt.* Anstatt einer weitläufigen Beschreibung dieser Funktionsanomalien hebe ich hervor, dass es sich dabei um auffallende Erscheinungen im Kindesleben handelt, von denen einen Teil die Pädagogen »*Kinderfehler*«[4] nennen. Es handelt sich dabei um Kinder, welche schwer sprechen lernen, die Laute andauernd falsch bilden, stottern, blinzeln, schielen; die Gehörsfunktion, die Exkretion ist längere Zeit mangelhaft, sie erbrechen, sind Daumenlutscher, schlechte Esser usw.[5] Zuweilen zeigen sich diese Kinderfehler nur spurweise, meist aber ganz deutlich und vereint mit den übrigen Zeichen der Organminderwertigkeit, mit Degenerationszeichen, Reflexanomalien und Erkrankung. Oder die genannten Merkmale sind bunt am Stammbaum zerstreut und beweisen so die Heredität der Organminderwertigkeit. Recht häufig ist der Kinderfehler selbst hereditär.

Ich muss hierbei bemerken, dass die Beobachtung eine ungeheure Häufigkeit von Kinderfehlern ergibt, die aber nur der großen Anzahl minderwertiger

---

3 Anm. Adlers 1922: Jüngst hat *Kretschmer* hierzu wertvolle Belege geliefert [Kretschmer 1921]
4 [»Kinderfehler« war ein gängiger Begriff in der Pädiatrie; ab 1896 gab es eine entsprechende Zeitschrift (»Die Kinderfehler« 1896–1899).]
5 *Anm. Adlers 1922*: Bezüglich der Vererbbarkeit solcher Erscheinungen s. *Friedjung* »Ernährungsstörungen und Konstitution«. In: Zeitschr. f. Kinderheilkunde, 1913

Organe entspricht. Eine einheitliche Erklärung der Kinderfehler ist bisher ausgestanden. – Vom Standpunkt der Organminderwertigkeitslehre aus ist eine [19] Einsicht möglich: *der Kinderfehler ist der sichtbare Ausdruck einer geänderten Betriebsweise des minderwertigen Organs.* – Der sichtbare Ausdruck, neben dem es noch mehr oder weniger verborgene Phänomene gibt, die allen Abstufungen der Minderwertigkeit entsprechen.[6]

Ist es nun schon bei den Reflexanomalien der Schleimhäute sichergestellt, dass sie einen Zusammenhang mit der Psyche besitzen, so gilt dies für die Kinderfehler und ihre Analogien noch in höherem Maße. Zumeist scheint das normale Wachstum der übergeordneten Nervenbahnen, einfache Wachstumskompensation, zu genügen, um die normale Funktion herbeizuführen. Dabei bleibt aber die Organanomalie die gleiche, und wenn wir mit geschärfter Aufmerksamkeit und Beobachtung an eine Prüfung gehen, so finden wir sehr häufig untilgbare Reste für das ganze Leben. Oder der Fehler ist für die Norm überwunden, stellt sich aber bei psychologischen Anspannungen sofort wieder ein, so dass von einer *Kontinuität* des Zustandes gesprochen werden muss, der nur zur Zeit der Ruhe verdeckt wird. Solche Beispiele sind häufig: Blinzeln im hellen Licht, Schielen bei Naharbeit, Stottern in der Aufregung[7], Erbrechen im Affekt usw. – Dadurch findet die Vermutung, zu der wir von anderer Seite her gekommen sind, ihre Bestätigung, die Kompensation erfolge durch Mehrleistung und Wachstumsschub des Gehirns. Dass diese Verstärkung des psychischen Überbaues gelingt, zeigt der Erfolg; dass er in Zusammenhang mit einem ständigen Training steht, ist leicht zu erraten. Als anatomisches Substrat können wir nach Analogie nur annehmen: leistungsfähigere und vermehrte Nervenelemente. – Also auch im Zentralnervensystem herrschen die gleichen Beziehungen von Minderwertigkeit und Kompensation, ebenso wie der koordinierte pathologische Einschlag zuweilen deutlich wird. Es gibt eine Anzahl von Hinweisen, wie die *v. Hansemanns*, der pathologische Veränderungen in den Gehirnen bedeutender Männer nachwies.

Steht so die Gehirnkompensation mit der Organminderwertigkeit im Zusammenhang, so ist es klar, dass gewisse, dem Organ zugehörige Verknüpfungen mit der Außenwelt auch im [20] Überbau ihr psychisches Korrelat finden müssen; dass den ursprünglich minderwertigen Augen im Überbau eine verstärkte visuelle Psyche entspricht usw. In Verfolgung dieses Gedanken-

---

6   *Erg. 1922:* Der organisch erschwerten Einfügung in das Leben entsprechen *seelische Schwierigkeiten. Im Kampfe mit diesen und zu ihrer Überwindung entstehen seelische Haltungen, auffallende Charakterzüge besonderer Art,* ebenso Ausdrucksformen, die allesamt bald Vorzüge, bald Nachteile bedeuten können. *An diesem Punkte ist der Übergang von körperlichen zu seelischen Erscheinungen einzig zu erfassen.*

7   *Anm. Adlers:* Auch das Gegenteil kommt vor. *Demoulins,* einer der feurigsten Redner der Revolution, stotterte nur im gewöhnlichen Gespräch, nicht bei seinen Reden.

gangs gelangt man zur Annahme, dass in günstig gelegenen Fällen das minderwertige Organ den entwickelteren und psychisch leistungsfähigeren Überbau besitzt, dessen psychische Phänomene – was Trieb, Empfindung, Aufmerksamkeit, Gedächtnis, Intuition, Introspektion, Einfühlung, Bewusstsein anlangt, reichlicher und entwickelter sein können. Ein minderwertiger Ernährungsapparat wird günstigenfalls die größere psychische Leistungsfähigkeit aufbringen in allen Beziehungen zur Ernährung, aber auch, da sein Überbau dominiert und die anderen psychischen Komplexe in seinen Bereich zieht, in allen Beziehungen des Erwerbes von Nahrung. Der Nahrungstrieb wird so sehr vorherrschen, dass er in allen persönlichen und sozialen Beziehungen zum Ausdruck kommen kann, als Gourmandise, als Erwerbseifer, als Sparsamkeit und Geiz usw. So auch bei den anderen minderwertigen Organen, die zu einem ausgebreiteteren Empfindungsleben führen und zu einer sorgfältigeren und richtigeren Abtastung und Abschätzung der Welt, soweit sie dem betreffenden Organ zugänglich ist.

Durch diesen Vorgang bilden sich *psychische Achsen* aus, nach denen das Individuum gerichtet ist, immer in Abhängigkeit von einem oder mehreren minderwertigen Organen. Auch im Traum und in der Fantasie, in Berufswahl und Neigung wird das gleiche Streben nach Lustgewinn für dieses Organ[8] bemerkbar. Denn die primitive Organbetätigung (Trieb) ist insbesondere beim minderwertigen Organ mit Lust verknüpft. Darauf weisen manche der Kinderfehler mit solcher Deutlichkeit hin, dass sie mit Unrecht als sexuelle Betätigungen angesehen werden. Kehrt nun, wie fast regelmäßig im Traum, im Spiel, in der Fantasie der primitive Trieb des Organs wieder, so müssen wir auch hier eine Forderung nach diesem Lustgewinn erblicken. Wenn man diesen Gedanken weiter verfolgt, so gelangt man schließlich zur Vermutung, *dass der psychische Organüberbau größtenteils Ersatzfunktion besitzt für die Mängel des Organs, um im Verhältnis zur Außenwelt seinen Lustgewinn zu erreichen*[9].

Auch in anderen Punkten rührt die Organminderwertigkeitslehre an Probleme der Philosophie. – So in der Frage [21] der geistigen Entwicklung, für die eine Kontinuität gefordert werden muss[10], gleichwie für die Triebe und Charakteranlagen. Und dies beim Einzelnen wie bei der Gesamtheit. Ist Philosophie die wissenschaftliche Zusammenfassung aller Beziehungen psychischer Leistungen, so wird es begreiflich, dass die jeweilige Stufe des Denkens, damit auch der jeweilige Stand der Philosophie, durch die Abänderung der Organe und die zu leistende Gehirnkompensation bedingt ist. Ihre Entwicklung und Änderung der Grundlagen ist demnach begründet in der Ent-

---

8   gleiche Streben *bis* Organ] *Änd. 1922:* intensivere Streben eines speziellen Organs nach Bewältigung seiner Aufgabe
9   Lustgewinn zu erreichen] *Änd. 1922:* Aufgaben zu genügen
10   gefordert werden muss] *Änd. 1922:* sichtbar wird

wicklung und Änderung des Überbaus der variierenden Organe. Da Letztere den Anstoß zu ihrer Minderwertigkeit aus der umgebenden Außenwelt erleiden, so erfolgen die Änderungen der Außenwelt, Organminderwertigkeit und entsprechende korrigierende Hirnkompensation, mit wechselseitiger Beeinflussung.

Auch auf die Entstehung hochkultivierter *psychomotorischer Leistungen*, auf Herkunft und Entwicklung der Sprache, der Künste, auf das Wesen des Genies, auf die Geburt philosophischer Systeme und Weltanschauungen scheint mir diese Betrachtungsweise anwendbar, und ich hoffe von ihr, dass sie sich auch als heuristische Methode bewähren wird. Sie zwingt uns vielleicht deutlicher als jede andere Betrachtungsweise – die Klippen der Abstraktion vermeiden und die Erscheinungen im Zusammenhang und im Fluss beobachten. In der medizinischen Wissenschaft bin ich dieser Betrachtungsweise nachgegangen. Vielleicht darf ich hoffen, dass meine bescheidene Anregung auch anderwärts Anklang findet.

Das in der Gehirnkompensation gegründete Weltbild kann sich nicht schrankenlos entfalten. Weder mit seinen Trieben noch mit seinem bewussten Anteil ist es frei. Sondern seine Äußerungen sind durch das soziale Milieu, durch die Kultur, eingeschränkt, die durch das Mittel des Selbsterhaltungstriebs[11] nur dann den Äußerungen der Psyche die Entfaltung gestattet, wenn sie sich dem Rahmen der Kultur einfügen können. Auch in diesem Falle gestattet sich der verstärkte Überbau des minderwertigen Organs andere, oft neue und wertvolle Betriebsweisen. Allerdings oft auch pathologische, wie bei den Neurosen.

Ein junger Mann aus reichem Hause kam wegen Angst- und Zwangsvorstellungen in die Behandlung. Zudem litt er an Appetitmangel und Verdauungsbeschwerden, für die sich eine organische Ursache nicht nachweisen ließ. Als minderwertig [22] konnte in erster Linie der Ernährungstrakt entlarvt werden. Entsprechend der eingangs angeführten Skizze meiner Organminderwertigkeitslehre lassen sich folgende Daten beibringen: 1. *Frühere Erkrankung* des Patienten, Magen- und Darmstörungen bedrohlicher Natur im ersten und zweiten Lebensjahr. 2. *Heredität*. Der Großvater väterlicherseits starb an Magenkrebs. Der Vater ist ein starker Esser, sehr geiziger Charakter, der es durch seinen intensiven Erwerbssinn zu großem Reichtum gebracht hatte.[12] Die Mutter leidet an hysterischen Magen-Darm-Beschwerden. Die Geschwister

---

11 Erg. 1922: und des Persönlichkeitsideals
12 *Anm. Adlers:* Solche Menschen (mit Magen-Darm-Störungen behaftet, oder auffallend starke Esser, mit deutlichen Zügen von Geiz und Rücksichtslosigkeit, und besonderer Befähigung zum Erwerb) stellen einen öfters vorkommenden Typus dar. Sie erinnern, wenn man Kleines mit Großem vergleichen darf, an *Napoleon*, in dessen Familie der Magendarmkrebs erblich war.

zeigen Züge von Geiz und sind fast ausnahmslos starke Esser; Darmerkrankungen sind bei ihnen öfters verzeichnet. 3. *Periphere Degenerationszeichen:* Auffallender Schiefstand der Zähne. 4. *Kinderfehler:* Daumenlutscher bis in hohe Kindesalter. Ein Detail aus der Psychoanalyse[13] soll uns den geizigen[14] Grundcharakter des Patienten und dessen Verwandlung zeigen. Eines Tages überbrachte der Patient einem Wohltätigkeitsverein in Mariahilf ein Geschenk von 200 Kronen. Dies erzählte er mir anschließend an die Mitteilung, dass er sich heute wieder besonders schlecht befinde. Er fährt dann fort: »Vielleicht habe ich mich so schlecht befunden, weil ich schon hungrig war, als ich in Mariahilf die Spende abgab. Es war bereits Mittag vorüber, und ich hatte noch nicht gegessen. Für 12 Uhr hatte ich eine Zusammenkunft in einem (nebenbei bemerkt: teuren) Restaurant vereinbart und ging nun in schlechter Verfassung den (langen) Weg in die Stadt.« – Die Erklärung für das nervöse Unbehagen ergab sich leicht. Wer diese Erzählung anhört, hat in den Ohren ein Gefühl wie bei einer Dissonanz. – Ein reicher Mann, der reichlich zu schenken pflegt, in vornehmen Restaurants speist, starkes Hungergefühl hat und zu Fuß einen längeren Spaziergang macht – darin liegt wohl eine starke Inkongruenz, die sich nur ausgleichen lässt, wenn wir annehmen, der Patient sei ebenso geizig wie sein Vater, seine hohe Kultur aber gestatte ihm nicht, von diesem Geiz Gebrauch zu machen. Nur wo er nicht gegen die Kultur *[23]* verstößt – Ersparnis von einigen Hellern, die er eventuell mit gesundheitlichen Gründen rechtfertigen kann – ist die Äußerung dieser Anlage möglich. Sonst benimmt er sich äußerst freigebig, nicht ohne seine Freigebigkeit jedes Mal mit einem nervösen Anfall zu bezahlen.

Der Fall ist imstande, uns über die Grenzen psychischer und motorischer Äußerungen der Kompensation zu belehren, die *durch die Kultur der anderen*[15] *gegeben* sind. – Gleichzeitig zeigt er uns die[16] Vererbbarkeit psychischer Eigenschaften, auf Grundlage der minderwertigen Organe. – Nebenbei kann ich Ihnen an diesem Fall zeigen, was *Freud* in Wien unter dem »*Verdrängungsmechanismus*« versteht. Wie aus der Organminderwertigkeitslehre hervorgeht, zielt der Verdrängungsmechanismus auf eine Hemmung des Überbaus minderwertiger Organe und seiner Äußerungen; er ist gleichsam die Bremsvorrichtung bei der Entwicklung unbrauchbarer oder noch nicht reifer Betriebsweisen aus der Überkompensation. Dass dabei eine Charakteranlage, ein Trieb, ein Wunsch, eine Vorstellung in die Kontraststellung geraten, sich durch ihre Antithese äußern, stellt einen Spezialfall vor und erinnert einigermaßen an die *hegelsche* Dialektik.

---

13 *Änd. 1914:* seiner Individualpsychologie
14 *Änd. 1914:* geistigen
15 *Erg. 1922:* durch das Gemeinschaftsgefühl
16 *Erg. 1914:* (scheinbare)

Sucht sich aber die Überkompensation in kultureller Weise geltend zu machen, schlägt sie neue, wenn auch schwierige und oft gehemmte Wege ein, so kommt es zu den ganz großen Äußerungen der Psyche, wie wir sie dem Genie zusprechen müssen. *Lombroso* hat sich in seiner Lehre vom Genie an die Mischfälle gehalten und ist dadurch zu seiner unrichtigen Auffassung des pathologischen Genies gekommen. Nach unseren Darlegungen ist das minderwertige Organ keine pathologische Bildung, wenngleich es die Grundbedingung des Pathologischen vorstellt. Der Antrieb zur Gehirnkompensation kann in günstigen Fällen mit Überkompensation enden, der alles Krankhafte fehlt.

Das Schicksal der Überkompensation ist an mehrere Bedingungen geknüpft, also überdeterminiert. Als eine dieser Bedingungen haben wir die Schranken der Kultur kennengelernt. Eine andere Determination ist die Ankettung des dominierenden Überbaus an andere psychische Felder, des visuellen Überbaus an den akustischen, an den Überbau der Sprachorgane. Diese mehrfachen Kompensationen, ihre Verschrän[24]kungen und gegenseitigen Hemmungen geben eigentlich erst das Bild der Psyche, deren Analyse uns wieder Grade der Kompensationen, Innigkeit und Gegensätzlichkeit in ihrer Verknüpfung und der einschränkenden Einflüsse der Kultur erkennen lässt. Besonders zu Unfällen geneigt sind starke Verknüpfungen mit hochentwickelten Aggressionskomplexen, die nach meinen Untersuchungen, den Überbau der Primärtriebe verbindend, zur Entwicklung kommen, und ebenso dominierende Einflüsse des Sexualüberbaus[17], beide sind allerdings bei günstiger Konstellation[18] zu den bedeutendsten Leistungen ausersehen.

Als dritte Bedingung für das Schicksal einer Überkompensation kommt deren Widerstandsfähigkeit oder Hinfälligkeit in Betracht. Recht häufig misslingt der Natur die Korrektur des minderwertigen Organs, sie schafft dann leicht vergängliche, den Angriffen leicht erliegende Kompensationen. Unfähigkeit, Neurose, psychische Erkrankungen, kurz pathologische Gestaltungen können dabei zutage kommen. Ein kleiner Ausschnitt aus der Analyse der Paranoia mag Ihnen ein Bild davon geben. Die Überkompensation des minderwertigen Sehapparates spielt neben der anderer Apparate eine hervorragende Rolle. Der Schautrieb ist bei einem großen Teil der Paranoiker zu großer Entwicklung gelangt und hat alle Sehmöglichkeiten der Welt erschöpft. Da tritt eine ungünstige Konstellation ein, die Schwäche der Überkompensation äußert sich in halluzinatorischen Ausbrüchen, visuellen Erscheinungen, die den Intellekt konstituierenden Kräfte zeigen bald eine ähnliche Hinfälligkeit, der Patient *sieht sich als das Objekt* des Schautriebs *anderer*, und die Konstituierung des Größen- und Verfolgungswahns nimmt unter Anknüpfung an die Anlagen des Aggressionstriebs ihren Anfang.

---

17 Sexualüberbaus] *Änd. 1922:* Ehrgeizes und Machtstrebens
18 *Erg. 1922:* unter Leiden

Das Gegenstück soll Ihnen ein winziger Ausschnitt aus der *Psyche eines Dichters* zeigen, den ich dem Schriftsteller *Rank*, einem Kenner meiner Anschauungen, verdanke. Ich muss vorausschicken, dass ich insbesondere dem dramatischen Dichter eine besondere und eigenartige Überkompensation des Sehorgans vindizieren muss, in der seine szenische Kraft, die Auswahl und Gestaltung seiner Stoffe begründet ist. In dem Drama des *Schützen Tell*[19] finden wir eine gehäufte Zahl von [25] Anknüpfungen an die Überkompensation des Sehapparates, einzelne Wendungen, Gleichnisse, die das Auge und seine Funktion betreffen. (Auch die Volksmythen haben sich seit undenklichen Zeiten dieser Erscheinung des minderwertigen Apparates und seiner Überkompensation bemächtigt, und der Mythos vom *blinden Schützen*, der immer sein Ziel trifft, dürfte mit der Tellsage einige Verwandtschaft besitzen.) – Für die Beziehung des Dramatikers *Schiller* zum Sehapparat und seinen Funktionen will ich noch auf die Blendung Melchthals und den Hymnus auf das Licht der Augen im »*Tell*« hinweisen. Was das Sehorgan des Dichters anlangt, kann ich darauf hinweisen, dass er schwache Augen hatte, an Augenentzündungen litt und den Kinderfehler des *Blinzelns* bis zum Mannesalter besaß. Für die Jagd hatte er großes Interesse. *Weltrich*[20] erzählt, und dies wäre für die Heredität bemerkenswert, dass die Familie *Schiller* ihren Namen wegen des Schielens erhalten habe. – Ich erwähne dies kleine abschließende Detail nicht zum Zwecke einer Kunstbetrachtung, sondern um Sie auf die Beziehungen des Künstlers zum minderwertigen Organ aufmerksam zu machen.

Es darf uns nicht wundernehmen, dass die Merkmale des minderwertigen Sehapparates, insbesondere bei Malern[21] eine große Rolle spielen. Ich habe in meiner Schrift einiges darüber mitgeteilt. *Guercino da Centa*, 15. Jahrhundert, erhielt seinen Namen, weil er schielte. *Piero de la Francesca* soll nach Angabe *Vasaris* im Alter erblindet sein. Ihm wird besonders die Kunst der Perspektive nachgerühmt. Von neueren ist *Lenbach* zu erwähnen, der einäugig war, der ungemein kurzsichtige *Mateyko, Manet,* der astigmatisch ist usw. Untersuchungen in Malerschulen haben ca. 70 % Augenanomalien ergeben.

Dass Redner, Schauspieler, Sänger die Zeichen der Organminderwertigkeit aufweisen, habe ich sehr häufig gefunden. Von *Moses* berichtet die Bibel, er habe eine schwere Zunge besessen, seinem Bruder *Aron* war die Gabe der Rede verliehen. *Demosthenes*, der Stotterer, wurde zum größten Redner Griechenlands, und von *Camille Demoulins*, der im [26] gewöhnlichen Leben stotterte,

---

19 Anm. *Adlers:* Auch in vielen seiner [Schillers] Gedichte.
20 [Richard Weltrich, Literaturhistoriker (Weltrich 1907)]
21 Anm. *Adlers:* Siehe auch das Essay »Kunst und Auge« von *J. Reich*, Österreichische Rundschau, Wien 1908. [Anlässlich einer Ausstellung stellt Reich Adlers Theorie wohlwollend dar.] *Erg. 1922:* Ferner: Mutschmann, »Der andere Milton« [Mutschmann 1920]

berichten seine Zeitgenossen, dass seine Rede wie geschmolzenes Gold dahinfloss.

Ähnlich bei den Musikern, die ziemlich oft an Ohrenleiden erkranken. *Beethoven, Robert Franz*,[22] die beide[23] das Gehör verloren, seien als bekannte Beispiele hierhergesetzt. – *Klara Schumann* berichtet aus ihrem Leben über kindliche Gebrechen der Hör- und Sprachfähigkeit.

Weit entfernt, Ihnen all diese Details als vollen Beweis anbieten zu wollen, bezwecken diese Anführungen bloß Ihre Aufmerksamkeit auf den weiten Rahmen der Organminderwertigkeitslehre zu lenken und auf ihre Beziehungen zur Philosophie, Psychologie und Ästhetik.

---

22 *Erg. 1922:* Smetana
23 beide] *Ausl. 1922*

6. Der Aggressionstrieb im Leben und in der Neurose (1908)

Editorische Hinweise
Erstveröffentlichung:
1908: Fortschritte der Medizin 26. Jg., Nr. 19, 10. Juli, M. Gelsdorf, Eberswalde/Berlin, S. 577–584.
Neuauflagen:
1914: Heilen und Bilden, S. 23–32
1922: Heilen und Bilden, S. 18–25
1928: Heilen und Bilden, S. 33–42

Dieser Aufsatz geht auf einen Vortrag zurück, den Adler am 27. April 1908 auf dem 1. Kongress der Psychoanalytiker in Salzburg unter dem Titel »Sadismus im Leben und Neurose« gehalten hatte. Unter dem gleichen Titel wurde er am 3. Juni 1908 in der Psychoanalytischen Mittwochgesellschaft diskutiert (Protokolle I 1976, S. 382–385).

Dieser Aufsatz ist insofern von grundlegender Bedeutung, als er sowohl die psychoanalytische Triebtheorie in ihren dynamischen Grundlagen erweitert und systematisiert, als auch erstmalig einen Aggressionstrieb in die Psychologie und Psychoanalyse einführt. Adler nimmt hier Konzepte von Freud vorweg, so die Triebschicksale, die dualistische Triebtheorie und den Aggressionstrieb.

Für Freud und seinen Kreis bedeutet die Annahme eines Aggressionstriebs neben dem Sexualtrieb eine ungeheure Provokation: Adler eliminiere das Sexuelle (Protokolle II 1977, S. 240), er gebe der Aggression die Hauptrolle, das Drängende sei allgemeiner Charakter der Triebe (Freud 1909). Der »Aggressionstrieb« bildet damit für Freud den Ausgangspunkt des Bruchs mit Adler.

Adlers Definition des Triebes entspricht etwa der Freuds und hat die gleiche kulturtheoretische Implikation: Triebe und Triebwandlungen bekämen ihren Anstoß und ihre Hemmung durch die Kultur. Umfassender als Freud in dieser Zeit unterscheidet er verschiedene Formen von »Triebverwandlung«, wie »Triebverschränkung«, »Triebhemmung«, »Sublimierung«, »Verkehrung« und »Verschiebung« des Triebs, was Freud später als »Triebschicksale« beschreibt (Freud 1909; 1915) und Anna Freud (A. Freud 1936/1980) als »Abwehrmechanismen« systematisiert. Der Aggressionstrieb ist für Adler ein »übergeordneter«, nicht an ein Organ gebundener Trieb zur »Erkämpfung einer Befriedigung«, »sobald einem der Primärtriebe die Befriedigung verwehrt ist«. Aggression ist somit Folge von Frustration. Der Aggressionstrieb stehe neben dem Sexualtrieb, womit Adler noch vor Freud eine dualistische Triebtheorie einführt.

In Verschränkung mit dem Sexualtrieb oder mit anderen Trieben sei der Aggressionstrieb ein wesentlicher Faktor für die Entstehung der Neurose. Adler bringt dafür eine Reihe von Beispielen. In seinen Äußerungen erfahre der Trieb verschiedene Wandlungen und erscheine daher in »kultureller« oder »feindlicher« Form, wie er dies noch im gleichen Jahr ausführt (in Adler 1908d: »Zärtlichkeitsbedürfnis«, in diesem Band S. 78–81).

Adler verknüpft 1908 den Aggressionstrieb mit seiner Theorie der Organminderwertigkeit und legt die Bedeutung von Aggression als Kompensation bereits hier an.

Adler verändert diesen Aufsatz sehr gründlich mit kleineren oder größeren Korrekturen, Auslassungen und Zusätzen, aus denen wir nur die wichtigsten entnommen haben. Die meisten Änderungen finden sich 1922. Getilgt sind wieder Spuren, die auf die Psychoanalyse verweisen. Der Triebbegriff selbst verliert in den Auflagen ab 1914 seine Bedeutung als primäre Kraft. Trieb und Triebwandlung geraten in den Dienst der Kompensation. Adler umschreibt den »Aggressionstrieb« nun als angreifende Stellungnahme, als »Bemächtigung«, »Auseinandersetzung« und betont das reaktive, kompensatorische Verständnis von Aggression. 1922 führt er das »Gemeinschaftsgefühl« ein, als Ersatz für die Rolle der »Kultur«. Mangelndes Gemeinschaftsgefühl setzt er an einer Stelle mit C. G. Jungs »Introversion« gleich (s. Anm. 15). Dem Ende dieses Aufsatzes fügt er 1922 seine weitestgefasste Umschreibung des Gemeinschaftsgefühls an und sieht es als »Regulator des Aggressionstriebs«, später des »männlichen Protests« oder des »Machtstrebens«.

Der Aggressionstrieb im Leben und in der Neurose

Die Anwendung der *Freud*'schen Methode zur Aufdeckung des unbewussten Seelenlebens bei Gesunden und Neurotikern führt zur Anerkennung der Tatsache perverser Regungen, die bei Neurosen und Neuropsychosen aus dem Bewusstsein verdrängt sind, keineswegs aber deren Einfluss auf das psychische Gleichgewicht verloren haben, vielmehr als pathogene Quelle des Handelns, Denkens und der Stimmungen unschwer zu erkennen sind. Ganz hervorragend ist dabei der Anteil des Sadismus und seines Gegenstückes, des Masochismus[1], *die ich als den unmittelbarsten, zur nervösen Erkrankung führenden Faktor erkannt zu haben glaube.*[2] Die folgende Abhandlung soll als Versuch

---

1 Anm. Adlers: Siehe auch *Freud*, »Drei Abhandlungen zur Sexualtheorie«, Deuticke, Berlin, Wien 1906. [Freud 1905]
2 Die Anwendung *bis* glaube *] Änd. 1922:* Nach mancherlei tastenden Versuchen gelangte ich zur Anschauung, das Entscheidende [*Änd. 1928:* Entscheidendste] im Leben des Kindes und des Erwachsenen sei seine Stellung zu den vor ihm liegenden Aufgaben. Wie einer diese Aufgaben anpackt, daran kann man ihn erkennen. Diese seine Haltung hat immer etwas Angreifendes. Erst in weiterer Entwicklung können Züge des Zuwartens oder des Ausweichens hinzutreten. Ich nannte die Summe dieser Erscheinungen

einer programmatischen Darstellung des *Aggressionstriebes*[3] und seiner Phasen, von dem ich behaupten muss, dass er auch den Erscheinungen[4] des Sadismus zugrunde liegt, gelten. –

Bisher ging jede Betrachtung des Sadismus und Masochismus von sexuellen Erscheinungen aus, denen Züge von Grausamkeit beigemischt waren. Die treibende Kraft stammt aber bei Gesunden (männlicher Charakter der Sexualität)[5], Perversen und Neurotikern (siehe unten) offenbar *aus zwei ursprünglich gesonderten Trieben*, die späterhin eine *Verschränkung* erfahren haben, derzufolge das sadistisch-masochistische Ergebnis zwei Trieben zugleich entspricht, dem Sexualtrieb und dem Aggressionstrieb. Ähnliche Verschränkungen finden sich im Triebleben Erwachsener regelmäßig vor. So zeigt sich der Esstrieb mit dem Sehtrieb, mit dem Riechtrieb (siehe die Ergebnisse *Pawlows*), der Hörtrieb mit dem Sehtrieb (audition colorée, musikalische Begabung), kurz jeder auffindbare Trieb mit einem oder mehreren der übrigen Triebe verknüpft, eine Verschränkung, an denen zuweilen auch der Harn- oder der Stuhltrieb ihren Anteil haben. Dabei soll uns »der Trieb« nichts mehr als eine Abstraktion bedeuten, eine Summe von Elementarfunktionen des entsprechenden Organs und seiner zugehörigen Nervenbahnen, deren Entstehung und Entwicklung aus dem Zwang der Außenwelt und ihrer Anforderungen abzuleiten sind, deren Ziel durch [578] die Befriedigung der Organbedürfnisse und durch den Lusterwerb aus der Umgebung bestimmt ist. In allen auffälligen Charakterbildern, deren Gesamtphysiognomie stets das Resultat einer Triebverschränkung ist, wobei *einer oder mehrere der Triebe die Hauptachse der Psyche* konstituieren, spielt der *Sexualtrieb* eine hervorragende Rolle. Die Ergebnisse einer großen Zahl von Psychoanalysen[6] gesunder, neurotischer, perverser Personen, lebender und verstorbener Künstler und Dichter lassen in Betracht ihres Trieblebens und seiner Äußerungen folgende, stets erweisbare Tatsachen erkennen:

I. *Die Kontinuität jedes Triebes und seine Beziehung zu anderen Trieben* ist für das ganze Leben sowie über das Leben des Individuums hinaus, in seiner Heredität, mit Sicherheit festzustellen. Dieser Gesichtspunkt hat für viele Fragen der Charakterbildung und ihrer Vererbung, für Familien- und Rassenprobleme, für die Psychogenese der Neurosen, des künstlerischen Schaffens und der Berufswahl, des Verbrechens eine große Bedeutung.

II. Was von den Trieben ins Bewusstsein dringt, sei es als Einfall, Wunsch,

---

    den »Aggressionstrieb«, um zu bezeichnen, dass der Versuch einer Bemächtigung, einer Auseinandersetzung damit zur Sprache käme.

3 *Erg. 1922:* seines Schicksals
4 *Erg. 1922:* der Grausamkeit, der Herrschsucht
5 (männlicher *bis* Sexualität)] *Ausl. 1922*
6 *Änd. 1922:* Untersuchungen

Willensäußerung, ebenso was für die Umgebung in Worten oder Handlungen deutlich wird, kann entweder in direkter Linie aus einem oder mehreren der Triebe abstammen und dabei kulturelle Umwandlungen, Verfeinerungen und Spezialisierungen (Sublimierung *Nietzsches*, *Freuds*) erfahren haben. Oder der Trieb wird in seiner Ausbreitungstendenz, mittels derer er bei stärkerer Ausbildung unumschränkt alle Beziehungsmöglichkeiten zur Umgebung ausschöpft und geradezu weltumfassend auftritt, an einer durch die Kultur[7] bestimmten oder durch einen zweiten Trieb geschaffenen Schranke gehemmt. (Hemmung des Schautriebs in Bezug auf Fäkalien etwa; Hemmung des Esstriebs bei seiner Richtung auf schlecht riechende Speisen; – Triebhemmung bei inadäquater Beziehung[8]; Hemmung des Schautriebs bei Kampf gegen die Masturbation[9].) – Diese Triebhemmung ist als eine aktive psychische Leistung anzusehen und führt bei starken Trieben zu ganz charakteristischen Erscheinungen, und dies umso mehr, je mehr von der Triebkraft durch dauernden psychischen Kraftaufwand gezügelt werden muss. *Der Triebhemmung im Unbewussten aber entsprechen im Bewusstsein ganz charakteristische Erscheinungen*, unter denen vor allem durch die Psychoanalyse[10] aufgedeckt werden:

1. *Verkehrung des Triebes in sein Gegenteil* (zum Beispiel: dem Esstrieb im Unbewussten entspricht eine Andeutung von Nahrungsverweigerung im Bewussten, fast analog damit dem Geiz oder Futterneide – Freigebigkeit).[11]

2. *Verschiebung des Triebes auf ein anderes Ziel.* (Der Liebe zum Vater (inzestuös) im Unbewussten entspricht Verliebtheit in den Lehrer, den Arzt, den Cousin usw. im Bewussten; oder die Verdrängung geht so weit, dass der Sexualtrieb nur in pervertierter Richtung – homosexuell – zutage tritt.[12])

3. *Richtung des Triebes auf die eigene[13] Person*[14] (zum Beispiel: dem verdrängten Schautrieb im Unbewussten entspricht im Bewussten der Trieb, selbst angeschaut zu werden; Exhibitionismus, *aber auch in weiterer Folge*

---

7   die Kultur] *Änd. 1922*: das angeborene Gemeinschaftsgefühl
8   Triebhemmung *bis* Beziehung] *Ausl. 1922*
9   die Masturbation] *Änd. 1914*: Sexualerregungen
10 Psychoanalyse] *Änd. 1914*: Individualpsychologie
11 *Erg. 1914*: Das Kind hat die Bedeutung dieser Triebbefriedigung für die Ruhe der Eltern erkannt und beginnt durch zweckmäßige Verwendung und Variation der Triebrichtung ein Geschäft im Interesse seines Machtgefühls zu machen.
12 (Der Liebe *bis* tritt)] *Änd. 1922*: (Der Liebe zum Vater folgt die Zuneigung zum Lehrer, zum Arzt, zum Freund oder zur Menschheit. Ist der Sexualtrieb betroffen, so resultieren angebliche Perversionen, in Wirklichkeit Verschiebungen auf ein anderes Ziel durch Ausschaltung der Norm, wie Homosexualität.)
13 *Erg. 1922*: dadurch höher gewertete
14 *Erg. 1922*: durch Verstärkung des Persönlichkeitsgefühls

Wurzel des Beachtungs-, Größen- und Verfolgungswahns)[15] bei Paranoia und Dementia praecox[16].

4. *Verschiebung des Akzents auf einen zweiten starken Trieb*, der meist gleichfalls in der Form 1 (Verkehrung in sein Gegen[579]teil) zur Äußerung kommt (zum Beispiel: die Verdrängung des Sexualtriebs steigert die Tätigkeit des Schautriebs derart, dass entweder überall Sexualsymbole *gesehen werden* oder dass durch nervöse Anfälle das bewusste Sehen, zum Beispiel von Sexualsymbolen, gehindert wird – Absenzen, hysterische Anfälle, Fälle von Platzangst usw.)[17].

Eine wichtige Abart des auf die eigene Person gerichteten Triebes (siehe oben Punkt 3) bildet das »*nach innen Schauen, Hören*«, mit Erinnerung, Intuition, Introspektion, Ahnung, Illusion, Halluzination, Angst im Zusammenhang.[18] –

III. *Die Psychoanalyse*[19] *lässt uns jeden der Triebe auf eine primäre Organbetätigung zurückführen*, die zur Lustgewinnung eingeleitet wird[20]. Diese primären Organbetätigungen umfassen die ungehemmten Leistungen der Sinnesorgane, des Ernährungstraktes, des Atmungsapparates, der Harnorgane, der Bewe-

---

15 (zum Beispiel bis Verfolgungswahns] *Änd. 1922*: (Der *Schautrieb* wandelt sich in den Trieb, selbst angeschaut zu werden. Wurzel des Exhibitionismus in jeder Form, auch des Beachtungs-, Größen-, Verfolgungswahns. Das Kind wird nicht heimisch in unseren Verhältnissen und beginnt an Angst zu leiden). Eine wichtige Abart des auf die eigene Person gerichteten Triebes bildet das »nach innen Schauen oder Hören«, mit Erinnerung, Fantasie, Intuition, Introspektion, Ahnung, Illusion, Halluzination, Angst und Einfühlung im Zusammenhang. In stärkerer Ausprägung immer auch ein Zeichen verhinderter Verknüpfung mit der Außenwelt und mangelnden Gemeinschaftsgefühls. Die Entwicklung des Letzteren wird durch die Eigenliebe gehindert. Darauf erfolgt der *Ausschluss* gewisser, normaler Bindungen. Nun kommen Erscheinungen zustande wie Menschenscheu, Berufsangst, Liebes- und Ehescheu, vertiefte sekundäre Bindungen an die Natur, Wissenschaft, Geld, Amt, Beruf und Sonderbarkeiten. Diese alle zwecks Ausschaltung der normal erwarteten Aggressionen. *Jung* [1913a/1960], *Pfister* [1913] und andere haben diese Feststellungen später aufgegriffen und als »Introversion« bezeichnet. *Freud* hat im Jahre 1915 [Freud 1904; 1915] das Triebleben in ähnlicher Weise charakterisiert.
16 bei bis praecox] *Ausl. 1914*
17 zum Beispiel: bis Platzangst usw.] *Änd. 1922*: Geschieht, wenn der Ehrgeiz, die Eitelkeit nicht befriedigt werden. Wissensdrang wird durch nicht befriedigten Ehrgeiz auf Abenteuerlust, Vagabondage abgelenkt.
18 *Erg. 1914*: Diese Gesichtspunkte sind für das Verständnis von Kultur, Religion, des Bewusstseins. des Vergessens, der Moral, der Ethik, der Ästhetik, der Angst und der Verdrängungssymptome bei den Psychoneurosen von großer Wichtigkeit. – Eine wichtige bis Zusammenhang] *Ausl. 1922*
19 *Änd. 1914*: Individualpsychologie
20 die bis wird] *Ausl. 1914*

gungsapparate und der Sexualorgane.[21] Der Begriff »*sexuelle Lust*« kann auf dieser Stufe[22] nur den Empfindungen des Sexualapparats zugesprochen werden; später kann durch die früher erwähnte »Triebverschränkung« jedes Organgefühl mit Sexualität gepaart[23] erscheinen. *Der psychische Überbau*[24] entsteht unter den Hemmungen der Kultur[25], welche nur bestimmte Wege für die Lustgewinnung[26] als statthaft gelten lässt. In diesem Überbau, dessen organisches Substrat aus Teilen der zu- und abführenden Nervenfasern und aus Nervenzellen besteht, soweit sie mit dem Organ in Verbindung stehen, liegen die Möglichkeiten und Fähigkeiten zu bestimmten Leistungen des Gesunden und des Neurotikers, und dieser bis zu einem gewissen Grade und Alter entwicklungsfähige Apparat gedeiht in der Regel so weit, dass er auf irgendeine Weise dem Lustbegehren[27] des Organs, d. i. dem Triebe des Organs, nachzukommen in der Lage ist. Er hat demnach die Tendenz, entsprechend der[28] Triebstärke zu wachsen, um seinen Lustgewinn[29] durchzusetzen. Dabei vollzieht sich die Anpassung der Technik seiner Leistungen an die Kultur aus egoistischen[30] Motiven (im Bewusstsein: «*logische Repräsentation*«[31]), was freilich durch die Auslese und weitgehende Blutvermischung, durch die Heredität also, sehr vereinfacht ist. Immerhin hat das Zentralnervensystem, der psychische Überbau der Organe, in diesem Sinne die Ersatzfunktion für den Ausfall des primären Lustgewinns am Organe[32] übernommen[33].

Je stärker also ein Trieb ist, umso größer ist auch die Tendenz zur Ausbildung und Entwicklung des entsprechenden Organüberbaues. Wie diese Überentwicklung zustande kommt, was sie im Kampfe gegen die Außenwelt ge-

---

21 *Erg. 1922:* Die Betätigung des Trieblebens ist mit dem Gefühl der Lust, die Verhinderung mit dem der Unlust verbunden.
22 auf *bis* Stufe *] Ausl. 1922*
23 mit Sexualität gepaart *] Änd. 1922:* mit der Erotik verknüpft
24 *Anm. Adlers:* Siehe *Alfred Adler,* »Studie über Minderwertigkeit von Organen«, Urban & Schwarzenberg, Berlin, Wien 1907, S. 61 f. [Adler 1907a]
25 *Erg. 1922:* und durch die Mangelhaftigkeit der Organe
26 *Erg. 1922:* Lebenserhaltung und Expansion
27 *Änd. 1914:* Begehren
28 *Erg. 1922:* durch die Lebensaufgabe gesteigerten
29 *Änd. 1922:* um seine Befriedigung
30 *Erg. 1922:* oder altruistischen
31 *Anm. Adlers:* Siehe *Alfred Adler,* »Drei Analysen von Zahleneinfällen«, Neurologisch-psychiatr. Wochenschr. 1905. [Adler 1905b] (im *bis* Repräsentation) einschl. der Anmerkung Adlers *] Ausl. 1914*
32 des primären *bis* Organe *] Änd. 1914:* der primären Leistung des Organs
33 *Erg. 1922:* das beim Menschen im allgemeinen den Anforderungen der Natur nicht gewachsen ist

winnt, wie es dabei zur Verdrängung, notwendiger Konstellation (Schautrieb[34] gegen Fresstrieb beispielsweise) und zur Kompensationsstörung (Psychosen) kommt, habe ich in meiner »Studie über Minderwertigkeit von Organen« [Adler 1907a] geschildert. Desgleichen wie durch den Zwang der Außenwelt einerseits, durch den starken Trieb andererseits das Organ genötigt wird, neue Wege, eine neue, oft höhere Be*[580]*triebsweise zur Befriedigung seiner Bedürfnisse einzuschlagen. *Auf diesem Wege vollzieht sich die Ausbildung des künstlerischen, des genialen Gehirns, ebenso aber auch, wenn die Kompensation der Verdrängungstendenz[35] nicht gewachsen ist, sie nicht siegreich umgeht, die Ausbildung der Neurose.*[36]

Die Heredität der Organwertigkeit hinwiederum sowie die mit ihr zusammenhängende Heredität der Triebstärke, die beide sichergestellt sind, lassen erraten, dass in einer längeren Ahnenreihe bereits ein erhöhter Kampf um die Behauptung des Organes im Gange war. Dass dieser Kampf nicht ohne Schädigung abläuft, und dass den in der Ahnenreihe geschädigten Organen *eine Keimanlage in der Deszendenz entspricht, die einerseits Spuren dieser Schädigung (Hypoplasie[37]), andererseits Kompensationstendenzen (Hyperplasie) zeigt*, lässt sich aus der Biologie, aber auch aus der Kasuistik entnehmen. Heute, nach den uralten Kämpfen der Menschheit, haben wir es mit derartig veränderten Keimanlagen zu tun, und jedes Organ wird den Stempel der Gefahren und Schädigungen seiner Ahnenreihe an sich tragen (*Grundlagen der Physiognomik*[38]). Da hauptsächlich die Spannung zwischen Organmaterial und Trieb einerseits, den Anforderungen der Außenwelt andererseits die »relative« Organwertigkeit bestimmt haben, so wird die größere Schädigung in der Ahnenreihe (Krankheit, Überanstrengung, Überfluss, Mangel) das Organ zu einem minderwertigen machen, das heißt zu einem solchen, dem die Spuren dieses Kampfes in erheblichem Maße anhaften. – Diesen Spuren bin ich nachgegangen und habe *am Organe als solche* nachgewiesen: Erkrankungstendenz, Degenerationszeichen und Stigmen, hypoplastische und hyperplastische Bildungen, Kinderfehler und Reflexanomalien. *So wird uns die Organuntersuchung eine wichtige Handhabe zur Aufdeckung der Triebstärke:* Das minderwertige Auge hat den größeren Schautrieb, der minderwertige Ernährungstrakt den

---

34 *Änd. 1922:* Ehrgeiz oder Gemeinschaftsgefühl

35 *Änd. 1922:* dem Bedürfnis

36 *Anm. Adlers 1922:* Einen wertvollen, hierher gehörigen Gedanken entwickelt *Observator* in einer Schrift: »Die Nervosität Deutschlands seit Gründung des Reichs« [Observator (Pseudonym) 1922].

37 *Erg. 1922:* Infantilismus, Eunuchoidismus (*Tandler, Grosz*), dysglandulärer Typus (*Kretschmer*) usw.

38 *Anm. Adlers 1922:* Neuerdings hat *Kretschmer* (»Charakter und Temperament«) [Kretschmer 1921] diesen Zweig der Wissenschaft erfolgreich bearbeitet.

größeren Ess- und Trinktrieb, das minderwertige Sexualorgan den stärkeren Sexualtrieb. –

Nun bedingen diese zu Lustgewinn[39] drängenden Triebe und ihre Stärke die Stellung des Kindes zur Außenwelt. Seine ganze psychische Welt und seine psychischen Leistungen gehen aus dieser gegenseitigen Relation hervor, und wir können die höheren psychischen Phänomene der Kindesseele sehr bald im Zusammenhang mit dieser Anspannung aufsprießen sehen. *Der Schautrieb (und der Hörtrieb) führen zur Neugierde und Wissbegierde, in ihrer Richtung auf die eigene Person zu Eitelkeit und kindlichem Größenwahn, bei ihrer Verkehrung ins Gegenteil zu Schamgefühl[40] (Verschränkung mit dem Sexualtrieb!)[41]; der Esstrieb gestaltet den Futterneid, Geiz, die Sparsamkeit, gegen die eigene Person gewendet Bedürfnislosigkeit, bei Verkehrung ins Gegenteil Freigebigkeit* usw. Und dies umso deutlicher und mannigfaltiger, je stärker der Trieb entwickelt ist, so dass das minderwertige Organ zumeist alle Möglichkeiten seiner Betätigung ausschöpft und alle Phasen seiner Triebverwandlung durchmacht. Denn auch der Zusammenstoß mit der Außenwelt, sei es infolge unlustbetonter Erfahrungen, sei es infolge der Ausbreitung des Verlangens auf kulturell verwehrte Güter, *erfolgt beim minderwertigen Organ mit unbedingter Gewissheit und erzwingt dann die Triebverwandlung.* Die Bedeutung des infantilen Erlebnisses (*Freud*) oder seiner Vielheit (*Abraham*)[42] für [581] die Neurose ist deshalb in der Richtung zu reduzieren, *dass in ihm der starke Trieb und seine Grenzen (als Wunsch und dessen Hemmung) mit größter Deutlichkeit zur Geltung kommen und dass das meist vergessene Erlebnis wie ein Wächter im Unbewussten die weitere nötige Ausbreitung des Triebverlangens auf die Außenwelt verhindert (infantile Psyche des Neurotikers) und allzu starke Triebverwandlungen (Askese) erzwingt.* Um kurz zu sein, das Schicksal des Menschen, damit auch *die Prädestination zur Neurose, liegt,* wenn wir an dem Gedanken eines *gesellschaftlich durchschnittlichen, gleichmäßigen Kulturkreises und ebensolcher Kulturforderungen festhalten, in der Minderwertigkeit des Organs ausgesprochen.*[43]

Nun finden wir schon im frühen Kindesalter, wir können sagen vom ersten Tage an (erster Schrei) eine Stellung des Kindes zur Außenwelt, die nicht an-

---

39 *Änd. 1928:* zur Befriedigung
40 *Erg. 1922:* und Schüchternheit
41 Verschränkung *bis* Sexualtrieb *] Ausl. 1922*
42 oder *bis* Abraham) *] Ausl. 1922*
43 *Anm. Adlers 1922:* Siehe *Adler,* »Über den nervösen Charakter«, 3. Aufl. 1922 [Adler 1912a/1922c] und »Praxis und Theorie der Individualpsychologie« 1921 im gleichen Verlag (Adler 1920a) *Anm. Adlers 1928:* Siehe *Adler* »Über den nervösen Charakter«, 4. Aufl. 1928 [Adler 1912a/1928k] und »Praxis und Theorie der Individualpsychologie« 3. Aufl. 1927 bei J. F. Bergman München. [Adler 1920a/1927s]

ders denn als *feindselig* bezeichnet werden kann. Geht man ihr auf den Grund, so findet man sie bedingt durch die Schwierigkeit, dem Organ die Lustgewinnung[44] zu ermöglichen. Dieser Umstand sowie die weiteren Beziehungen der feindseligen, kämpferischen Stellung des Individuums zur Umgebung lassen erkennen, dass der Trieb zur Erkämpfung einer Befriedigung, den ich »*Aggressionstrieb*« nennen will, nicht mehr unmittelbar dem Organ und seiner Tendenz zur Lustgewinnung anhaftet, sondern dass er dem Gesamtüberbau angehört und ein übergeordnetes, die Triebe verbindendes psychisches Feld darstellt, in das – *der einfachste und häufigste Fall von Affektverschiebung* – die unerledigte Erregung einströmt, sobald einem der Primärtriebe die Befriedigung verwehrt ist. Den stärkeren Trieben, also der Organminderwertigkeit, entspricht normalerweise auch der stärkere Aggressionstrieb, und er bedeutet uns eine Summe von Empfindungen, Erregungen und deren Entladungen (hierher gehört auch *Freuds* »motorische Entladung« bei der Hysterie)[45], deren organisches und funktionelles Substrat dem Menschen angeboren ist. Ähnlich wie bei den Primärtrieben wird die Erregung des Aggressionstriebes durch das Verhältnis von Triebstärke und Anforderungen der Außenwelt eingeleitet, das Ziel desselben durch die Befriedigung der Primärtriebe und durch Kultur und Anpassung gesteckt. Das labile Gleichgewicht der Psyche wird immer wieder dadurch hergestellt, dass der Primärtrieb durch Erregung und Entladung des Aggressionstriebes zur Befriedigung gelangt, eine Leistung, bei der man normalerweise beide Triebe an der Arbeit sieht (zum Beispiel Esstrieb und Aggressionstrieb: Jagd). Am stärksten wird der Aggressionstrieb von solchen Primärtrieben erregt, deren Befriedigung nicht allzu lange auf sich warten lassen kann, also vom Ess- und Trinktrieb, zuweilen vom Sexualtrieb und vom Schautrieb (aus Eitelkeit)[46], insbesondere dann, wenn diese Triebe, wie bei Organminderwertigkeit, erhöht sind. Ein Gleiches gilt von körperlichen und seelischen Schmerzen, von denen ein großer Teil indirekt (Triebhemmung) oder direkt (Erregung von Unlust) die primäre lustvolle Organbetätigung hindert. Ziel und Schicksal des Aggressionstriebes stehen wie bei den Primärtrieben unter der Hemmung der Kultur[47]; ebenso finden wir die gleichen Verwandlungen und Phasen wie bei ihnen. Zeigt sich im Raufen, Schlagen, Beißen, in grausamen Handlungen *der Aggressionstrieb in seiner reinen Form*, so führen Verfeinerung und Spezialisierung zu Sport, Konkurrenz, Duell, Krieg, Herrschsucht, religiösen, sozialen, nationalen und Rassen[582]kämpfen. (*Lichtenberg* sagt ungefähr: »Es ist merkwürdig, wie selten und ungerne

---

44 *Änd. 1928:* Befriedigung
45 (hierher *bis* Hysterie)] *Ausl. 1922*
46 Schautrieb (aus Eitelkeit)] *Änd. 1922:* Schautrieb, der auf die eigene Person gerichtet ist (aus Eitelkeit und Machtstreben)
47 *Änd. 1922:* des Gemeinschaftsgefühls

die Menschen nach ihren religiösen Geboten leben und wie gerne sie für diese kämpfen.«)[48] – *Umkehrung des Triebs gegen die eigene Person* ergibt Züge von Demut, Unterwürfigkeit und Ergebenheit, Unterordnung, Flagellantismus, Masochismus. Dass sich daran hervorragende Kulturcharaktere knüpfen, wie Erziehbarkeit, Autoritätsglaube, ebenso auch Suggestibilität und hypnotische Beeinflussbarkeit, brauche ich nur anzudeuten. Das äußerste Extrem ist Selbstmord.

Wie leicht ersichtlich, *beherrscht der Aggressionstrieb die gesamte Motilität.* – Dass er auch die Bahnen des Bewusstseins beherrscht (zum Beispiel Zorn) wie jeder Trieb und daselbst die Aufmerksamkeit, das Interesse, Empfindung, Wahrnehmung, Erinnerung, Fantasie, Produktion und Reproduktion in die Wege der reinen oder verwandelten Aggression leitet, dass er dabei die anderen Triebe, vor allem diejenigen der minderwertigen Organe (Schimpfen bei Sprachorganminderwertigkeit; Sarkasmus)[49], die den psychischen Hauptachsen zugrunde liegen, zu Hilfe nimmt und so *die ganze Welt der Aggressionsmöglichkeiten* austastet, kann man bei einigermaßen starkem Triebleben regelmäßig beobachten. Ich habe in solchen Fällen unter anderem immer telepathische Fähigkeiten und Neigungen beobachten können und bin auf Grund meiner Psychoanalysen[50] bereit, was an der Telepathie haltbar ist, auf den größeren Aggressionstrieb zurückzuführen, der die größere Fähigkeit verleiht, in der Welt der Gefahren zurecht zu kommen und das Ahnungsvermögen, *die Kunst der Prognose und Diagnose*, erheblich zu erweitern.

Ebenso wie die Schrecken der Weltgeschichte und des individuellen Lebens schafft der erregte, verhaltene Aggressionstrieb die grausamen Gestaltungen der Kunst und Fantasie. Die Psychoanalyse[51] der *Maler, Bildhauer und insbesondere des tragischen Dichters*, der mit seinen Schöpfungen »Furcht und Mitleid« erwecken soll[52], zeigt uns die Verschränkung ursprünglich starker Triebe, der Seh-, Hör- und Tasttriebe, die sich auf dem Umweg über den Aggressionstrieb in hochkultivierten Formen durchsetzen und uns zugleich ein anschauliches Bild der Triebverwandlung liefern. Eine große Anzahl von *Berufen – von Tätlichkeitsverbrechen und Revolutionshelden* nicht zu sprechen – schafft und erwählt sich der stärkere Aggressionstrieb. Die Richterlaufbahn, der Polizeiberuf, der Beruf des Lehrers, des Geistlichen (Hölle!), die Heilkunde und viele andere werden von Personen mit größerem Aggressionstrieb ergriffen und gehen oft kontinuierlich aus analogen Kinderspielen hervor. Dass sie vielfach,

---

48 [(Lichtenberg 1983 S. 509, L 701): »Ist es nicht sonderbar, dass die Menschen so gerne für die Religion fechten und so ungern nach ihren Vorschriften leben?«]
49 (Schimpfen *bis* Sarkasmus)] Ausl. 1922
50 Änd. 1914: Untersuchungen
51 Änd. 1914: Psyche
52 [Tragödientheorie von G. E. Lessing nach Aristoteles]

oft in erster Linie, der Triebverwandlung (Verkehrung ins Gegenteil zum Beispiel) genügen, ist ebenso verständlich, wie die Flucht des Künstlers ins Idyll. Insbesondere sind die *kindlichen Spiele*, die Märchenwelt und ihre Lieblingsgestalten, der Sagenkreis der Völker, Heroenkultus und die vielen, vielen grausamen Erzählungen und Gedichte der Kinder- und Schulbücher vom Aggressionstrieb für den Aggressionstrieb geschaffen[53]. Ein weites Reservoir zur Aufnahme des Aggressionstriebes bildet auch die *Politik* mit ihren zahllosen Möglichkeiten der Betätigung und der logischen Interpretation des Angriffes. Der Lieblingsheld *Napoleon*, das Interesse für Leichenzüge und Todesanzeigen, Aberglaube, Krankheits- und Infektionsfurcht, ebenso die Furcht vor dem Lebendigbegrabenwerden und das Interesse für Friedhöfe decken [583] oft bei sonstiger Verdrängung des Aggressionstriebes das heimliche Spiel der lüsternen Grausamkeit auf[54].

Entzieht sich der Aggressionstrieb durch Umkehrung gegen die eigene Person, durch Verfeinerung und Spezialisierung wie so oft unserer Erkenntnis, so wird die *Verkehrung in sein Gegenteil, die Antithese des Aggressionstriebes*, geradezu zum Vexierbild. *Barmherzigkeit, Mitleid, Altruismus*, gefühlvolles Interesse für das Elend stellen neue Befriedigungen vor, aus denen sich der ursprünglich zu Grausamkeiten geneigte Trieb speist. Scheint dies verwunderlich, so ist doch leicht zu erkennen, dass nur derjenige wirkliches Verständnis für Leiden und Schmerzen besitzen kann, der ein ursprüngliches Interesse für die Welt von Qualen zu eigen hat[55]; und diese kulturelle Umwandlung wird sich umso kräftiger ausgestalten, je größer der Aggressionstrieb ist[56]. So wird der Schwarzseher zum Verhüter von Gefahren, Kassandra zur Warnerin und Prophetin. Alle diese Erscheinungsformen des Aggressionstriebes, die reine Form, Umkehrung gegen die eigene Person, Verkehrung ins Gegenteil mit der äußerlich wahrnehmbaren Erscheinungsform der *Aggressionshemmung (Abulie, psychische Impotenz)* finden sich in den Neurosen und Psychosen wieder. Ich nenne nur *Wutanfälle und Attacken bei Hysterie, Epilepsie, Paranoia als reine Äußerung des Triebes, Hypochondrie, neurasthenische und hysterische Schmerzen, ja das ganze Krankheitsgefühl bei Neurasthenie, Hysterie, Unfallneurose, Beobachtungswahn, Verfolgungsideen, Verstümmelung und Selbstmord als Phasen der Umkehrung des Aggressionstriebes gegen die eigene Person, die milden Züge und Messiasideen der Hysteriker und Psychotiker bei Verkehrung ins Gegenteil*.

Anschließend an die Erörterung der Umkehrungsform gegen die eigene

---

53 Anm. Adlers 1922: Die Verderblichkeit der Kriegspoesie und der Kriegsspiele bei Kindern scheint derzeit auf bessere Einsicht zu stoßen.
54 Erg. 1922: des grausamen, egoistischen Machtstrebens
55 Erg. 1922: der reuige Sünder
56 Erg. 1922: (*Tolstoi, Augustin*)

Person muss ich noch ein Phänomen erwähnen, dem die größte Bedeutung in der Struktur der Neurose zukommt, *die Angst. Sie stellt eine Phase des gegen die eigene Person gerichteten Aggressionstriebes dar und ist nur mit der halluzinatorischen Phase anderer Triebe zu vergleichen.* Die verschiedenen Formen der Angst kommen zustande, indem sich der der Angst zugrunde liegende Aggressionstrieb verschiedener Systeme bemächtigen kann. So kann er das motorische System innervieren (Tremor, Stottern[57], tonische, klonische Krämpfe, katatonische Erscheinungen; funktionelle Lähmungen als Aggressionshemmung); auch die Vasomotoren kann er erregen (Herzpalpitation, Blässe, Röte) oder andere Bahnen, so dass es zu Schweiß, Stuhl-, Urinabgang, Erbrechen kommt, oder zu Sekretionsverhinderung als Hemmungserscheinung[58]. Strahlt er ins Bewusstsein aus, so erzeugt er koordinierte, den minderwertigen Bahnen entsprechende Bewusstseinsphänomene, wie Angst- und Zwangsideen, Sinneshalluzinationen, Aura, Traumbilder. – *Immer aber wird die Richtung auf das minderwertige Organ sowie auf seinen Überbau, auf Blase, Darm, Kehlkopf, Bewegungsapparat, Respirationsorgan (Asthma), Herzkreislauf innegehalten werden, so dass im Anfall die psychische Hauptachse des Erkrankten wieder in Erscheinung tritt.* – Im Schlaf, in der Bewusstlosigkeit und Absence der Hysterie und Epilepsie sehen wir den höchsten Grad der Aggressionshemmung.[59]

Abgesehen von den Primärtrieben ist auch *der Schmerz* imstande, den Aggressionstrieb zu erregen, sowie auch, was aus dem Zusammen[584]hang der Erscheinungen hervorgeht, der auf die eigene Person gerichtete Aggressionstrieb *sich der Schmerzbahnen bemächtigen kann*, um je nach Maßgabe der Organminderwertigkeit Migräne, Clavus, Trigeminusneuralgie, nervöse Schmerzen in Magen-, Leber-, Nieren- und Appendixgegend (ebenso wie Aufstoßen, Gähnen, Singultus, Erbrechen, Schreikrämpfe) zu erzeugen. In der Psychoanalyse[60] lässt sich als auslösende Ursache stets eine Triebhemmung nachweisen[61], und ebenso geht dem[62] Schmerzanfall voraus oder folgt ihm nach ein *Aggressionstraum* mit oder ohne Angst. Oder das Bild wird durch vorübergehende oder dauernde Schlaflosigkeit variiert, als deren nächste Ursache der unbefriedigte Aggressionstrieb aufgedeckt werden kann.

---

57 *Änd. 1914:* Schlottern
58 *Erg. 1922:* (trockene Kehle)
59 *Erg. 1922:* Der feindliche Charakter des Ängstlichen ist damit aufgedeckt. Sein dürftiges Gemeinschaftsgefühl hat ihn auf Erden nicht Wurzel schlagen lassen.   *Anm. Adlers 1922:* Richard Wagner: »Denn Unheil fürchtet, wer unhold ist.« [aus: »Siegfried«, 1. Akt, 2. Szene]
60 *Änd. 1914:* psychologischen Analyse
61 *Anm. Adlers 1922:* S. »Das Problem der Distanz« in Adler, »Praxis und Theorie«, l. c. [Adler 1914k/1920a]
62 *Erg. 1922:* nervösen

Insbesondere die motorischen Ausstrahlungen des Aggressionstriebes sind *im Kindesalter* ungemein deutlich. Schreien, Zappeln, sich zu Boden werfen, Beißen, Knirschen usw. sind einfache Formen dieses Triebes, die im neurotischen Anfall, insbesondere bei Hysterie nicht selten wiederzufinden sind.[63]

---

63   *Erg. 1922:* Als wichtigster Regulator des Aggressionstriebes ist das dem Menschen angeborene Gemeinschaftsgefühl anzusehen. Es liegt jeder Beziehung des Kindes zu Menschen, Tieren, Pflanzen und Gegenständen zugrunde und bedeutet die Verwachsenheit mit unserem Leben, die Bejahung, die Versöhntheit mit demselben. Durch das Zusammenwirken des Gemeinschaftsgefühls in seinen reichen Differenzierungen (Elternliebe, Kindesliebe, Geschlechtsliebe, Vaterlandsliebe, Liebe zur Natur, Kunst, Wissenschaft, Menschenliebe) mit dem Aggressionstrieb kommt die Stellungnahme, also eigentlich das Seelenleben des Menschen, zustande.

7. Das Zärtlichkeitsbedürfnis des Kindes (1908)

Editorische Hinweise
Erstveröffentlichung:
1908: Monatshefte für Pädagogik und Schulpolitik. Allgemeine und unabhängige Zeitschrift für Österreichs Lehrerschaft. Wien. Redakteur: Bürgerschullehrer Leopold Lang, 1. Jg., H. 1. (November), S. 7–9
Neuauflagen:
1914: Heilen und Bilden, S. 50–53
1922: Heilen und Bilden, S. 39–41
1928: Heilen und Bilden, S. 56–58

Dieser kleine Aufsatz ist als Ergänzung zum »Aggressionstrieb« vom gleichen Jahr in dualistischer Konzeption zu verstehen. Er wurde in der Mittwochgesellschaft nie vorgetragen und diskutiert und der Begriff »Zärtlichkeitsbedürfnis« selbst spielt bei Adler im Weiteren keine große Rolle.

Doch ist dieser Aufsatz für Adlers Theorieentwicklung insofern bedeutsam, als mit ihm bereits das Triebkonzept aufgeweicht wird, der Sexualtrieb in den Hintergrund gerät und der später zentrale Begriff des »Gemeinschaftsgefühls« hier in Gestalt der »Gemeinschaftsgefühle« vorweggenommen wird.

Das »Zärtlichkeitsbedürfnis« gehorcht zwar den »Triebmechanismen«, ist selbst aber ein Abkömmling verschiedener Triebregungen. Im Unterschied zur primärnarzisstischen Libido ist es eine »nach dem Objekt ringende Regung«, womit Adler eine Grundannahme der Objektbeziehungstheorie vorwegnimmt. Es ist »Bestandteil« und Vorläufer der »Gemeinschaftsgefühle« oder »sozialen Gefühle«. Neu ist hier die Unterscheidung in »feindselige« und »kulturelle« Aggression und dass Aggression als Folge des frustrierten Zärtlichkeitsbedürfnisses gesehen wird. Die Betonung des Aufsatzes liegt auf der pädagogischen Nutzung, dem »kulturellen Nutzeffekt«. Die Warnung vor zu viel Zärtlichkeit (»verzärteln«) und vor zu wenig zieht sich durch Adlers Schriften durch. Verzärtelung und Kälte in der Erziehung sind dann Ausgangspunkte des Minderwertigkeitsgefühls.

Adler hat 1922 eine ganze Reihe von Änderungen angebracht, die vor allem das Gemeinschaftsgefühl und Machtstreben einfügen und die die Zielgerichtetheit und Subjekthaftigkeit des Individuums betonen.

Das Zärtlichkeitsbedürfnis des Kindes

Das Studium nervöser Kinder und Erwachsener hat in den letzten Jahren die fruchtbarsten Aufschlüsse über das Seelenleben zutage gefördert. Nachdem erst die wichtig scheinende Vorfrage erledigt war, ob das Seelenleben gesunder und nervöser Personen qualitativ verschieden sei – eine Frage, die heute dahin beantwortet werden muss, dass die psychischen Phänomene beider auf die gleichen Grundlagen zurückzuführen sind –, konnte getrost der Versuch unternommen werden, die Ergebnisse der Psychoanalyse[1] nervöser Menschen an dem »normalen« Seelenleben zu messen. Da zeigt sich nun in gleicher Weise die grundlegende Bedeutung des Trieblebens für Aufbau und Zusammensetzung der Psyche[2] sowie der große Anteil des Unbewussten am Denken und Handeln, der Zusammenhang des Organischen mit der Psyche,[3] die[4] Kontinuität und Vererbbarkeit von Charakteranlagen[5], die volle Deut[8]barkeit des Traumlebens und seine Bedeutung[6] und der große Anteil des Sexualtriebs und seiner Umwandlungen an den persönlichen Beziehungen und an der Kultur des Kindes[7].

Unter den äußerlich wahrnehmbaren psychischen Phänomenen im Kindesleben macht sich das Zärtlichkeitsbedürfnis ziemlich früh bemerkbar. Man hat darunter durchaus kein umgrenztes psychisches Gebilde zu verstehen, das etwa in der psychomotorischen Gehirnsphäre lokalisiert wäre. Sondern wir nehmen darin den Abglanz von mehrfachen Regungen[8], von offenen und unbewussten Wünschen wahr, Äußerungen von Instinkten, die sich stellenweise zu Bewusstseinsintensitäten verdichten. Abgespaltene Komponenten des Tasttriebs, des Schautriebs, des Hörtriebs[9] liefern in eigenartiger Verschränkung die treibende Kraft[10]. Das Ziel liegt in der Befriedigung dieser

---

1 Ergebnisse der Psychoanalyse] Änd. 1922: individualpsychologischen Ergebnisse bei
2 *Anm. Adlers:* Adler, »Der Aggressionstrieb im Leben und in der Neurose.« Fortschritte der Medizin, 1908. Nr. 19. Leipzig. [Adler 1908b]
3 *Anm. Adlers:* Adler, »Studie über die Minderwertigkeit von Organen«, Wien und Berlin 1907. [Adler 1907a]
4 *Erg. 1922:* scheinbare
5 *Anm. Adlers:* Adler, »Der Aggressionstrieb im Leben und in der Neurose.« Fortschritte der Medizin, 1908. Nr. 19. Leipzig. [Adler 1908b]
6 *Anm. Adlers:* Freud, »Traumdeutung«, Berlin und Wien 1900. [Freud 1900]
7 *Anm. Adlers:* Freud, »Drei Abhandlungen zur Sexualtheorie«, Wien und Berlin, 1906.[Freud 1905] *Erg. 1922:* vor allem aber die Tatsachen des *Gemeinschaftsgefühls* und des *Machtstrebens* als jener Faktoren, die das Schicksal eines Menschen in erster Linie bestimmen
8 *Erg. 1922:* des Gemeinschaftsgefühls
9 *Erg. 1922:* der Sexualität
10 die treibende Kraft] Änd. 1922: das auszuwählende Material

nach dem Objekt ringenden Regungen.[11] Und der erste unserer Schlüsse darf lauten: Ein starkes Zärtlichkeitsbedürfnis des Kindes lässt unter sonst gleichen Umständen ein starkes Triebleben[12] vermuten. – In der Regel – und vernünftigerweise – ist eine Befriedigung des Begehrens nach Zärtlichkeit nicht ganz umsonst zu erlangen. Und so wird das Zärtlichkeitsbedürfnis zum Hebel der Erziehung. Eine Umarmung, ein Kuss, eine freundliche Miene, ein liebevoll tönendes Wort sind nur zu erzielen, wenn sich das Kind dem Erzieher unterwirft, also auf dem Umweg über die Kultur. In gleicher Weise wie von den Eltern ersehnt das Kind Befriedigung vom Lehrer, später von der Gesellschaft; das Zärtlichkeitsbedürfnis ist somit ein wesentlicher Bestandteil der sozialen Gefühle geworden. Die Stärke der Zärtlichkeitsregungen, der psychische Apparat, den das Kind in Szene setzen kann, um zur Befriedigung zu gelangen, und die Art, wie es die Unbefriedigung erträgt, machen einen wesentlichen Teil des kindlichen Charakters aus. – Die ursprünglichen Äußerungen des Zärtlichkeitsbedürfnisses sind auffällig genug und hinlänglich bekannt. Die Kinder wollen gehätschelt, geliebkost, gelobt werden, sie haben eine Neigung, sich anzuschmiegen, halten sich stets in der Nähe geliebter Personen auf, wollen ins Bett genommen werden usw. Später geht das Begehren auf liebevolle Beziehung, aus der Verwandtenliebe, Freundschaft, Gemeinschaftsgefühle und Liebe stammen[13].

Begreiflicherweise hängt von einer richtigen Führung dieses Triebkomplexes[14] ein großer Teil der Entwicklung ab. Und es ist bei dieser Betrachtung recht deutlich zu sehen, wie eine Teilbefriedigung des Trieblebens ein unerlässlicher Faktor der Kultur wird, ebenso wie der verbleibende unbefriedigte Triebkomplex den ewigen, immanenten Antrieb zu seiner fortschreitenden[15] Kultur abgibt. Auch die fehlerhaften Richtungen, auf die das Zärtlichkeitsbedürfnis geraten kann, sind leicht zu ersehen. Der Impuls soll, ehe er zur Befriedigung gelangt, zum Umwege verhalten werden, er soll die Kultur des Kindes treiben. Dadurch werden Weg und Ziel des Zärtlichkeitsbedürfnisses auf eine höhere Stufe gehoben, und die abgeleiteten, geläuterten Gemeinschaftsgefühle erwachen in der Seele des Kindes, sobald das Ziel Ersatzbildungen zulässt, sobald an die Stelle des Vaters etwa der Lehrer, der Freund, der Kampfgenosse treten kann. Damit muss sich die Ausdauer der Triebregung[16] eng verknüpfen.

---

11 Befriedigung *bis* Regungen] *Änd. 1922:* befriedigenden Stellungnahme des Kindes zu seiner Umwelt
12 Triebleben] *Änd. 1922:* Gemeinschaftsgefühl, aber auch ein starkes Machtstreben
13 *Erg. 1922:* je nach den Verlockungen, denen das Kind bei der Verfolgung seines Machtstrebens ausgesetzt war
14 Triebkomplexes] *Änd. 1922:* Gefühlskomplexes
15 seiner fortschreitenden] *Änd. 1928:* einer fortschrittlichen
16 *Erg. 1922:* die Toleranz für die Spannung

Die Entbehrung der Befriedigung soll nicht das psychische Gleichgewicht vernichten, soll nur die Energie wachrufen und die »kulturelle Aggressionsstellung« erzeugen. Bleibt dem Kinde der Umweg über die Kultur erspart, erlangt es nur Befriedigungen primitiver Art, und diese ohne Verzögerung, so bleiben seine Wünsche stets auf sofortige, sinnliche *[9]* Lust gerichtet.[17] Dabei kommt ihm vielfach die Neigung der Eltern entgegen, deren Freude es sein mag, sich von sinnlos hätschelnden, kosenden Kindern umgeben zu sehen, folgend den Erinnerungsspuren ihrer eigenen Kindheit. – Bei derart erzogenen Kindern wird stets eine der ursprünglichen Formen der Befriedigung auffallend bevorzugt erscheinen. Auch die Entwicklung von Selbstständigkeit, Initiative und Selbstzucht leidet Mangel. Der Idealzustand bleibt Anlehnung und Abhängigkeit von einer der geliebten Personen, Entwicklungshemmungen, die mit einer ganzen Schar abgeleiteter Charakterzüge das weitere Lebensbild beherrschen. Bald wird Schreckhaftigkeit, Neigung zur Angst auffällig, die sich in die Gedankenwelt und ins Traumleben fortsetzen. Weibische Züge im schlechten Sinne bekommen die Oberhand und im extremen Falle baut sich die Psyche in falscher Richtung so weit vor, bis der mutlose, masochistische, nervöse Charakter erreicht ist[18].

Den Gegensatz liefert eine Erziehung, welche dem Zärtlichkeitsbedürfnis auch die kulturellen Befriedigungen entzieht und das Kind mit seiner Sehnsucht nach Liebe allein lässt. Von allen Objekten der Zärtlichkeit abgeschnitten, besitzt das Kind nur die eigene Person als Ziel seiner Sehnsucht, die Sozialgefühle bleiben rudimentär, und Befriedigungstendenzen erhalten die Oberhand, die Eigenliebe in jeder Form zum Inhalte haben. Oder das Kind gerät in die Angriffsstellung. Jeder unbefriedigte Trieb richtet den Organismus schließlich derart, dass er sich in Aggression zur Umgebung stellt. Die rauen Charaktere, die zügellosen, unerziehbaren Kinder können uns darüber belehren, wie der dauernd unbefriedigte Zärtlichkeitstrieb die Aggressionsbahnen in Erregung bringt. Das Verständnis für den jugendlichen Verbrecher wird, meinen wir, durch diese Betrachtung wesentlich gefördert. Aber nicht immer geht die Reaktion bis zur Wirkung auf die Außenwelt. Die Aggressionsneigung kann eine Hemmung erleiden, die ursprünglich wohl im Sinne und unter dem Druck der Kultur einsetzt, später aber weiter greift und auch die »kulturelle Aggression« – Betätigung, Studium, Kulturbestrebungen – unmöglich macht, indem sie sie durch »des Zweifels Blässe« ersetzt. Auch bei dieser Entwicklungsanomalie finden wir an Stelle der Triebbefriedigung oder der »kulturellen Aggression« Verdrossenheit, Mangel an Selbstvertrauen und Angst als den Ausdruck der gegen die eigene Person gerichteten Aggres-

---

17 *Erg. 1922:* Seine Triebe zeigen sich dauernd *ungezähmt, unerzogen.*
18 *Erg. 1922:* der die Unversöhnlichkeit mit dem Leben verrät

sion[19]. Dass viele dieser Kinder später der Neurose verfallen, darf uns nicht wundernehmen, ebenso wenig, dass viele von ihnen als Charaktertypen oder eigenartige Individualitäten, zuweilen mit genialen Zügen ausgestattet, durchs Leben wandeln.

Hier schließen sich eine große Zahl pädagogischer Betrachtungen an. Mag jeder Erzieher daran prüfen und weiterarbeiten. Nur hüte er sich, seine eigenen Wünsche und Gefühle in die Beweisführung hineinzutragen, wie es unmerklich zu geschehen pflegt, wenn man eine Materie bearbeitet, zu der uns eigene Erinnerungsspuren hinüberleiten. Und man bedenke, dass die Natur nicht engherzig vorgeht. Es wäre ein Jammer, wenn jeder Erziehungsfehler seine Folgen hätte. Für die Norm aber muss die Behauptung gelten: das Zärtlichkeitsbedürfnis des Kindes soll nicht zum Spiel allein, sondern vor allem mit kulturellem Nutzeffekt befriedigt werden; und man sperre dem Kinde nicht die Zugänge zur Befriedigung seiner Zärtlichkeit, wenn es sie auf kulturellen Bahnen erreichen kann, denn sein Zärtlichkeitstrieb wurzelt in organischem Boden[20].

---

19   gegen *bis* Aggression] *Änd.* 1922: schlecht gelungenen Stellungnahme zu den Fragen des Lehrers, als Zeichen eines mangelhaften Gemeinschaftsgefühls
20   *Erg.* 1922: des Gemeinschaftsgefühls *Erg.* 1914: und zielt auf Selbstbehauptung *Erg.* 1922: Aber nicht nur die realen Mängel bei der Befriedigung des Zärtlichkeitsbedürfnisses kommen in erster Linie in Betracht. Bedeutsamer sind die subjektiven Voraussetzungen des Kindes von dem ihm gebührenden oder fehlenden Maß. Kennt man diesen wesentlichen Faktor, der die unbegrenzten Fehlerquellen des menschlichen Verstandes umfasst, alle seien Irrtumsmöglichkeiten, so findet man, dass die *Verlockung* zu einem besonders hohen Ausmaß des Zärtlichkeitsbedürfnisses und -verlangens aus einem Mangel wie auch aus einem Übermaß der Befriedigung entstammen kann. Die unversöhnliche Stellungnahme zu den Menschen kommt dann auf die gleiche Weise zustande wie bei den Kindern mit angeborenen Organminderwertigkeiten.

8. Über neurotische Disposition. Zugleich ein Beitrag zur Ätiologie und zur Frage der Neurosenwahl (1909)

Editorische Hinweise
Erstveröffentlichung:
1909: Jahrbuch für psychoanalytische und psychopathologische Forschung. Hg. v. E. Bleuler u. S. Freud, redigiert v. C. G. Jung, Leipzig, Bd. I, 2. Hälfte, S. 526–545
Neuauflagen:
1914: Heilen und Bilden, S. 54–73
1922: Heilen und Bilden, S. 42–56
1928: Heilen und Bilden, S. 59–75

Adler hat die Grundzüge dieses Beitrags am 2. Juni 1909 unter dem Titel »Über die Einheit der Neurosen« in der Psychoanalytischen Mittwochgesellschaft vorgetragen (Protokolle II 1977).

Dieser Aufsatz ist der entscheidende Schritt zu einer eigenen Neurosentheorie als Beitrag zur Ätiologie und zum Nachweis eines »einheitlichen Aufbaus«, eines »Schemas der Neurose«. Adler widerspricht der »sexuellen Ätiologie« der Neurose und greift auf seine bisherigen Konzepte (Organminderwertigkeitslehre, Aggressionstrieb, Zärtlichkeitsbedürfnis) zurück. Ausgangspunkt neurotischer Entwicklung sei die organische, dann »psychische Überempfindlichkeit« (später: »Minderwertigkeitsgefühl«). Diese setze eine kompensatorische Dynamik in Gang und habe weitere Auswirkungen durch ihren Zusammenstoß mit der »Kultur« und durch die Reaktionen der Umgebung. Der Text stellt vor allem die verschiedenen Entwicklungen und Erscheinungen der »psychischen Zustandsbilder«, auch an Hand von Fallbeispielen von Kindern, dar. Das neurotisch disponierte Kind neige zu Schuldgefühlen und Aggressionshemmung, schwanke zwischen passivem Ausweichen und aktiven (aggressiven) Reizzuständen, was häufig mit Zweifeln über die eigene Geschlechtsrolle verbunden sei (später: »psychischer Hermaphroditismus«).

Mit der Hervorhebung der »Überempfindlichkeit« als Ausgangspunkt neurotischer Entwicklung schließt Adler an die damalige Nervositäts- und Neurastheniedebatte an, an »Reizsamkeit« (Lamprecht) und »Affektivität« (Bleuler), die überwunden werden sollten (vgl. bereits Adler 1904: »Arzt als Erzieher«, in diesem Band, S. 26–34).

Adler fühlt sich selbst noch auf psychoanalytischer Grundlage, aber in der psychoanalytischen Vereinigung steigern sich nun die Auseinandersetzungen (vgl. Protokolle II, 240–247). In allen wesentlichen Punkten wird ihm widersprochen, mit Vorwürfen, die zum Grundbestand der psychoanalytischen Adlerkritik gehören werden: Er habe das »Sexuelle eliminiert«, beschäftige sich mit »Bewusstseinspsychologie« und mit der »Psychologie der Ichtriebe«.

Die sehr zahlreichen Änderungen in den verschiedenen Auflagen entstammen vorwiegend der Auflage von 1914. Sie beziehen sich vor allem auf das Löschen des Bezugs zur Psychoanalyse, auf eine Abschwächung des sexuellen Faktors, auf eine Betonung von äußeren Einflüssen und heben vor allem immer wieder das arrangierte, tendenziöse Ziel der Überlegenheit und des Machtstrebens und die Aggressivität oder Aggressionshemmung des »Nervösen« hervor. Das alles wird 1922 noch verstärkt.

Über neurotische Disposition. Zugleich ein Beitrag zur Ätiologie und zur Frage der Neurosenwahl

Die psychoanalytische[1] Methode hat uns befriedigende Aufklärungen über das Wesen der Neurosen, über den Aufbau ihrer Symptome und über die Mittel einer souveränen Therapie gebracht. Das scheinbar sinnlose Verhalten der Neurasthenie, der Degenerationspsychose, der Zwangsneurose, der Hysterie, der Paranoia erscheint verständlich und wohldeterminiert. Die Leistungen genialer Menschen, verbrecherische Handlungen, Schöpfungen der Volkspsyche sind der Psychoanalyse zugänglich und zeigen sich in ihrer psychischen Struktur vergleichbar mit dem Aufbau der neurotischen Symptome. Diese Vergleichbarkeit der analytischen[2] Ergebnisse und deren erstaunliche Identität geben dem Forscher eine solche Sicherheit auf dem nicht unschwierigen Gebiete der Neurosenlehre, dass er auch gegenüber starken Einwänden einer berufenen Kritik nicht aus dem Takte käme. Wie viel weniger gegenüber ungerechtfertigten Lamentationen oder unberufener Aburteilung!

Die starken Positionen in der Neurosenforschung, die von *Breuer, Freud und seinen Anhängern* geschaffen wurden,[3] lassen sich deutlich auf die ontogenetische[4] Betrachtungsweise zurückführen. Die psychoanalytische Schule[5] betrachtet das Symptom sowie den neurotischen Charakter nicht bloß als Krankheitsphänomen, sondern vor allem als individuelles Entwicklungsprodukt und sucht sie aus den Erlebnissen und Fantasien des Individuums zu verstehen. Das rätselhafte Bild der Neurose und ihrer Erscheinungsformen fesselte wohl seit jeher die Aufmerksamkeit der Beobachter. Aber erst mit der Psychoanalyse[6] *[527]* begann der erste Schritt der *Rätsellösung*, der die individuellen Eindrücke und das Weltbild des Kranken in Rechnung zog, um dar-

---

1 Änd. 1914: analytische   Änd. 1922: individualpsychologische
2 Änd. 1922: psychologischen
3 die von *bis* wurden] Ausl. 1914
4 Erg. 1914: individualpsychologische
5 Die *bis* Schule] Änd. 1914: Diese Richtung
6 Änd. 1914: Individualpsychologie

aus das Verständnis für das Rätselvolle zu gewinnen. So kam *Freud und seine Schule* zum Postulat einer *ätiologischen Therapie*.[7] Die medikamentöse und physikalische Behandlung erwiesen sich als überflüssige Notbehelfe, ihre zuweilen günstigen Erfolge als Wirkungen psychischen Einflusses von meist geringer Dauer und Ergiebigkeit. Doch soll nicht außer Acht bleiben, dass die Zeit, »die alle Wunden heilt«, unabhängig von Medikamenten und Kaltwasserkuren, zuweilen psychische Schäden auszugleichen vermag, ebenso wie das Leben manches wiedergutmacht, was es an einer Person verbrochen hat. Zahlreiche Menschen weisen die Bedingungen der Neurose auf, ohne ihr zu verfallen, weil sie von rezenten Anlässen verschont bleiben und so, wenn auch oft mühsam, das psychische Gleichgewicht aufrechterhalten können.

Da liegt es nun nahe, den Vergleich mit der gesunden Psyche zu ziehen, um der Frage näherzukommen: was macht einen Menschen neurotisch? Anfangs schien es und scheint es wohl jedem, als ob besondere Erlebnisse oder Fantasien in den Kinderjahren den Anstoß zur Entwicklung der Krankheit gäben. Und tatsächlich hoben die ersten Untersucher auf dem Boden der Psychoanalyse, insbesondere *Freud* und *Breuer*, hervor, dass der *traumatische Einfluss eines sexuellen Erlebnisses* mit seinen direkten und indirekten Folgen, der Verdrängung und der Verschiebung, unter den Ursachen der Neurose die erste Rolle spielen. Die Erweiterung dieser Lehre ging dahin, die »sexuelle Ätiologie« für alle Neurosen als ausschlaggebend hinzustellen und den Hinweis auf den allgemein gültigen Einfluss der Sexualentwicklung auch für den Normalen mit dem Argumente zu entkräften, dass die »sexuelle Konstitution«, also eine biologische Nuance des Sexualtriebes, die letzte Wurzel der Neurose bilde, die sich im Zusammenhange mit sexuellen Kindheitseindrücken unter dem Einfluss einer abnormalen Verteilung der Libido und bei Eintritt einer auslösenden Konstellation einstellt.

Was die sexuellen und anderen Kindheitseindrücke anlangt, die durch die Psychoanalyse[8] des Neurotikers zutage gefördert werden, sind sie in Grad und Umfang von denen der Normalen nicht sonderlich verschieden. Man findet einmal mehr, ein andermal weniger davon, immer aber ein Maß, das von den Gesunden auch erreicht wurde. Was nur so lange im Dunkeln bleiben konnte, solange nicht eine ausgiebige Kinderforschung und vor allem die analytische Schulung den Blick für diese [528] Geheimnisse geschärft hatte. Den wesentlichen Anteil aus diesem Entwicklungsstadium hat *Freud* in seiner »Analyse des kleinen Hans«[9] mitgeteilt, nicht ohne auf den Einklang mit

---

7   So *bis* Therapie] *Ausl. 1922*
8   *Änd. 1914:* Untersuchung
9   *Anm. Adlers:* Jahrbuch für Psychoanalyse und Psychopathologie, I. Heft. [Freud 1909]

Erlebnissen des Normalen hinzuweisen.[10] Ich möchte diese Einsichten durch folgende zwei Fälle aus meinen letzten Erfahrungen verstärken:

Ein viereinhalbjähriger Knabe, körperlich und geistig tadellos entwickelt, dessen Gehaben durchaus keine auffallende Bevorzugung eines der Eltern erkennen lässt, wendet sich mit dem Wunsche an die Mutter, er möchte einmal im Bette des Vaters schlafen, der Vater könne ja im Kinderbett schlafen. Die Mutter, eine ausgezeichnete Beobachterin ihres Kindes, findet den Wunsch des Kindes auffallend und versucht dessen tieferen Sinn zu ergründen. »Das geht nicht«, sagt sie dem Knaben; »der Vater kommt immer spät und müde aus dem Bureau nach Hause. Da will er seine Ruhe und sein eigenes Bett haben. Aber ich werde dich in meinem Bette schlafen lassen und will mich an deiner Stelle ins Kinderbett legen.« Das Kind schüttelt den Kopf und erwidert: »Das will ich nicht. Aber wenn der Vater in seinem Bette schlafen muss, so kann ich ja bei dir in deinem Bett liegen.«

Ich brauche wohl kaum hinzuzufügen, dass die Betten des Ehepaares nebeneinanderstehen. Was wir sonst aus diesem Falle noch entnehmen können, ist die Courage des Jungen, seine ruhige Energie, mit der er nach Befriedigung seines Zärtlichkeitsbedürfnisses[11] strebt und der männliche Mut, mit dem er sich an die Stelle des Vaters zu setzen sucht. Ich erinnere hier an meine Arbeit über »Aggressionstrieb im Leben und in der Neurose«[12], wo ich als den Mechanismus der Neurose die »*Aggressionshemmung*« hingestellt habe. In unserem normalen Falle sehen wir kaum eine Spur einer Hemmung, sondern der Knabe versucht zielbewusst seinen Wunsch, bei der Mutter zu liegen, durchzusetzen, kommt auch leicht darüber hinweg, als sein Versuch fehlschlägt, und wendet sich anderen Wünschen zu. Nebenbei ist er gut Freund mit dem Vater und hegt keinerlei Rachegedanken gegen ihn.

Und doch konnte die Mutter kurze Zeit hernach feststellen, dass der kleine Junge bereits an der Lösung des Sexualproblems arbeitete. Fritz begann nämlich mit jener unheimlichen Fragesucht zu quälen, die eine regelmäßige Erscheinung im vierten bis fünften Lebensjahre bildet; *[529] Freud* hat darauf hingewiesen und hervorgehoben, dass sich hinter diesen Fragen die Frage nach der eigenen Herkunft, nach der Herkunft der Kinder verberge. Ich unterwies die Eltern, und als der Junge abermals zu fragen begann und vom Schreibtisch aufs Holz, dann auf den Baum, aufs Samenkorn und zuletzt auf das erste Samenkorn kam, erhielt er zur Antwort, man wisse wohl, dass er neugierig sei, woher die Kinder kämen. Er möge nur ruhig fragen, er werde alles erfahren. Das Kind verneinte wohl, seine Fragesucht war aber damit zu Ende. Also doch

---

10 Den wesentlichen *bis* hinzuweisen] *Ausl.* 1914
11 *Anm. Adlers:* Adler, »Das Zärtlichkeitsbedürfnis des Kindes«, Monatshefte für Pädagogik und Schulpolitik, I., 1, Wien. [Adler 1908d]
12 *Anm. Adlers:* Fortschritte der Medizin, Leipzig 1908, H. 10. [Adler 1908b]

eine kleine Aggressionshemmung, wie sie wohl allgemein und erträglich sein dürfte. In der Tat blieb der Junge weiter mannhaft und couragiert, und seinem Benehmen haftete keinerlei *Empfindlichkeit, Nachträglichkeit oder Rachsucht* an.

Noch ein wichtiger Umstand ist in solchen Fällen deutlich zu erfassen. Man sieht das Kind bereits tief *im Banne der Kausalität.* Ein Kind, das Eltern, Großeltern vor sich sieht, das von Kindern hört, die zur Welt kommen, wird normalerweise auf die Kausalität stoßen, die zwischen ihnen besteht. Kommt nun der kindliche Ehrgeiz ins Spiel, dann führen Gedanken und Fantasien das Kind so weit, dass es selbst Vater werden will, – wie in unserem Falle[13]. – Derartige konkrete Erfahrungen, dazu Erinnerungen gesunder und neurotischer Personen, lassen den sicheren Schluss zu, *dass jedes denkfähige Kind um das vierte Lebensjahr auf das Sexualproblem[14] stößt.*

Außerdem geht aus unserem Falle hervor, dass wir es mit einem Knaben zu tun haben, der sich seiner männlichen Rolle im Gegensatze zur Frau bereits voll bewusst ist. Für ihn gibt es kein Schwanken und keinen Zweifel[15]. Zärtlichkeitsregungen einem Manne gegenüber können bei solchen Individuen die Grenzen normaler Freundschaft nie überschreiten. Eine Entwicklung zur Homosexualität erscheint dadurch ausgeschlossen[16].

In einem zweiten Falle, den ich hier zur Mitteilung bringen will, können wir die Anfänge der neurotischen Entwicklung beobachten. Ein siebenjähriges blasses Mädchen mit schwach entwickelter Muskulatur leidet seit zwei Jahren an häufigen anfallsweise auftretenden *[530]* Kopfschmerzen, die sich ganz unvermutet einstellen, Stirne und Augengegend befallen, ins Vorder- und Hinterhaupt ausstrahlen und nach mehreren Stunden wieder verschwinden. Keine Magenstörungen, kein Augenflimmern. Eine organische Erkrankung ist nicht nachzuweisen. Sie soll *stets blass und schwächlich gewesen* sein, ist nach Angabe der Mutter sehr klug und gilt als die beste Schülerin ihrer Klasse. Medikamentöse und hydropathische Kuren blieben erfolglos.

Ich bin zur Überzeugung gelangt, dass die neurotische Psyche sich am leich-

---

13 selbst *bis* Falle.*] Änd. 1922:* sich als Ziel setzt, selbst Vater zu werden, und dass es wie in der Vorbereitung handelt

14 *Änd. 1914:* Geburtsproblem

15 *Anm. Adlers:* Aus einer großen Anzahl von Psychoanalysen [*Änd. 1914:* Untersuchungen] geht nämlich hervor, dass sich der *Zweifel* neurotischer Personen an dieses frühe kindliche Schwanken anschließt, ob ihm eine männliche oder weibliche Rolle zufallen wird. Die häufige Sexualfantasie der Kinder, nach welcher der beiden Geschlechtern zukommende Anus zum Sexualziel genommen wird, und [Die *bis* und *] Ausl. 1914*] die sexuelle Unerfahrenheit bringen [*Änd. 1914:* bringt] in diesen Fällen die Verwirrung hervor.

16 *Erg. 1922:* dass es unter Ausschluss jeder anderen Bindung sich für das heterosexuelle Ziel vorbereitet

testen durch ihre psychische *Überempfindlichkeit* verrät. Die Klinik der Neurosen rechnet wohl schon lange mit dieser Erscheinung, ohne, wie mir scheint, ihre psychologische Dignität gehörig zu würdigen oder ihre individuelle Bedingtheit zu ergründen und zu beseitigen. Ich kann eigentlich nur zwei Autoren nennen, die von der ungeheuren Tragweite dieser Erscheinung sprechen. Der Historiker *Lamprecht* hat für die Völkerpsychologie die Bedeutung dieser »*Reizsamkeit*« festgestellt. Und *Bleuler*[17] stellt die »*Affektivität*« in den Mittelpunkt der Neurosen, insbesondere der Paranoia.

In der Regel findet sich diese Überempfindlichkeit bei allen Neurotikern in gleicher Weise deutlich vor. Meist gibt der Patient selbst auf Befragen zu, dass er sich sehr leicht durch ein Wort, durch eine Miene verletzt fühlt. Oder er leugnet es, seine Angehörigen haben es aber längst empfunden, haben gewöhnlich auch schon angestrengte Versuche gemacht, diese Empfindlichkeit nicht zu reizen. Zuweilen muss man sie dem Kranken nachweisen und zeigen. Dass man diese Empfindlichkeit auch bei gesund gebliebenen Personen findet, kann weiter nichts beweisen, wenn man sich an die zahlreichen Grenzfälle der Neurose erinnert.

Die Äußerungen dieser Überempfindlichkeit sind interessant genug. Sie erfolgen präzise, sobald es sich um eine Situation handelt, in der sich der Patient vernachlässigt, verletzt, klein oder beschmutzt vorkommt, wobei es ihm recht häufig zustößt, dass er, auf Nebensächlichkeiten gestützt, eine derartige Situation willkürlich erfindet. Oft mit großem Scharfsinne sucht er seinem Standpunkte logische Repräsentation zu verleihen, die nur der geübte Psychotherapeut durchschaut. Oder der Patient nimmt eine Wahnidee – wie bei der Paranoia, aber auch bei anderen Neurosen – zu Hilfe, um das Unerklärliche seines Benehmens zu begreifen[18]. Dabei fällt immer die überraschende Häufung von Herab[531]setzungen und Demütigungen auf, denen solche Patienten ausgesetzt sind, bis man entdeckt, dass sie sozusagen ihren Ohrfeigen nachlaufen.[19] Diese Strömung stammt aus dem Unbewussten und führt meist

---

17 *Anm. Adlers: Bleuler*, »Affektivität und Paranoia«. [Bleuler 1906] Dieses Buch wurde am 31.10.1906 in der psychoanalytischen Mittwochgesellschaft diskutiert, vgl. (Protokolle I 1976).]

18 *Erg. 1922:* und durch Fixierung an seine Wahnidee der eigentlichen Gefahrenzone, den Tatsachen und damit den Verletzungen seiner Empfindlichkeit auszuweichen

19 *Anm. Adlers:* Ein Fall für viele: Ein 36-jähriger Patient gefährdete sein Fortkommen dadurch in hohem Grade, dass er nach kurzer Zeit überall in Streit verwickelt wurde. In der Analyse gelang der Nachweis, dass in ihm ein heimliches Streben lag, der Vater möge ihn misshandeln. Aus seiner Kindheit und Pubertät lagen Erinnerungen vor, nach welchen er bei irgendeiner Herabsetzung in der Familie andernorts Streit anfing, um Prügel zu bekommen; oder er ließ sich »zur Beruhigung« gesunde Zähne ziehen. Der Wunsch, vom Vater misshandelt zu werden, entsprach seinem mangelhaften Verständnis aus dem vierten Lebensjahre, als er durch Beobachtungen dazu kam, anzu-

vereint mit anderen Regungen den masochistischen Charakter der Neurose herbei, der uns den Patienten als Hypochonder, als Verletzten, Verfolgten, Herabgesetzten, nicht anerkannten Menschen zeigt, für den es nur Leid, Unglück, »Pech« gibt. Der Mangel an Lebensfreude, die stete Erwartung von Unglücksfällen, Verspätungen, missglückten Unternehmungen und Zurücksetzungen, schon in der Haltung und in den Gesichtszügen des Patienten erkennbar, die abergläubische Furcht vor Zahlen, Unglückstagen und der telepathische Hang, der immer Schlimmes voraussahnt, das Misstrauen in die eigene Kraft, die den Zweifel an allem erst lebendig macht, das Misstrauen in die anderen, das sozial zerstörend wirkt und jede Gemeinschaft sprengt, – so stellt sich zuweilen das Bild des überempfindlichen Patienten dar. Alle Grade der *Aggressionshemmung*, Schüchternheit, Zaghaftigkeit, Angst und Aufregungszustände bei neuen ungewohnten Situationen bis zu physischer und psychischer Lähmung können dem Bilde der Neurose eine besondere Färbung verleihen.[20]

Wird so die Überempfindlichkeit zu einer »*Vorempfindlichkeit*«, so sehen wir anderseits Erscheinungen in der Neurose auftreten, die man als »*Nachempfindlichkeit*« charakterisieren kann. *Solche Patienten können einen schmerzlichen Eindruck nicht* [532] *verwinden, und sind nicht imstande, ihre Psyche aus einer Unbefriedigung loszulösen*[21]. Man hat den Eindruck von eigensinnigen, trotzigen Menschen, die es nicht vermögen, durch »kulturelle Aggression« Ersatz zu schaffen, sondern starr und fest »auf ihrem Willen« bestehen. Und dies in jeder Sache und über ihr ganzes Leben hinaus. Gerechtigkeitsfanatiker und Querulanten weisen immer diesen Zug auf. *Freud* hat diese Züge der »Nach-

---

nehmen, der Vater misshandle die Mutter beim Geschlechtsverkehr. *Da er über seine Männlichkeit im Zweifel war*, und da ihm der Anus für den Geschlechtsverkehr als nötig erschien, er den weiblichen Geschlechtsteil noch nicht entdeckt hatte, war es ihm möglich, zwei Weltanschauungen zugleich zu entwickeln, eine, in der er männlich, die andere, in der er weiblich war. In Verfolg der Letzteren wandelte ihn die Lust nach den väterlichen Misshandlungen an. Dank seiner Fähigkeit zur Sublimierung und Übertragung kam es in seinem späteren Leben zu fortwährenden, in Wirklichkeit von ihm intendierten Insulten. Dies umso mehr, als er in jedem Insult gleichzeitig *eine ihm auferlegte und ebenso gesuchte Buße* sah. Darüber später im Texte. mangelhaftem Verständnis *bis* Texte] Änd. Adlers 1914: Suchen nach Beweisen des väterlichen Hasses, dessen und anderer Überlegenheit, um die masochistische, »weibliche« Linie halten zu können, sich abzuhärten Erg. 1922: vor seinen Aufgaben Reißaus zu nehmen und sich für die männliche Rolle in Beruf und Liebe unmöglich zu machen.

20 Erg. 1922: Wie einer, der sich in eine feindliche Welt gestellt sieht, für den diese Erde zu schlecht ist, denkt er immer nur an sich, an seine Not, an das, was ihm fehlt, nie an das, was er zu geben hätte.

21 *Erg. 1922:* sich mit dem Leben und seinen Einrichtungen, sich mit den Menschen zu versöhnen

träglichkeit« und des »Trotzes« in einer kleinen, aber wichtigen Abhandlung (»Analcharakter und Analerotik«)[22] beschrieben, ihre Häufigkeit betont und ihren Ursprung auf die erogene Betonung der Afterzone zurückzuführen gesucht. Wir werden im Folgenden sehen, wie weit ein Einverständnis mit unseren Beobachtungen zu erzielen ist,[23] wollen einstweilen bloß hervorheben, dass diese angeführten Charaktere *allen Neurotikern gemeinsam sind und mit der »Überempfindlichkeit« in innigstem Zusammenhange stehen.*

Die Anfänge dieser Überempfindlichkeit gehen auf organische Überempfindlichkeit zurück und lassen sich sehr weit in das kindliche Leben zurückverfolgen und differieren von der normalen Empfindlichkeit in verschiedenem Grade. Man findet erheblichere *Lichtscheu, Hyperästhesien des Gehörs, der Haut, größere Schmerzempfindlichkeit, besondere Erregbarkeit der Vasomotoren, erhöhtes Kitzelgefühl, muskuläre Erregbarkeit*[24], Höhenschwindel bis in die früheste Kindheit zurückverfolgbar und kann sie stets auf eine Organminderwertigkeit beziehen. In meiner »Studie über Minderwertigkeit der Organe« (Verlag Urban & Schwarzenberg, Berlin, Wien 1907 [Adler 1907a)]) habe ich bereits die Beziehungen dieser Organminderwertigkeit zur Neurose aufgedeckt und habe nach vielfachen Untersuchungen noch festzustellen, dass die Über[533]empfindlichkeit eines Organes in den Kreis der Minderwertigkeitserscheinungen aufzunehmen ist. Ebenso die Unterempfindlichkeit, wie wir sie bei Idioten, Verbrechernaturen, bei Personen mit moral insanity so häufig beobachten können, zuweilen auch bei den Neurosen, als Verlust oder Einschränkung des Schmerzgefühles, des Kitzelgefühles, der Tätigkeit der Hautvasomotoren, der Sensibilität und Reflexaktion. Die Herabsetzung der Empfindlichkeit zeigt uns – was aus der Betrachtungsweise der Organminderwertigkeitstheorie hervorgeht – den von den Vorfahren ererbten Defekt, *die Überempfindlichkeit aber deckt die Kompensationstendenz* auf, die aus den Kämpfen der Vorfahren um den Bestand eines geschädigten Organes erfließt. Immer finden sich nebenbei auch andere Organminderwertigkeitszeichen wie

---

22 *Anm. Adlers:* Sammlung kleiner Schriften zur Neurosenlehre, II. Teil. [Freud 1908a]
23 Freud *bis* erzielen ist *] Änd. 1914* Wir
24 *Anm. Adlers:* Eine bestimmte Art der Nervenübererregbarkeit ist bekanntlich von Anomalien der Nebenschilddrüsen abhängig, so dass wir die angeborene Minderwertigkeit bestimmter Drüsen, der Schilddrüsen, des Pankreas, der Hypophyse, der Nebennieren, vielleicht auch der Prostata, der Hoden und Ovarien usw. als den Ausgangspunkt bestimmter Überempfindlichkeiten erkennen werden. In vielen Fällen geht dann die auslösende Wirkung nicht von der ursprünglich minderwertigen Drüse aus, sondern kommt durch Überkompensation einzelner Teile oder anderer Organe zustande, die qualitativ oder quantitativ den Ersatzzweck verfehlt. So auch das Zentralnervensystem oder bestimmte Nervenbahnen, wenn sie zur Überkompensation gezwungen sind. Eine eingehende Erörterung siehe in Adlers »Studie über Minderwertigkeit der Organe« [Adler 1907a].

Degenerationszeichen, Schleimhaut- und Hautreflexanomalien, Kinderfehler und Erkrankungen des betreffenden Organs oder Organsystems, wenn auch häufig, wie schon beschrieben, am Stammbaume des Patienten verstreut. So kommt in die Grundlagen der psychoanalytischen[25] Forschung ein phylogenetisches Moment, das bis auf die organischen Wurzeln der Neurose und auf das Problem der Heredität zurückreicht. Die Überempfindlichkeit samt ihrem psychischen Substrat macht es aus, dass die aus den Organen stammenden Triebtendenzen ungesättigt bleiben und so den Aggressionstrieb in einen andauernden Reizzustand versetzen.[26] Erhöhte Reizbarkeit, Jähzorn, Neid, Trotz, Ängstlichkeit bleiben nicht aus und erfüllen die Gedankenreise des Kindes frühzeitig *mit einem inneren Widerspruch* gegen die ihm aufgezwungene Kultur, die nur bei geringer Widerstandsleistung des Kindes leicht haftet. Nun kann sich auch die einsichtsvollste Erziehung bis heute nur schwer von ihrem Grundprinzipe losmachen, welches nach dem Schema »*Schuld – Strafe*«[27] zu erziehen verpflichtet. Dies und der Lauf der Dinge, der so oft nach dem gleichen Schema gerichtet ist, erfüllt die Gedankenwelt vor allem jener Kinder, die frühzeitig in den inneren Widerspruch geraten *mit einer Erwartung eines unheilvollen Ausganges ihrer verbotenen Wünsche und Handlungen*. Anderseits bringen es die Überempfindlichkeit sowie die verstärkte Triebintensität und -extensität mit sich, dass sich die gereizte Aggressionstendenz des Kindes gegen Personen richtet, die ihm die allernächsten, zuweilen auch die allerliebsten sind, gegen Vater, Mutter oder Geschwister. Ist es ein Knabe, so wird er in der Regel nach den väterlichen Prärogativen verlangen, ein *[534]* Mädchen nach den mütterlichen. Findet sich das Kind in seiner Geschlechtsrolle nicht zurecht, so beginnt es zu schwanken, und der Zweifel beginnt seine frühesten Wurzeln zu schlagen. Zuweilen kann sich die feindliche Aggressionsneigung im Kinde entfalten, dann kommt es zu feindseligen Gedanken und Regungen gegen Personen der Familie. Gewöhnlich widerstreitet diesen ein Gefühl der Zärtlichkeit, der Liebe, der Dankbarkeit, die Aggression wird eingeschränkt oder so weit abgeschwächt, dass ihr Ursprung nur psychoanalytisch zu finden ist oder sich nur in Träumen auch der späteren Jahre verrät[28].

Schon auf dieser Stufe der Entwicklung ergeben sich verschiedene psy-

---

25 *Änd. 1914:* psychologischen
26 *Anm. Adlers:* Siehe »Der Aggressionstrieb im Leben und in der Neurose« [Adler 1908b]
27 *Anm. Adlers 1914: Asnaourow,* Sadismus und Masochismus in Erziehung und Kultur. E. Reinhardt, München, 1913. [Asnaourow 1913]
28 *Anm. Adlers: Freud,* Traumdeutung. Deuticke 1908. [Freud 1900] *Diese Anm.] Ausl. 1914* psychoanalytisch *bis* verrät *] Änd. 1914:* schwer zu finden ist oder sich nur in Träumen und im Charakter auch der späteren Jahre als Schema gegenüber anderen Menschen verrät

chische Zustandsbilder, deren Zahl noch namhaft vergrößert wird, wenn wir andere gleichzeitig oder nacheinander wirksame psychische Einschläge und Regungen in Betracht ziehen. So ist die teilweise Emanzipation des Kindes von seinem Stuhl- und Harntrieb vor sich gegangen, und diese Emanzipation hat ihm im Zusammenhange mit der Entwicklung des Schau- und Riechtriebes *eine dauernde Reaktion gegen Schmutz* und schlechte Gerüche hinterlassen. Ich muss auch bei diesem Punkte darauf hinweisen, wie sehr dieses Resultat *von der Wertigkeit und Empfindlichkeit des Auges, der Nase, der Haut abhängig ist*, so dass die Entscheidung gleichfalls von der Organminderwertigkeit abhängig wird. Haben nun schon das Organ und sein Trieb sowie alle ihre differenzierten Fähigkeiten, wie Empfindlichkeit usw., auf der primitivsten Stufe ihren psychischen Ausdruck und Charakter, so fallen die Erscheinungen der Hemmungen, der Reaktion ganz ins Gebiet der psychischen Phänomene und präsentieren sich als Furcht, Idiosynkrasie, Ekel, Scham. Die ganze psychisch gewordene Überempfindlichkeit erfasst[29] *je nach der Individualität, das heißt je nach der Beeinflussung der Psyche durch das minderwertige Organ*, alle Beziehungsmöglichkeiten, die ihr widerstreiten und sucht sie aus dem Erleben auszuschalten.[30] Aus diesen Affektlagen, die, mit [535] Überempfindlichkeit und starker Reaktionsmöglichkeit ausgestaltet, sozusagen den wunden Punkt der Psyche darstellen, entspringt bald eine passive, bald eine aktive Konstellation, überwiegt bald das Ausweichen vor Verletzungen der Empfindlichkeit, bald das aggressive Vorbauen oder Vorschauen[31].

Die Stärke des ursprünglich vorhandenen Aggressionstriebes sowie der Aggressionsfähigkeit ist offenbar vererbt und als Ausdruck der Kompensationstendenz zu betrachten. Physiologisch betrachtet, handelt es sich um die Leistungsfähigkeit der kortikomuskulären Bahn, und eines der Zeichen ihrer angeborenen Minderwertigkeit wird sich als »körperliche Schwäche«, das heißt in erster

---

29 *Erg. 1922:* im Dienste des Machtstrebens
30 *Anm. Adlers:* Ein dreijähriges Mädchen zeigt seit einiger Zeit Mangel an Esslust. Befund negativ. Bei der Untersuchung fällt auf, dass das Kind wiederholt ausruft:»Es stinkt!« Die Eltern geben an, dass das Kind seit einiger Zeit bei allen Gelegenheiten diesen Ausruf gebrauche. Die weitere Exploration ergab eine überaus starke familiäre Geruchsüberempfindlichkeit und Defäkationsanomalien. Die Nase macht ihre Idiosynkrasien [*Erg. 1914:* als Trotz *Erg. 1922:* gegen die Macht der Eltern] geltend. Die Geruchstoleranz ist so niedrig geworden, dass auch auf normale Gerüche, mit Widerwillen reagiert wird. Der Mangel an Esslust stammt aus dieser verminderten Toleranz. [*Erg. 1914:* Vor allem kommt das Ziel in Betracht, das Gefühl der Überlegenheit durch Negativismus zu erreichen.] – So wie in diesem Falle die Essaggression sehen wir in vielen Fällen die Sexualaggression durch Geruchsüberempfindlichkeit gehemmt. Doch vermisst man in der Analyse der psychischen Impotenz niemals die weiter unten folgenden Beziehungen Sowie *bis* Beziehungen *] Ausl. 1914.*
31 *Erg. 1914:* meist beides

Linie als *muskuläre Insuffizienz*, darstellen. In der Tat ist es ein nahezu regelmäßiger Bericht der Frühanamnese neurotischer Patienten, dass sie schwächliche Kinder waren. Oder aber man erfährt, dass die Patienten als Kinder auffallend »*linkisch« und ungeschickt* waren und sich dadurch viele Blamagen und Strafen zugezogen haben. Ich muss an dieser Stelle darauf verweisen, dass auch manche der »Kinderfehler«, wie Enuresis, Stuhlinkontinenz, Stammeln, Stottern, Sprachfehler usw., die ich als Zeichen der Organminderwertigkeit hingestellt habe, neben der Tatsache der primären Überempfindlichkeit diesen Eindruck der Ungeschicklichkeit hervortreten lassen, so dass auch die Ungeschicklichkeit als ein Beweisstück des Kampfes angesehen werden muss, den gewisse Organsysteme bei ihrer Domestikation, bei ihrer Einfügung in das Kulturmilieu zu führen haben.

Spuren dieser Ungeschicklichkeit kann man ebenso wie Reste des Kinderfehlers im Leben des erwachsenen Neurotikers oft nachweisen.[32] Häufig bleibt eine psychische Unbeholfenheit zurück, die mit der häufig hervorragenden geistigen Schärfe lebhaft kontrastiert und den Schein geistiger Minderwertigkeit hervorrufen kann. Zumeist aber resultiert ein Zustand der *Ratlosigkeit, Schüchternheit, Zag*[536]*haftigkeit*, der weit vor Beginn der Neurose einsetzt. Dis Entwicklung des Selbstvertrauens, der Selbstständigkeit bleibt mangelhaft, das Anlehnungs- und Zärtlichkeitsbedürfnis steigert sich ins Unermessliche, so dass den Wünschen des Kindes unmöglich Genüge geleistet werden kann. So kommt es, dass die von Haus aus vorhandene stärkere Empfindlichkeit ungemein gesteigert wird und zu einer Überempfindlichkeit anwächst, die fortwährend zu Verwicklungen und Konflikten Anlass gibt. Anfänglich besteht ein Gefühl des Zurückgesetztseins, der Vernachlässigung, »man ist ein Stiefkind, ein Aschenbrödel«, daran knüpfen Gedanken und Fantasien an, die sich wieder im Leben des Kindes äußern, als Entfremdung, Hang zum Misstrauen und als der brennende Ehrgeiz, es den anderen zuvorzutun, besser zu sein wie diese, schöner, stärker, größer und klüger. Dass diese ununterbrochen andauernden Wünsche einen mächtigen psychischen Antrieb bilden, und dass sie in der Tat vielen von diesen Kindern zur Überwertigkeit verhelfen, ist keine Frage. Oft aber tritt aus dieser Konstellation vorwiegend die Kehrseite an die Oberfläche, die wirklich geeignet ist, dieses Menschenmaterial unbeliebt zu machen, so dass sie mit ihren Befürchtungen der Herabsetzung, der Missgunst, der allgemeinen menschlichen Schlechtigkeit und Gehässigkeit zum

---

32 Anm. Adlers: Dass diese Unbeholfenheit oft in eine auffallende Geschicklichkeit, Kunstfertigkeit oder in künstlerisches Wesen übergeht, und zwar auf dem Wege der psychischen Überkompensation, habe ich in meiner »Studie« [Adler 1907a] hinlänglich betont. Ich bin der Ansicht, dass die häufige Erscheinung der Linkshändigkeit bei Künstlern (siehe Fließ) [1906], aber auch bei Neurotikern und Epileptikern, die gleichen Grundlagen der cortico-muskulären Systemminderwertigkeit aufweist.

Schlusse scheinbar recht behalten. Damit nun hängt es zusammen, dass sich *gewisse Charaktere immens verstärken*, dass wir Regungen des Hasses, des Neides, des Geizes vorfinden, die sonst in der Kinderseele nicht diese große Rolle spielen, und dass wir in der fertigen Neurose diese Stimmungslagen durch die Psychoanalyse[33] nachweisen können. Aus der Weiterentwicklung dieser Regungen, die in der verwegensten Weise die Gedankenwelt und die Fantasie des Kindes befruchten, sowie der psychischen Überempfindlichkeit, mittels deren das Kind Blamage und Strafe nicht nur härter empfindet wie andere, sondern auch – zuweilen grundlos – voraussahnt, ergibt sich von selbst ein fortwährender innerer Konflikt in der kindlichen Psyche, der der Umgebung nur selten bekannt wird. Denn das Kind lernt sich verstellen und schweigt – eben aus Überempfindlichkeit, aus Furcht vor Strafe oder Herabsetzung[34].

Dieses Schweigen aber, das *Geheimnis des Kindes*, verrät uns, dass in ihm Bewusstseinsregungen wirksam geworden sind, die es nicht merken lassen will. Und es ist die Vorstellung gerechtfertigt, dass das Kind vor anderen schweigt, *aber auch seinen eigenen Gedanken über bestimmte Wünsche, über gewisse Triebregungen auszuweichen sucht, weil es sich durch die*[537]*selben beschmutzt, herabgesetzt, lächerlich gemacht fühlt*, oder – und dies ist bereits *ein Erfolg seiner Vorempfindlichkeit* – weil es solche unangenehme Folgen erwartet und befürchtet. Während sich einerseits eine Weltanschauung des Kindes Bahn bricht, die oft nur in Spuren rekonstruierbar oder zu erkennen ist, aus der eine Erwartung entspringt, wie: »Man wird mich strafen«, – »Man wird mich auslachen«, identisch mit einer tief gefühlten Überzeugung, wie: »Ich bin ja böse, sündhaft« oder »Ich bin zu plump und ungeschickt«, versucht die Überempfindlichkeit je nach dem vorhandenen Material und zumeist ausgehend von den schwächsten Punkten der Organminderwertigkeit die entgegengesetzten Charaktere und Eigenschaften zu entwickeln. Man wird in diesen Fällen Tendenzen wahrnehmen, die auf Hemmung der primären Triebregungen (des Mundes, der Augen, der Exkretionsorgane) gerichtet sind oder die imstande sind, das Peinliche der Minderwertigkeitserscheinungen oder gleichgeachteter Schwächen besonders tief empfinden zu lassen (das Erröten, die Schmerzempfindlichkeit, Schwächlichkeit, Unverständnis, geringe Körpergröße)[35]. Dicht daneben merkt man aber bereits die Ansätze, die als die psychischen Schutzvorrichtungen[36] deutlich zu erkennen sind, berufen, einem Umkippen in den alten Fehler und damit einer Verletzung der Überempfind-

---

33 durch die Psychoanalyse] *Änd. 1914*: individuell
34 *Erg. 1922*: immer auch bedrückt durch die Stimme seines Gemeinschaftsgefühls
35 *Anm. Adlers*: Erythrophobie, Stottern, Hypochondrie und verwandte Züge in den Neurosen lassen diesen Mechanismus stets erkennen.
36 *Erg. 1922*: Sicherungen

lichkeit vorzubauen³⁷. Hierher gehören alle Züge von *Pedanterie*, die nur den einen Sinn haben, eine Sicherung der Lage herbeizuführen³⁸. Aber ebenso machen sich *abergläubische oder einem Anlehnungsbedürfnis entspringende Regungen breit*, die wie Sicherungsvorkehrungen die Höhe der neu gewonnenen moralischen oder ästhetischen Kultur garantieren müssen (Gebete, Zeichen- und Zahlensymbolik, Zauberglauben usw.)³⁹. Und wieder nebenan, aus der gleichen Weltanschauung stammend, findet man Erscheinungen der *Selbstbestrafung oder der Buße*, ästhetische Anwandlungen, Tendenzen, sich Schmerzen, Entbehrungen, Leistungen aufzuerlegen⁴⁰, sich vom Spiel, von Vergnügungen, von der kleinen Welt der Gespielen zurückzuziehen⁴¹. Dabei ist das Kind stets am Werke, [538] mit äußerster Vorsicht sein Geheimnis zu wahren, und kann dabei so weit kommen, bei jedem Menschen, insbesondere aber beim Arzt, die Absicht zu vermuten, dieses Geheimnis auszukundschaften⁴². Misstrauen und der Verdacht, man habe etwas mit ihm vor, entstehen beim Kinde⁴³. Dieses Ensemble führt zu den von mir (siehe: »Der Aggressionstrieb« [Adler 1908b]) beschriebenen Formen der Aggressionshemmung, und ich muss weiterhin die Behauptung aufstellen, *dass die Aggressionshemmung zustande kommt durch die Konkurrenz anderer Organminderwertigkeitserscheinungen, insbesondere der Überempfindlichkeit*⁴⁴.

Von der moralischen Seite betrachtet, mündet der psychische Entwicklungsprozess der Organminderwertigkeit⁴⁵ in ein vergrößertes Schuldbewusstsein⁴⁶ und in eine Überempfindlichkeit gegen Selbstvorwürfe und Vor-

---

37 *Erg. 1922*: und das bereits feststehende Endziel zu erreichen
38 *Erg. 1914*: und, wie ich später fand, zum Druck auf die Umgebung bestimmt sind
39 *Anm. Adlers*: Diese Züge finden sich später insbesondere bei der Zwangsneurose.
40 *Anm. Adlers*: Einer meiner Patienten musste jedesmal im Bade den Kopf so lange unter Wasser halten, als er bis 49 gezählt hatte *Erg. 1914*: vor allem, um sich seine Überlegenheit zu beweisen *Erg. 1922*: seinen Antrieb, mit dem er Schwierigkeiten überwinden wollte.
41 *Anm. Adlers*: Erscheinungen, die wir in der Hysterie, Hypochondrie und Melancholie wiederfinden. *Erg. 1914*: Auch hier: »Aus der Not eine Tugend machen«, im kleinen Kreis überlegen zu sein, nicht »mitzuspielen«.
42 *Anm. Adlers*: Ist diese Tendenz (wahrscheinlich bei gewissen Formen der Augenminderwertigkeit) besonders ausgebildet, so stellt sie das normale Analogon der Paranoia dar. Auch bei der Hysterie finden sich diese Züge.
43 *Erg. 1922*: dienen vor allem dem Beweis der eigenen Wichtigkeit, die alle Menschen, das Schicksal, Gott immerwährend beschäftigt
44 der Überempfindlichkeit] *Änd. 1922*: der seelischen Überempfindlichkeit, die Kompensation des verletzten Ehrgeizes auf einem neuen Wege nicht zulässt
45 *Erg. 1922*: mit seiner Überhebung
46 *Erg. 1922*: gegenüber dem Gemeinschaftsgefühl

würfe der Umgebung.⁴⁷ Diese Konstellation bewirkt es, dass die psychische Arbeitsleistung eine namhafte Erhöhung erfährt, da das ganze weitere Leben unter dem Drucke der Überempfindlichkeit steht, die wie ein allzeit bereiter Motor das Triebleben modifiziert, die Triebrichtung hemmt und beeinflusst. Anderseits besteht dauernd ein lastendes, drückendes *Gefühl einer begangenen oder zu verhütenden Schuld*⁴⁸, das abstrakt geworden ist und ständig nach einem Inhalte sucht. Zuweilen ist dieses Suchen nach dem Inhalte des *Schuldvollen, Strafbaren besonders akzentuiert*; dann entsprechen ihm später oft Zwangshandlungen und Zwangsideen, Kleptomanie, Aufsuchen des »Lasters« in jeder Form. Das Gefühl, ein »Verbrecher«, ein »Auswürfling« zu sein, beginnt zu dominieren und steigert die Überempfindlichkeit gerade gegen Vorwürfe und Konstellationen entsprechender Art. Ebenso wie das Aufsuchen von strafbaren, schmutzigen Situationen liegen diese Charakterzüge im Bereiche der masochistischen Regungen und erweisen sich so gleichzeitig als Wunscherfüllung und Erniedrigung.⁴⁹

Es scheint, dass gewisse Entwicklungspunkte diese innere Spannung, den primären inneren Konflikt steigern und mit ihrem Inhalt *[539]* erfüllen können. So vor allem sind es⁵⁰ die ersten Berührungen mit dem Sexualproblem, die etwa um das fünfte Lebensjahr stattfinden, ferner *die Masturbation und die Sexualbeziehungen*⁵¹ *des Erwachsenen. Man gewinnt dabei den Eindruck, dass alle die späteren Konflikte zur manifesten Neurose führen können, sobald der primäre, aus der Organminderwertigkeit stammende innere Widerspruch besteht*, und man kann bei allen zur Neurose Disponierten von einem Zustande der »psychischen Anaphylaxie« sprechen, der sein materielles Analogon bei bakteriellen Erkrankungen hat, wo bei gewissen Vorimpfungen eine Überempfindlichkeit gegen das ursprüngliche Gift erlangt wird.

Die ersten Sexualerkenntnisse, die sich dem Kinde auf Schleichwegen erge-

---

47 *Anm. Adlers:* Die Bedeutung der »tragischen Schuld« im Drama entspricht ungefähr der Stellung des Schuldbewusstseins in der Neurose. Viele Dichter, insbesondere *Dostojewsky,* haben die Zusammenhänge von Schuldbewusstsein und Psyche meisterhaft dargestellt.   *Erg. 1922:* Spätere Befunde legten mir nahe, das Schuldbewusstsein als ein Mittel zur Aggressionshemmung, als Sicherung aufzufassen, dem gleichwohl oft das Gefühl der Überlegenheit über andere sich anschließt oder entstammt (Ethik, religiöse Erhebung).
48 *Anm. Adlers:* Die Erbsünde der religiösen Anschauung ist das normale Gegenstück.
49 Ebenso *bis* Erniedrigung.] *Ausl. 1922   Erg. 1922:* Das der Organminderwertigkeit entstammende Minderwertigkeitsgefühl führt nämlich zu einer *egoistischen, feindseligen Aggressionsstellung.* Die aus ihr entspringende Unversöhnlichkeit mit den Menschen stößt aber auf die Instanz des *Gemeinschaftsgefühls.*
50 *Erg. 1922:* die Position in der Familie und
51 Masturbation und die Sexualbeziehungen] *Änd. 1922:* Berufsfrage und die Liebesbeziehungen

ben, verletzen eine vorhandene Überempfindlichkeit auf das Allerheftigste. Das Kind kann sich betrogen, gefoppt, ausgeschlossen vom allgemeinen Wissen vorkommen. Es empfängt den Eindruck, dass man Komödie vor ihm spiele, es sieht sich einem Geheimbunde der anderen gegenüber und ist, was insbesondere bei Minderwertigkeit der Sexualorgane und der sie häufig begleitenden größeren Empfindlichkeit in Betracht kommt, mit seinem frühzeitig erwachenden Sexualtriebe in eine schwierige Lage versetzt. Das »sexuelle Trauma«, ebenso die Frühmasturbation ergeben sich[52] von selbst[53], wichtiger aber sind die frühen Gedankenregungen und Fantasien, die ins *Inzestuöse*[54] geraten und mangels wichtiger Orientierung *perverse Züge* verraten oder das *Schwanken und den Zweifel*[55] des Kindes ungemein verstärken. Und über allen Regungen des Kindes drohend das nunmehr vertiefte Schuldbewusstsein, damit die Hemmung jeder Aggression, die Buße und die Erwartung einer Strafe, eines unglücklichen Ausganges. Ähnliche Vorgänge zeitigt die Masturbationsperiode. Und es bleibt Sache des Schicksals des Einzelnen, vor allem aber der jeweiligen Konstellation, aus welchen der oben geschilderten Minderwertigkeitserscheinungen und aus welcher Zeit ihrer Entwicklung die Neurose ihre Bilder zu nehmen gezwungen ist.

Nach diesen Vorbemerkungen will ich einige psychoanalytische[56] Ergebnisse zu dem Falle des siebenjährigen Mädchens mit »nervösem Kopfschmerze« vorbringen. Meine erste Frage betraf die Empfindlichkeit des Kindes. Die Mutter berichtete, dass das Mädchen gegen Schmerz, *[540]* gegen Kälte und Hitze sehr empfindlich sei. In seelischer Beziehung sei die Empfindlichkeit geradezu krankhaft. Sie lerne ungemein fleißig und komme ganz verstört nach Hause, wenn sie einmal in der Schule eine Frage nicht beantworten konnte.

»Wie verträgt sie sich mit ihren Mitschülerinnen?«

»Sie streitet nicht, rauft nicht, hat aber keine eigentliche Freundin. Auch will sie immer alles besser wissen und besser machen als die anderen.«

»Können Sie etwas darüber sagen, ob sie den Vater vorzieht?«

»Der Vater ist häufig auf Reisen. Sie ist ihm sehr zugetan. Eher möchte ich glauben, dass sie mich vorzieht.«

»Woraus schließen Sie das?«

---

52 *Erg. 1922:* dann
53 *Erg. 1922:* als »Ursache«
54 *Anm. Adlers 1914:* Wie sich mir diese Regung später als eine Täuschung des Nervösen tendenziöser Art, als »Inzestgleichnis«, erwies, siehe »Über den nervösen Charakter« [Adler 1912a].
55 *Anm. Adlers:* Der Wiener Dialekt hat für den Fall des äußersten Zweifels und der lähmenden Ratlosigkeit den Ausruf: »Jetzt weiß ich nicht, ob ich ein Mandl oder ein Weibl bin.«
56 *Änd. 1914:* psychotherapeutische

»Es ist eine ständige Redensart meiner Tochter: Wenn ich einmal groß bin, werde ich auch einen Hut, ein Kleid usw. wie die Mama haben.«
»Leiden Sie denn auch an Kopfschmerzen?«
»Oh, ich habe seit Jahren die entsetzlichsten Kopfschmerzen.«
»Nun, da hat die Kleine eben auch Kopfschmerzen wie die Mama!«

Solche Behauptungen aufzustellen dürfte manchem gewagt erscheinen. Eine gewisse Erfahrung in der analytischen Psychologie[57] lässt aber ein solches Vorgehen gerechtfertigt, ja noch mehr als notwendig erscheinen. So viel ist aus der kurzen Bekanntschaft bereits zu erschließen, dass dieses Mädchen den angestrengten Versuch macht, sich in die Rolle der Mama hineinzudenken, woraus wir entnehmen können, dass sie sich über ihre Stellung als Mädchen und zukünftige Frau *unzweifelhaft* im Klaren ist. Was die Mutter als Bevorzugung ihrer Person ansieht, kann nicht als solche zugegeben werden. Es gewinnt vielmehr den Anschein, als wähle die Kleine für ihr Benehmen in manchen Punkten die Beziehung der Mutter zum Vater als Ausgangspunkt, wobei sie der Mutter möglichst gleich zu werden trachtet. Diese Tendenz sowie der unverkennbare Ehrgeiz des Mädchens, ihre gereizte Überempfindlichkeit, wenn sie Kameradinnen gegenüber zurückstehen soll, müssen notwendigerweise nach außen hin das Gepräge des Neides erhalten. Eine diesbezügliche Frage wird von der Mutter bejaht mit dem Hinweise, dass es sich dabei vorwiegend um Futterneid – Obst oder Näschereien bezüglich – handle. Der Vater der kleinen Patientin leidet an Cholelithiasis (Minderwertigkeit des Ernährungsapparates), die Kleine hat [541] in den ersten zwei Lebensjahren an Diarrhöen, seither an Obstipation (Darmkompensation) gelitten. Sollte die Kleine im Allgemeinen die Mutter beneiden und bereits Zeichen von Wissensneid äußern?

Weitere Erkundigungen ergeben, dass das Kind schon vor längerer Zeit eine Neigung zu masturbatorischen Berührungen zeigte, dass es seit Geburt im Schlafzimmer der Eltern schlief, dass es kokett sei und sich gern in schönen Kleidern im Spiegel betrachte. Als ich der Mutter meine Vermutung über die Ursache der Kopfschmerzen mitteilte, rief die Mutter aus: »Oh, deshalb peinigt mich der Fratz immer mit der Frage, *woher die Kinder kämen*!« Sie erzählte mir weiter, sie habe dem Kinde auf seine Fragen vor längerer Zeit geantwortet, die Kinder kämen aus einem Teiche. Seither bringe das Mädchen sehr häufig das Gespräch wieder auf diesen Punkt. Eines Tages fragte es: »Und wozu braucht man die Hebamme?« Die Mutter antwortete ihr, die hole eben das Kind aus dem Teiche. Nach einiger Zeit fragte das Mädchen: »Du sagst also, dass man die kleinen Kinder aus einem Teiche bringe? Was geschieht aber im Winter, wenn der Teich zugefroren ist?« Darauf konnte die Mutter nur ausweichend antworten.

---

57 *Änd. 1922:* Individualpsychologie

Man sieht hier deutlich, wie die sexuelle Neugierde den Witz und Scharfsinn des Kindes zur Entfaltung bringt und im Allgemeinen seine Wissbegierde steigert[58]. Die bedauerlichen Steigerungen seiner Neugierde stammen offenbar aus seiner Anlage, aus einem stärkeren Schautrieb, den ich nach zahlreichen Analogien auf angeborene Minderwertigkeit der Sehorgane zurückführen muss. Ich kann den Beweis in diesem Falle nicht antreten, möchte aber darauf hindeuten, dass sowohl bei dem Kinde als bei der Mutter der Schmerz sich bis auf die Augen erstreckte.[59] – Von Zornausbrüchen, Jähzorn, Wut ist bei dem Kinde keine Spur wahrzunehmen. Der Aggressionstrieb vermeidet offenbar bei Verletzung der Überempfindlichkeit diese aktivsten Bahnen. Außer den Fragen an seine Mutter, die aber auch *äußerst vorsichtig* gefasst sind, findet man keinerlei Zeichen einer äußeren Aggression. Es ist daher die Vermutung berechtigt, dass der stürmische Wissensdrang, der in dem Kinde tobt, auf die Schmerzbahnen abgelenkt wird[60], dabei den ererbten Locus minoris resistentiae ergreift und so das Symptom der Kopfschmerzen erzeugt.

Bleibt noch die Frage: Wodurch wird jedes Mal dieser nervöse *[542]* Mechanismus ausgelöst? Ich frage die Mutter, wann der letzte Anfall aufgetreten ist.

»Gestern nachmittags; auf der Straße!«

»Können Sie einen Grund ausfindig machen?«

»Nein. Ich wollte mir ein Kleid bestellen.«

»Haben Sie das Kleid bestellt?«

»Nein. Die Kleine jammerte so entsetzlich, dass mir nichts übrig blieb, als unverrichteter Dinge nach Hause zu fahren.«

Das heißt, das Kind hat es durch seine Kopfschmerzen vorübergehend verhindert, dass die Mutter ein neues Kleid bekommt. Dann muss aber, wie wir vorausgesetzt haben, der Neid (ursprünglich Futterneid, später durch Verschränkung Augenneid, Wissensneid) eine maßgebende Rolle spielen. Wir erinnern uns der Worte des Kindes: »Wenn ich groß bin, werde ich auch einen solchen Hut, solche Kleider wie die Mutter haben.« Die Überempfindlichkeit des Mädchens ist also gegen jeden Vorzug gerichtet, durch den die Mutter vor ihr ausgezeichnet erscheint, gegen die Anschaffung neuer Kleidungsstücke, gegen deren besseres Wissen über die Herkunft der Kinder, und es wäre nur

---

58 Anm. *Adlers:* Für die Pädagogik möchte ich daraus die Folgerung ableiten, mit der Sexualaufklärung des Kindes so lange zu warten, bis diese Förderung der Wissbegierde erfolgt ist. Allerdings auch nicht länger. *Erg. 1914:* (Nachträglich: Heute würde ich diesen Fall etwas anders ansehen. Das Mädchen machte offenbar erhöhte Anstrengungen, um in der *weiblichen Rolle*, da sie kein Mann werden konnte, die Mutter zu überflügeln. Daher auch die zu diesem Zwecke der Überlegenheit brauchbaren Kopfschmerzen.)

59 Die bedauerlichen *bis* erstreckte *] Ausl. 1914*

60 *Erg. 1914:* (Imitation der Mutter)

zu verwundern, wenn sich die gleiche Überempfindlichkeit des sexuell frühreifen Kindes nicht auch gegen die zärtlichen Beziehungen des Vaters zur Mutter gerichtet wären (Sexualneid). – Es ist sicher vorauszusetzen, dass die Zärtlichkeit des Vaters gegen die Mutter gerade zur Zeit der Kopfschmerzen besonders augenfällig wurde, was die Mutter auch lächelnd zugibt. Die Fixierung des gleichen Symptoms beim Kinde zeigt also in die gleiche Richtung: *Rivalität gegen die Mutter.* Der etwas ängstliche Vater, aber auch die Mutter *beginnen das Kind zu verhätscheln.*

Damit erspart sich das Kind eine große Anzahl von Verletzungen seiner Überempfindlichkeit. Aber schon zeigt sich von ferne die Gefahr, die dem Kinde droht. Es hat keine Freundin, meidet Gesellschaft, wird schüchtern und feige, zeigt sich aufgeregt, wenn Besuche zu erwarten sind. Es ist kein Zweifel, dass seine »kulturelle Aggression« gehemmt ist.

Welches ist nun die Kraft, die imstande ist, eine solche Hemmung durchzuführen und dem Kinde die ungehinderte, freie Auswahl der Mittel, seine Triebe zu befriedigen, unmöglich zu machen? Nach meiner Erfahrung erfährt man dies von den Kindern selten. Es sei denn, unter ganz günstigen Bedingungen, bei noch ungebrochenem Mute des Kindes, und wenn man sein volles Zutrauen hat. Man ist darauf angewiesen, die aus der Psychoanalyse[61] Neurotischer gewonnenen Erfahrungen zu Rate zu ziehen, aus denen auch die vorangeschickten Beobachtungen [543] stammen. Die volle Beruhigung über die Richtigkeit und Konformität des Zusammenhanges wird sich dann aus der Anwendbarkeit und dem Verständnisse für mehrere oder alle Symptome der kindlichen Psyche ergeben. So auch in diesem Falle. Der innere Widerspruch, der zum primären Konflikte und damit zur Unausgeglichenheit und Zaghaftigkeit dieser Kinderseele führte, muss in dem Zusammenstoße seiner heftigen Triebe und einer sie verurteilenden Instanz gelegen sein, wobei eine kleine Erfahrung peinlicher Erlebnisse (Organempfindlichkeit, Blamagen, Strafen) zur Intoleranz gegen Herabsetzung führte. Damit war ein mächtiger Impuls zum Neid und der Ansatz zu stürmischem Ehrgeiz gegeben, der größeren, erfahreneren Mutter gleich zu werden. Die Verschränkung mit dem frühzeitig erwachenden Sexualtriebe bringt in das ganze Ensemble von Regungen einen feindseligen, aber straffälligen Zug gegen die Mutter. Es ergibt sich[62] ein *Schuldgefühl*, dessen Basis und Inhalt aus dem Bewusstsein gestoßen wird, ein sozusagen abstraktes Schuldgefühl, das sich mit jedem *möglichen* Inhalte verbinden kann, durch seine Inkongruenz aber leicht auffällig wird. Dieses Schuldgefühl bewirkt die Hemmung der Aggression – »so macht Gewissen Feige aus uns allen« [Hamlet] – und es entsteht eine *Situation,* der die Aus-

---

61 *Änd. 1914:* Individualpsychologie
62 *Erg. 1914:* deshalb ein sicherndes

gleichsmöglichkeit fehlt, eine Konstellation, auf deren Bahnen sich die Symptome der Neurose entwickeln[63].

Dementsprechend wird die Psychoanalyse[64] einer Neurose in jedem Falle Erscheinungen nachweisen können, die auf diese Konstellation und ihr vorläufiges Resultat (je nach der Wirksamkeit der angeborenen Aggressionsfähigkeit) reduzierbar sind, sich auch von diesem Punkte aus verstehen und kurieren lassen. Ein Schema der Neurose und ihrer Erscheinungen, das auf Vollständigkeit oder Abgeschlossenheit keinen Anspruch erhebt, hätte folgende Punkte *regelmäßig* zu berücksichtigen:

I. Erscheinungen, die den ursprünglichen Triebregungen sowie den Merkmalen der Organminderwertigkeit entsprechen.

Psychischer Verrat des[65] Schuldgefühls.
{
II. Überempfindlichkeit, die sich gegen Herabsetzung, Beschmutzung, Bestrafung kehrt.
III. Erwartung von Herabsetzung, Beschmutzung und Bestrafung (siehe II), Vorkehrungen gegen dieselben. Angst.
IV. Selbstvorwürfe, Selbstbeschuldigung.
V. Selbstbestrafung, Buße, Askese[66]. *[544]*
}

VI. Ursachen des Schuldgefühles: Immer[67] Verfehlungen infolge von[68] Organminderwertigkeit, immer Inzestgedanken[69] und feindselige Aggression gegen den gleichgeschlechtlichen Teil der Eltern (Letztere fehlt bei zweifelhafter sexueller Orientierung in der Kindheit oder trifft beide Teile), Masturbation. Alle anderen Ursachen des Schuldgefühles lassen sich als Verschiebungen erkennen.[70]

VII. Als Folge einer der möglichen Konstellationen eine sich ergebende Aggressionshemmung[71].

---

63 *Erg. 1914:* die aber wieder dem ehrgeizigen Ziele des Kindes, allen überlegen zu sein, genügen
64 *Änd. 1914:* der Aufbau
65 *Erg. 1914:* Unsicherheits- und
66 *Anm. Adlers:* Zuweilen kommen hier Erscheinungen zutage, die dem Punkte I gleichzeitig entsprechen: Selbstbeschmutzungen, Selbsterniedrigungen, Masturbationszwang oder Verschiebungen ins Psychische: Ungeschicktheiten, gesuchte Blamagen und Schmerzen; Bevorzugung von Dirnen u. a.; die »Wollust der Askese« [Nietzsche], Masochismus gehören in dieses Kapitel. Ebenso Perversion.
67 *Erg. 1914:* tendenziöse
68 *Erg. 1914:* festgehaltener
69 *Ausl. 1914:* immer Inzestgedanken
70 *Erg. 1914:* Auch diese Hervorhebungen des Nervösen erwiesen sich später als tendenziöse Mittel zum Zweck.
71 *Erg. 1914:* die als brauchbares Arrangement festgehalten wird

Eine zusammenfassende Betrachtung ergibt zunächst den *einheitlichen Aufbau bestimmter Neurosen*, zu denen ich Hysterie, Zwangsneurose, Paranoia, Neurasthenie und Angstneurose rechnen muss. Alle diese Erkrankungen[72] befallen nur jenes[73] Menschenmaterial, das als Träger von Organminderwertigkeiten die größeren Schwierigkeiten bei Einfügung in die Kultur zu überwinden hat.

Diese *Schwierigkeiten, von denen in meiner »Studie«* [Adler 1907a] *und im Vorhergehenden abgehandelt wird, liegen der Disposition zur Neurose zugrunde und sind identisch mit ihr.* Die Möglichkeit einer glatten Überwindung durch Kompensation und Überkompensation[74] ist allerdings gegeben. Oft stellen sich aber neue Erschwerungen ein, die *aus dem Familienzusammenhange* stammen. Unter diesen stehen an erster Stelle Schuldgefühle, die ursprünglich aus erotischen Gefühlen und gleichzeitigen feindseligen Regungen entstanden sind, später aber sich von ihrem Inhalte loslösen und selbstständig machen. Autoerotische Betätigungen verstärken dieses Schuldgefühl, insbesondere im Falle sexueller Frühreife (Sexualminderwertigkeitserscheinung).[75] Wie weit die gegenwärtige Erziehung einen Einfluss hat, ist in jedem Falle besonders abzuschätzen, verdient aber eine gesonderte Besprechung. Da ihr Prinzip fast allgemein die *Erzielung von Feigheit*[76] ist, kommt sie oft in die Lage, das Schuldgefühl zu verstärken.

Wer für die Einheit und den einheitlichen Aufbau der Psychoneurosen eintritt, dem erwächst naturgemäß die Pflicht, die Besonder[545]heiten zu erklären. Die vorliegende Arbeit hat an verschiedenen Punkten dazu Stellung genommen. Je nach Art, Ausbildung und Zusammenwirken der vorhandenen Organminderwertigkeiten wird das Bild der Neurose sich gestalten. Von Wichtigkeit ist die Größe, Verwandlungsfähigkeit und Ausdauer des angeborenen Aggressionstriebes, weil diese Faktoren es sind, die das Kind »schuldig werden lassen«; ihm anderseits die Möglichkeit geben, teilweise oder ganz auf weniger strafbare Gebiete auszuweichen (Sublimierung der Triebe)[77]. Von großer Bedeutung ist ferner die Stellung des zur Neurose disponierten Kindes in der Familie, insbesondere, weil *sich daraus die Situation ergibt, die zum Grundrisse der Neurose wird. In dieser Situation ist bereits alles angedeutet, was der fertige Neurotiker an krankhaften Erscheinungen aufbringt, und es liegen die*

---

72 *Anm. Adlers:* Vielleicht wird eine reichere Erfahrung gestatten, auch die Dementia praecox, Melancholie, das manisch-depressive Irresein und die Manie auf dieses Schema zu beziehen.
73 *Erg. 1922:* egoistisch gewordene
74 *Erg. 1922:* vor allem durch die individualpsychologische Therapie
75 Unter diesen *bis* (Sexualminderwertigkeitserscheinung)] *Ausl. 1914*
76 Feigheit] *Änd. 1922:* Lebensfeigheit
77 (Sublimierung der Triebe)] *Ausl. 1914*

Ursachen für den krankhaften Charakter in ihr zutage. Die zur Neurose disponierende traumatische Situation setzt sich ungefähr im Areale der oben angeführten sieben Grundlinien durch und erzeugt den Zustand einer bestimmten psychischen Anaphylaxie, der entsprechend gleich gerichtete psychische Schädigungen des späteren Lebens den verstärkten Zustand der ursprünglichen traumatischen Situation erzeugen: die besondere Neurose.

9. Der psychische Hermaphroditismus im Leben und in der Neurose. Zur Dynamik und Therapie der Neurosen (1910)

Editorische Hinweise
Erstveröffentlichung:
1910: Fortschritte der Medizin, Bd. 28, Nr. 16 (April), S. 486–493.
Neuauflagen:
1914: Heilen und Bilden, S. 74–83
1922: Heilen und Bilden, S. 57–64
1928: Heilen und Bilden, S. 76–83

Adler hat diesen Aufsatz unter dem gleichen Titel am 23. Februar 1910 in der Mittwochgesellschaft vorgetragen (Protokolle, Bd. II, S. 384–394), wo er »nähere Ausführungen« auf dem »Kongress in Nürnberg« ankündigt – gemeint ist der zweite Internationale Kongress am 30./31. März 1910.

In der Diskussion in der Mittwochgesellschaft spitzten sich die Differenzen mit Adler zu. Es wurde vor allem die bei Adler nun zentrale psychologische Zuordnung von »männlich« und »weiblich« in Frage gestellt. Freud warf Adler vor allem das »Biologische« daran vor. Federn sah hier »eine neue Auffassung für die Neurose«.

Mit diesem Aufsatz gelingt Adler der Durchbruch zu seiner eigentlichen psychologischen Theorie für die normale und neurotische Entwicklung und Dynamik. Das Gefühl der Kleinheit und das entgegen gesetzte Streben nach Größe bilden für ihn zusammen eine dynamische Einheit, das »Schema der Neurose«. Dieses schwanke zwischen diesen Polaritäten, hier nun ausgedrückt im Schwanken zwischen Männlich und Weiblich, entsprechend den Klischees der Geschlechtsrollen, die mit einer kulturellen Wertung verbunden seien. Damit wird die subjektive Seite der »Minderwertigkeit«, das Minderwertigkeitsgefühl, hier als »weiblich«, tragend, und hier führt Adler erstmals den Begriff »männlicher Protest« als Erscheinungsform der (Über-)Kompensation ein. Im Vortrag (vom 23. Februar) wendet er sich zudem gegen eine nur »biologische Auffassung« zugunsten einer »psychologischen« oder »kulturpsychologischen« – was seine endgültige Abkehr vom Triebbegriff einleitet.

»Psychischer Hermaphroditismus« meint dieses Schwanken, diese Doppelrolle zwischen Männlich und Weiblich. Das Gefühl von Minderwertigkeit als Weiblichkeit sei teilweise durch hermaphroditische Organe (Organminderwertigkeit), teilweise durch Zweifel an der Geschlechtsrolle, teilweise durch den Zwang zur Unterwerfung unter Erwachsene bedingt. »Männlicher Protest« ist der kompensatorische Wunsch, männlich und nicht weiblich zu sein, ist Protest gegen das Weibliche: »Ich will ein Mann sein«, und dies gelte für beide Geschlechter. In diesem Licht des männlichen Protests sieht Adler auch die Ödipussituation, will damit Phänomene von Neurosen und Perversionen, aber auch die normale Entwicklung, Charakterzüge und Verhaltensweisen erklären.

Während der Ausdruck »psychischer Hermaphroditismus« bei Adler später nur noch wenig verwendet wird, ist »männlicher Protest« ein bleibender Begriff, verliert aber in den späten 1920er Jahren an Bedeutung zugunsten von »Streben nach Macht und Überlegenheit«.

Der Begriff »psychischer Hermaphroditismus« stammt von Krafft-Ebing, und Adler knüpft selbst an die »alte Frage« und an die zeitgenössischen Diskussionen über embryonale und psychische Bisexualität an, wie sie unter anderen von Krafft-Ebing, Dessoir, Fließ, Freud, Halban, Weininger, Moll geführt wurde, um sexuelle Perversionen, Neurosen und Homosexualität zu erklären. Freud war über diese Frage mit seinem Freund Fließ in einen Prioritätsstreit geraten (Weininger-Swoboda-Affäre), was 1906 zum Bruch der Beziehungen geführt hatte.

Die meisten und wichtigsten Änderungen nimmt Adler 1914 vor. Diese betonen verstärkt die subjektive, intentionale und fiktionale Seite des psychischen Hermaphroditismus und anderer psychischer Erscheinungen.

Der psychische Hermaphroditismus im Leben und in der Neurose. Zur Dynamik und Therapie der Neurosen

1. Tatsachen des psychischen Hermaphroditismus

Von den Autoren, die der Frage des Hermaphroditismus beim Menschen nachgingen, hat fast jeder die Tatsache gestreift oder hervorgehoben, dass unter den abgeleiteten Geschlechtscharakteren sich häufig oder regelmäßig Charakterzüge und psychische Eigenschaften des anderen Geschlechtes vorfinden. So *Krafft-Ebing, Dessoir, Halban, Fließ, Freud, Hirschfeld* und andere. Unter ihnen hat *Freud* die Erscheinun[487]gen der Inversion in der Neurose besonders studiert und hat festgestellt, dass in keinem Fall von Neurose invertierte Züge fehlen. Seither hat sich diese Beobachtung reichlich feststellen lassen[1]. Ich habe in einer kleinen Arbeit[2] auf den Zusammenhang von Prostitution und Homosexualität hingewiesen, *Fließ* meinte schon früher, dass der männliche Neurotiker an der Unterdrückung seiner weiblichen, der weibliche an der Verdrängung seiner männlichen Züge erkranke. – Ähnlich *Sadger*.[3]

---

1 reichlich feststellen lassen] *Änd. 1922*: von mir als häufiges Zeichen der Unversöhnlichkeit mit der Erotik richtigstellen lassen
2 *Anm. Adlers: Adler,* »Träume einer Prostituierten«. Zeitschr. f. Sexualwissenschaft 1908. [Adler 1908f]
3 Ähnlich *Sadger*] *Ausl. 1922*

Eine eingehende Untersuchung der Neurosen in Bezug auf hermaphroditische Züge ergibt folgende Resultate:

1. Körperliche Erscheinungen des gegensätzlichen Geschlechts finden sich auffallend häufig. So *weiblicher Habitus* bei *männlichen Neurotikern, männlicher* bei *weiblichen*[4]. Ebenso gegensätzliche sekundäre Geschlechtscharaktere, insbesondere aber Minderwertigkeitserscheinungen an den Genitalien, wie Hypospadie, paraurethrale Gänge, kleiner Penis, kleine Hoden, Kryptorchismus usw., andererseits große Labia minora, große Klitoris, Infantilismus des Sexualapparates[5] u. a. m., zu denen sich in der Regel Minderwertigkeitserscheinungen an anderen Organen hinzugesellen.

Ob diese körperlichen Erscheinungen von vorne herein in irgendeinem genetischen Zusammenhange mit einer gegengeschlechtlichen Psyche ihres Trägers stehen, wie *Fließ* annimmt und wie *Krafft-Ebing* ausführte, so dass beim Manne die weibliche Psyche, beim Weib die männliche stärker entwickelt wäre, lässt sich derzeit nicht erweisen. Es lässt sich aber zeigen, dass Motilität und körperliche Entwicklung *solcher Kinder mit minderwertigen Organen, Organ- und Drüsensystemen oft von der Norm* Abweichungen zeigen, dass ihr Wachstum und ihre Funktionstüchtigkeit Mängel aufweisen, dass Krankheiten und Schwächlichkeit gerade am Beginn ihrer Entwicklung hervortreten, die später allerdings oft einer robusten Gesundheit und Kraft weichen. –

Diese objektiven Erscheinungen geben vielfach Anlass zu einem subjektiven Gefühl der Minderwertigkeit, hindern dadurch die Selbstständigkeit des Kindes, steigern sein Anlehnungs- und Zärtlichkeitsbedürfnis und charakterisieren eine Person oft bis ins späteste Alter. – Schwächlichkeit, Plumpheit, linkisches Benehmen, Kränklichkeit, Kinderfehler wie Enuresis, Incontinentia alvi, Flatulenz, Stottern, Kurzatmigkeit, Höhenschwindel, Insuffizienzen des Seh- und Hörapparates, angeborene und früh erworbene Verunstaltungen, auffallende Hässlichkeit[6] usw. sind imstande, das Gefühl der Inferiorität gegenüber den Stärkeren, *insbesondere gegenüber dem Vater,* tief zu begründen und fürs Leben, selbst über das Grab des Vaters hinaus, dauernd festzulegen. Bedeutsame Züge von Gehorsam, Unterwürfigkeit und hingebungsvolle Liebe gerade dem Vater gegenüber zeichnen alle[7] Kinder, insbesondere aber die zur

---

4 *Anm. Adlers 1922:* Später von *Kretschmer* [1921] als Zeichen des »schizoiden« Formenkreises in Anspruch genommen, der mit dem von mir beschriebenen »nervöser. Charakter« ziemlich identisch ist.

5 *Anm. Adlers:* Siehe *Adler,* »Studie über die Minderwertigkeit von Organen«. Urban & Schwarzenberg. Berlin und Wien 1907. [Adler 1907a]

6 *Anm. Adlers:* Siehe *Adler,* »Die Disposition zur Neurose – zugleich ein Beitrag zur Ätiologie und Auswahl der Neurosen«. Jahrbuch für psychoanalytische und psychopathologische Forschungen, Bd. 2, 1909. [Adler 1909a]

7 *Änd. 1914:* viele

Neurose neigenden aus.[8] *Und sie werden dadurch in eine Rolle gerückt, die ihnen als unmännlich erscheint. Alle Neurotiker haben eine Kindheit hinter sich, in der sich der Zweifel in ihnen regte, ob sie zur vollen Männlichkeit gelangen könnten.* [488] Der Verzicht auf die Männlichkeit aber scheint für das Kind gleichbedeutend mit Weiblichkeit,[9] und damit ist ein *reicher Kreis ursprünglich kindlicher Werturteile gegeben,* nach welchen jede Form der ungehemmten Aggression, der Aktivität, des Könnens, der Macht, mutig, frei, reich, angreifend sadistisch als männlich, alle Hemmungen und Mängel (auch Feigheit, Gehorsam, Armut usw.) als weiblich aufgefasst werden können.[10] Man kann nun leicht erkennen, *dass das Kind*[11] *eine Doppelrolle spielt,* dass es einerseits Tendenzen zeigt, die seine Unterwerfung unter die Eltern, Lehrer und Erzieher verraten, andererseits Wünsche, Fantasien und Handlungen, die sein Streben nach Selbstständigkeit, freiem Willen und Geltung (»der kleine Gernegroß«) zum Ausdruck bringen. Da von dem einen mehr die Mädchen und Frauen, von Letzterem mehr die Knaben und Männer zur Schau tragen,[12] so kann es nicht wundernehmen, dass die Weltanschauung des Kindes zu Werturteilen gelangt, wie sie von den Werturteilen der Erwachsenen gar nicht so sehr abweichen: *die Hemmungen der Aggression als weiblich, die Aggression selbst als männlich anzusehen.*

Dieser innere Zwiespalt in der Kinderseele, Vorbild und Grundlage der wichtigsten psychischen Phänomene zumal der Neurose, der[13] *Spaltung des Bewusstseins und des Zweifels*[14] kann mannigfache Ausgänge im späteren Leben erfahren. *In der Regel wird man Einstellungen des Individuums bald mehr nach der femininen, bald mehr nach der maskulinen Richtung finden,* daneben aber vielleicht immer Versuche und Bestrebungen, die Einheitlichkeit des Bildes aus dem Innern heraus zu stören[15]; das männliche Material hindert eben ein völliges Aufgehen in einer weiblichen Rolle, das weibliche erweist sich als Hindernis, sich ganz männlich zu gebärden. Dadurch wird ein Kompromiss eingeleitet: weibliches Gebaren mit männlichen Mitteln (z. B. männliche Schüchternheit und Unterwerfung, männlicher Masochismus usw.), männ-

---

8 Anm. Adlers: Siehe C. G. Jung, Die Bedeutung des Vaters für das Schicksal des Einzelnen. Jahrbuch für psychoanalytische und psychopathologische Forschungen, Bd. 1, 1909. [Jung 1909/1969]
9 Anm. Adlers: Übrigens nicht allein für das Kind, sondern für den größeren Teil unseres Kulturbewusstseins.
10 Anm. Adlers: Siehe Adler, »Der Aggressionstrieb im Leben und in der Neurose«, Fortschritte der Medizin, 1908 [Adler 1908b]
11 Erg. 1914: eine Zeitlang
12 Anm. Adlers: »Schlimm sein« bedeutet für das Kind: männlich sein.
13 Erg. 1922: fälschlich so genannten
14 Anm. Adlers: Siehe Adler, »Die Disposition zur Neurose«. [Adler 1909a]
15 Änd. 1914: stärken

liche Rolle mit weiblichen Mitteln (Emanzipationstendenzen der Frauen, Polyandrie u. a.). Oder man findet ein *scheinbar regelloses Nebeneinander von männlichen und weiblichen Charakterzügen.*

In der Neurose, wo es sich stets um Inkongruenzen solcher oft maßlos verstärkten Charakterzüge handelt, gelingt die Sichtung und Reduktion all dieser Tendenzen und die Aufdeckung des psychischen Hermaphroditismus stets mit den Mitteln der Psychoanalyse[16]. Als Vorbedingung hat allerdings zu gelten, dass der Arzt nicht sein eigenes Werturteil über männliche und weibliche Züge in die Analyse hineinträgt, sondern sich dem gefühlsmäßigen Empfinden des Patienten anpasst, demselben nachspürt.

2. Über Verstärkungen des psychischen Hermaphroditismus. Der männliche Protest als Endziel[17]

Wir haben oben als Ausgangspunkt für die weiblichen Tendenzen des Kindes sein *Schwächegefühl* gegenüber den Erwachsenen hingestellt, aus dem ein Anlehnungsbedürfnis, ein Verlangen nach Zärtlichkeit erwächst, eine physiologische[18] Unselbstständigkeit und Unterordnung. Auch *[489]* darauf wurde oben bereits hingewiesen, wie diese Züge bei *frühzeitig und subjektiv empfundener Organminderwertigkeit* (motorische Schwäche, Ungeschicklichkeit, Kränklichkeit, Kinderfehler, verlangsamte Entwicklung usw.) intensiver zum Ausdruck kommen; wie dadurch die Unselbstständigkeit wächst, wie dieses verstärkt empfundene *Gefühl der eigenen Kleinheit und Schwäche* (Wurzel des Kleinheitswahns) *zur Aggressionshemmung und damit zur Erscheinung der Angst führt, wie die Unsicherheit in das eigene Können den Zweifel auslöst*, ein Schwanken einleitet, das bald mehr von den weiblichen Tendenzen (Angst und verwandte Erscheinungen) bald mehr von den männlichen (Aggression, Zwangserscheinungen) beeinflusst wird, lässt sich analytisch[19] von diesem Gesichtspunkt aus leicht nachweisen. Die Struktur der Neurosen (Neurasthenie, Hysterie, Phobie, Zwangsneurose, Paranoia) zeigt uns, am schönsten die Zwangsneurose, die vielfach verschlungenen Linien der weiblichen Tendenzen, sorgsam verdeckt und überbaut, durch hypertrophisch männliche Wünsche und Bestrebungen. *Dieser männliche Protest erfolgt zwangsmäßig*, als Überkompensation, weil die »weibliche« Tendenz vom kindlichen Urteil etwa wie ein Kinderfehler abfällig gewertet und nur in sublimierter Form und wegen

---

16 *Änd. 1914:* Individualpsychologie
17 *Anm. Adlers:* Siehe Schiller, Männerwürde: »Ich bin ein Mann« usw. [Schiller 1782/1973]
18 *Erg. 1914:* und seelische
19 analytisch] *Ausl. 1914*

äußerer Vorteile (Liebe der Angehörigen, Straffreiheit, Belohnung des Gehorsams, der Unterordnung usw.) festgehalten wird. *Jede Form von innerem Zwang bei Normalen und Neurotikern ist aus diesem* Versuch eines männlichen Protestes abzuleiten. Wo er sich durchzusetzen vermag, verstärkt er natürlich die männlichen Tendenzen ganz ungemein, steckt sich die höchsten, oft unerreichbaren Ziele, entwickelt eine Gier nach Befriedigung und Triumph, peitscht alle Fähigkeiten und egoistischen Triebe, steigert den Neid, den Geiz, den Ehrgeiz und führt eine innere Unruhe herbei, die[20] jede Unbefriedigung, Herabsetzung und Beeinträchtigung als unerträglich empfinden lässt. Trotz, Rachsucht, Nachträglichkeit sind seine steten Begleiter, und durch maßlose Steigerung der Empfindlichkeit führt er zu fortwährenden Konflikten. Normale und krankhafte *Größenfantasien und Tagträume* werden von solchem überstarken männlichen Protest erzwungen und als Surrogate der Triebbefriedigung empfunden. Aber auch das Traumleben gerät ganz unter die Herrschaft dieses männlichen Protestes, und *jeder Traum zeigt uns bei seiner Analyse, die Tendenz von der weiblichen Linie zur männlichen abzurücken.*

Sieht sich der Patient von jedem persönlichen Erfolg abgeschnitten, ist ihm die Befriedigung seines meist zu weit gehenden männlichen Protestes[21] *auf einer Hauptlinie, die immer* [490] *auch vom Sexualtrieb konstituiert wird, misslun-*

---

20   *Erg. 1914:* jeden äußeren Zwang
21   *Anm.* Adlers: Gilt natürlich in gleicher Weise für weibliche wie männliche Personen. Der männliche Protest des Weibes geht nur meist verdeckt und verwandelt und sucht den Triumph mit weiblichen Mitteln. Sehr häufig findet man in der Analyse den Wunsch, sich in einen Mann zu verwandeln, keine weiblichen Genitalien zu besitzen. [keine *bis* besitzen *] Ausl. 1914*] Vaginismus, sexuelle Anästhesie und viele bekannte neurotische Erscheinungen stammen aus dieser [*Erg. 1922:* egoistischen] Tendenz. – Dem Folgenden vorgreifend erwähne ich hier Globus, Stimmritzenkrampf, Sphinkterkrampf (Obstipation) usw. als von der männlichen Tendenz beherrscht, Lähmungen, Schlafzwang als Erscheinungen auf der weiblichen Linie, Stottern, Asthma, Onaniezwang als Kompromissbildungen [Dem folgenden *bis* Kompromissbildungen *] Ausl. 1914*]. Folgt man der von mir hier angeregten »*dynamischen Betrachtungsweise*«, so wird man bald erkennen, dass allen diesen Erscheinungen das Streben gemeinsam ist, sich von der weiblichen Linie irgendwie zu entfernen, um die männliche zu gewinnen, so dass man als psychische Lokalisationsquelle [*Änd. 1914:* Lokalisationsstelle] der neurotischen Symptome bald mehr die weibliche, bald mehr die männliche Seite erkennen kann. Demnach stellt jedes neurotische Symptom einen Hermaphroditen vor. Der *neurotische Zwang* zeigt den männlichen Protest: dem Zwang erliegen, ist weiblich. – Beim *Zwangserröten (Erythrophobie)* reagierte der Patient mit (männlicher) Wut und Unmut auf gefühlte oder befürchtete Herabsetzungen. Aber die Reaktion geschieht mit weiblichen Mitteln, mit Erröten oder Furcht vor Erröten. Und der Sinn des Anfalles ist: »Ich bin ein Weib und will ein Mann sein.« *Erg. 1914:* So sichert sich der Nervöse vor gefahrvoll scheinenden Entscheidungen, u. a. indem er einen eigenen Zwang statt des fremden setzt. Siehe *Furtmüller* [Furtmüller 1912].

gen, dann kommt es zum Ausbruch der längst vorbereiteten Neurose. Dann versucht er die Befriedigung seines männlichen Ehrgeizes auf Nebenlinien, *durch Verschiebung* auf andere Personen, andere Ziele. Oder die Hemmung und Sperrung wirkt intensiver, und es kommt zu jenen Verwandlungen des Aggressionstriebes, die ich in der Arbeit über den »Aggressionstrieb im Leben und in der Neurose« [Adler 1908b] beschrieben habe. Für die Struktur der Neurose gewinnen alle diese Variationen große Bedeutung, die (im Sinne des Patienten) weibliche, masochistische Tendenz schlägt vor und schafft das weibliche, masochistische Bild der Neurose, während gleichzeitig der Patient mit der äußersten Empfindlichkeit gegen jedes Versinken in die »Weiblichkeit«, gegen jede Herabsetzung, Unterdrückung, Beeinträchtigung, Beschmutzung ausgestattet wird. Der schwache Punkt, das Gefühl der Minderwertigkeit, die weiblichen Linien werden verdeckt oder durch Kompromissbildung maskiert oder durch Sublimierung und Symbolisierung unkenntlich gemacht, gewinnen aber an Breite und Intensität, dauernd oder anfallsweise, und präsentieren sich in der Aboulie, in der Verstimmung, in der Depression, in der Angst, in den Schmerzen, im Gefühl der bangen Erwartung, im Zweifel, in Lähmungen, Impotenz, Insuffizienz usw.

Das Gefühl der Minderwertigkeit peitscht also das Triebleben, steigert die Wünsche ins Ungemessene, ruft die Überempfindlichkeit hervor und erzeugt eine Gier nach Befriedigung, die keine Anspannung verträgt und in ein dauerndes überhitztes Gefühl der Erwartung und Erwartungsangst ausmündet. In dieser hypertrophischen Gier, der Sucht nach Erfolg, in dem sich toll gebärdenden männlichen Protest liegt der Keim des Misserfolges, allerdings auch die Prädestination zu den genialen und künstlerischen Leistungen. Die Neurose setzt nun ein durch das Scheitern des männlichen Protestes auf einer Hauptlinie. Die weiblichen Züge erhalten das Übergewicht, allerdings nur unter fortwährenden Steigerungen des männlichen Protestes und unter krankhaften Versuchen eines Durchbruchs auf männlichen Nebenlinien. Das Schicksal dieser Versuche ist verschieden. Entweder gelingen sie, ohne dass eine rechte Befriedigung und Harmonie eintritt, oder sie misslingen gleichfalls, wie oft in der Neurose, und drängen den Patienten immer weiter in die weibliche Rolle, in die Apathie, in die Angst, in die geistige, körperliche, sexuelle Insuffizienz usw.[22]

Die Psycho-Analyse[23] *der fertigen Neurose wird demnach stets folgende Züge aufdecken und ihre* **dynamische Wertigkeit** *feststellen müssen.*
   A. Weibliche Züge[24]
   B. Hypertrophischer männlicher Protest
   C. Kompromissbildung zwischen A und B

---
22 *Erg. 1914:* die weiterhin als Mittel zur Macht ausgenützt werden
23 *Änd. 1914:* Untersuchung
24 *Änd. 1922:* Weiblich gewertete Züge

Das Scheitern des männlichen Protestes bei psychischem Hermaphroditismus wird durch folgende Faktoren begünstigt, ja geradezu herbeigeführt:
[491]
1. *Durch die Überspannung des Protestes.* Das Ziel ist im Allgemeinen oder für die Kräfte des Patienten unerreichbar.
2. *Durch die Überschätzung des Zieles.* Diese Überschätzung (Donquichotterie z. B.) geschieht unbewusst tendenziös, um die Heldenrolle des Patienten nicht zu stören. Auf diesem Wege ergeben sich Enttäuschungen von selbst.
3. *Die weiblichen Tendenzen schlagen vor und hemmen die Aggression.* Oft im wichtigsten Moment oder vor der beabsichtigten Leistung erwacht das weibliche Gefühl im Sinne eines übertriebenen Autoritätsglaubens, des Zweifels, der Angst und führt zur Demütigung und Unterwerfung unter andauernder Protestbildung[25].
4. *Ein aus der Kindheit überkommenes, reges, leicht verschiebliches Schuldgefühl*[26] *protegiert die weiblichen Züge und schreckt den Patienten mit möglichen Folgen seiner Tat (Hamletnaturen).*

Ich muss nun noch weiterer Verstärkungen der weiblichen Linien beim Kinde gedenken, die mehr oder weniger über das physiologische Maß hinausgehen und die regelmäßigen Veranlassungen darstellen, um den männlichen Protest in der geschilderten Weise zu übertreiben. Ein nicht unbeträchtliches, sorgfältig analysiertes Material von männlichen und weiblichen Neurotikern ließ mich regelmäßig diese Ursprünge und den gleichen Mechanismus erkennen, so dass ich wohl von einer allgemeinen Geltung dieser Befunde sprechen darf, umso mehr als durch Aufdeckung derselben die Heilung der Neurose eingeleitet wird.

Zur Verstärkung der weiblichen Züge, damit aber auch zum sekundären, verstärkten männlichen Protest tragen folgende Momente bei:

1. *Furcht vor Strafe.* Als begünstigend wirken besondere Wehleidigkeit und Hauthyperästhesien, Strenge der Erzieher, Prügelstrafe. Als männliche Reaktion ist zu verstehen: Gleichgültigkeit gegen Strafe, trotzige Gleichgültigkeit, Ertragen von Schmerzen, oft Aufsuchen von Qualen (scheinbarer Masochismus) und demonstrativer Hinweis des Patienten, wie viel er vertragen könne. Erektion und aktive Sexualbetätigung, wenn Strafe droht[27].

2. *Aufsuchen des Mitleids* durch Demonstration der eigenen Schwäche, des

---

25 *Erg. 1914:* oder macht aus dem Zweifel, der Angst usw. eine Waffe und führt so die Unterwerfung ab absurdum
26 *Anm. Adlers:* Siehe *Adler,* »Die Disposition zur Neurose«. [Adler 1909a] *Erg. 1922:* , ein Abkömmling des Gemeinschaftsgefühls
27 *Erg. 1914:* was zuweilen durch individuelle Eigenart physiologisch vorgebildet sein könnte (siehe *Asnaourow,* »Sadismus und Masochismus«, E. Reinhardt, München) [Asnaourow 1913]

eigenen Leidens. Männlicher Protest: Größenideen (zur Kompensation des weiblichen Kleinheitswahns), Empörung gegen das Mitleid der anderen, Lachen statt Weinen[28] usw. – (»Sich lustig machen über sich selbst«). Mischbildungen treten regelmäßig auf. – Kinderfehler wie Enuresis, Stottern, aber auch Kränklichkeit, Kopfschmerzen, Appetitlosigkeit usw. können durch Spekulation auf das Mitleid[29] fixiert werden. Fast regelmäßig kommt es aber zur Kompromissbildung. Die männliche Reaktion verwendet die Schwäche zum Ärgernis der Eltern und trotzt mit Beibehaltung des Fehlers, um nicht nachgeben zu müssen. Deutlich geht dies aus der Festhaltung der Enuresis[30] hervor. *Jeder enuretische Traum zeigt*[31] *den Versuch des oder der Träumenden, sich wie ein Mann zu gebärden* (Stehend zu urinieren, männliches Pissoir, großer Bogen des Urinstrahls, Ziffern in den Sand urinieren). – Gleichzeitig als männliche Reaktion gegen 1[32].

3. Falsche Auffassung der Sexualrollen, Unkenntnis des Unterschieds zwischen Mann und Frau, Gedanken über die Möglichkeit einer Verwandlung der Knaben in Mädchen und umgekehrt bei Kindern. *[492]* Häufig besteht ein mehr oder weniger dunkles Gefühl, ein Zwitter zu sein. Körperliche Eigenschaften, Erziehungsfehler, missverstandene Äußerungen der Umgebung (Mädchenkleider bei Knaben, lange Haare bei Knaben, kurze bei Mädchen, Bäder in Gemeinschaft mit dem anderen Geschlecht, Unzufriedenheit der Eltern mit dem Geschlecht des Kindes usw.) wecken oder steigern den Zweifel des Kindes, solange ihm der Sexualunterschied unklar ist. In gleicher Weise rufen Märchen über die Geburt der Kinder oder falsche Vorstellungen davon (Geburt durch den After, Empfängnis durch den Mund, infolge eines Kusses, durch Gift oder durch Berührung) Verwirrung hervor. Perverse[33] Sexualerfahrungen oder Fantasien, bei denen der Mund oder After die Rolle des Sexualorgans spielt, helfen den Unterschied zwischen Mann und Frau verwischen und können zur Fixierung gelangen.

4. Unzweifelhaft tragen Kitzel- und Lustgefühle am Anus und im Munde, Zeichen einer Organminderwertigkeit mit gesteigerter Empfindlichkeit dazu bei, perverse Wünsche aufkommen zu lassen und die weiblichen Linien zu verstärken. Die männliche Gegenwehr bei Mädchen wie Knaben fällt dann umso stärker aus. Anamnestisch findet man fast regelmäßig Würmer, Fissura ani, Prolaps, Hämorrhoiden, den Mund betreffend Erbrechen. Als Kinderfeh-

---

28 *Erg. 1922:* Zynismus, Kampf gegen Zärtlichkeitsregungen
29 *Erg. 1914:* oder trotzig
30 *Erg. 1914:* und anderer Kinderfehler
31 Jeder *bis* zeigt] *Änd. 1922:* Viele enuretische Träume zeigen
32 *Erg. 1914:* oft unter tendenziöser Anwendung von Fiktionen, als ob der Topf, das Klosett bereitstünden
33 *Erg. 1914:* frühzeitige

ler kommen Lutschen, Decessus involuntarii, Flatulenz, Kotschmieren in Betracht. Häufige Irrigationen begünstigen die Fixierung. Zusammenhänge von Mund-, Anus- und Riechfunktion spielen oft eine große Rolle (so bei Asthma nervosum.)[34]

Die Homosexualität geht aus vom Versuch des Wechsels[35] der Geschlechtsrolle. Homosexuelle Männer hatten in der Kindheit die Gabe, sich in eine Mädchenrolle hineinzudenken. Erfolgt, wie immer, der männliche Protest, so geht die Verwandlung in den aktiven[36] Homosexuellen[37] vor sich[38].

Überhaupt kann das Verständnis nur erlangt werden, wenn man den männlichen Protestversuchen nachgeht. So beim Onaniezwang, der wie jeder Zwang den Versuch, sich[39] männlich zu gebärden[40], bedeutet. Die gleiche Tendenz findet sich bei Pollutionen und bei der Ejaculatio praecox. Die Hast sowie die begleitenden Erscheinungen (mangelhafte Erektion, zuweilen homosexuelle Träume) verraten uns den dahinter verborgenen schwachen Punkt. Bei der Analyse von Träumen achte man auf *Albträume, auf Träume von Gehemmtsein*[41] *und Angstträume*, die der weiblichen Linie angehören[42]; dabei bricht doch fast regelmäßig die männliche Tendenz durch (Schreien, Flucht, Aufwachen)[43].

Exhibitionistische Züge werden begünstigt durch die Tendenz, sich[44] als Mann zu zeigen. Bei Mädchen und Frauen scheint für diesen Zweck die Lossagung vom weiblichen Schamgefühl, die Ablehnung von weiblichen Kleidungsstücken zu genügen. Die gleiche Tendenz charakterisiert den *Narcissismus*. Im Fetischismus kommt regelmäßig die weibliche[45] Linie zur Geltung (Vorliebe für Dessous, Blusen, Schürzen, Schmuck, Zöpfen usw.), aber stets gefolgt[46] von der männlichen Tendenz[47]. Dem *Schuhfetischismus* liegt eine autoerotische Überschätzung der großen Zehe zugrunde, die sich von dem

---

34 4. Unzweifelhaft *bis* nervosum.)] *Ausl. 1914*
35 aus vom Versuch des Wechsels] *Änd. 1922:* oft aus von der Unsicherheit
36 aktiven] *Ausl. 1914*
37 *Erg. 1914:* bei bleibender Unsicherheit
38 *Erg. 1914:* als Ausweichung vor der gefürchteten Frau
39 *Erg. 1914:* quasi
40 *Erg. 1914:* und doch seiner Sexualrolle [*Änd. 1922:* Aufgabe] auszuweichen
41 *Erg. 1922:* auf Fallträume
42 die *bis* angehören] *Änd. 1914:* die einer Ausmalung der weiblichen Linie, einer Niederlage, angehören
43 *Erg. 1914:* – als Protest
44 *Erg. 1922:* trotz des Gefühls der Unsicherheit
45 *Änd. 1914:* unmännliche
46 *Änd. 1914:* begleitet
47 *Erg. 1914:* nicht vom Partner beherrscht zu werden

kindlichen Lutschen an der großen Zehe herschreibt.⁴⁸ Ursprünglich Ausdruck des Hermaphroditismus wie jeder Autoerotismus richtet sich der Schuhfetischismus als Überrest⁴⁹ auf die Umhüllung⁵⁰ und gewinnt durch seine Distanz von der männlichen Tendenz sein weibliches masochistisches Gepräge.⁵¹

Ursprünglich *masochistische Züge*, ebenso *Hypochondrie* und übertriebene Schmerzempfindlichkeit liegen im Bereiche der weiblichen [493] Züge⁵². Wie jede psychische Erscheinung entbehren sie nie weiterer Nebendeterminationen⁵³.

Es ist leicht begreiflich, dass sich das Kind zur Darstellung seiner weiblichen Tendenzen der Züge der Mutter bedient, zur Darstellung der männlichen der Züge des Vaters (»Vom Vater hab' ich die Statur« usw.) Der männliche Protest peitscht die Wünsche des Kindes auf, es sucht den Vater in jeder Hinsicht zu übertreffen, gerät in Konflikte mit ihm, und so kommen sekundär jene Züge zustande, die auf die Mutter gerichteten Begehrungsvorstellungen entsprechen (Ödipusmotiv⁵⁴).

Sache der Pädagogik und der Neurosentherapie ist es, diese Dynamik aufzudecken und bewusst zu machen. Damit verschwindet die Hypertrophie⁵⁵ der »weiblichen und männlichen Züge«, die kindliche Wertung macht einer gereifteren Weltanschauung Platz.⁵⁶ Die Überempfindlichkeit weicht, und der Patient lernt die Anspannungen der Außenwelt ertragen, ohne das Gleichgewicht zu verlieren. Er, der früher »ein Spielball dunkler, unbewusster Regungen war, wird zum bewussten Beherrscher oder Dulder seiner Gefühle«.⁵⁷

---

48 Dem Schuhfetischismus *bis* herschreibt] Ausl. 1914
49 als Überrest] Ausl. 1914
50 Schuhfetischismus *bis* Umhüllung] Änd. 1922: Hand- oder Schuhfetischismus auf die Nebensache
51 Erg. 1922: Immer zeigt sich das Ausweichen vor einer vermeintlichen Gefahrenzone.
52 Erg. 1914: des Duldens
53 Erg. 1914: die Größe des Leidens usw. zu zeigen   Erg. 1922: und sich der Erfüllung der Lebensaufgaben im Vorgefühl einer Niederlage zu entziehen
54 Änd. 1914: Ödipusgleichnis
55 Erg. 1922: und kämpferische Antithetik
56 Anm. Adlers: Ebenso hören die dissoziativen Prozesse, die Bewusstseinsspaltung, das double vie auf.
57 Anm. Adlers: Siehe Adler, »Analysen von Zahleneinfällen und einer Zahlenphobie«. Psychiatr.-neurol. Wochenschrift, 1905. [Adler 1905b] *Die ganze Anm.:*] Ausl. 1914

10. Über den Selbstmord, insbesondere den Schülerselbstmord (1910)

Editorische Hinweise
Erstveröffentlichung:
1910: Diskussionen des Wiener psychoanalytischen Vereins. H. 1, S. 44–50, Herausgegeben von der Vereinsleitung. Wiesbaden, Verlag Bergmann
Neuauflagen:
1914: Heilen und Bilden. S. 356–363
1922: Heilen und Bilden. S. 281–286
1928: Heilen und Bilden. S. 206–211

Das erste Heft der »Diskussionen des Wiener psychoanalytischen Vereins« umfasst neben Adlers Aufsatz zum Schülerselbstmord auch Beiträge von Freud, Friedjung, Molitor, Reitler, Sadger, Stekel und Unus multorum. (Karl Molitor und Unus multorum waren die Pseudonyme der beiden Gymnasiallehrer des Vereins, Carl Furtmüller [Molitor] und David Ernst Oppenheim [Unus multorum].)

Freud schrieb die inhaltliche Einleitung und das Schlusswort, Adler schrieb »für den Verein« das Vorwort, in dem er den Charakter der Veröffentlichung für einen »größeren Kreis« erläutert, den psychoanalytischen Kreis vorstellt und Grundlagen der Psychoanalyse und der psychoanalytischen Methode skizziert.

Der Veröffentlichung ging eine Diskussion über Schülerselbstmord in der Wiener Psychoanalytischen Vereinigung am 20. und 27. April 1910 voraus (Protokolle II 1977). Adler trug seinen Beitrag am 27. April vor (S. 464–466). Die Herausgabe (als »Flugschrift«) war von Adler, als Obmann des Vereins, am 20. April angeregt worden.

Hintergrund der Debatte war der Selbstmord eines Wiener Gymnasiasten und die Anschuldigung der Schulen. Bereits am 16. März 1910 hatte D. E. Oppenheim auf einen Artikel von Hermann Swoboda (1910) über »die jetzt aktuelle Frage« Schülerselbstmord verwiesen, der die Schule verteidigt und das »Sexualleben« verantwortlich macht (Protokolle II 1977). Stekel schlug dazu einen eigenen Diskussionsabend vor.

Grundlage der Diskussion war dann ein Referat von Oppenheim (20. April 1910) über ein Buch von Abraham Adolf Baer (1901) über kindlichen Selbstmord.

Die Diskussion verlief in einer ruhigen, konstruktiven Atmosphäre, in der Fragen wie die Bedeutung von Statistiken, die Rolle der Schule, Beteiligung von Sexualität und Homosexualität, Schuldgefühle, Racheimpulse und die Beziehung zur Neurose angesprochen wurden. Vor allem Freud äußerte sich sehr kritisch zur Schule (Freud 1910b; Protokolle II 1977).

Adler stellt im Wesentlichen in plastischer Weise seine derzeitige Neurosentheorie dar, das Schwanken zwischen Schwächegefühlen und Größenfantasien, zwischen »männlich« und »weiblich«. Selbstmord habe die gleichen psychischen Ursachen wie Neurosen. Der Selbstmörder entziehe sich der Erkenntnis seines Minderwertigkeitsgefühls in der »männlichen Tat«, im männlichen Protest, in dem auch Rache eine Rolle spiele. Die Bedeutung der Schule schlägt er nicht hoch an.

Adlers Aufsatz erscheint in »Heilen und Bilden« als einer von »Drei Beiträge[n] zum Problem des Schülerselbstmords«, 1914 und 1922 neben D. E. Oppenheim und Carl Furtmüller (Karl Molitor), 1928 neben Carl Furtmüller und Fritz Künkel.

In den verschiedenen Auflagen erscheinen nur wenige Änderungen, im Wesentlichen 1922.

Über den Selbstmord, insbesondere den Schülerselbstmord

Der Wert statistischer Erhebungen soll keineswegs geleugnet werden, solange sie darauf gerichtet sind, ein Bild zu entwerfen über die Häufung der Selbstmordfälle und über begleitende Umstände. Schlüsse zu ziehen, sei es über die psychische Individualität, sei es über die Motive des Selbstmordes, ist auf Basis der Statistik allein unmöglich. Man wird da leicht zu voreiligen Anschuldigungen von Institutionen oder von Personen kommen, solange die treibenden Motive in ihrem vollen Umfang unbekannt bleiben. Soziales Elend, Mängel von Schuleinrichtungen, Fehler der Pädagogik, zahlreiche andere schwache Punkte unserer Kultur können dabei zur Aufdeckung kommen.

Aber wird uns daraus etwa die *psychologische Situation* des Selbstmörders, *etwa die Dynamik klar*, die ihn aus dem Leben treibt? – Wenn wir wissen, dass die dichtest bevölkerten Gegenden die relativ größte Zahl der Selbstmörder aufweist, dass gewisse Monate den höchsten Stand der Selbstmörderziffern zeigen, lernen wir daraus auch nur ein einziges zureichendes – was sage ich? –, *erklärendes Motiv* kennen? Nein. Wir erfahren nur, dass der Selbstmord, wie jede andere Erscheinung auch, dem Gesetze der großen Zahl folgt, dass er mit anderen sozialen Erscheinungen Verknüpfungen aufweist.

Der Selbstmord kann nur individuell begriffen werden, wenngleich er soziale Voraussetzungen und solche Folgen hat.

Dies erinnert an die Entwicklung der Neurosenlehre.

Und auch, dass man, solange nicht volle Klarheit über die psychologische Konstellation des Selbstmordes und über das Wesen der Motive herrscht, an ein Verständnis oder gar an eine grundlegende Heilung nicht denken kann.

Und selbst wenn sich auf sozialem Wege ein Mittel fände, vereinzelt Selbstmorde zu verhüten, wie es die Aktion der Heilsarmee in [45] London versucht, indem sie Aufrufe erlässt, die Selbstmordkandidaten zu sich ladet, um ihnen Trost und Hilfe zu spenden, selbst wenn es gelänge, praktisch die Zahl der

Selbstmorde, sei es[1] durch Vertiefung der Religiosität, durch verbesserte Pädagogik, durch soziale Reformen und Hilfeleistungen einzuschränken, so bliebe es dennoch ein verdienstliches Werk, den psychischen Mechanismus, die geistige Dynamik des Selbstmordproblems klarer gestellt zu haben. Einerseits wegen der Möglichkeit einer individuellen, weiterhin durch das Mittel der Pädagogik und der sozialen Reform allgemeinen Prophylaxe. Andererseits, weil offenbar das psychische Gefüge des Selbstmörders im Zusammenhang steht mit psychischen Zustandsformen und psychischen Einstellungen anderer Art, vor allem solchen der nervösen und psychischen Erkrankungen. So dass im Falle des Gelingens einer derartigen Zusammenhangsbetrachtung Ergebnisse des einen Problems zu Nutzen des anderen verwertet werden könnten.

Dieser Versuch der Zusammenhangsbetrachtung wird wesentlich unterstützt durch die Volksmeinung, die jedes Mal geneigt ist, dem Selbstmörder den Milderungsgrund der Unzurechnungsfähigkeit zuzubilligen. Aber auch durch Ergebnisse aus der Psychiatrie, den Zusammenhang von Geisteskrankheit und Selbstmord betreffend.

Aus welchem Material kann ein Nervenarzt, der sich der psychoanalytischen Methode[2] bedient, Erkenntnisse sammeln, um die Frage des Selbstmordes zu lösen?

Der gelungene Selbstmord vereitelt ja eine direkte Einsicht, etwa durch Befragen oder Reaktionsprüfung. Bleiben in diesem Falle nur Aufzeichnungen und Auskünfte der Umgebung, die mit Vorsicht aufzunehmen sind und höchstens Bedeutung erlangen können, wenn sie mit grundlegenden psychologischen Ergebnissen übereinstimmen. Insbesondere was Ansichten der Umgebung anlangt, ist die Tatsache festzuhalten, dass sich die *unglaublich empfindliche Natur* des Selbstmörders stets verkleidet und in Geheimnis hüllt.

Bleiben also nur die Fälle von misslungenem Selbstmord und die überaus häufigen unausgeführten Selbstmordregungen, die einer Erforschung durch die psychoanalytische Methode[3] zugänglich sind. Freilich kompliziert sich dabei das Problem, weil diese Fälle gewöhnlich den Kompromisscharakter tragen, so dass sie im Zweifel stecken bleiben oder ungeeignete Mittel wählen und, während sie den Tod suchen, gleichzeitig auf Rettung bedacht sind.

Immerhin ist dies der einzige Weg, um Sicherheit darüber zu erlangen, *welcher Art die Menschen sind, die den Tod suchen, und welche Motive sie dabei bewegen.* Da kann ich nun mit Bestimmtheit sagen, der Entschluss zum Selbstmord tritt unter den gleichen Bedingungen ein, unter denen sich der Ausbruch einer [46] nervösen Erkrankung (Neurasthenie, Angst- und Zwangsneurose,

---

1 *Erg. 1922:* wie manche irrtümlich glauben
2 psychoanalytischen Methode] *Änd. 1914:* individualpsychologischen Untersuchung
3 psychoanalytische Methode] *Änd. 1914:* Individualpsychologie

Hysterie, Paranoia) oder ein nervöser Einzelanfall vollzieht. Ich habe diese »*neurotische Dynamik*« in einigen Arbeiten, »Über neurotische Disposition«[4] und »Psychischer Hermaphroditismus im Leben und in der Neurose«[5] beschrieben, die als Fortsetzungen meiner »*Studie über Minderwertigkeit von Organen*« [Adler 1907a)] anzusehen sind. Die leitenden Gedanken dieser Arbeiten sind folgende:

Jedes Kind wächst unter Verhältnissen auf, die es zu einer Doppelrolle zwingen, ohne dass es diesen Sachverhalt mit seinem Bewusstsein erfasst. Wohl aber mit seinem Gefühl. Einerseits klein, schwach, unselbstständig, entwickelt es Wünsche nach Anlehnung, Zärtlichkeit, Hilfe und Unterstützung. Und bald fügt es sich dem Zwange, der den Schwachen zum Gehorsam, zur Unterwerfung verpflichtet, wenn er Trieb-Befriedigungen und die Liebe seiner Pflegepersonen erlangen will. Alle Züge des erwachsenen Menschen von Unterwürfigkeit, Demut, Religiosität, Autoritätsglauben (Suggestibilität, Hypnotisierbarkeit und Masochismus beim Nervösen) stammen aus diesem ursprünglichen Gefühl der Schwäche und stellen psychische Zustandsbilder dar, denen offensichtlich bereits geringe Spuren von Aggression anhaften, Versuche, etwas von Liebe und Triebbefriedigungen aus der Umwelt für sich zu gewinnen.

Zur gleichen Zeit, insbesondere aber deutlich im Laufe der Entwicklung tauchen *Züge des Eigenwillens auf, ein Hang zur Selbstständigkeit, Großmannssucht, Trotz* machen sich mehr und mehr geltend und *treten in Kontrast zu den anderen Zügen des Gehorsams.* Ja, man merkt bald, dass diese Kontraststellung, offenbar unter dem Druck der Außenwelt, bei Entfaltung des kindlichen Ehrgeizes, groß zu werden und seinen Trieben Befriedigung zu gewähren (Esstrieb, Schautrieb z. B.), sich stetig steigert. *Die Quelle dieser Kontraststellung der Charakterzüge liegt in dem inneren Widerspruch zwischen Unterwerfung und der Tendenz zur Triebbefriedigung.* Das Kind merkt sehr bald, dass in seiner kleinen Welt vorzugsweise die Kraft gilt, und findet dafür in der großen Welt reichliche Bestätigung. Und so behält es von den Zügen des Gehorsams nur diejenigen bei, die ihm Nutzen bringen, sei es einen Gewinn an Liebe, an Lob, Verzärtelung oder Belohnung. Leider führt gerade diese Art von Lebensbeziehung des Kindes leicht auf *Abwege* und kann aus dem Unbewussten heraus *[47] in tendenziöser Weise* Situationen schaffen, in welchen der späterhin Erwachsene geradezu *auf die Hilfe anderer* angewiesen ist. Solche Kinder werden in jeder Art Kränklichkeit, Ungeschicklichkeit, Ängstlichkeit, Schwachheit im Leben, in der Schule, in der Gesellschaft ihre Beziehungen so einrichten, dass man sich ihrer annimmt, Mitleid zeigt, dass man ihnen hilft, sie nicht allein lässt usw. – Ge-

---

4 *Anm. Adlers*: S. Jahrbuch f. psychoanalytische und psychopathologische Fortsetzungen [sic!] 1909, *Deuticke*, Berlin, Wien. [Adler 1909a]
5 *Anm. Adlers*: S. Fortschritte der Medizin, 1910, Heft 16, Thieme, Leipzig. [Adler 1910c]

lingt ihnen dies Vorhaben nicht, so fühlen sie sich beleidigt, zurückgesetzt, verfolgt. *Eine ungeheure Überempfindlichkeit wacht darüber, dass nicht die eigene Schwäche entlarvt werde.* Immer ist es ein Schicksal, Pech, die schlechte Erziehung, die Eltern, die Welt, die Schuld an ihrem Unglück tragen, und in dieser Absicht steigern sie ihre Wehleidigkeit zu Hypochondrie, Weltschmerz und Neurose: Und noch mehr! Ihre Sehnsucht nach Mitleid, nach Bevorzugung kann so intensiv werden, dass sie die Krankheit als Mittel schätzen lernen, einerseits um das Interesse der Umgebung auf sich zu lenken, andererseits als Vorwand, *um jeder Entscheidung auszuweichen. Diese Furcht vor jeder Entscheidung (die Prüfungsangst des Nervösen), die ihn nichts zu Ende bringen lässt, ihn gleichzeitig aber mit höchster Ungeduld und Hast erfüllt, die ihm das Warten (auf die Entscheidung, auf den Erfolg) zur größten Qual macht, wird nur erklärlich, wenn man die ungeheuren Größenideen des Unbewussten kennt und das Gefühl von deren Unerfüllbarkeit bei ausgesprochen nervösen Personen.*

Diese intrapsychische Spannung, der dialektische Umschlag aus dem Schwächegefühl des Kindes in Großmannssucht, wird begleitet, aber auch behütet durch dauernde Affektlagen der Ängstlichkeit, der Unsicherheit, des Zweifels an den eigenen Fähigkeiten. Und dies umso mehr, je größer die dynamische Wirkung des Kontrastes, je hypertrophischer die Züge des Ehrgeizes und der Eitelkeit sich ausgestalten.

Die psychoanalytische Methode[6] ermöglicht es, durch Reduzierung dieser psychischen Überspannung auf die Anfänge in der Kindheit die Ursachen anzugeben, für deren Bedeutung, außerordentliche Kraft und Haltbarkeit. Ich konnte in allen Fällen, *bei Nervösen, außerordentlich befähigten Menschen und in den einer Untersuchung zugänglichen Selbstmördern* den Nachweis erbringen, *dass sie in den Anfängen der Kindheit ein besonders vertieftes Gefühl der Minderwertigkeit besaßen.* Als Ausgangspunkt dieses Gefühls habe ich schon vor Jahren eine *angeborene Minderwertigkeit von Organen und Organsystemen angeschuldigt*, welchen zufolge das Kind beim Eintritt ins Leben durch Kränklichkeit, Schwäche, Plumpheit, Hässlichkeit und Deformität, *[48]* durch Kinderfehler (Bettnässen, Stuhlschwierigkeiten, Sprachfehler, Stottern, Augen- und Gehöranomalien) ins Hintertreffen gerät.[7]

---

6 psychoanalytische Methode] Änd. 1914: Individualpsychologie

7 Anm. Adlers: Neuerlich hat *Bartel* (Wien) [Bartel 1908] einen Spezialfall dieser Organminderwertigkeit, die *lymphatische Konstitution*, in Zusammenhang mit Selbstmord gebracht. In der weiten Fassung, die ihr dieser Autor gegeben hat, wird sie sich – ebenso wie die von mir hervorgehobene Organminderwertigkeit – auch als Grundlage von Neurosen entpuppen. Der Schlüssel zum Verständnis des Zusammenhangs liegt in beiden Fällen in dem kindlichen Gefühl der Minderwertigkeit *Erg. 1922:* das übrigens auch durch Erziehungsfehler, durch Lieblosigkeit und durch Verzärtelung zustande kommen kann.

Der von diesem Gefühl der Minderwertigkeit ausgehende *stürmische Versuch zur Überkompensation*, gleichbedeutend mit Überwindung des Fehlerhaften durch angestrengtes Training des Gehirns, gelingt recht häufig, nicht aber ohne dauernd Spuren dieses Zusammenhangs und der Mehrleistung in der Psyche zu hinterlassen. Der ehemalige Bettnässer wird zum Reinlichkeitsfexen und Blasenathleten, das Kind mit unwillkürlichen Stuhlabgängen zum Hyperästheten, die ursprüngliche Schwäche und Empfindlichkeit der Augen prädestiniert zuweilen zum Maler und Dichter, und der Stotterer Demosthenes wird zum größten Redner Griechenlands.[8] Dabei begleitet sie alle auf ihrem Lebenswege eine unbezähmbare Gier nach Erfolg, und ihre dauernde Überempfindlichkeit sucht ihnen die Kulturhöhe zu sichern. Rachsucht, Pedanterie, Geiz und Neid begleiten diese Entwicklung, ebenso auch Züge von ausgesuchter Mannhaftigkeit, sogar Grausamkeit und Sadismus.

Nur eine Relation noch kann diese Spannung verstärken, und sie ist es gerade, die den pathologischen Gestaltungen dieser ins Gegensätzliche umschlagenden Dynamik ihre höchste Weihe gibt. Sie geht aus dem häufig anzutreffenden *psychischen Hermaphroditismus* hervor. Die Doppelrolle verleitet viele der Kinder, eine nahe liegende *Analogie mittelst einer falschen, aber aus Tatsachen geschöpften Wertung* herzustellen, eine Analogie, der seit alters her ein großer Teil der Menschheit unterlegen ist, und die eine ganze Anzahl der feinsten Köpfe – ich nenne nur *Schopenhauer, Nietzsche, Moebius, Weininger*[9] – mit geistreichen Sophismen zu stützen gesucht haben: Ich meine *die Gleichstellung von Zügen der Unterwerfung mit Weiblichkeit, der Bewältigung mit Männlichkeit*. Dem Kinde wird diese Wertung recht häufig aus den Familienbeziehungen und aus der Umgebung aufgezwungen. Es kommt dann bald so weit, dass jede Form von Aggression und Aktivität als männlich, Passivität als weiblich empfunden wird. Dann geht das Streben des Kindes dahin, aus Gehorsam zu Trotz, aus der Folgsamkeit heraus zu Bösartigkeit, kurz aus den normalen Bahnen der kindlichen Fügsamkeit und Weichheit zu aufgepeitschten Bestrebungen der Großmannssucht, der Starrköpfigkeit, des Hasses, der Rachsucht zu gelangen. Kurz, in den geeigneten Fällen (bei starkem Gefühl [49] der Minderwertigkeit) setzt ein toller männlicher Protest ein, bei Knaben wie bei Mädchen. Selbst die körperlichen Schwächen und Fehler des Kindes werden dann nicht verschmäht, wenn sie als Waffen dienen können, um sich etwa durch Kränklichkeit, Kopfschmerzen, Bettnässen etc. das dauernde Interesse und eine gewisse Herrschaft über die Umgebung zu sichern. *So wird aus dem Unbewussten heraus eine Situation geschaffen, in der die Krankheit, ja selbst der eigene Tod gewünscht wird, teils um den Angehörigen Schmerzen zu bereiten,*

---

8   *Anm. Adlers:* S. auch J. Reich, Kunst und Auge, Österreichische Wochenschrift 1908. [Reich 1908]
9   [Moebius 1900; Weininger 1903/1980]

teils um ihnen die Erkenntnis abzuringen, was sie an dem stets Zurückgesetzten verloren haben. Nach meiner Erfahrung stellt diese Konstellation die regelmäßige psychische Grundlage dar, die zu Selbstmord und Selbstmordversuchen Anlass gibt. *Nur dass in späteren Jahren meist nicht mehr die Eltern, sondern ein Lehrer, eine geliebte Person, die Gesellschaft, die Welt als Objekt dieses Racheaktes gewählt wird.*

Kurz anführen muss ich noch, dass eine der wichtigsten Triebfedern zu diesem männlichen Protest die häufig anzutreffende Unsicherheit des Kindes über seine gegenwärtige oder zukünftige Geschlechtsrolle ist. Aus dieser Unsicherheit heraus, die das double vie, die Bewusstseinsspaltung, den Zweifel und die Unentschlossenheit der Nervösen vorbereitet, drängt es Mädchen und Knaben mit ungeheurer Wucht zum männlichen Protest in jeder Form. *Aus diesem heftigen Streben stammen alle Formen der Frühsexualität und des Autoerotismus, die Masturbation wird zur Zwangserscheinung, und ein unablässiges Streben nach »männlich« scheinender Betätigung der Sexualität (unter anderem Don Juan, Messalina, Perversionen, Inzest, Notzucht etc.)* verankert sich als prägnantes Symbol des männlichen Protestes. Die Liebe selbst artet aus in eine unstillbare Gier nach Triumph, die Befriedigung des Sexualtriebes findet eine sekundäre Verwendung zum Zweck des Beweises der Männlichkeit oder auf einer psychischen Nebenlinie – *wie im Falle der Masturbation – zum Zweck der Selbstbeschädigung im Sinne eines Racheaktes*[10]. *Damit aber wird ein weiteres Vorbild geschaffen für eine etwaige spätere Selbstmord-Konstellation*, die Wollust des Selbstmordes tritt an die Stelle der Masturbationslust.[11] *[50]*

Die Selbstmordidee taucht unter den gleichen Konstellationen auf wie die Neurose, der neurotische Anfall oder die Psychose. Selbstmord und Psychose wie die Neurose sind Ergebnisse der gleichen psychischen Konstellation, die durch eine Enttäuschung oder Herabsetzung bei Disponierten eingeleitet wird und die das alte Gefühl der Minderwertigkeit aus der Kindheit wieder zum Aufflammen bringt. *Selbstmord wie Neurose sind Versuche einer überspannten Psyche, sich der Erkenntnis dieses Minderwertigkeitsgefühls zu entziehen, und treten deshalb zuweilen vergesellschaftet auf.* In andern Fällen wirkt ein konstitutionelles Moment (die Stärke des Aggressionstriebes) oder Beispiele rich-

---

10   Anm. Adlers 1922: und des Ausweichens vor Entscheidungen
11   Damit bis Masturbationslust] Ausl. 1922 Anm. Adlers: Auffallend häufig findet sich jugendlicher Selbstmord als Abschluss eines vergeblichen Ringens gegen den Masturbationszwang, der in scheinbar überzeugender Weise dem Patienten das Gefühl seiner Ohnmacht dartut. In ähnlicher Art verstärkt beim weiblichen Geschlechte die Beschwerde der Periode das »herabsetzende Gefühl der Weiblichkeit«. Bekanntlich steigern sich um diese Zeit sowohl die nervösen Beschwerden als auch die Selbstmordfälle, eine deutliche Bestätigung der obigen Ausführungen.   *Diese Anm. Adlers] Ausl. 1922*

tunggebend. Der »Heredität« kann in gleicher Weise vorgebeugt werden wie den Manifestationen selbst, und zwar durch die psychoanalytische Methode[12]. Sie deckt das kindliche Gefühl der Minderwertigkeit auf, führt es von seiner Überschätzung auf das wahre Maß zurück, indem sie falsche Wertungen korrigiert, und stellt die Revolte des männlichen Protestes unter die Leitung des erweiterten Bewusstseins. *Selbstmord wie Neurose sind kindliche Formen der Reaktion auf kindliche Überschätzung von Motiven, Herabsetzungen und Enttäuschungen. Und so stellt der Selbstmord – ganz wie die Neurose und Psychose – eine Sicherung vor, um in unkultureller Weise dem Kampf des Lebens mit seinen Beeinträchtigungen zu entgehen.*[13]

---

12 Psychoanalytische Methode] *Änd. 1914:* Individualpsychologie
13 *Erg. 1922:* Freilich ist nur solcher Reaktionsweisen fähig, wer imstande ist, sein Gemeinschaftsgefühl zu drosseln, nur an sich und nicht an die anderen zu denken.

11. Trotz und Gehorsam (1910)

Editorische Hinweise
Erstveröffentlichung:
1910: Monatshefte für Pädagogik und Schulpolitik. Allgemeine und unabhängige Zeitschrift für Österreichs Lehrerschaft. Schriftleiter: Josef Biewald, Wien, 2. Jg., H. 9 (September), S. 321–328.
Neuauflagen:
1914: Heilen und Bilden, S. 84–93
1922: Heilen und Bilden, S. 65–71
1928: Heilen und Bilden, S. 84–91

In der ausdrücklichen Absicht, die Erkenntnisse der Psychoanalyse über die frühkindliche Entwicklung für die Pädagogik fruchtbar zu machen, wendet sich Adler hier an Erzieher und Kinderpsychologen.

Inhaltlich und sprachlich schließt diese Arbeit an die vorherigen Aufsätze an, besonders an »Psychischer Hermaphroditismus« und »Selbstmord« (in diesem Band, S. 104–113 und 115–121). Trotz und Gehorsam seien beide Ausdruck und Ergebnis kultureller Triebhemmung, der Organminderwertigkeit, des Minderwertigkeitsgefühls, der kompensatorischen Größenfantasie, der Unsicherheit über die Geschlechtsrolle und des männlichen Protests. Trotz und Gehorsam sind so zwei sich bedingende Erscheinungen, »man erziehe nicht zum Gehorsam, wenn man die Einstellung auf Trotz vermeiden will« (S. 131). Für ihre Entstehung und Ausprägung sind für Adler die gesellschaftlichen und erzieherischen Bedingungen von entscheidender Bedeutung. Kritisch hebt er den Einfluss autoritärer Erziehung und der kulturellen Höherwertung des Männlichen hervor.

Änderungen in den verschiedenen Auflagen erscheinen vor allem 1914, aber auch 1922.

Trotz und Gehorsam

Seit wir in der durch *Breuer* und *Freud* begründeten *psychoanalytischen Methode*[1] ein so wertvolles Hilfsmittel besitzen, um psychische Zustandsbilder und Charaktere aus ihrer frühkindlichen Entwicklung zu begreifen, zeigt sich die grundlegende Bedeutung der Pädagogik für die Entwicklung eines gesunden Seelenlebens in voller Klarheit. Jede Analyse erhellt Beziehungen zwischen den erzieherischen Beeinflussungen und dem Auftreten nervöser Erschei-

---

1 durch Breuer bis Methode] Änd. 1914: Individualpsychologie

nungen. Ich zweifle nicht, dass die psychoanalytische Wissenschaft eine ungemeine Vertiefung der Pädagogik zustande bringen wird, so wie sie umgekehrt aus den sicheren Erfahrungen der Erziehungswissenschaft ihre wertvollsten Beweise und Hilfen entnimmt. Die meisten der bisherigen psychoanalytischen[2] Arbeiten sind naturgemäß vom Standpunkte der ärztlichen Kunst aus geschrieben. Immerhin berücksichtigen eine ganze Anzahl erzieherische Fragen so sehr oder stellen sie in den Vordergrund, dass man es wagen darf, sie den Nichtärzten, vor allem Eltern, Lehrern und Psychologen als Probe vorzulegen.[3] *[322]*

Was ganz besonders die Eignung der Psychoanalyse[4] für die Entwicklung der Psychologie und Pädagogik ausmacht, ist die sich ergebende Anschauung *vom Wesen des Charakters*. Ich kann hier nur die Ergebnisse aus einer großen Reihe von Erfahrungen, vor allem eigener Befunde, mitteilen, aus welchen hervorgeht, dass bestimmte Charakterzüge sich in gerader Linie *von einem Organsystem* ableiten lassen und dem daran haftenden Triebe entsprechen. So stammt vom Sehorgane und seinem Triebe die visuelle Neugierde und später die Wissbegierde, vom Nahrungsorgan der Charakter der Gefräßigkeit, hernach des *Futter*neides und, sobald das *Geld*äquivalent in Wirksamkeit tritt, des Geizes. Der Haut und ihren besonders gearteten Stellen entstammen bestimmte, dauernde Neigungen zur Berührung und sinnlicher Lustgewinnung. Die

---

2 psychoanalytischen] *Änd. 1914:* individualpsychologischen
3 *Anm. Adlers:* Hier sei eine kleine Reihe dieser Arbeiten angeführt: *Adler, Das sexuelle Problem in der Erziehung* (Die neue Gesellschaft, 1905, Heft 34) [Adler 1905a]. *Das Zärtlichkeitsbedürfnis des Kindes* (Monatshefte für Pädagogik und Schulpolitik, 1908, 1. Heft) [Adler 1908d]. *Über neurotische Disposition* (Jahrbuch für psychoanalytische und psychopathologische Forschung, 1908) [Adler 1909a]. *Der Aggressionstrieb im Leben und in der Neurose* (Fortschritte der Medizin, Leipzig 1908, Heft 19) [Adler 1908b]. *Die Theorie der Organminderwertigkeit und ihre Bedeutung für Philosophie und Psychologie* (Vortrag in der Philosophischen Gesellschaft an der Universität zu Wien, 1908, abgedruckt in diesen Monatsheften, 1909, Heft 4) [Adler 1908e]. *Der psychische Hermaphroditismus im Leben und in der Neurose* (Fortschritte der Medizin, Leipzig 1910, Heft 16) [Adler 1910c]. *S. Freud,* neben vielem anderen: *Zur sexuellen Aufklärung der Kinder* (Soziale Medizin und Hygiene, 1907, Bd. 2) [Freud 1907]. *Über infantile Sexualtheorien* (Sexualprobleme, 1908, 4. Bd.) [Freud 1908b]. *Hermann, Gefühlsbetonte Komplexe im Seelenleben des Kindes, im Alltagsleben und im Wahnsinn* (Zeitschrift für Kinderforschung, XIII. Jahrgang) [Hermann 1908].
C. Jung, Die Rolle des Vaters für das Schicksal des Einzelnen (Jahrbuch für psychoanalytische und psychopathologische Forschung, 1909) [Jung 1909/1969].
O. Pfister, Wahnvorstellung und Schülerselbstmord (Schweizer Blätter für Schulgesundheitspflege, 1909, Heft 1) [Pfister 1909b]. *Psychoanalytische Seelsorge und experimentelle Moralpädagogik* (Protestantische Monatshefte, 1909, Heft 1) [Pfister 1909a]. *Diese Anm. Adlers] Ausl. 1914*
4 Psychoanalyse] *Änd. 1914:* Individualpsychologie

Absonderungsorgane, die ursprünglich bloß mit Entleerungsneigung behaftet sind, arbeiten zunächst im Triebleben gleichberechtigt mit – bis endlich unter Aufgabe der fast noch vorgeburtlichen Arbeitsweisen der Organe eine Änderung eintritt, eingeleitet durch eine starke *Unterordnung des gesamten Trieblebens unter den Zweck der Unlustvermeidung*, so gegen Ende des Säuglingsalters[5]. Das Kind ist wissend geworden und nützt sein Bewusstsein aus, indem es sein Leben und Treiben auf *Lustgewinnung*[6] einstellt. Kulturhistorisch wie in der Entwicklung des einzelnen zeigt sich die gleiche Stufenfolge: Im Allgemeinen werden die Befriedigungsarten bevorzugt und festgelegt, die entweder mehreren Organtrieben zugleich entsprechen oder Unlust vermeiden. Die Nahrung soll nicht nur angenehme Geschmackseigenschaften besitzen, sondern auch dem Auge, der Nase Lust bereiten. Die Kleidung soll die Haut vor Unlusterregung, vor Kälte, Nässe bewahren und zugleich dem Auge wohlgefällig sein. Das Gehaben des Kindes auf dieser[7] Stufe der Entwicklung ist durchaus selbstsüchtig, nur auf *Lustgewinnung eingestellt*, nur sein Triebleben ist in seiner Ausbreitung durch innigeres Zusammenwirken, durch Triebverschränkung und gelegentliche gegenseitige Hemmung, durch Eigenerfahrung und Belehrung bestimmt. Immerhin lassen sich bereits Unterschiede, Ansätze zur Eigenart und Gesinnungsbildung erkennen. *Bald ist der Schautrieb, bald der Ess- oder ein anderer Trieb die Hauptachse des Seelenlebens, bald treten Schwächen oder kennzeichnende Vorzüge eines Triebes* (des Hör-, Schau-, Riechtriebes) *so deutlich hervor, dass ein umschriebenes Charakterbild zutage kommt*. Alle diese Eigenheiten, wie auch Plumpheit, Ungeschicklichkeit, Trägheit, auffallende Lebhaftigkeit, Wehleidigkeit stammen in gerader Linie von Organminderwertigkeiten her, stehen mit organischen Empfindlichkeiten, scharf abgegrenzten oder abgeschwächten Sinnesempfindungen im Zusammenhang[8] und fallen durch die andersartige Triebausbreitung und Triebbefriedigung *als ursprüngliche und angeborene Charakterzüge*[9] *auf*[10]. [323]

In diese seelische Vorbereitung fallen nun die Wirkungen der Umgebung und der gesellschaftlichen Bedingungen. *Von größter Tragweite sind die Einflüsse des Familienlebens.* Sie bringen neue Einschränkungen der Triebausbrei-

---

5   Unlustvermeidung, *bis* Säuglingsalters *] Änd. 1922*: Machtgewinnung, dann der Erhöhung des Persönlichkeitsgefühls. So gegen Ende des zweiten Jahres
6   *Änd. 1922*: Macht
7   *Änd. 1922*: der ersten
8   *Anm. Adlers*: S. auch *Adler, Studie über Minderwertigkeit von Organen*, 1907 [Adler 1907a] und *Adler, Die psychische Behandlung des Gesichtsschmerzes*, Zentralblatt für Psychoanalyse, 1910, Heft 1 [Adler 1910f].   *Diese Anm. Adlers] Ausl. 1914*
9   Charakterzüge *] Änd. 1922*: Triebrichtungen
10 *Erg. 1914*: deren Material später zu einer einheitlichen Persönlichkeit umgeformt wird
    Erg. 1922: die nach Geltung ringt

tung, und die Einstellung des Kindes auf Lustgewinnung gerät in Widerspruch mit ihnen. *Hier liegen die Wurzeln des gewöhnlichen, sozusagen physiologischen Trotzes der Kindheit.* Das Kind soll lernen, sich in den Kulturbetrieb einzufügen und seinen spielerischen Hang nach freier Organbetätigung aufzugeben. *Diese Umwandlung gelingt nur dann leicht, wenn das Kind an Stelle ursprünglicher Triebbefriedigung einen Ersatz annimmt: die Liebe seiner Umgebung oder eine Ehrgeizbefriedigung.* Dann kann es, ohne ungeduldig zu werden, auf die Triebbefriedigung warten, die Einfügung ist gelungen, das Kind ist auf Gehorsam eingestellt. Andernfalls sträubt es sich gegen den Einklang des Familienlebens, *verweigert den Gehorsam*, geht seine eigenen Wege, die oft weitab vom Erziehungsziele führen, sträubt sich gegen den Ess- und Reinigungszwang, leistet beim Schlafengehen, später auch beim Lernen tätigen und leidenden Widerstand, nicht selten auch bei Verrichtung seiner Notdurft. Oder das Kind wir jähzornig, neidisch, voll Ungeduld und stört den Frieden des Hauses durch *stillen oder lauten Trotz*. Immerhin sind es auf dieser Stufe der Entwicklung nur Spuren, die aber unter bestimmten Bedingungen immer stärker und stärker zur Ausprägung gelangen, bis sie sich zum hervorstechenden Charakterzug ausgebildet haben, der oft das Schicksal der Person und ihrer Umgebung wird.

Von verstärkenden Bedingungen für den Charakter des Trotzes habe ich *vornehmlich zwei* gefunden, die den Lauf der Dinge entscheiden. Die erste: Kinder, die infolge *angeborener Organminderwertigkeit* schwächlich, ungeschickt, kränklich, im Wachstum zurückgeblieben, hässlich oder entstellt sind, einen Kinderfehler haben, erwerben sehr leicht aus ihren Beziehungen zur Umgebung ein Gefühl der Minderwertigkeit, das sie schwer bedrückt und das sie mit allen Mitteln zu überwinden trachten. Ich darf wohl auch hier von einer anormalen Einstellung sprechen, deren Charakterzüge sich um dieses Minderwertigkeitsgefühl ordnen, nebenbei *aber meist viel deutlicher um die daraus (nach dem Gesetze der Dialektik) folgende verstärkte Angriffsneigung gegen die Außenwelt.* Dem Minderwertigkeitsgefühl entsprechen Züge wie *Ängstlichkeit, Zweifel, Unsicherheit, Schüchternheit, Feigheit und verstärkte Züge von Anlehnungsbedürfnis und unterwürfigem Gehorsam.* Daneben finden sich Fantasien, ja auch Wünsche, die man als *Kleinheitsideen* oder masochistische Regungen zusammenfassen kann. Über diesem Gewebe von Charakterzügen findet sich regelmäßig – in abweisender und ausgleichender Absicht – *Frechheit, Mut und Übermut, Hang zur Auflehnung, Starrköpfigkeit und Trotz*, begleitet von Fantasien und Wünschen nach einer Helden-, Krieger-, Räuberrolle, kurz von *Größenideen und sadistischen Regungen*. – Das Minderwertigkeitsgefühl gipfelt schließlich in einem nie versagenden, stets übertriebenen *Gefühl der Zurückgesetztheit*, und die Aschenbrödelfantasie ist fertig, fertig auch mit ihrer sehnsüchtigen Erwartung der Erlösung und des Triumphes. Hierher gehören auch die häufigen Fantasien der Kinder von ihrer geheimen fürstlichen Abstammung und ihrer vorübergehenden Verbannung aus dem[11] Elternhause. Die Wirklichkeit *[324]* spottet der Harmlosigkeit des Märchens. *Das ganze Triebleben des Kindes wird aufgepeitscht und übermächtig*, Rachegedanken und Todeswünsche gegen die eigene Person wie gegen die Umgebung werden bei der leisesten Beeinträchtigung laut, Kinderfehler und Unarten werden trotzig festgehalten und sexuelle Frühreife, sexuelles Begehren bricht aus der Kinderseele hervor, um nur so zu sein wie die Erwachsenen, Vollwertigen. Der Große, der alles kann, alles hat – das ist der Vater, oder wer ihn vertritt, die Mutter, ein älterer Bruder, der Lehrer. Er wird zum Gegner, der bekämpft werden muss, das Kind wird blind und taub gegen seine Leitung, verkennt alle guten Absichten, wird misstrauisch und äußerst scharfsinnig allen Beeinträchtigungen gegenüber, die von ihm kommen, kurz, *es ist auf Trotz eingestellt, hat sich aber gerade dadurch von der Meinung der andern völlig abhängig gemacht.*

Oder das Kind ist durch seine Anlage und durch Lebenserfahrungen um seine Aggressionstendenz gekommen, ist durch Schaden »klug« geworden und sucht seine Triebbefriedigung und seinen endlichen Triumph durch passives Verhalten herbeizuführen, Unterwerfung, ehrlichen und unehrlichen Gehorsam. Freilich lodert zuweilen die Flamme des Hasses auf, oft nur in den Träumen[12], dem Kundigen ein Zeichen, dass der Boden unterwühlt, zur Neurose oder zu verbotenen Handlungen geeignet ist, wenn sich das Kind nicht zu triumphalen Leistungen oder zur Indolenz fähig erweist. Überwiegt die *Einstellung auf Gehorsam und Unterwerfung*, dann beglückwünschen sich die Angehörigen nicht selten zu ihrem Musterkinde, ohne zu ahnen, dass das Leben, die Liebe, der Beruf in ungünstigen Fällen gar leicht den Verfall, das Versinken in die Nervosität herbeiführen kann.

In beiden Hauptgruppen von Charakterzügen also sehen wir die Wirkung falscher Einstellungen, deren Wirkung[13], wie ich zuerst gezeigt habe, in der Vernichtung des Minderwertigkeitsgefühls durch einen ausgleichenden Protest und Größenfantasien besteht. In der Mehrzahl findet man Mischfälle, so dass Züge von Gehorsam und Trotz nebeneinanderlaufen, wobei eine starke Überempfindlichkeit jeden Schein von Beeinträchtigung mit Abwehrregungen im Denken, Fantasieren oder Handeln beantworten lässt. Für diese große Zahl von Kindern, aus welchen ungünstigen Falles nervöse Menschen herauswachsen, können wir diese Behauptung aufstellen, *dass sie das Gehorchen nicht vertragen*, oder bestenfalls wieder nur dann, wenn sie einen Ersatz in der Liebe oder in einer Ehrgeizbefriedigung finden.

Die zweite der verstärkenden Bedingungen für die Einstellung auf Trotz habe ich in der subjektiven Unsicherheit der Geschlechtsrolle des betreffenden Kindes

---

11 *Erg. 1914:* »wirklichen«
12 *Erg. 1914:* und nervösen Symptomen
13 *Änd. 1914:* kompensatorische Bedeutung

nachgewiesen. Diese Bedingung steht durchaus nicht vereinzelt da, sondern schließt sich eng an die vorige an. Das Suchen nach der Geschlechtsrolle beginnt gewöhnlich um das vierte Lebensjahr. Der Wissensdrang des Kindes erfährt dabei eine starke Steigerung. Der Mangel an geschlechtlicher Aufklärung macht sich für das Kind gerade in diesem Punkte fühlbar. In Unkenntnis der Bedeutung der Geschlechtswerkzeuge sucht das Kind den Unterschied der Geschlechter in der Kleidung, in den Haaren, in körperlichen und geistigen Eigenschaften und geht dabei vielfach irre. Dabei befestigen manche Missbräuche diesen Irrtum. So die Neigung mancher Eltern, Knaben bis über das vierte Lebensjahr hinaus Mädchenkleider mit breiten Schärpen und Spitzen oder gar Arm- und Halsbänder tragen zu lassen, eine Neigung, die auf einer falschen Einstellung der Mutter beruht, die sich ein Mädchen gewünscht hatte. Auch das Tragen langer Haare, stärkere Ent*[325]*wicklung der Brüste, blasse Gesichtsfarbe und Missbildungen der Genitalien können den Knaben in der Auffassung seiner Geschlechtsrolle unsicher machen. Ja selbst wenn das Kind den Unterschied der Geschlechtsorgane in seiner Bedeutung für die Geschlechtsrolle erkannt hat, bleibt oft ein Rest von Unsicherheit, weil Gedanken von Veränderungen der Geschlechtsorgane plötzlich oder veranlasst durch Drohungen der Eltern zur Erwägung kommen. Bei Mädchen wird diese Unsicherheit oft verstärkt durch ein knabenhaftes Aussehen oder ein solches Benehmen, wobei entsprechende Bemerkungen der Umgebung (»Die ist gar kein Mädel«) stark ins Gewicht fallen. Dazu kommt noch der Krebsschaden unserer Kultur, der zu starke Vorrang der Männlichkeit. Nun setzt die gleiche Kraft wie oben nur maßlos verstärkt ein. *Alle Kinder, die so im Zweifel über ihre Geschlechtsrolle waren, übertreiben die ihnen männlich erscheinenden Eigenschaften, in erster Linie den Trotz.* Der Gehorsam, die Unterwerfung, schwach, klein, dumm, passiv sein, werden als weibliche Merkmale gefühlt, denn der Vater, der männliche Richtschnur bleibt, zeigt in der Regel die entgegengesetzten Eigenschaften. Der Sieg wird als männlich, die Niederlage als weiblich erfasst, *und ein hastiges Drängen und Suchen nach männlichem Protest verstärkt in hervorragender Weise die Einstellung auf Trotz, verstärkt sie deshalb, weil nunmehr zu dem Ausgangspunkt dieser Beeinflussung, dem Gefühl der Minderwertigkeit, ein besonderes Minderwertigkeitsgefühl hinzutritt, in der erwogenen Möglichkeit eine Frau zu werden.* Und eine Frau zu werden bedeutet für diesen Typus von Kindern mit ihrem Gefühl der Zurücksetzheit und Beeinträchtigung eine Erwartung von unausgesetzten Plagen und Schmerzen, von Verfolgungen und Niederlagen. So suchen sie seelisch wettzumachen, was sie etwa körperlich vermissen, und sie steigern ihren männlichen Protest, damit ihren Trotz oft ins Ungemessene. Wie oft da die beste Erziehung versagt, weiß jeder Erzieher. Worte, Lehren, Beispiele dringen fast nie bis zum Urgrund dieser Charakterzüge, dem Gefühl eines vermeintlichen Hermaphroditismus. Sie wollen alles besser wissen, verbeißen sich in den Gedanken ihrer Einzigartigkeit, dulden niemand über sich und wollen sich durch nichts belehren lassen. Dabei treten oft verbrecherische Instinkte zutage, Selbstsucht, Hang zur Lüge, zu Diebstahl. Auch hier kann die Liebe, sicher nicht der Hass oder die Strafe, bessernd wirken, ja diese Kinder stellen zuweilen in ihrer immerwährenden Gier nach Triumph im späteren Leben das Material, aus dem unter günstigen Bedingungen die großen Menschen, Künstler und Dichter, hervorgehen. – Für die andern aber – und nur diese können Gegenstand der Pädagogik sein –, für die Kinder, die durch die falsche Einstellung Schaden leiden, muss behauptet werden, dass nur die psychische Analyse[14] imstande ist, eine Änderung herbeizuführen. Denn Ausgangspunkt, die falsche Einstellung und das Endziel, der männliche Protest, sind dem Bewusstsein entzogen, und *die ganze Folge von Wirkungen wickelt sich zwangsmäßig im Unbewussten ab.* [326]

Hier[15] seien zwei Krankengeschichten vorgeführt, die die ursprüngliche Einstellung auf Trotz und Gehorsam zeigen:

Der eine Patient, ein 26-jähriger Mediziner, beklagte sich über nervöse Beschwerden (Angstanfälle, Prüfungsangst, Kopfschmerzen, Unfähigkeit zu lesen). Ich kann die Erörterung dieser Zustände an dieser Stelle übergehen, indem ich darauf hinweise, dass sie alle einer unbewussten Absicht dienten, den Beweis herzustellen, dass dem Patienten alle Aussichten versperrt seien, allein durch das Leben zu gehen. Die wirkliche, dem Patienten aber unbewusste[16] Ursache, die diesen Beweis forderte, fand sich in seiner Unzufriedenheit in der gegen den Willen seines Vaters geschlossenen Ehe. Konnte er nun lebenswichtige Handlungen *allein* nicht vollbringen, so war auch die Trennung von seiner Frau ausgeschlossen. Sooft er nun Ursache zu haben glaubte, sich von dieser zu entfernen, so oft hinderte ihn daran die alte trotzige Einstellung gegen den Vater. Sein Trotz ließ sich bis in die früheste Kindheit verfolgen und zeigte den oben geschilderten Aufbau. Er war ein übermäßig plumpes Kind gewesen, von der ganzen Umgebung verspottet und verlacht, wobei Vergleiche mit *einer schwangeren Frau* recht häufig wiederkehrten. Seine Unsicherheit in der Auffassung seiner Geschlechtsrolle wurde noch erheblich gesteigert, als ihm eine Gouvernante drohte, er werde sich in ein Mädchen verwandeln, wenn er unzüchtige Berührungen an sich vornehmen würde.

Vermeintliche oder wirkliche Zurücksetzungen fehlten auch in diesem Falle nicht, so dass der Boden genügend vorbereitet war, um den Knaben aus seinem Gefühl der Minderwertigkeit heraus zu unbeugsamem Trotze und überstiegenem Ehrgeize zu treiben. Überall wollte er der Erste, der Klügste, der Ausgezeichnetste sein. Dass er auf diesem Wege zu hohen sittlichen Werten

---

14 psychische Analyse] *Änd. 1914:* Individualpsychologie
15 Hier *bis* männlichen Charakters (hier S. 130, 211)] Dieser Text steht im Original (Adler 1910d) noch in der Anmerkung. Er wird ab 1914 in den Haupttext aufgenommen.
16 *Erg. 1914:* letzte

gelangte, wird uns nicht wundernehmen; er wollte sich auch durch unerschütterliche Wahrheitsliebe, Reinheit der Sitten und großes Wissen hervortun. Andererseits fehlten Züge abträglicher Art keineswegs, er wurde herrschsüchtig, starrköpfig, selbstbewusst und leicht geneigt, das Wissen und die Erfahrung anderer zu unterschätzen. Frühzeitig schritt er zur Verehelichung, um in diesem Verhältnisse den Triumph seiner Männlichkeit zu finden. Je mehr sein Vater ihn hiervon mit guten Gründen abzuhalten suchte, umso trotziger bestand er auf seinem Plane, den er auch bald nachher ausführte. Weil sich die Frau doch nicht in dem Maße unterwarf, wie es seinen unbewussten Erwartungen entsprochen hätte, und weil sie ihm wegen seines fortgesetzten Misstrauens und Nörgelns mit immer stärkerer Widerspenstigkeit begegnete, *offenbar um ihre »Männlichkeit« zu beweisen*, war er vor eine Niederlage gestellt, die ihn vor der Welt, vor seinem Vater und vor seiner Frau als minderwertig, das heißt als »weiblich«[17] erwiesen hätte. Zu trotzig, um zu einer bewussten Erfassung dieser Lage zu schreiten, fand er den Ausweg in die Krankheit und versuchte sich derart vor dem Wiedererwachen der alten schmerzlichen Erinnerungen an Spott und Herabsetzung zu schützen. Die Klärung dieser Zustände brachte es dahin, dass der Patient auf den scheinbaren Vorteil seiner Krankheit verzichtete, und, unbekümmert um die Meinung seiner Umgebung, beherzt an die Ordnung seiner häuslichen Verhältnisse schritt.

Ein zweiter Fall betrifft eine Patientin, Beamtin, 34 Jahre alt, die wegen Aufregungszuständen, nervösen Herzklopfens und nächtlichen Aufschreiens in die Behandlung kam. Der Vorteil dieser Erkrankungsform lag darin, dass die Patientin in den Brennpunkt der Aufmerksamkeit ihrer Umgebung trat, stets nur in Begleitung ihrer Schwester ausging und sich aller gesellschaftlichen Pflichten entledigen durfte. Die uneingestandene Absicht war dabei, sich allen Heiratsplänen zu entrücken[18]. Als Kind zeigte sie frühzeitig knabenhaftes Aussehen, ungebärdiges Benehmen und Kinderfehler wie Bettnässen und Daumenlutschen[19]. Sie bewegte sich nur in Knabenkreisen, an deren Balgereien und grausamen Spielen sie Gefallen fand. In der Pubertät brachte sie ihr aggressives Vorgehen einige Male in Gefahr, sich zu verlieren. Diese Gefahr und die Einschüchterungen durch die Mutter führten dazu, dass das in sexuellen Dingen schlecht unterrichtete Mädchen für ihre »männliche Rolle« zu fürchten begann. Ihre persönlichen Erfahrungen über eheliche Verhältnisse waren gleichfalls nicht danach angetan, ihr die Rolle einer Frau sympathisch zu machen. Sie sah in ihrer Umgebung die Gattin stets als minderwertiges und unterdrücktes Wesen behandelt und fürchtete, dem gleichen Lose anheimzu-

---

17 *Erg. 1914:* (unmännlich)
18 zu entrücken] *Änd. 1922:* damit der »Erniedrigung« einer Frauenrolle zu entziehen
19 *Erg. 1922:* die ich als Zeichen von Kindertrotz (Kampf gegen die Einfügung) nachwies

fallen. So wuchs ihre Abneigung gegen die Ehe bis zu einem solchen Grade, dass sie es vorzog, als kranke, zur Ehe untaugliche Person durch das Leben zu gehen. Durch das Herzklopfen bewies sie sich und anderen, dass sie als Herzkranke der Gefahr einer Schwangerschaft ausweichen müsse; die Gesellschaftsflucht und die Angst, allein auf die Straße zu gehen, sollten dazu dienen, die Bekanntschaft mit Männern zu verhüten. In diesem Falle hat die Abneigung, die natürliche weibliche Aufgabe auf sich zu nehmen, die Patientin dazu gebracht, den Einschüchterungen durch die Mutter, der sie in andern Dingen seit jeher trotzig und auflehnend gegenüberstand,[20] mit übertriebenem Gehorsam zu folgen. Die Einstellung auf Gehorsam diente dem gleichen Zwecke wie ihr Trotz: der Aufrechterhaltung eines scheinbar männlichen Charakters[21].

Ich habe in knappen Umrissen zu zeigen versucht, dass die Charakterzüge des Trotzes und des Gehorsams auf unbewussten und falschen Einstellungen des Kindes beruhen[22] und darf nun wohl anschließen, dass die erziehlichen Mittel des Hauses und der Schule so lange dagegen nicht aufkommen können, als sie nicht imstande sind, die falsche Einstellung zu verbessern. Welches sind nun die Forderungen, die der Nervenarzt an den Pädagogen stellen darf?

In erster Linie solche vorbeugender Natur. *Die Erziehung muss dem Kinde die Möglichkeit nehmen – sei es wegen seiner Schwäche, Kleinheit oder Unkenntnis – ein Gefühl der Minderwertigkeit [327] aufkommen zu lassen.*[23] *Kranke und schwächliche Kinder müssen tunlichst rasch geheilt und gekräftigt werden. Wo dies auch durch soziale Maßnahmen ausgeschlossen ist, hat sich der Erziehungsplan besonders darauf zu richten, das Kind zu selbstständigem Urteil zu bringen, es von der Meinung der anderen unabhängiger zu machen und Ersatzziele aufzustellen. Die Unsicherheit der Geschlechtsrolle ist ein ungemein schädigender Zustand und muss von vorneherein durch dahinzielende Belehrung ausgemerzt werden.*

Die Gleichstellung der Frau ist eine sehr dringende pädagogische Forderung. Herabsetzende Bemerkungen oder Handlungsweisen, die den Wert der Frau im Allgemeinen bezweifeln, vergiften das Gemüt des Kindes und nötigen Knaben wie Mädchen, sich frühzeitig den falschen Schein einer übertriebenen Männlichkeit beizulegen. Man erziehe nicht zum Gehorsam, wenn man die Einstellung auf Trotz vermeiden will.

---

20 *Erg. 1922:* soweit die Erotik in Frage kam
21 *Erg. 1922:* d. h. ohne ein begleitendes Verständnis des Kindes, oft ohne sein Wissen
22 *Anm. Adlers 1914:* v. Kries hat auf den »Einstellungsmechanismus« als Erster hingewiesen.
23 *Anm. Adlers:* Von diesem Standpunkte aus erscheint das System der »Förderklassen« als gefährlich, weil es den männlichen Protest aufs Heftigste steigern muss, eine entsprechende Begrenzung desselben in der Schule aber unmöglich ist. Was das eine Kind etwa aus der Förderung gewinnen mag, wird durch die Schädigung der Überzahl, durch Vermehrung ihres Trotzes und ihrer Verbitterung, mehr als aufgewogen.

Die falsche Einstellung auf Trotz oder Gehorsam ist bei Verfolgung obiger Schilderung leicht wahrzunehmen. Hat man es mit einem solchen Kinde zu tun, so zwingt ja die Frage nach dessen späterem Schicksal zu bestimmten Maßnahmen. Auch die Gefahr einer nervösen Erkrankung ist in Betracht zu ziehen. In der Schule verraten sie sich zuweilen dadurch, dass sie träumerisch oder aber stumpfsinnig dasitzen, erschrecken und zittern oder erröten, wenn sie aufgerufen werden und ständig oder nur bei der Prüfung ein »böses Gesicht« machen. Werden sie ausgelacht oder bestraft, so erfolgt eine unerwartet heftige Gegenwirkung. Manchmal sind sie Muster von Folgsamkeit in der Schule, quälende Tyrannen aber zu Hause.[24] Es versteht sich leicht, dass weder der Trotz gereizt, noch der Gehorsam vertieft werden darf, wie es öfter zu *[328]* geschehen pflegt, wenn man im ersten Fall die Hilflosigkeit des Kindes lächerlich zu machen sucht, im zweiten sichere Belohnung in Aussicht stellt, was das Leben ja doch nicht erfüllt. Wo man aber den Gehorsam nur des Gehorsams wegen antrifft, da verdankt er ähnlich wie bei manchen religiösen Übungen der tiefsten Zerknirschung, einem übermächtigen Gefühl der Minderwertigkeit seinen Ursprung und nähert sich dem masochistischen Kleinheitswahn[25]. Gelingt es, dem Kinde die abnorme Einstellung nachzuweisen und zu zeigen, seine falschen Wertungen von eigener und fremder, von männlicher und weiblicher Bedeutung zu entwerten, ihm den Zwangsmechanismus klarzumachen, der von der psychischen Zweigeschlechtlichkeit zum aufgepeitschten männlichen Protest führt, seinen Trotz oder Gehorsam als auf diesen Linien gelegen aufzudecken, so ist das Spiel gewonnen. Das Kind wird innerlich frei und äußerlich unabhängig und kann sich nunmehr mit seiner vollen, nicht mehr gebundenen Kraft zu selbstständigem Denken und Handeln aufraffen.

Wenn dabei auch ein großes Stück von Autoritätsglaube fällt – *und auch das trotzige Kind trotzt nur der Autorität!* – wir wollen es nicht bedauern. Wir steuern ja einer Zeit entgegen, wo jeder selbstständig und frei, nicht mehr im Dienste einer Person, sondern im Dienste einer gemeinsamen Idee seinen gleichberechtigten Platz ausfüllen wird, im Dienste der Idee des körperlichen und geistigen Fortschritts.

---

24 *Anm. Adlers:* Ich meine, dass sie sich am deutlichsten in freien oder selbst gewählten Aufsätzen, wo ihnen das Thema nicht allzu nahegelegt wird, am deutlichsten verraten müssten, indem sie etwa Probleme oder Problemlösungen im Sinne der oben dargestellten Regungen zur Darstellung brächten. Für derartige Beobachtungen hätte man allen Grund, den Lehrern dankbar zu sein. *Erg. 1914:* Herrn Professor [D. E.] Oppenheim, Frau Dr. [Aline] Furtmüller, Herrn und Frau Dr. Kramer und anderen danke ich an dieser Stelle für die freundliche Ausführung dieser Anregung, die im folgenden zur Darstellung gelangt.
25 *Erg. 1914:* um heimliche Triumphe zu feiern

12. Die psychische Behandlung der Trigeminusneuralgie (1910)

Editorische Hinweise
Erstveröffentlichung:
1910: Zentralblatt für Psychoanalyse. Medizinische Monatsschrift für Seelenkunde. Herausgeber: S. Freud, 1. Jg., H. 1/12 (Oktober–November), S. 10–29, Wiesbaden, Bergmann. Reprint: Amsterdam, Bonset 1964.
Neuauflagen:
1920: Praxis und Theorie der Individualpsychologie, S. 54–69
1924: Praxis und Theorie der Individualpsychologie, S. 55–70
1927: Praxis und Theorie der Individualpsychologie, S. 55–70
1930: Praxis und Theorie der Individualpsychologie, S. 52–67

Als Erscheinungsjahr wird sowohl auf dem Deckblatt des »Zentralblattes« als auch in den Neuauflagen von Adler 1911 angegeben, tatsächlich aber ist dieses erste Heft im Oktober 1910 erschienen (vgl. Protokolle III 1979, S. 33).

Das »Zentralblatt« ist eines der – nicht unumstrittenen – Ergebnisse des Nürnberger Psychoanalytischen Kongresses (30./31. März 1910), neben dem von C. G. Jung redigierten »Jahrbuch«. Schriftleiter waren Wilhelm Stekel und Alfred Adler (vgl. Protokolle II 1977, S. 429 ff.).

Der Beitrag ist dem Thema der Psychosomatik, des Zusammenhangs körperlicher und seelischer Erscheinungen auf der Grundlage der Organminderwertigkeitslehre Adlers gewidmet. Nach allgemeinen Ausführungen zu psychogen bedingten Krankheiten und Schmerzzuständen schildert Adler in einem zweiten Teil die Dynamik verschiedener Charakterzüge neurotisch disponierter Kinder und wendet sich in einem ausführlichen dritten Teil der Schilderung und Interpretation eines Falls von Trigeminusneuralgie zu.

Charakterzüge und psychogene Krankheiten sind für Adler das Ergebnis der »dialektischen« Dynamik von Organminderwertigkeit, Minderwertigkeitsgefühl und Kompensation (Geltungsstreben, Trotz, männlicher Protest, Größenideen, Sicherungen). Hier nun wird ausdrücklich das Triebleben dieser Dynamik untergeordnet: Es werde durch sie modifiziert. Auch die ödipale Situation und die Homosexualität werden in diesem Licht gesehen. Adler klassifiziert die aus dieser Dynamik sich ergebenden neurotischen Charakterzüge oder körperlichen und psychischen Auffälligkeiten in vier Gruppen von Erscheinungen: 1. Größenideen im männlichen Protest, 2. Unterwerfung (Schuldgefühl, Gehorsam), 3. Sicherungstendenzen und 4. »sexueller Jargon«. Erstmals erscheint hier der Begriff des Arrangements der Fiktion.

In der Falldarstellung weist Adler die neurotische Disposition des Schmerzpatienten und die psychodynamische Bedeutung der einzelnen Anfallserscheinungen aus der Kindheitsposition und den ihr folgenden unbewussten Lebensmaximen, Sicherungen und Zielen nach.

Änderungen in den verschiedenen Auflagen erscheinen vorwiegend 1920. Sie betreffen im Wesentlichen die weitere Relativierung der Bedeutung der Sexualität (als »Jargon«), die Betonung von Machtstreben und Gemeinschaft.

Die psychische Behandlung der Trigeminusneuralgie

Die[1] psychoanalytische[2] Methode hat ihre strengen Indikationen und verlangt, vielleicht mehr wie jede andere Methode, eine genaue Abgrenzung ihres Arbeitsgebietes. Dass sie bloß für psychogene Erkrankungen Geltung hat, ist von vorneherein verständlich. Ebenso darf die Möglichkeit der psychischen Verarbeitung des gefundenen Materials nicht durch intellektuelle Störungen des Patienten, durch Verblödung, Schwachsinn, Delirien gestört sein. Ob und wie weit die Psychose durch Analyse beeinflussbar ist, bildet heute noch eine offene Frage; sicherlich aber ist sie der Analyse zugänglich, zeigt dieselben Grundlinien wie die Neurose und kann für das Studium *abnormaler psychischer Einstellungen* wertvolle Dienste leisten.

Soll nun das Arbeitsgebiet der psychoanalytischen[3] Methode voll ausgenützt werden, so muss in erster Linie die Möglichkeit gegeben sein, eine psychogene Krankheit zu erkennen.

Bezüglich der typischen Psychoneurosen, der Hysterie und der Zwangsneurosen, ist die wissenschaftliche Überzeugung von deren psychogenem Ursprung so sehr gefestigt, dass Einwendungen zögernd und nur von zwei Seiten aus erhoben werden. Man betont entweder den *konstitutionellen Faktor* und versucht alle Erscheinungen unter den Gesichtspunkt der erblichen Degeneration zu bringen, funktionelle wie psychische Erscheinungen in gleicher Weise, *ohne den Übergang aus der organischen Minderwertigkeit zur neurotischen Psyche ins Auge zu fassen*. Dass dieser Übergang nicht unbedingt eintreten

---

1 Die] Änd. 1924: Unter den nervösen Erscheinungen, die zu einer Erschwerung des Lebens oder zur Enthebung von jeder Leistung Anlass geben, demnach zu einer *weitgehenden Ausschaltung* aller Forderungen der Gemeinschaft, nehmen schmerzhafte Sensationen einen großen Platz ein. Ihre Heftigkeit, oft auch ihre Lokalisation und ihre Einschätzung durch den Kranken stehen immer mit dem zu enträtselnden Zweck in Einklang. Lokale organische Minderwertigkeiten (Skoliosen, Augenanomalien, empfindliche Haut, Plattfuß usw.) und anderseits Arrangements der Schmerzen, wie durch Luftschlucken, lassen sich meist feststellen und entschleiern dann die elektive Wirkung der Neurose und ihre Affekte. Die
2 Änd. 1920: individualpsychologische
3 Änd. 1920: individualpsychologischen

muss, und *wie andere Übergänge zum Genie, zum Verbrechen, zum Selbstmord, zur Psychose führen,* habe ich vor längerer Zeit nachgewiesen.[4] Und ich bin in dieser und *[11]* anderen Arbeiten zu dem Schlusse gelangt, dass eine angeborene Minderwertigkeit von Drüsen- und Organsystemen zur neurotischen Disposition führt, wenn sie sich psychisch geltend macht, *das heißt, wenn sie in dem hereditär belasteten Kinde das Gefühl der Minderwertigkeit gegenüber seiner Umgebung erzeugt.*[5] So können äußere Degenerationszeichen, sobald sie zu Entstellungen und Hässlichkeit Anlass geben, oder wenn sie äußerlich sichtbare Signale tiefer sitzender Organminderwertigkeiten sind und sich mit diesen verbinden – verbildete Ohren mit angeborenen Gehörsanomalien, Farbenblindheit, Astigmatismus oder andere Brechungsanomalien mit Schielen etc. – abgesehen von ihren objektiven Symptomen ein Gefühl der Minderwertigkeit und Unsicherheit in der Kindesseele hervorrufen. In der gleichen Weise wirken andere Organminderwertigkeiten, insbesondere wenn sie das Leben nicht bedrohen, sondern psychische Entwicklungsmöglichkeiten zulassen. Die *Rachitis* kann das Längenwachstum stören, zu auffallender Kleinheit und Plumpheit Anlass geben; rachitische Deformitäten – Plattfuß, X- und O-Beine, Skoliose etc. – können sowohl die Beweglichkeit als das Selbstgefühl des Kindes herabsetzen. – *Ausfallserscheinungen der Nebennieren, der Schilddrüse, des Thymus, der Hypophyse, der inneren Genitalien,* insbesondere die angeborenen Formen leichter Natur, deren Symptome oft mehr den Tadel der Umgebung als eine entsprechende Behandlung erfahren, werden nicht nur für die organische, sondern vor allem für die psychische Entwicklung verhängnisvoll, indem sie das Gefühl der Zurückgesetztheit und Minderwertigkeit wachrufen und unterhalten. So werden auch die *exsudative Diathese, der Status lymphatico-thymicus und der asthenische Habitus*[6] nach beiden Richtungen verderblich, ebenso der *Hydrocephalus* und leichte Formen von *Schwachsinn*. Angeborene *Minderwertigkeiten des Harn- und Ernährungsapparates* schaffen objektive Symptome[7] in gleicher Weise wie subjektive Gefühle der Minderwertigkeit, oft auf dem Umweg über den Kindesfehler der Enuresis, der Incontinentia alvi

---

4 Anm. Adlers: Adler, Studie über die Minderwertigkeit von Organen. 1907. Urban & Schwarzenberg. Berlin. [Adler 1907a]

5 Anm. Adlers: Adler, Über neurotische Disposition. Jahrbuch *Bleuler-Freud*. 1909. Bd. I. Leipzig. Deuticke. [Adler 1909a]*Erg. 1920:* Ausschlaggebend bleibt demnach die *Situation des Kindes* und seine persönliche, also kindlichen Irrtümern unterworfene Einschätzung seiner *Position*. Bei genauerer Untersuchung zeigen sich die Neurosen nicht als Dispositions-, sondern als *Positionserkrankungen*.

6 Anm. Adlers 1930: Kretschmer [1921] hat aus dieser Reihe zwei Typen herausgegriffen und in vorbildlicher Weise charakterisiert.

7 Anm. Adlers: *Adler*, Zur Ätiologie, Diagnostik und Therapie der Nephrolithiasis. Wien. med. Wochenschr. XX. Jahrg. Nr. 49 [Adler 1907c] und *Adler*, Myelodysplasie oder Organminderwertigkeit? Wien. med. Wochenschr. 1909. Nr. 45. [Adler 1909b]

oder weil die körperliche Not, Furcht vor Strafe und Schmerzen oft *übertriebene Vorsicht* beim Essen, Trinken und Schlafen[8] gebieten. *[12]*

Die Betrachtungen und Nachweise dieser Art, objektive und subjektive Ausstrahlungen der Organminderwertigkeit betreffend, scheinen mir von größter Wichtigkeit zu sein, *denn sie zeigen uns die Entstehung neurotischer Symptome, insbesondere neurotischer Charakterzüge aus den angeborenen Organminderwertigkeiten* und sind gleichermaßen beweisend für die konstitutionelle[9] Organminderwertigkeit wie für die psychogenen[10] Faktoren als Quellen der Neurose. Die normale Basis für diese gespannteren Beziehungen zwischen Organischem und Psychischem ist leicht zu erkennen: Sie findet sich in der *relativen Organminderwertigkeit des Kindes*, auch des gesunden, gegenüber dem Erwachsenen und löst dort, wenn auch in erträglicherem Maße, das Gefühl der Minderwertigkeit und Unsicherheit aus, das bei fühlbarer *absoluter*[11] Organminderwertigkeit zu den unerträglichen Gefühlen der Minderwertigkeit führte, wie ich sie bei allen Neurotikern gefunden habe. *Das Kind ist*[12] *unter allen Umständen ein Gernegroß* und wird gerade von solchen Erfolgen fantasieren und träumen, die ihm von Natur aus schwierig gemacht sind. Es wird alles sehen wollen, wenn es kurzsichtig ist, alles hören wollen, wenn es Gehörsanomalien hat, wird immer sprechen wollen, wenn Sprachschwierigkeiten oder Stottern vorhanden sind, und es wird immer riechen wollen, wenn angeborene Schleimhautwucherungen, Septumdeviationen oder adenoide Vegetationen das Schnuppern mit der Nase behindern.[13] Schwer bewegliche,

---

8   *Anm. Adlers: Jean Pauls* Schmelzle [Jean Paul 1809/1920] schildert in ausgezeichneter Weise diese Furcht vor der Nacht, weist die später zu besprechenden »Sicherungstendenzen« auf und lässt leicht die Minderwertigkeit des Harn- und Darmapparates erraten.
9   *Änd. 1920:* sekundäre Bedeutung konstitutioneller
10 *Änd. 1920:* primäre psychogener
11 *Erg. 1920:* insbesondere dauernder
12 *Erg. 1920:* in unserer Kultur
13 *Anm. Adlers:* Bei allen diesen Organminderwertigkeiten können durch »*qualifizierte Minderwertigkeit*« abgeänderte oder feinere Funktionsleistungen, wertvolle Steigerungen der Sinnesempfindungen oder erhöhte Empfindlichkeit, Kitzelgefühle in der Fühlsphäre zu finden sein – als abgeänderte Technik des minderwertigen Organs. Der Fuß ist eine verkümmerte Hand, doch sind seine Mehrleistungen auf der Erde evident. – Kitzelgefühle in der Nase, im Rachen und in den Luftwegen, Verengerungen daselbst, Provokation von Sekretabsonderung durch verschärfte nasale Inspiration (Riechenwollen) spielen beim *nervösen Asthma* und bei *Nieskrampf*, wahrscheinlich auch beim *Heuasthma*, eine Hauptrolle. Eine schöne Schilderung nervöser, nasaler Reizzustände und des sich daran knüpfenden Minderwertigkeitsgefühls finden wir in *Vischers* Roman »Auch Einer« [Vischer 1879]. Die sekundäre Verwendung *[Änd. 1920:* Die Aufbauschung und kunstvolle Steigerung*]* dieses »Fehlers« zur Sicherung gegen die

plumpe Kinder werden zeitlebens den Ehrgeiz haben, die ersten am Platz zu sein, ähnlich wie Zweit- und Spätgeborene. Wer als Kind an Flinkheit zu wünschen übrig ließ, wird stets von der Angst geplagt sein, sich zu verspäten und wird leicht bei anderen Anlässen zum Hasten und Jagen gedrängt[14]. Der Wunsch zu fliegen wird am ehesten bei denjenigen Kindern ausgelöst, die schon beim Springen große Schwierigkeiten vorfinden. Diese Gegensätzlichkeit der organisch gegebenen Beeinträchtigungen und der Wünsche, *[13]* Fantasien und Träume, den psychischen Kompensationsbestrebungen also, ist eine derart durchgreifende, dass man daraus *ein psychologisches Grundgesetz ableiten kann vom dialektischen Umschlag aus der Organminderwertigkeit über ein subjektives Gefühl der Minderwertigkeit in psychische Kompensations- und Überkompensationsbestrebungen.*[15]

Das äußere Gebaren und innere psychologische Verhalten des also zur Neurose disponierten Kindes zeigt deutlich die Spuren dieses dialektischen Umschlags, und zwar in verhältnismäßig früher Kindheit. Sein Verhalten, so verschieden es in jedem einzelnen Falle sein mag, lässt sich dahin verstehen, dass es in allen Beziehungen seines Lebens »*auf der Höhe*« sein will. *Ehrgeiz, Eitelkeit*, alles verstehen wollen, überall mitreden wollen, körperliche Kraft, Schönheit, Kleidung betreffend, der Erste in der Familie, in der Schule zu sein, die Aufmerksamkeit durch gute und böse Handlungen auf sich zu lenken, charakterisieren die ersten Phasen seiner abnormalen Entwicklung. Zeitweilig schlägt das Gefühl der Minderwertigkeit und Unsicherheit durch und äußert sich in *Angst* und *Schüchternheit*, welche beide als neurotische Charakterzüge fixiert werden können. Bei dieser Fixierung wird das Kind durch eine Tendenz geleitet, die dem Ehrgeiz nahe verwandt ist: *Man darf mich nicht allein lassen, jemand (Vater, Mutter) muss mir helfen,* man muss mit mir freundlich, zärtlich sein (zu ergänzen: denn ich bin schwach, minderwertig), wird zum Leitmotiv seiner psychischen Regungen. Eine dauernd gereizte *Überempfindlichkeit, Misstrauen* und *Wehleidigkeit* wachen darüber, dass keine *Zurücksetzung oder Beeinträchtigung* Platz greifen könne. Oder das Kind wird bis aufs Äußerste scharfsichtig, wird *vorempfindlich*, indem es alle Möglichkeiten einer Zurücksetzung austastet, mit der bestimmten Absicht, *sich davor zu sichern*, sei es durch

---

Ehe und gegen die Anknüpfung von gesellschaftlichen und Sexualbeziehungen sind so korrekt geschildert, dass die Annahme berechtigt ist, der geistreiche Philosoph habe diese Vorgänge der Wirklichkeit abgelauscht   *Erg. 1924:* und deshalb auf ihre grundlegende Bedeutung für die Stellungnahme zum Leben hingewiesen.

14   *Erg. 1920:* so dass sich sein ganzes Leben zwangsweise wie unter dem Bilde eines Wettrennens abspielt

15   *Erg. 1924:* Nur dass hier die Einschränkung wohl im Auge zu behalten ist: nicht um ein Naturgesetz handelt es sich dabei, sondern um eine allgemeine, naheliegende *Verführung* des menschlichen Geistes.

aktives Eingreifen, positive Leistungen, Geistesgegenwart, Schlagfertigkeit oder durch Anlehnung an einen Stärkeren, durch Wecken des Mitleids und der Sympathie, durch Übertreibung etwaiger Leiden, durch Hervorrufen oder Simulation von Krankheiten, von Ohnmachten und Todeswünschen, die sich bis zu Selbstmordimpulsen verdichten können, immer in der Absicht, das Mitleid wachzurufen oder Rache zu üben wegen einer Beeinträchtigung.[16]

Denn auch *Hass- und Rachegefühle* lodern auf, *Jähzorn* und *sadistische Gelüste, Hang zu verbotenen Handlungen und fortwährende Störungen der Erziehungspläne, auch durch Indolenz, Faulheit* und *Trotz* zeigen das disponierte Kind in seiner Auflehnung gegen vermeintliche oder wirkliche Unterdrückung. Solche [14] Kinder machen aus dem Essen, Waschen, Ankleiden, Zähneputzen, Schlafengehen und Lernen eine Affäre, lehnen sich gegen die Erinnerungen zur Defäkation und zum Urinlassen auf oder arrangieren Zufälle, Erbrechen, wenn man sie zum Essen zwingt oder zum Gang in die Schule drängt, Beschmutzungen auch mit Stuhl und Urin, Enuresis, damit man sich immer mit ihnen beschäftigt, sie nicht allein, allein schlafen lässt, allerlei Schlafstörungen, um Liebesbeweise zu provozieren, ins Bett der Eltern genommen zu werden, kurz, *um durch ihren Trotz oder durch das Mitleid der Umgebung* zur Geltung zu kommen.

Meist liegen diese Tatsachen klar zutage und zeigen eine völlige Übereinstimmung, ob man sie nun aus dem Leben und aus den Charakterzügen des disponierten Kindes oder aus der Anamnese des Neurotikers oder durch Aufhellung der Dynamik seiner Symptome gewinnt. Zuweilen hat man es aber scheinbar mit »Musterkindern« zu tun, die einen erstaunlichen Gehorsam zeigen. Gelegentlich verraten sie sich aber doch auch durch einen unverständlichen Wutausbruch, oder es leitet ihre Überempfindlichkeit, stete Gekränktheit, reichlich fließende Tränen oder Schmerzen ohne objektiven Befund (Kopfschmerzen, Bauchschmerzen, Fußschmerzen, Migräne, übertriebene Klagen wegen Hitze, Kälte, Müdigkeit) auf die richtige Spur. Und man versteht dann leicht, dass hier der *Gehorsam, die Bescheidenheit, die ständige Bereitschaft zur Unterwerfung* nur zweckentsprechende Mittel sind, um sich Geltung zu verschaffen und Belohnungen, Liebesbeweise zu erhalten, ganz so, wie ich es in der *Dynamik des Masochismus* beim Neurotiker zeigen konnte.[17]

Eine Reihe von Erscheinungen beim disponierten Kinde muss ich noch erwähnen, die sich enge an die vorher geschilderten anschließen. Sie verraten alle den Zug, durch trotziges Festhalten von ungehörigen oder störenden Betätigungen den Erziehern Ärgernis zu bereiten und die, wenn auch unwillige Aufmerksamkeit auf sich zu lenken. Hierher gehören Neigungen, die etwas

---

16 *Anm. Adlers:* Siehe *Adler*, Über den Selbstmord insbesondere im kindlichen Alter. Wiener psychoanalytische Diskussionen. Bergmann, Wiesbaden 1910. [Adler 1910b]
17 *Anm. Adlers:* Der psychische Hermaphroditismus [Adler 1910c].

Spielhaftes an sich haben, wie: *sich taub, blind, lahm, stumm, ungeschickt, vergesslich, verrückt zu stellen, zu stottern, zu grimassieren, zu fallen, sich zu beschmutzen.* Auch normal veranlagte Kinder zeigen solche Anwandlungen. Es gehört aber der krankhafte Ehrgeiz, der Trotz und Geltungsdrang des Disponierten dazu, um diese Spielereien und »Faxen« länger festzuhalten und auszunützen. Ebenso können solche Kinder in boshafter und quälerischer Absicht, zuweilen freilich auch, um einer tyrannischen Bedrückung zu entgehen, einmal erlebte oder beobachtete Krankheitssymptome oder Unarten (Heiserkeit, Husten, Nägelbeißen, Nasenbohren, *[15]* Daumenlutschen, Berührungen der Genitalien, des Afters etc.) festhalten und oft lange Zeit ausüben. Ja auch die Schüchternheit und Angst können aus diesen Zwecken fixiert und zu Nutzeffekten (um nicht allein gelassen zu werden,[18] um bedient zu werden) verwendet werden. Dabei spielt regelmäßig die Inanspruchnahme eines entsprechenden minderwertigen Organs eine Rolle, wie ich es in der »Studie« [Adler 1907a] gezeigt habe.

Von allen diesen Eigenheiten des disponierten Kindes führen Übergänge zu den Symptomen der Hysterie, der Zwangsneurose, der Unfallneurose und -hysterie, der Neurasthenie, des Tic convulsif, der Angstneurose und den *scheinbar* monosymptomatischen funktionellen Neurosen (Stottern, Obstipation, psychische Impotenz etc.), die ich nach meinen Erfahrungen insgesamt als *einheitliche Psychoneurose* betrachten muss. Was in der Kindheit von diesen Erscheinungen, ohne volles Bewusstsein[19], *auf Grund einer reflektorischen Einstellung* angenommen wird, um die Linie des geringsten Widerstandes *für den aufgespeicherten Aggressionstrieb* zu gewinnen, wird vorbildlich, freilich meist überbaut und reichlich ausgestaltet im Symptom des Neurotikers. Wie weit dabei die erhöhte Suggestibilität (*Charcot, Strümpell*), der hypnoide Zustand (*Breuer*), der halluzinatorische Charakter der neurotischen Psyche (*Adler*)[20] in Frage kommt, soll an dieser Stelle nicht weiter untersucht werden. Sicher ist, dass der einzelne Anfall sowohl als auch die kontinuierlichen neurotischen Symptome sowie der bleibende neurotische Charakter in gleicher Weise unter dem Einfluss der untersuchten infantilen Einstellung zustande kommen, einer Einstellung, die durch kindliche Wunschfantasien[21] und falsche Wertungen ins Abnorme geraten ist.

Die Wunschfantasien des Kindes haben aber keineswegs nur platonischen Wert, sondern sind der Ausdruck eines psychischen Antriebs, der die Einstellung und damit die Handlungen des Kindes unumschränkt diktiert. Die Intensität des Antriebs ist graduell verschieden, wächst aber bei den disponierten

---

18 *Erg. 1930:* um allein zu bleiben
19 *Änd. 1924:* Verständnis
20 *Erg. 1920:* also die Einfühlung
21 *Erg. 1920:* Irrtümer

Kindern – ihr verstärktes Minderwertigkeitsgefühl kompensierend – ins Unermessliche. Die Analyse[22] fördert zunächst Erinnerungen an Geschehnisse (»infantiles Erlebnis, sexuelle Traumen«) zutage, bei denen das Kind eine bestimmte Stellung eingenommen hat. Ich habe bereits im »Aggressionstrieb« [Adler 1908b] darauf hingewiesen, dass »die Bedeutung des infantilen Erlebnisses in der Richtung zu reduzieren sei, *dass in ihm der starke Trieb und seine Grenzen (als Wunsch und dessen Hemmung) zur Geltung kommen*, ferner, dass der Zusammenstoß mit der Außenwelt, sei es in Form [dort: infolge] unlustbetonter Erfahrungen, sei es infolge der Ausbreitung des Verlangens auf kulturell verwehrte Güter, *beim minderwertigen Organ mit unbedingter Gewissheit erfolgt und die Triebverwandlung erzwingt.*« Die stärkere [16] Triebausbreitung der disponierten Kinder geht dialektisch aus dem Gefühl der Minderwertigkeit hervor, die Tendenz zur Überwindung von Schwächen, die Sehnsucht nach Triumph liegt in den Träumen und Wunschfantasien deutlich zutage, und die Einstellung auf eine Heldenrolle ist der Versuch einer Kompensation.

In dieser tieferen neurotischen Schichtung deckt die Analyse *regelmäßig*[23] *sexuelle Wünsche und Regungen auf, die deutlich*[24] *inzestuöser Natur sind*, nebenher aber auch Versuche und Sexualbetätigungen, gegenüber familienfremden Personen. *Man wird diese Beobachtungen, die vor Freuds*[25] *Analysen der Kinderpsychologie unbekannt waren, der Annahme von der unschuldsvollen Reinheit des Kindes auch in brüsker Weise ein Ende machen, dennoch verstehen, wenn man sich der oft tollen Triebausbreitung erinnert, des kompensatorischen Gegengewichts gegenüber dem Gefühl der Minderwertigkeit beim disponierten Kinde.* Auch in anderer Richtung als der sexuellen macht sich diese Aufpeitschung des Trieblebens geltend. Man erfährt *von gesteigertem Fresstrieb, Schautrieb, Schmutztrieb, von sadistischen und verbrecherischen Neigungen, von Herrschsucht, Trotz, Jähzorn* oder *von eifrigem Bücherlesen und außerordentlichen Bestrebungen, sich irgendwie auszuzeichnen.* Alle diese Tendenzen werden erst ganz klar, wenn es gelingt, den Sinn der frühzeitig geweckten Sexualität[26] und ihrer Manifestationen zu erfassen[27].

Dieser Sinn lautet: *Ich will ein Mann sein.* Und er setzt sich bei Knaben wie bei Mädchen, vor allem bei disponierten Kindern, in so greller Weise durch, so dass man *von vorneherein zur Vermutung gedrängt wird, diese Tendenz sei*

---

22 *Änd. 1920*: Untersuchung
23 *Änd. 1920*: auch
24 *Änd. 1920*: in seltenen Fällen
25 *Erg. 1920*: fantastischen
26 *Änd. 1920*: Herrschsucht
27 *Erg. 1924*: und zu verstehen, dass in der kindlichen Revolte eine Zähmung des Trieblebens unmöglich ist

im Gegensatz zu einer mit Unlustaffekt bedachten Empfindung, nicht männlich zu sein, hervorgebrochen. Und in der Tat zeigt sich die neurotische Psyche im Banne dieser Dynamik, die ich als psychischen Hermaphroditismus mit folgendem männlichen Protest beschrieben habe.[28] Mit der Fixierung des Gefühls der Minderwertigkeit bei disponierten Kindern, das zur kompensatorischen Aufpeitschung des Trieblebens Anlass gibt, ist so der Anfang gegeben zu jener eigenartigen Entwicklung der Psyche, die im übertriebenen männlichen Protest endet. Diese psychischen Vorgänge geben den Anstoß zu einer abnormalen Einstellung des Neurotikers zur Welt und prägen ihm – noch in verstärktem Maße – Charakterzüge auf wie die vorher geschilderten, *die sich [17] weder aus dem Sexualtrieb, noch aus den en allein ableiten lassen*, sondern insgesamt *als die Größenideen des Neurotikers* ins Auge fallen, zumeist den Sexualtrieb modifizieren und hemmen, und sich oft dem Selbsterhaltungstrieb entgegenstemmen.

Dieser Gruppe von Charakterzügen gesellen sich andere bei, die den Zusammenstoß der schrankenlosen Triebausbreitung mit kulturell verwehrten Triebbefriedigungen *als Schuldgefühle, Feigheit, Unentschlossenheit, Zagheit oder auch Furcht vor Blamage und vor Strafe begleiten*. Ich habe sie ausführlich in der Arbeit »Über neurotische Disposition« [Adler 1909a)] beschrieben. Recht häufig findet man *masochistische Regungen, übertriebenen Hang zum Gehorsam, zur Unterwerfung und zur Selbstbestrafung*, und kann aus diesen Charakterzügen auf die psychische Dynamik sowie auf die Vorgeschichte schließen. Das stärkste Hemmnis für die Triebausbreitung ist offenbar die Erreichung der Inzestregung[29]. Diese Konstellation wirkt als Memento und übernimmt fürderhin die Aufgabe, den Sexualtrieb und die anderen Organtriebe mit Hemmungen zu belasten. *Der Neurotiker fühlt sich als Verbrecher, wird äußerst gewissenhaft und gerechtigkeitsliebend, seine Einstellung geschieht aber unter der Fiktion, dass er eigentlich böse, mit unbändiger Sexualität bedacht, von schrankenloser Genusssucht erfüllt und jeder Missetat, insbesondere sexueller Art fähig, daher zu besonderer Vorsicht verpflichtet sei.*[30]

Das Arrangement dieser Fiktion ist ersichtlich übertrieben und dient *der Hauptaufgabe des Neurotikers, sich*[31] *zu sichern.*[32] Die Sicherungstendenzen

---

28 Anm. Adlers: Adler, Der psychische Hermaphroditismus im Leben und in der Neurose. Zur Dynamik und Therapie der Neurosen – Fortschritte der Medizin, Leipzig, Thieme 1910, Heft 16. [Adler 1910c]
29 Änd. 1920: Grenze des Gemeinschaftsgefühls
30 Erg. 1920: In der Tat wird er durch sein einseitiges Streben nach persönlicher Macht zum Feind der Gemeinschaft.
31 Erg. 1920: vor Niederlagen
32 Anm. Adlers: In dieser Hinsicht gleicht der Neurotiker jener [Erg. 1920: Nestroy'schen] Theaterfigur: »Wann ich amol anfang! – Ich fang aber nicht an!« Er fürchtet sich vor

des Neurotikers helfen eine dritte Gruppe von Charakterzügen aufbauen, die sämtlich dem Leitmotiv »Vorsicht« angepasst sind. Misstrauen, Zweifelsucht springen wohl am deutlichsten hervor. *Aber ebenso regelmäßig finden sich übertriebener Hang zur Reinlichkeit und Ordnung, Sparsamkeit und fortwährendes Prüfen von Menschen und Dingen*, so dass die Neurotiker meist nichts fertigbringen.

Alle diese Charakterzüge hemmen den Unternehmungsgeist und schließen sich so eng an die Zagheit infolge von Schuldgefühlen. Alles wird voraus bedacht, *alle Folgen werden in Erwägung gezogen*, immer ist der Neurotiker in gespannter Erwartung von Möglichkeiten, und stets wird seine Ruhe von Vermutungen und Berechnungen des Kommenden gestört. Ein großartiges Sicherungssystem [18] durchzieht sein Denken und Handeln, *zeigt sich regelmäßig in seinen Fantasien und Träumen*, und wird recht häufig zu Verstärkungen gezwungen: *durch das Aufstellen eines Mementos, durch das unbewusste Arrangement von Niederlagen, Vergesslichkeit, Müdigkeit, Faulheit und schmerzhaften Sensationen aller Art*. Eine ungeheure Rolle spielt in diesem Sicherungssystem die neurotische Angst, die in den verschiedenartigsten Ausprägungen, als Phobie, Angsttraum, in der Hysterie und Neurasthenie direkt oder indirekt (»beispielsweise«) als Hemmung vor der Aggression sich stellt. Das Training aller dieser Sicherungstendenzen führt zuweilen eine erhebliche Steigerung des Ahnungsvermögens und des Scharfblicks herbei, zum Mindesten aber den Schein einer solchen Steigerung, worauf die Annahme eigener *telepathischer Fähigkeiten, einer Art von Prädestination und suggestiver Kraft* bei manchen Neurotikern beruht. In diesem Punkte berühren sich Charakterzüge dieser Gruppe mit solchen der ersten, die aus Größenideen stammen, *wie man andererseits die kompensatorische Ausprägung der Größenideen als Sicherung gegen das Gefühl der Minderwertigkeit anzusehen gezwungen ist*. – Ich habe noch eine Anzahl anderer Sicherungen kennengelernt, von denen ich hervorheben will: *Masturbation als Sicherung gegen den Sexualverkehr und seine Folgen, desgleichen psychische Impotenz, Ejaculatio praecox, sexuelle Anästhesie und Vaginismus*[33]. In gleicher Weise erlangen Kinderfehler, funktionelle Erkrankungen und Schmerzen eine sekundäre Verwendung[34] und Fixierung, wenn sie geeignet sind, den Neurotiker in seinem Zweifel zu bestärken und ihn von Betätigungen sexueller und kultureller Art abzuhalten. Recht häufig bringt *die Frage einer Eheschließung*[35] den Stein ins Rollen. Dann tritt die Sicherungstendenz bei den Disponierten in krankhafter Weise hervor und arrangiert Warnungstafeln oft auf

---

seinem eigenen Tatendrang. S. auch »Zur neurotischen Disposition« [Adler 1909a]
33   *Erg. 1920:* immer bei Personen zu finden, die einer Hingabe an die andern, an die Gemeinschaft, nicht fähig sind, weil sie alle beherrschen wollen
34   sekundäre Verwendung] *Änd. 1920:* eine Verwertung
35   *Erg. 1920:* oder die Berufsergreifung

entlegenen Gebieten, so dass der Sinn und Zusammenhang zu fehlen scheint. Der Neurotiker aber handelt folgerichtig. Er fängt an, die Gesellschaft zu meiden, legt sich allerlei Schranken auf, hindert sich[36] (durch Kopfschmerz zum Beispiel) am Lernen und Arbeiten, malt sich die Zukunft in den düstersten Farben, beginnt deshalb auch zu sparen und lässt sich von einer geheimen Stimme warnen, die ihm zuraunt: Wie kann ein Mensch wie du, mit solchen Fehlern und Mängeln, mit solchen trüben Aussichten sich zu einer folgenschweren Tat entschließen! *Insbesondere was als Neurasthenie herumläuft, ist voll von solchen Arrangements und Sicherungstendenzen,* die aber bei keiner Neurose fehlen und uns den Kranken auf der Rückzugslinie zeigen. *[19]*

Eine vierte Gruppe von verräterischen Zeichen einer neurotischen Einstellung kommt dadurch zustande, dass wie bei Gruppe eins die Tendenz, ein Mann zu sein, in Handlungen, Fantasien, Träumen, oft in nebensächlichen Details hervorbricht, aber in sexuellem Jargon redet. Ich habe in meinen Arbeiten »Über neurotische Disposition« [Adler 1909a] und über »psychischen Hermaphroditismus« [Adler 1910c] ausführlicher darüber berichtet. *Es ist das Schicksal der Neurotiker, dass sie aus einer Situation der Unsicherheit erwachsen sind, um nach Sicherungen zu streben.* Die gleiche Unsicherheit deckt die Analyse bezüglich des Urteils über die eigene Geschlechtsrolle des disponierten Kindes auf. Viele meiner männlichen Neurotiker hatten in der Kindheit und oft über die Pubertät hinaus weibliche Gesichtszüge oder sekundäre Merkmale der Weiblichkeit, auf die sie nachträglich ihr Gefühl der Minderwertigkeit zurückführten. Oder sie zeigten Anomalien der äußeren Genitalien, Kryptorchismus, Verwachsungen, Hypoplasien und andere Wachstumsanomalien, auf die sie sich berufen zu können glaubten. Fotografien und Bilder aus den frühen Kinderjahren haben mich darüber belehrt, dass auch das über Jahre ausgedehnte Tragen von Mädchenkleidern, Spitzen, Halsbändern, dass Locken und lange Haare das gleiche Gefühl der Unsicherheit und des Zweifels bei Knaben hervorrufen konnten. In gleichem Sinne[37] wirkt die Beschneidung und Kastrationsdrohungen sowie die Drohung vom Abfallen und Verfaulen des Penis, wie sie bei kindlichen Masturbanten von den Erziehern angewendet werden. Denn des Kindes stärkste Tendenz ist und bleibt, ein Mann zu werden, und diese Sehnsucht[38] symbolisiert sich ihm in dem großen Penis des Erwachsenen, des Vaters[39]. Nun findet sich die gleiche Sehnsucht bei den Mädchen, bei denen vielleicht regelmäßig ein Gefühl der Minderwertigkeit gegenüber den Knaben zu einer kompensatorischen männlichen Einstellung drängt. Nach

---

36 *Erg. 1930:* durch die eintretende Spannung
37 *Erg. 1920:* verstärkend
38 *Änd.: 1924:* dieses Ziel
39 symbolisiert *bis* Vaters] *Änd. 1920:* kann sich ihm in den männlichen Sexualorganen des Erwachsenen symbolisieren

und nach zerfällt den disponierten Kindern die ganze Welt der Begriffe, ja alle Beziehungen der Gesellschaft in männliche und weibliche. Und stets drängt der Wunsch darnach, die männliche, die Heldenrolle zu spielen, sei es auch, wie bei den Mädchen, oft mit den sonderbarsten Mitteln. Jede Form von Aktivität und Aggression, Kraft, Reichtum, Triumph, Sadismus, Ungehorsam und Verbrechen werden fälschlich als männlich gewertet ganz so wie in der Gedankenwelt der meisten Erwachsenen. Als weiblich gilt das Dulden, Warten, Leiden, Schwäche und *masochistische Regungen, die nie als Endziel aufgefasst werden dürfen, wenn sie sich in der Neurose durchsetzen, sondern stets nur – als Pseudomasochismus – den Weg zum männlichen Triumph, zur Geltungssucht der ersten Gruppe ebnen sollen.* Die begleitenden Charakterzüge dieser Gruppe sind solche des männlichen Protestes, [20] zwangsmäßige Übertreibungen des sexuellen Fühlens und Wollens, exhibitionistische und sadistische Regungen, sexuelle Frühreife und Zwangsonanie, Nymphomanie, Abenteuerlust, starke sexuelle Begehrlichkeit, Narzissmus und Koketterie. Gleichzeitig auftretende weibliche Fantasien (Schwangerschafts- und Geburtsfantasien, masochistische Regungen und Minderwertigkeitsgefühle) dienen als Memento zur Verstärkung des männlichen Protestes oder zur Sicherung gegen die Folgen desselben, oft nach der Widervergeltungsformel: »Was du nicht willst, das man dir tu', das füg' auch keinem andern zu!«[40] – Der Begriff des Zwanges wird außerordentlich erweitert und auch der bloße Schein desselben unter stetem Kämpfen energisch abgewehrt, so dass ganz normale Beziehungen wie Liebe, Ehe, aber auch jede andere Einfügung als unmännlich, das heißt weiblich empfunden und verworfen werden. Mit den ersten Sexualerkenntnissen beginnt bei den disponierten Kindern der männliche Protest sich in männliche Sexualwünsche zu verkleiden, *legt bei Mädchen und Knaben den Grund zur Inzestfantasie mit der Mutter, damit bei Mädchen zu homosexuellen Re-*

---

40 Anm. Adlers: In einem Falle von *Asthma nervosum* bei einem Manne, der nur durch die Psychoanalyse *[Änd. 1920: Behandlung]* seit längerer Zeit von Anfällen frei ist, traten bewusste Schwangerschaftsfantasien auf, sobald [der] Patient an ein Unternehmen gehen wollte. Diese Schwangerschaftsfantasien, mit Oppressionsgefühlen in der Brust verbunden, liefen in Größenideen aus: Er wurde Millionär, der Wohltäter, der Retter des Landes usw. *Dabei hastiges Atmen wie bei einem Wettlauf. Die dynamische Bedeutung der Schwangerschaftsfantasie war der Hinweis auf das Dulden und Leiden des Weibes, ein Selbstvorwurf und zugleich Aufstachelung:* »Du bist ein Weib! Es geschieht dir recht, wenn du duldest!« *Daraufhin der männliche Protest. – Eine verstärkende Hilfskonstruktion bediente sich der Schwangerschaftsfantasie und des asthmatischen Leidens in der Art einer vorausgesandten Buße. Nun durfte er ein Mann sein und gegen jemanden feindlich auftreten. Erg. 1920:* »Ich darf mir mehr erlauben als ein anderer, weil ich krank bin.« Für Letzteres wird nachträglich der Wahrheitsbeweis, ein »Alibi« erbracht. *Erg. 1930:* Minderwertigkeiten der Haut und der Luftwege (»Exsudative Diathese«) gaben den Ausschlag bei der Wahl des neurotischen Symptoms.

gungen, oder bedient sich homosexueller Bilder und Wünsche bei Knaben, um die Überwältigung des Vaters geistig und körperlich anzudeuten. Unverträglichkeit des Mädchens mit der Mutter, des Sohnes mit dem Vater deutet nicht in erster Linie auf gegengeschlechtliche Inzestfantasien, sondern umgekehrt auf Sicherungstendenzen gegen [die] passiv-homosexuelle Triebrichtung als einen Ausdruck der Weiblichkeit. Die Eroberung des gegengeschlechtlichen Elternteils dagegen wird als männliche Regung empfunden, gleichwohl aber unter Gewissensregung und Schuldgefühl gehemmt.[41]

So bietet der Neurotiker eine *bedeutende Anzahl von Charakterzügen, die untereinander zusammenhängen, sich fördern oder hemmen und einen Schluss auf seine abnorme Einstellung zulassen, sich in letzter Linie auf Übertreibungen und falsche Wertungen männlicher und weiblicher Züge zurück*[21]*führen lassen.* Wenn wir der obigen Aufstellung einen Vorwurf machen können, so ist es der, dass sie allzu schematisch ist, die überreichlichen Verbindungen der einzelnen Charakterzüge lange nicht erschöpfen kann und nur einen Teil, vielleicht den wesentlichen, aus der Charakterologie des Neurotikers gibt. *Immerhin habe ich mich überzeugt, dass von dieser Seite her die Prüfung auf den Bestand einer psychogenen Erkrankung zweckmäßig ist und gelingt.* Und wenn ich mich nunmehr dem aufgeworfenen Problem zuwende: Ist die *Trigeminusneuralgie eine psychogene Erkrankung?*, so kann ich dies auf Grund gleichlautender Resultate bejahen. Der psychische Aufbau und die psychische Dynamik der Trigeminusneuralgie ist in den von mir untersuchten drei Fällen so einheitlich und ergibt die geschilderten Charakterzüge so deutlich, dass auch ein Hinweis auf die geringe Kasuistik sich von selbst erledigt. Und was gleichfalls für unsere Frage von großer Bedeutung ist: Nicht bloß die Erkrankung an Trigeminusneuralgie folgt den oben geschilderten Grundlinien der Neurose, *sondern jeder einzelne Anfall stellt sich anstatt eines psychischen Geschehens ein.* Ich will versuchen, diese Beziehungen der neurotischen Psyche und des neurotischen Charakters zur Erkrankung und zum Anfall auseinanderzusetzen.

Der Patient Baron O. v. St., ein 26-jähriger Staatsbeamter, kam zu mir mit der Mitteilung, dass man ihm wegen einer Trigeminusneuralgie eine Resektion vorgeschlagen habe. Die Erkrankung dauerte bereits eineinhalb Jahre, war eines Nachts auf der rechten Seite aufgetreten und zeigte sich seither in täglich mehrmaligen heftigen Anfällen. Seit einem Jahre sei er gezwungen, etwa jeden dritten bis vierten Tag bei besonders heftigen Schmerzen eine Morphiumeinspritzung zu machen. Dabei sei jedes Mal Erleichterung eingetreten. Er habe verschiedene Behandlungen durchgemacht, medikamentöse mit Akonitin, Wärme- und elektrische Prozeduren, alle ohne Erfolg. Auch zwei Alkoholinjektionen habe er erhalten, die den Schmerz namhaft steigerten. Ein längerer Aufenthalt im Süden habe ihm einige Erleichterung gebracht, doch habe er

---

41 Mit den ersten *bis* gehemmt] Ausl. 1920

auch dort täglich Anfälle gehabt. Derzeit sei er durch die unaufhörlichen Anfälle ganz entmutigt und sei, um seine Karriere nicht opfern zu müssen, zur Operation entschlossen. Nur weil ihm der gewissenhafte Chirurg sichere Heilung nicht in Aussicht stellen konnte, wolle er mich auch um meinen Rat fragen.

Ich hatte zu dieser Zeit bereits umfangreiche Erfahrungen über die psychische Genese neuralgischer Anfälle und der Trigeminusneuralgie gesammelt und konnte dabei auch Beobachtungen aus älterem Material nachträglich verwerten. Die einheitliche Formel, zu der ich durch Analyse und durch den Vergleich der einzelnen Anfälle gekommen war, lautete: *Die Trigeminusneuralgie sowie die einzelnen An[22]fälle treten regelmäßig auf, wenn sich im Unbewussten der Affekt der[42] Wut an ein Gefühl der Zurückgesetztheit anknüpft.*[43] Mit dieser Konstatierung hatte ich die Möglichkeit, die abnormale psychische Einstellung der Patienten mit Trigeminusneuralgie verstehen zu lernen und *die davon abhängigen Krankheitserscheinungen als Äquivalente von Affektvorgängen zu erkennen*.[44] Der maßgebende Eindruck ergibt sich aus der bald gewonnenen Tatsache, dass der Patient die Herabsetzung erwartet, auf sie lauert, dass er den Begriff der Herabsetzung ganz ungeheuer erweitert und dass er – bei mancher Neurose mehr, bei mancher weniger – zuweilen Herabsetzungen sucht und solche arrangiert, um daraus die Überzeugung abzuleiten, er müsse sich sichern, denn man würdige ihn nicht, er sei ein Pechvogel usw. *Diese Einstellung ist die allgemein neurotische* und durchaus nicht für Trigeminusneuralgie charakteristisch. Reduziert man sie und führt man sie *auf die kindliche pathogene Situation* zurück, so erkennt man deutlich *den psychischen Habitus des disponierten Kindes: ein Gefühl der Minderwertigkeit, kompensiert durch den*[45] *männlichen Protest*. Die Analyse förderte die Elemente dieser Situation zutage:

1. *Kryptorchismus* – die Entdeckung desselben bei sich selbst – das Gefühl der Minderwertigkeit und die Unsicherheit, ob er mit diesem Defekt ein ganzer Mann werden könne. Dazu Erinnerungen aus dem sechsten bis achten Lebensjahre an sexuelle Attacken auf Mädchen in der Absicht, Aufklärungen über den Geschlechtsunterschied zu gewinnen. Affektvolle Erinnerung an Kinderspiele, in denen [der] Patient ein Held, zumindest aber ein General oder der Vater des Hauses war, was in diesem Falle zusammenfiel.

2. Scheinbare oder wirkliche Bevorzugung des um fünf Jahre jüngeren Bru-

---

42 *Erg. 1920:* ohnmächtigen
43 *Anm. Adlers:* S. die Formulierung im »Aggressionstrieb« [Adler 1908b] *Erg. 1920:* Man kann auch formulieren: in Situationen, in denen Mutigere einen Wutaffekt hätten.
44 *Anm. Adlers 1920:* Über die Oberflächlichkeit mancher Kritiker, die meine Anschauungen als »intellektualistische« auffassen, ist wohl kein Wort zu verlieren.
45 *Erg. 1924:* mit Ehrgeiz und Herrschsucht überladen

ders, der im Schlafzimmer der Eltern schlafen durfte. Dazu Erinnerungen des Patienten an Versuche, auch ins Schlafzimmer der Eltern zu gelangen. Um dies zu erreichen, boten sich dem Patienten in seiner Kindheit mehrere Mittel. Erstens Angst, Angst vor dem Alleinsein, die er gelegentlich so deutlich zu äußern vermochte (Pavor nocturnus), dass ihn die Mutter zu sich nahm. Zweitens *Gehörshalluzinationen*, die auch Angst auslösen konnten (Angst als Sicherung), Geräusche, die er auf Einbrecher (Vater)[46] bezog, immer aus der Richtung des Schlafzimmers kommend, so dass er nachsehen ging. – (Versuch zur Lösung des Geschlechtsproblems bei den Eltern).[47] An dieser Stelle fügt sich auch das Generalspiel, den Vater spielen, gut ein *[23]* als männlicher Protest gegen seine Unsicherheit in seiner Geschlechtsrolle, ebenso wie Inzestfantasien gegen die Mutter, Letztere allerdings erst aus Traumanalysen während der Kur[48]. Der Sinn dieses kindlichen Gebarens, der häufigste Ausweg aus der pathogenen kindlichen Situation, spricht nun mit großer Deutlichkeit: »Ich fühle mich unsicher, ich bin nicht auf der Höhe, habe keine genügende Geltung (siehe die Bevorzugung des Bruders), man muss mir helfen, ich will wie der Vater werden, ich will ein Mann sein.« Als Gegensatz zu einer – wie man sieht – falschen Wertung ist notwendig zu denken: »Ich will kein Weib sein!« – Denn der Gedanke: »Ich will ein Mann sein«, ist für das Kind nur haltbar und gestützt durch den Gegengedanken: »Ich könnte auch ein Weib sein« oder: »Ich will kein Weib sein.«[49] – Ein drittes Mittel, um die Bevorzugung des Bruders wettzumachen, den Vater zu imitieren, um Gleichberechtigung zu erlangen und um seine Geschlechtsrolle vertreten zu lernen und sich dadurch seine Männlichkeit zu sichern – was alles seine Sehnsucht nach dem Schlafzimmer der Eltern begreiflich macht[50] –, bot sich im Kranksein, insbesondere bei *Schmerzen*. Die Analyse förderte, wie so häufig, Erinnerungen an wirkliche Schmerzen zutage, an Übertreibungen und Simulation von solchen. Unser Interesse wendet sich der Art der Schmerzen zu: Es handelte sich fast regelmäßig um *Zahnschmerzen*. An diesem Punkte der Analyse hat man zum ersten Male das Gefühl, dem Verständnis näher gerückt zu sein, *wieso in diesem Falle die Neurosenwahl auf Trigeminusneuralgie fiel.* [Der] Patient war ein kräftiger, gesunder Junge, der kaum andere Schmerzen kannte als Zahnschmerzen, allerdings aber auf andere Schmerzen aufmerksam wurde, als seine Mutter den jungen Bruder gebar, nämlich *auf Geburtsschmerzen*. Diese

---

46 (Vater)] *Ausl. 1920*
47 (Versuch *bis* Eltern)] *Ausl. 1920*
48 ebenso *bis* Kur] *Ausl. 1920*
49 Anm. Adlers: Unter den neueren Psychologen ist *Julius Pikler* von ganz andern Gesichtspunkten ausgehend zu ähnlichen Ergebnissen bezüglich der »*Gegensätzlichkeit im Denken*« gekommen.
50 was *bis* macht] *Ausl. 1920*

Erfahrung muss in die Zeit seiner Unsicherheit gefallen sein und seinen Antrieb, ein Mann zu sein, verstärkt haben.[51] Wir aber werden zur Annahme gedrängt, dass es im Leben des Patienten eine Phase gegeben hat, in der er eine Identifizierung vornahm: *Schmerz – Gefühl der Minderwertigkeit – Weib*[52].

Nun liegt die Dynamik seiner pathogenen kindlichen Situation bloß. Die Möglichkeit, eine minderwertige, schmerzvolle[53], weibliche *[24]* Rolle spielen zu müssen, hat dialektisch zu Übertreibungen seines männlichen Protestes geführt. Hier sind noch anzureihen: *Trotz und Starrsinn*, an die sich seine Mutter noch mit Schaudern erinnert. Von den mannigfachen Beziehungen, die dem kindlichen Trotz Gelegenheit zur Betätigung geben, habe ich bereits das *Essen, Waschen, Zähneputzen und Schlafengehen* erwähnt. Es ist nun im höchsten Grade auffallend, dass alle Patienten mit Trigeminusneuralgie, deren ich mich entsinne, in Einklang mit den Schilderungen der Autoren die meisten Anfälle beim Essen, Waschen, Zähneputzen und Schlafengehen erlitten. Oft treten Anfälle beim Schlucken ein. Die Analyse ergibt eine Anlehnung an den Begriff des »Herunterschluckens« in übertragenem Sinne.[54] Ebenso Anfälle bei Kälte. Mein Patient hatte sich bald nach Ausbruch seiner Erkrankung aufs Land zu seiner Mutter zurückgezogen und so die alte Sehnsucht seiner Kindheit gestillt. Die Mutter übertrieb ihre Sorgsamkeit und Liebe für den kranken Sohn, überwachte ängstlich seine Speisen und sorgte stets für warmes Waschwasser. Wenn er während der Kur in Wien speisen musste, bekam er heftige

---

51 allerdings *bis* verstärkt haben *] Ausl. 1920*
52 Weib *] Änd. 1920:* vermehrte Geltung in der Umgebung
53 *Anm. Adlers:* Die Erfahrung, dass die Frau unter Schmerzen gebäre, wirkt auf die disponierten Kinder regelmäßig in der Richtung einer Verstärkung des Antriebs, ein Mann zu werden. In der Neurose werden reichliche, arrangierte und aggravierte Schmerzen als Memento gesucht, um die Sicherungstendenzen gegen Herabsetzung (= Weiblichkeit) zu verstärken. So lassen sich die Schwangerschafts-, Geburtsfantasien und -träume männlicher und weiblicher Neurotiker als Vorhalt verstehen, als auf dem Wege der Sicherung gelegen, zur Verhütung einer Niederlage (Niederkunft?). Es ist, als ob sich der Neurotiker diese ersten Eindrücke der Unsicherheit immer wieder vor Augen führte (»Du bist schon einmal vor der Möglichkeit einer Niederlage, vor der Möglichkeit, ein Weib zu werden, gestanden.«), um sich vor weiteren Herabsetzungen zu behüten, um sich scharf zu machen und sich den (männlichen) Triumph zu sichern. *Ich habe behauptet, dass jeder Traum (wahrscheinlich auch jede Halluzination) diese zentrale Tendenz enthält, von der weiblichen Linie zur männlichen abzurücken, ebenso dass der Ehrgeiz des Künstlers und sein geistiges Training aus dem psychischen Hermaphroditismus herzuleiten sind. Freud ist der Aufdeckung dieser Dynamik in seiner Studie über Leonardo [Freud 1910a] wohl mit Unrecht ausgewichen. Die dort erwähnte Kindheitserinnerung ist deutlich als eine weibliche zu erkennen.* *Diese Anm. Adlers] Ausl. 1920*
54 Oft *bis* Sinne *] Ausl. 1920*

Schmerzen; an den Tagen, wo er zu Hause aß, blieben sie aus. Als er so weit war, dass er wieder ins Amt gehen konnte, musste er in Wien Wohnung nehmen. Als er sich am ersten Tage in seiner neuen Wohnung mit kaltem Wasser wusch, kam noch einmal ein Anfall.

Eine andere Reihe von Anfällen hing mit seiner *Geltungssucht in der Gesellschaft* zusammen. Dabei konnten Anfälle auftreten auf wirkliche, auf vermeintliche oder auf befürchtete Herabsetzungen hin. Er musste immer die erste Rolle spielen, vertrug es nicht, wenn er gelegentlich aus der Unterhaltung ausgeschaltet war oder wenn er Gespräche anderer Personen nicht hören konnte[55]. Man erkennt leicht das Schema aus der kindlichen pathogenen Situation: Vater und Mutter, daneben er als minderwertige Person. Das Symptom der Gesellschafts- und Platzangst bei andern Neurotikern, wo die *Sicherung*[56] *durch die Angst* bewerkstelligt wird, gelegentlich auch *durch Erbrechen, Migräne* etc., und wo in gleicher Weise *Furcht vor Herabsetzung den Patienten leitet*, ist in unserem Falle durch die Anfälle ersetzt, [25] und man kann in anderen Fällen von Trigeminusneuralgien finden, *wie sich die Kranken von jeder Gesellschaft abzuschließen versuchen, allerdings unter Berufung auf die Schmerzen.*[57] In meinen anderen Fällen waren der Erkrankung an Trigeminusneuralgie andere Symptome vorausgegangen, wie Migräne, Übelkeiten, allgemeine, scheinbar rheumatische Schmerzen[58], Ischias, Erröten und Blutwallungen gegen das Gesicht.[59]

In diesen die Anfälle auslösenden Dreieckssituationen spielen bei unserem Patienten sexuelle Bedingungen hervorragend mit. Sein sexuelles Verhalten ist vollkommen normal und befriedigend. Doch ist es ein auffallender Zug bei ihm, der für eine ganze Reihe von Neurotikern typisch ist, dass für ihn die

---

55 nicht hören konnte] *Änd. 1930:* anhören musste. *Erg. 1924:* Diese Intoleranz findet sich bei allen Neurotikern.
56 *Erg. 1920:* vor Niederlagen
57 *Erg. 1924:* Keiner leugnet, dass er auch abgesehen von den Schmerzen Schwierigkeiten im gesellschaftlichen Leben hat.
58 *Anm. Adlers:* Vgl. *Henschens* Theorie vom rheumatischen Ursprung der Trigeminusneuralgie.
59 *Anm. Adlers:* Die Fälle von Trigeminusneuralgie im Alter, insbesondere bei weiblichen Personen, sind besonders kompliziert, insbesondere durch wirkliche und vermeintliche Zurücksetzungen, an denen das Alter die Schuld trägt. Dass unsere Gesellschaft die alternde Frau unmenschlich behandelt, ist eines der traurigsten Kapitel unserer Kultur. Bei meinen Patientinnen lösten Teilnahmslosigkeit, Furcht vor Spott, vor Bevorzugung anderer Personen, der Spiegel, die Kleiderwahl (ob man sie nicht auslachen könnte), und Geldausgaben, die ihre Ingerenz verringern, sie arm machen könnten, Anfälle aus. Ebenso Liebesbeziehungen und eheliche Verbindung ihrer Söhne, der Gedanke, mit anderen weiblichen Personen sich in der Liebe eines Sohnes teilen zu müssen.

Liebesleidenschaft nur dann stark wird, *sobald ein Rivale vorhanden ist*, das heißt, sobald die Liebe sich an den männlichen Zug des Raubens und Raufens anschließen kann. Dieser Charakterzug zieht sich durch sein ganzes Liebesleben und spiegelt sichtlich die Dreiecksstellung aus der kindlichen pathogenen Situation wider[60]. Als er im Süden weilte, lernte er ein Mädchen kennen, um das er sich bewarb, bis er wahrnahm, dass ihre Mitgift gering sei. Dies genügte, um ihn entsagen zu lassen; doch wurde seine Liebe in dem Momente wieder aufgepeitscht, als ein anderer als Bewerber auftrat. In dem Maße nun, als seine Liebe wuchs, stellten sich wieder heftigere Schmerzen ein. *So, wenn er die beiden allein sah, wenn das Mädchen dem anderen zulächelte* usw. – Auch während der Kur konnten wir einzelne Anfälle auf dieses Verhältnis beziehen, zum Beispiel wenn er Schmerzen bekam, als er in den Briefen des Mädchens las, sie habe sich in einer Gesellschaft gut unterhalten. Eine Zahl von Anfällen hing mit der Zeit der Briefübernahme zusammen, wo Gedanken auftauchten, *warum das Mädchen so lange nicht geschrieben habe, dass sie sich gewiss mit anderen unterhalte* etc. – Auch Tagträume und Fantasien traten auf, das Mädchen erst heiraten zu lassen und dann zum Ehebruch zu verleiten. Dieser Charakterzug war allerdings kurz vor seiner Erkrankung *durch einen [26] bemerkenswerten Vorfall* verstärkt worden. Während einer kleinen Reise hatte ein Kollege eine Geliebte des Patienten verführt. Er brütete Mord und Totschlag. In diese von Affekt erfüllte Phase fiel ein anderes Ereignis. Er hatte zu bemerken geglaubt, dass ihm die Frau eines Vorgesetzten Avancen mache. Aber auch der Gatte scheint dies bemerkt zu haben und begann ihn im Amte zu drangsalieren. Um seine Karriere nicht zu verderben, fügte er sich unter fortwährenden heimlichen Revolten. *In der Nacht, bevor sein Vorgesetzter von einem Urlaub zurückkehren sollte, brach der erste Anfall seiner Trigeminusneuralgie* mit solcher Heftigkeit los, dass er tobte und schrie und sich erst nach einer Morphiuminjektion ein wenig beruhigen konnte. Er betrat am nächsten Tage das Amt nicht wieder und nahm einen Krankheitsurlaub, um sich behandeln zu lassen. Bei allen Ärzten, auch bei mir, betonte er den Wunsch, wieder bald ins Amt zurückkehren zu können. Man versprach ihm, alles Mögliche aufzubieten. Insbesondere die Alkoholinjektion sollte ihn sofort arbeitsfähig machen. Wir sahen, mit welchem Erfolge. Wir wissen aber auch, warum sie verschlechternd wirkte: *Sein wahres, unbewusstes Streben ging dahin, nicht arbeitsfähig zu werden, nicht ins Amt zurückkehren zu müssen.*[61] Nur ein Gedanke ließ sich nicht verdrängen, der Gedanke als Mann, als Sieger aus seiner Situation hervorzugehen, und er dachte diesen Gedanken im unverfälschten Sinne der kindlichen

---

60   *Erg. 1920:* zeigt auch zugleich, dass seine Erotik durch seine Prestigepolitik vollständig vergiftet war

61   *Anm. Adlers:* Man beachte an dieser Stelle *die Übereinstimmung mit der Dynamik der Unfallneurose und -hysterie*, die ja gleichfalls nur bei Disponierten auftritt.

pathogenen Situation: »*Ich will zur Mutter!*« – Bei ihr erst besserte sich sein Zustand ein wenig, er erholte sich, nicht ohne vorher durch gehäufte Anfälle insbesondere beim Essen die Lebensgefährlichkeit seiner Erkrankung, den drohenden Hungertod zu demonstrieren und so seine Mutter durch Angst und Schrecken noch gefügiger zu machen.

Die Analyse eines Traumes aus der Kur zeigt die wichtigsten Bedingungen seiner unbewussten falschen Einstellung und seiner Neurose. Er träumte:

»Ich befinde mich nackt bei einer Geliebten im Zimmer. Sie beißt mich in den Schenkel. Ich schreie auf und erwache mit einem heftigen Anfall meiner Neuralgie.«

Die Vorgeschichte dieses Traumes ereignete sich am Vorabend und war folgende: [Der] Patient hatte aus Graz eine Ansichtskarte erhalten, auf der sich neben anderen Unterschriften der Name seines Bruders und des im Traume erwähnten Mädchens befanden. Beim Abendessen schmeckte ihm nichts, und er hatte einen leichten Anfall. Zum Traum *[27]* erzählte er: Das Mädchen sei einige Zeit seine Geliebte gewesen. Doch sei er ihrer bald überdrüssig geworden und habe sich von ihr gänzlich losgesagt. Vor kurzer Zeit sei sein Bruder mit ihr bekannt geworden. Er habe ihn gewarnt – wie die gemeinsamen Unterschriften zeigten, ohne Erfolg. Dies verdrieße ihn umso mehr, als er auf den Bruder sonst großen Einfluss habe, und, seit der Vater gestorben war, sozusagen dessen Stelle vertrete.

»*Nackt.*« Er habe eine Abneigung, sich vor Mädchen zu entblößen. Besonders vermeide er, seine Genitalien zu zeigen.[62] Dies hänge ganz bestimmt mit seinem Kryptorchismus zusammen.

»*Sie habe ihn in den Schenkel gebissen*«.[63] Dazu bloß der Einfall: das Mädchen habe allerlei perverse Einfälle gehabt, ihn auch gebissen. Die teilweise suggestive Frage: ob er schon einmal gehört habe, dass jemand in den Schenkel gebissen worden sei, beantwortet er mit dem Hinweis auf die Storchfabel.

»*Ich schreie auf.*« Dies täte er bei heftigen Anfällen. Dann komme seine Mutter sofort aus dem Nebenzimmer, um ihn zu trösten, eventuell ihm eine Morphiuminjektion zu geben.

---

62 Besonders *bis* zeigen *] Ausl.* 1920
63 *Anm. Adlers:* Dem erfahrenen Analytiker [*Änd.* 1920: Psychologen] wird diese Stelle keine Schwierigkeiten machen. Wir haben es mit einem Patienten zu tun, *dessen Krankheit danach angetan ist, ihn den Schmerz fürchten zu lassen.* Andere Erkundungen der Analyse [der Analyse *] Ausl.* 1920] ergaben seine frühe Kenntnis des Schmerzes beim Gebären. Und dieser Schmerz wurde ihm in der Kindheit wohl plausibel gemacht durch die Wendung: Der Storch hat die Mutter ins Bein gebissen. »Sie habe ihn in den Schenkel gebissen«, heißt hier so viel als: *sie habe ihn zum Weib degradiert, durch das Verhältnis mit dem Bruder zurückgesetzt.* – Ähnlich bei Neurotikern: von Hunden, von Insekten gebissen werden. [zurückgesetzt *bis* gebissen werden *] Änd.* 1920: entmannt. Man denke an den Kryptorchismus]

Wir meinen, die Traumdeutung sei durchsichtig genug, und dies enthebt uns weitläufiger synthetischer Erörterungen. Er beantwortet ein Gefühl der Zurücksetzung mit einem Gedankengang, der ihm einen Anfall einträgt, ihn aber sein symbolisches Ziel erreichen lässt: *zur Mutter zu kommen.* Mit anderen Worten: *Er verwandelt sich aus einem Weib (er wird gebissen) in einen Mann*[64]. Dabei muss auch sein unmännliches Stigma fallen, der Kryptorchismus, und nun darf er sich nackt zeigen. Er ist ein Mann, braucht sich vor niemandem zu beugen, auch im Amte nicht, aber nur auf dem Umwege über die Schmerzen. *Und er sichert sich dieses Gefühl der männlichen Überlegenheit – ganz wie in der kindlichen pathogenen Situation – durch Schmerzen*[65]. [28]

So deutlich wie in diesem Fall findet man in anderen Träumen den Übergang aus dem Gefühl der unterliegenden Weiblichkeit zum männlichen Protest nicht immer. Insbesondere verleitet der Schein leicht *zur Annahme primärer homosexueller Regungen. Die männliche Rolle des Neurotikers beiderlei Geschlechts, im Leben und im Traume, erklärt sich durch den männlichen Protest. Handelt es sich um Rivalen des gleichen Geschlechts, so wird der Sieg oft durch einen Sexualakt symbolisiert, in dem der Neurotiker, im Traum oder in der Fantasie, irgendwie eine männliche Rolle spielt.* – Das Problem des aktiven Homosexuellen ist nach meiner Erfahrung in gleicher Weise aufzufassen; nur wird dabei der Sexualtrieb direkt (und nicht symbolisch) in den Dienst der Herrschsucht, des männlichen Protestes gestellt. Aber auch der Homosexuelle kommt aus einer Phase der Unsicherheit seiner Geschlechtsrolle zur Inversion. – Der passive Homosexuelle arrangiert vielmehr seinen Umfall ins Weibliche, um sich hinterher scharf zu machen, sich Geltung zu verschaffen durch Eifersüchteleien, Eroberungen oder – Erpressungen.[66] – Anderseits ist das Grund-

---

64 Zur Mutter *bis* Mann] *Änd. 1920:* bei der Mutter zu herrschen. Mit anderen Worten, *Er verwandelt sich in einen herrschenden Mann. Erg. 1930:* Die in dem Traum erzeugten Gefühle und Emotionen verstärken seine Tendenz, sich von den Frauen fernzuhalten und zur Mutter zu flüchten.

65 *Erg. 1920:* und Isolierung*Anm. Adlers:* d. h. mit scheinbar »weiblichen« Mitteln. Ich habe auf diesen Mechanismus schon hingewiesen, der natürlich leicht verleiten kann, die Neurose im Ganzen als »weibliche Darbietung« auffassen zu wollen. Eine Betrachtung *der neurotischen Dynamik* lässt diesen Irrtum nicht aufkommen. »Weibliche« Endziele sind ebenso wie »masochistische« unhaltbar und werden in der Neurose nur *vorgeschoben*, sind »weibliche« Mittel zum »männlichen« Protest. In einigen Fällen *von psychischer Impotenz* konnte ich den Mangel an Erektionsfähigkeit *aus der Einstellung auf Trotz und übersteigene Männlichkeit* ableiten und zur Heilung bringen. [In einigen Fällen *bis* bringen] *Ausl. 1924*]

66 *Anm. Adlers:* Ganz so wie der früher erwähnte Masochist, der durch Unterwerfung um Liebe, d. h. in seinem Sinne um Geltung wirbt, die Sexualerregung der Frau hervorrufen will. Von hier zweigt eine Reihe von Perversionen ab, wie Fellatio-, Urin- und Schweißfetischismus etc., [*Ausl. 1920:* wie Fellatio- *bis* etc.] wo es sich darum handelt,

problem, in der Neurose und im Traum, der Ausgangspunkt des psychischen Hermaphroditismus mit folgendem männlichen Protest dadurch verwischt, dass man es meist mit Bruchstücken aus dieser psychischen Dynamik zu tun hat, zu der man sich die Ergänzungen erst suchen muss.

Die Behandlung ging unter einem günstigen Stern vor sich. Andere Kuren waren erfolglos geblieben, unterdes ging aber viel Zeit vorbei, und die Karriere des Patienten wurde immer mehr bedroht. Dazu kamen günstige Aussichten des Patienten, in ein anderes Amt versetzt zu werden, was seinem Gefühl der Beeinträchtigung gegenüber jenem Vorgesetzten gewiss Erleichterung verschaffte. Die Psychoanalyse[67] schloss mit einem vorläufigen Erfolge ab, der nun schon einige Monate währt. Der gewesene Patient übt seine Tätigkeit in einem neuen Büro aus und wohnt getrennt von der Mutter. Seine Freunde und Bekannten drücken öfters ihr Erstaunen darüber aus, dass seine frühere Heftigkeit, Hast und aufbrausende Natur sich so ganz gewandelt habe, dass er ruhiger und gefügiger geworden sei und die Beziehungen im Amte nicht mehr [29] als Zwang empfinde. Für uns hat dies die besondere Bedeutung: *dass seine frühere falsche Einstellung eine Korrektur erfahren hat*, die nicht nur die früheren Anfälle, sondern auch andere Formen der Neurose auszuschließen vermag.[68]

Die beiden anderen Fälle betrafen Patientinnen jenseits des Klimakteriums, setzten heftig in einer Situation der Herabsetzung ein, waren aber ebenfalls seit der Kindheit disponiert. Organminderwertigkeit, das Gefühl der Minderwertigkeit und der männliche Protest ergaben sich in beiden Fällen analog der ersten Krankengeschichte. Ihr ganzes Leben war unter dem Wunsch verflossen: Ich will ein Mann sein, und die Zurückführung auf eine Unsicherheit in der Geschlechtsrolle in der Kindheit war leicht ersichtlich. Im Ganzen waren aber die Zusammenhänge verwickelter und die Anlässe zu den Anfällen häufiger, weil es sich um weibliche Personen einer höheren Altersstufe handelte. Die Aussicht auf Verwirklichung irgendeines männlichen Protestes schien gering, sich zu fügen war keiner der Patientinnen leicht. Immerhin bewirkte die Kur eine starke Herabsetzung der Anfälle nach Zahl und Stärke, hob den Lebensmut in auffälliger Weise, und ich erwarte bestimmt, in beiden Fällen durchzudringen.

---

durch auffällige Überschätzung der umworbenen Person *deren Liebesleidenschaft zu erregen und damit über sie zu siegen*. *Erg. 1920:* vor allem aber, um den irrtümlich angenommenen Mangel an Männlichkeit in normaler Erotik nicht zu entschleiern. *Anm. Adlers:* »In Flucht geschlagen glaubt er zu jagen«. S. Adler, »Das Problem der Homosexualität« 1918 [Adler 1917b; 1918a/1920a]

67 *Änd. 1920:* Behandlung
68 *Erg. 1924:* Seine Prestigepolitik ist teilweise abgebaut, sein Gemeinschaftsgefühl hat sich besser entfaltet.

Dies das Material, das ich zum Beweise des psychogenen Ursprungs der Trigeminusneuralgie derzeit vorlegen kann, und ich empfehle die Prüfung jedes Falles nach diesen Gesichtspunkten der Charakterologie. Ich will nicht leugnen, dass gelegentlich ein Fall vorkommen kann, dessen Ätiologie in pathologisch-anatomischen Veränderungen liegt. Aber sein Verlauf müsste anders sein, als der der uns geläufigen Fälle, insbesondere dürfte die Auflösung des Anfalles in ein psychisches Geschehen nicht gelingen. Auch der Mangel der angegebenen Charakterzüge würde bald auf die richtige Spur leiten.[69]

Die zweite mit der psychogenen Theorie der Neurosen rivalisierende Annahme – *die toxische Grundlage der Neurosen* – kann ich mit dem gleichen Hinweis erledigen: Die psychische Auflösbarkeit der Symptome widerstreitet ihr vollkommen. Wo sich Toxine welcher Art immer bei Neurosen oder Psychosen vorfinden, können sie nur wirksam werden durch die Verschärfung des aus der Kindheit stammenden Minderwertigkeitsgefühls[70] und folgende Aufpeitschung des männlichen Protests[71]. Sie können also nur die Neurose bei Disponierten wecken, indem sie das Gefühl der Herabsetzung wachrufen, in *gleicher Weise wie es der Unfall tut, sofern er zur Unfallneurose Anlass gibt*[72].

---

69 *Erg. 1924:* Selbst in solchen Fällen könnte die Auslösung des Anfalls wie bei der Epilepsie durch den Affekt ohnmächtiger Wut erfolgen.
70 *Anm. Adlers:* Erweckung eines Krankheitsgefühls und Aufdeckung von Insuffizienzen
71 *Erg. 1930:* oder als Folgen der Affekte
72 *Erg. 1930:* oder sie können weiter wachsen und Symptome erzeugen.   *Erg. 1920.* Eine organische Disposition dürfte in der Richtung einer Sympathikotonie, einer bei gewissen seelischen Erregungen verstärkt einsetzenden Erregbarkeit der Gefäßnerven zu suchen sein. Dann ergäbe sich der Schmerz ähnlich wie die Anfälle von Zwangserröten, Migräne, habituellem Kopfschmerz und hysterischer wie epileptischer Bewusstlosigkeit im Verlauf von pathologischen Folgen, die von akuten Gefäßveränderungen eingeleitet werden. Eine weitere Rolle spielt die Einfühlung in den sichernden Anfall. Ausgangspunkt bleibt aber immer die neurotische Störung des seelischen Gleichgewichts.   *Erg. 1930:* Die Beteiligung des vegetativen Systems, Sympathikus und Parasympathikus, kann durch Affekte fraglos erzwungen werden. Oder es spielt dabei eine Minderwertigkeit dieses Apparates, partiell oder allgemein, eine weitere Rolle. In diesem Falle sowie auch bei beweisbarer Mitbeteiligung endokriner Drüsen an dem Affektvorgang wird es immer darauf ankommen, die Affekterregbarkeit herabzusetzen. Dies kann nur durch Änderung des Lebensstils geschehen, durch Steigerung der Fähigkeit zur Kooperation.

13. Ein erlogener Traum.
Beitrag zum Mechanismus der Lüge in der Neurose (1911)

Editorische Hinweise
Erstveröffentlichung:
1911: Zentralblatt für Psychoanalyse. Medizinische Monatsschrift für Seelenkunde. Herausgeber: S. Freud, 1. Jg., H. 2, S. 103–108. Wiesbaden, Bergmann. Reprint: Amsterdam, Bonset 1964

Dieser Aufsatz wurde am 19. Oktober 1910 in der Wiener Psychoanalytischen Vereinigung unter dem Titel: »Ein kleiner Beitrag zur hysterischen Lüge« vorgetragen und diskutiert (vgl. Protokolle III 1979, S. 25–32). Im Zentralblatt erschien er als »Mitteilung«. Er wurde nicht mehr wieder veröffentlicht.

Vor dem Hintergrund der Frage nach der Bedeutung der Lüge in der Neurose stellt Adler den Fall einer 20-jährigen Enuretikerin dar und interpretiert die verschiedenen Symptome, Sexualfantasien und Träume als Erscheinungsformen des männlichen Protests. Auch eine Lüge oder ein erlogener Traum zeige eine solche kämpferische neurotische Einstellung, denn »im Unbewussten gibt's keine Lüge«.

Ein erlogener Traum.
Beitrag zum Mechanismus der Lüge in der Neurose

Unter den älteren Autoren, die das Problem der Hysterie beschäftigte, hat fast jeder das lügenhafte Wesen seiner Kranken hervorgehoben. Etwas zu stark fast, will mir scheinen, wenn ich aus meinem Material die Schlüsse ziehe. Immer steckt die deutliche Absicht dahinter, den Arzt zu demütigen, [104] sich über ihn zu erheben. *Was regelmäßig das Ende der psychoanalytischen Kur hinausschiebt, die Unerträglichkeit des Gedankens, der Arzt könne sich wichtig vorkommen, falls die Heilung gelingt,* dringt auch vereinzelt während oder nach einer unvollendeten Kur durch, mit der gleichen Absicht, den Arzt herabzusetzen, zu blamieren. Dieses Gebaren gemahnt an den Helotenaufstand[1]. Unter Menschen, die sich *ebenbürtig fühlen*, wäre eine derartige Gier, den anderen unterworfen zu sehen, ausgeschlossen. Aber dem Neurotiker wird, wie ich wiederholt auseinandergesetzt habe, jede Art von persönlicher Beziehung, eine zufällige Begegnung, das Leben in der Gesellschaft, eine Prüfung, das Verhältnis zu seinen Angehörigen, die Liebe zum Kampf. Kein Wunder, dass

---

1 [Heloten waren die (Staats)Sklaven in Sparta. Sie erhoben sich 464–455 v. Chr. (3. Messenischer Krieg).]

der Aggressionstrieb des Neurotikers in allen Fällen auch das Verhältnis zum Arzte erfasst und zu einem Kampf ausgestaltet. Dabei kann gelegentlich jede Art von Ranküne zutage kommen, Unbotmäßigkeit, Trotz, Zurückhaltung, Vorwürfe gesuchter Art, hartnäckige Gegenüberstellung anderer Ärzte und ähnliches. Eine Form dieser Aggressionsstellung ist die Lüge.

Mancher Neurotiker kommt bereits in dieser Kampfstimmung zum Arzt. »Ich glaube ja nicht, dass ich geheilt werden kann, aber ich will es nochmals versuchen!« So oder ähnlich lautet die liebenswürdige Form, in der sich zuweilen ein Patient einführt. Bei anderen Patienten wächst dieser Aggressionstrieb langsam, aber stetig dem Arzt entgegen. Man erkennt unschwer, dass bei fortschreitender Besserung der neurotischen Symptome eine seit jeher bestandene Aggressionsstellung des Patienten gegen den Arzt gerichtet ist wie vorher gegen andere, ohne dass diese feindliche Einstellung dem Patienten bekannt war.

Um was dreht sich der Kampf des Neurotikers? Mag der Inhalt welcher immer sein, *er lässt sich in den Gegensatz von »oben und unten« auflösen*, und der Patient ist durch jedes seiner Symptome, durch masochistische oder sadistische, durch Angst oder Zwang, durch Depression oder Affektsteigerung in die Lage versetzt, *sich zur Geltung zu bringen*. Ja, selbst die Affektlage des Zweifels, angrenzend an die des Zauderns, der Unentschlossenheit geht in erster Linie auf ein überspanntes und mit Überwert bedachtes Ziel und soll vor Enttäuschungen bewahren. Der männliche Protest erfüllt den Neurotiker, der sich dem Gefühl der Minderwertigkeit zu entwinden sucht, wobei jedes Mittel ihm als heilig gilt. Eines dieser Mittel, dem andern über zu sein, ist die Lüge.[2]

Dass alle Kinder vorübergehend lügen, um sich groß zu machen, um einer herabsetzenden Strafe und Blamage zu entgehen, ist eine bekannte Tatsache. Eine Fixierung zur Lügenhaftigkeit und Hinterhältigkeit scheint zustande zu kommen durch mäßigen Trotz oder bei erheblicher Einbuße des Aggressionstriebs, analog der Entstehung der masochistischen Tendenz: *sich zu ducken, um dann obenauf zu kommen. Eine starke Einstellung auf Trotz hindert das Aufkommen der Lügenhaftigkeit*.

So war es eigentlich in dem Falle, den ich vor Augen habe. Ein 20-jähriges Mädchen kam zu mir in Behandlung wegen Enuresis und Kotschmierens. Man denkt dabei zuerst an geistige Defekte, doch die Intelligenz [105] des Mädchens erwies sich als vollkommen normal. Bezüglich der Charakterologie, die zur Feststellung der neurotischen Erkrankung in erster Linie in Betracht kommt[3], ergaben sich bald die von mir als notwendig geforderten Befunde:

---

2   *Anm. Adlers:* Im Allgemeinen zeigt der Neurotiker eine starke Abneigung gegen Lügen, weil der Neurotiker ganz wie *Kant* die Auffassung hat, dass die Lüge zu einer Herabsetzung des Persönlichkeitswertes führt. Lügt er dennoch, so braucht er ausschweifende Milderungsgründe oder hilft sich durch Amnesie.

3   *Anm. Adlers:* Man hat in diesen Fällen stets an die allerdings seltene Komplikation

Überempfindlichkeit, Gefühl der Unsicherheit und Minderwertigkeit und Sicherungstendenzen, in diesem Falle ein stets auf der Lauer liegendes *Misstrauen*, mit dem sich Patientin vor Herabsetzung und Blamage zu schützen suchte.

Damit im Zusammenhange standen Züge von Ehrgeiz, Pedanterie und Charaktereigenschaften, die sich in der Formel zusammenfassen lassen: Stets die Erste sein wollen und andere nicht gelten zu lassen. Ein ungeheurer Trotz, der durch die ebenso trotzige Mutter stets gereizt wurde, machte jeden Verkehr mit dem Mädchen schwierig. Als sie in der Schule nachsitzen sollte, sprang sie aus dem zweiten Stock zur Erde und zog sich einen Bruch der Wirbelsäule zu. – Am Anfang versuchte sie die Kur durch Anmaßung und Arroganz zu stören, wurde aber bald ruhiger und fügte sich nach einiger Zeit recht gut, so dass die Psychoanalyse gute Fortschritte machte.

Wer sich meiner Arbeiten erinnert, wird verstehen, dass ich die oben erwähnten Züge als Erscheinungen *des übertriebenen männlichen Protestes* auffasste, als das Betragen eines Menschen, der sich dagegen zur Wehr setzt, als *weiblich angesehen zu werden*. Die feineren Details dieser krampfhaft männlichen Einstellung traten bald zutage. Ich erwähne hier nur einige davon.

Ein häufig wiederkehrender Traum bezieht sich auf den Geschlechtsverkehr mit einem Manne, der *unter ihr* liegt. Ich kann diesen Traum, der bei Mädchen sehr häufig ist oder durch gleichgerichtete Träume vertreten wird (der Mann in Frauenkleidern, Kastration des Mannes etc.), als typisch für die männliche Einstellung bezeichnen. [Die] Patientin drückt hier in sexuellem Jargon aus, was ihr ganzes Leben bewegt, die Gier, oben zu sein. – Der ältere Bruder der Patientin spielte dabei eine unheilvolle Rolle. Er war der Liebling der Mutter und durfte sich vieles erlauben, was dem Mädchen strenge verwiesen wurde. So pflegt es ja gewöhnlich zu geschehen, wo Knaben und Mädchen nebeneinander aufwachsen. Unter anderem blieb es bei dem Knaben ungerügt, wenn er seine Unterwäsche mit Stuhl beschmutzte, während das Mädchen Schläge und Schimpfworte oft in Gegenwart fremder und Dienstpersonen abbekam[4]. Dieser Bruder gab ihr in manchem Ziel und Richtung, und ihn suchte sie auch

---

eines organischen Defektes des Blasenverschlusses zu denken. Bezüglich des Zusammenhanges von Organminderwertigkeit und Neurose siehe *Adler*, Studie über Minderwertigkeit von Organen (Anhang: Schicksale der Enuretiker) [Adler 1907a] und »Myelodysplasie oder Organminderwertigkeit«, Wiener med. Wochenschrift, 1909, Nr. 45 [Adler 1909b]. Im vorliegenden Falle sprach auch der Wechsel der enuretischen Erscheinungen gegen einen organischen Defekt.

4 *Anm. Adlers:* Sowohl die anfängliche Enuresis als die Schwierigkeit, mit der Stuhlfunktion in Ordnung zu kommen, deutet auf eine angeborene Minderwertigkeit des Harn- und Darmapparates hin. Sie war auch beim Bruder und der Mutter nachzuweisen. Die Fixierung solcher Minderwertigkeitserscheinungen erfolgt gewöhnlich in der Einstellung auf Trotz (männlicher Protest) – wie ich dies auch bezüglich der Ess- und Schlafstörungen wiederholt betont habe. –

durch Klugheit und Kraft zu übertreffen. In diese Wünsche spielten auch Gedankengänge hinein, wie, er hätte nicht der Erste sein, sondern ihr, der Zweitgeborenen, seine Stelle abtreten sollen. Früh kam sie auf die Idee, dass er ihr vorgezogen werde, weil er ein Knabe [106] sei. – Ihr Sinn war eigentlich darauf gerichtet, ihn bei der Mutter auszustechen. Auf diese wollte sie wirken, und die Mutter beherrschen wurde ihr zum Ideal des männlichen Triumphes. – Die Mutter, von einer ähnlichen Einstellung regiert, kannte hinwiederum kein anderes Ziel, als die Tochter herabzusetzen, so dass die ganze Lebenszeit des Mädchens erfüllt war von stillen und lauten, erbitterten Kämpfen gegen die Mutter. Der erste Traum ergab eine *Schneewittchenfantasie*. – Alles in allem geht das Streben des Mädchens dahin, die Rolle des Vaters zu spielen. Sexuelle Regungen zum Vater kamen nicht zum Vorschein. Sie lässt sich von ihm ebenso wenig auf den Mund küssen wie von andern Männern, in Erinnerung *an die Furcht ihrer Kindheit, sie könnte durch den Kuss Kinder kriegen, die dann aus dem Munde hervorkämen.*[5]

Ein Traum, in dem sie verkehrt auf einem Pferde sitzt, zeigt eine Fellatiofantasie in Verbindung mit männlicher Einstellung: Wenn ich schon ein Weib sein soll, will ich herrschen, obenauf sein. (Psychischer Hermaphrodit mit männlichem Endziel.)

Eine Zwangshandlung, *alle »schief« stehenden oder hängenden Gegenstände gerade zu richten und zu verschieben*, ließ sich aus ihrem Wunsche, ein Mann zu sein und einen gerade herabhängenden, verschieblichen Geschlechtsteil zu besitzen, erklären. Dieses nicht seltene Symptom dient demnach einer Sicherungstendenz und liegt auf den Linien des männlichen Protests.

Der Sinn der Enuresis war analog dem meiner anderen Enuretikerfälle. Der Anfall stellte sich immer nach einer tief empfundenen Herabsetzung ein und alternierte mit Bohren im After, Kotschmieren oder Kopfschmerzen. Die enuretischen Träume vergangener Zeiten boten eine eindeutige Aufklärung: Gewöhnlich ergoss sich im Traum der Urin in der Form eines Springbrunnens, *das heißt, wie es nur dem Manne möglich ist.* Ich habe auf diesen psychischen Verrat in den Träumen enuretischer Mädchen ebenso wie auf das Figurenpissen bereits hingewiesen. *Später symbolisierte die Enuresis den männlichen Trotz gegen die Mutter.* Oder sie versuchte *durch das Arrangement von Faulheit oder Angst* die Mutter zu zwingen, ihr beizustehen, sie zu wecken oder aufs Klosett zu begleiten.

War also die Enuresis seit ihrer Fixierung als neurotisches Symptom ein Symbol der männlichen Tendenz, so kam seit einigen Jahren eine erhebliche Verschärfung hinzu, seit das Mädchen sich dem heiratsfähigen Alter näherte. Man kann sich leicht vorstellen, wie gering die Eignung zur Gattin und Mutter

---

5 *Anm. Adlers:* Siehe die Teufelsaustreibungen bei den Besessenen, bei denen kleine Teufel aus dem Munde entfliehen.

war. Nichtsdestoweniger traten Heiratsgedanken häufig auf. Auch Koketterien und kurzweilige Flirts, *in der Absicht, die Männer zum Narren zu halten*, gab es eine ganze Zahl. Auffällig war der Wunsch, viele Kinder zu bekommen, insbesondere da er gemildert war durch die Furcht, sie könnten hereditär mit Enuresis belastet sein. *Da sie niedrig gewachsen war, wünschte sie einen recht großen Mann*. Und sie vergrößerte diese Schwierigkeit noch dadurch, dass sie die Männer fast ausnahmslos *für infiziert* hielt. Ansteckende Krankheiten aber und Vergiftungsmöglichkeiten (Zusammenhang mit der oben erwähnten Befruchtungsfantasie auf dem Nahrungsweg) konnten sie ungeheuer erschrecken. Die Furcht, ein Bräutigam könnte von ihren Fehlern erfahren, ferner eine Be*[107]*fürchtung, sie könnte das Hymen verletzt haben, vollendeten *das kunstvolle Gewebe der Sicherungstendenzen*, so dass wohl ein ehrlicher Gedanke an eine Heirat ernsthaft nicht in Frage kann. Die unbewusste Lüge von ihrer Heiratslust sprang ja schon in die Augen, wenn man sich des hartnäckigen Festhaltens an der Enuresis und am Kotschmieren erinnerte, so dass die Mutter eines Tages den Schwur tat, das Mädchen werde unter diesen Umständen nie einen Mann bekommen. Es ist wohl die raffinierte Bosheit mancher Neurotiker, dass sie ihre sinnlos schwörenden Angehörigen *nicht meineidig werden lassen*, zumal dies wie in unserem Falle der unbewussten Einstellung so erheblich zustatten kam.[6]

Einen interessanten Aufschluss bekam ich bezüglich des Afterbohrens. Kitzelgefühle, Würmer, Hämorrhoiden und Fissuren ließen mich die angeborene Organminderwertigkeit erkennen. Dazu kam ein früh aufgetretener Irrtum vom After als Geschlechts- und Geburtsorgan. *Obstipationen hat sie absichtlich hervorgerufen, weil sie befürchtete, es könnten Kinder aus dem After hervorkommen*[7]. Über den Bau des weiblichen Geschlechtsorgans war sie auffallend schlecht belehrt. Sie erinnert sich, dass sie jahrelang knapp vor dem Einschlafen mit dem Finger in einem Nasenloch bohrte und sich immer überzeugen wollte, *dass sie kein zweites Nasenloch habe*.

Den gleichen Zweck verfolgt ihr Bohren im After, das stets nur im Halbschlummer vorgenommen wird. Sie sucht die Fiktion aufrechtzuerhalten, dass sie nur ein Loch habe.

Das Kotschmieren knüpft an den Dialektausdruck »anschmieren« an. Ein

---

6 Anm. Adlers: Wulffen bezeichnet in seinem »Sexualverbrecher« [Wulffen 1910] die Frau allgemein als Sexualverbrecher. In der Tat ist bei jeder Frau der männliche Protest ausgebildet und macht sie innerlich unfrei. Die Verallgemeinerung *Wulffens* ist eine dichterische Lizenz, eine pars pro toto: Die Kriminalität ist eine Form des männlichen Protests, dessen verschiedene Formen aber nicht Äquivalente der Kriminalität.

7 Anm. Adlers: Noch deutlicher als in *Freuds* Analyse des kleinen Hans [Freud 1909] tritt in meinem Falle der Wunsch, ein Mann zu sein, aus den Stuhl- und Aftergeburtsfantasien hervor.

Mädchen »anschmieren« heißt, es zum Besten halten, anlügen. Unsere Patientin, die den Ausdruck oft in ihrer Kindheit gehört hat, nahm ihn wörtlich und entwickelte eine dritte Sexualfantasie: *Ein Mädchen mit einer Salbe anschmieren bedeute, mit ihr Geschlechtsverkehr haben.* Im Halbschlummer ist sie der Mann, der anschmiert. Übrigens hatte sie bereits frühzeitig eine Neigung anzuschmieren, das heißt zu lügen. Eine Zeit lang simulierte sie Krämpfe, dann wieder einmal stellte sie sich taub, stets in der Erwartung, sich als die Überlegene zu erweisen. In diese Aufklärungen fällt folgender Traum: *»Ich stehe lange vor dem Spiegel. Mir fällt meine Nase auf, die ich aufmerksam und liebevoll betrachte. Auf einmal beginne ich heftig zu lachen und lache, bis ich aufwache.«*

»*Ich stehe lange vor dem Spiegel*«. Dazu fällt ihr ein, dass sie früher niemals den Spiegel für nötig fand, sich auch nie darin besah. Ihre Mutter nötigte sie dazu, und derzeit sei es umgekehrt: Sie stehe jedes Mal so lange vor dem Spiegel, bis die Mutter wütend werde. (Trotzeinstellung, um die Mutter durch Folgsamkeit lächerlich zu machen, so wie oben bezüglich des Schwurs.)[8] – Außerdem klingt das Schneewittchenmotiv durch. *[108]* Frägt, ob sie hässlich sei. Die Reduktion dieser Gedanken lautet: Ich will der Mutter über sein.

»*Mir fällt meine Nase auf, die ich aufmerksam und liebevoll betrachte.*« Die Nase, respektive das Nasenloch ist uns aus dem Material bekannt. Es fällt ihr auch das Nasenbohren ein. Ein Einfall bezieht sich darauf, dass die Nase derjenige Körperteil sei, der am meisten und gerade vorspringt. Hier drängt sich aus dem Material die Auflösung der Zwangshandlung auf, der Gegensatz von Gerade und Schief. Auch da klingt deutlich die Fantasie vom Besitz eines Penis heraus.

»*Auf einmal beginne ich heftig zu lachen …*« Am Vortage hat sich folgendes Ereignis abgespielt: Der Bruder der Patientin hatte kurze Zeit ein Verhältnis zu einem Mädchen unterhalten, in dessen einzelne Phasen die Patientin eingeweiht war. Als er mit dem Mädchen brechen wollte, bat er die Schwester, seine Absage dem Mädchen bekannt zu geben, was sie auch auf telefonischem Wege ausführte. Dabei bemerkte sie, wie das Mädchen sprachlos und offenbar verdutzt eine Pause machte, und brach in ein unbändiges Gelächter aus, »*wie sie immer tat, wenn sie jemanden anschmieren konnte*«. – Das Gelächter im Traume hieß also: »*ich schmiere jemanden an*« (sc. ein Mädchen).

Da dieses »Anschmieren« – Kotschmieren[9] – eines ihrer Krankheitssym-

---

8   Anm. *Adlers*: Eine solche Stellungnahme, die man bei Neurotikern häufig antrifft, verdient im Ernste nicht den Namen des Gehorsams. Sie dient dazu, eine Autorität lächerlich zu machen, sie herabzusetzen und sich über sie zu erheben.

9   Anm. *Adlers*: Eine ähnliche Degradierung scheint in der Einbrechersitte des »grumus merdae« beabsichtigt zu sein, wonach der Verbrecher an der Stätte seines Diebstahls einen Kothaufen zurücklässt. *Hellwig* (zitiert nach *Wulffen*, Der Sexualverbrecher)

ptome war, blieb mein Interesse darauf besonders haften. Die Deutung ergab: *1. Ich will der Mutter über sein. – 2. Ich freue mich, dass ich ein Mann bin. 3. Ich schmiere Mädchen an.* – Die pathogene kindliche Situation musste also gewesen sein: Ich will der Mutter so überlegen sein, sie beschmutzen wie der Vater.

Als wir in der Deutung so weit waren, eine psychische Dynamik zu erkennen wie bei den anderen Symptomen auch, sprang die Patientin freudig auf und rief: »*Sehen Sie, das war gar kein Traum, sondern eine Dichtung.*«

Sie wollte mich eben auch anschmieren, das heißt, sie ertrug den Gedanken einer Überlegenheit des andern ebenso wenig wie alle andern Neurotiker, und wollte mich herabsetzen, *zum Weibe machen, wie es ihre kindliche Fantasie verstand.* – Ich setzte ihr, ohne ungehalten zu sein, den Sachverhalt auseinander, und seit dieser Zeit war sie ein wahres Muster in der Kur.

»Traulich und treu ist's nur in der Tiefe.«[10] Im Unbewussten gibt's keine Lüge. Nur das Bewusstsein gestaltet sie aus, als männlichen Protest einer Psyche, die sich weiblich fühlt, durch die Lüge aber der Niederlage zu entgehen hofft.

[Wulffen 1910] erzählt von Einbrechern, die nach getanem Werk onanieren. Dies zeigt noch deutlicher den männlichen Protest, das Symbol der Überlegenheit gegenüber dem unterlegenen weiblichen Beraubten.

[Hellwig zu »grumus merdae« in Monatsschrift f. Kriminalpsychologie und Strafrechtsreform 1905/06 und Archiv f. Kriminal-Anthropologie und Kriminalistik 1906, 1908]

10 [»Traulich und treu ist's nur in der Tiefe: falsch und feig ist, was dort oben sich freut!« Schlusschor der Rheintöchter in Wagners »Rheingold«.]

14. Zur Kritik der Freud'schen Sexualtheorie der Nervosität (1911)

Editorische Hinweise
Erstveröffentlichung:
1914: Heilen und Bilden, S. 94–114
Neuauflagen:
1922: Heilen und Bilden, S. 72–87, als »Zur Kritik der Freud'schen Sexualtheorie des Seelenlebens«
1928: Heilen und Bilden, S. 92–109

Dieser Beitrag geht auf einen Vortrag in zwei Teilen zurück, den Adler in der Wiener Psychoanalytischen Vereinigung am 4. Januar und am 1. Februar 1911 gehalten hat:

1. Die Rolle der Sexualität in der Neurose
2. »Verdrängung« und »männlicher Protest«; ihre Rolle und Bedeutung für die neurotische Dynamik (Protokolle III 1979, S. 103–105 u. 139–143).

Die Vorträge wurden noch weiter am 8. und am 22. Februar diskutiert (Protokolle III 1979, S. 150–155 u. 164–172). Zu einer im »Zentralblatt« angekündigten Veröffentlichung kam es damals nicht.

Der Vortrag, auf die Aufforderung von Freud hin gehalten, Adler möge seinen Standpunkt im Gesamtzusammenhang darstellen, war der letzte Akt zum Bruch zwischen Adler und Freud. Nach der grundlegenden Zurückweisung Freuds – Adlers Psychologie sei Ichpsychologie, sie leugne die Libido, das Unbewusste und sei schädlich für die Psychoanalyse – legte Adler am 22. Februar seine Funktion als Obmann des Vereins nieder. Später erklärte er seinen Austritt aus der Redaktion des »Zentralblattes« wegen »wissenschaftlicher Gegensätze«. Nach einer weiteren Diskussion am 1. März und wieder zu Beginn des neuen Sitzungsjahrs am 11. Oktober wurde noch einmal die »Inkompatibilität« der Position Adlers mit der Psychoanalyse festgestellt und eine doppelte Mitgliedschaft, im Psychoanalytischen Verein und in Adlers »Verein für freie Psychoanalyse«, verwehrt.

Die Vorträge stellen eine Zusammenfassung und Zuspitzung der grundlegenden theoretischen Differenzen zu Freud und eine erneute inhaltliche Darstellung seines eigenen Ansatzes dar. Dieser wird mit vielen Fallbeispielen erläutert. Im Zentrum der Differenz steht die Zurückweisung der primären Stellung des (Sexual-)Triebs. Triebe seien in ihrer Dynamik dem »psychischen Leben«, dem Ziel untergeordnet, würden durch das Ziel gerichtet, gehemmt, bearbeitet und seien so nie Ursache, nichts Ursprüngliches, nie »echt«. Ziel der psychischen Dynamik sei nicht Lustgewinnung, sondern die Herstellung und Erhaltung der Sicherheit und Macht, besonders in der Form des männlichen Protests. Auch Verdrängung als treibende Kraft in der Neurose wird in Frage gestellt, Triebverdrängung sei eine Begleiterscheinung, sei somit sekundär. Die Rede von verdrängten Trieben sei mechanistisch, bediene sich dogmatischer Klischees, verdingliche und verräumliche.

Änderungen in den verschiedenen Auflagen gibt es nur wenige und die sind von 1922.

Zur Kritik der Freud'schen Sexualtheorie der Nervosität

1. Die Rolle der Sexualität in der Neurose

Die Frage ist müßig, ob eine Neurose ohne Einbeziehung des Sexualtriebes möglich sei. Hat er doch im Leben aller eine ähnlich große Bedeutung. Fragt sich also, ob in seinen Schicksalen der Anfang und das Ende, alle Symptombildungen der Neurose zu erblicken seien. Ich muss darauf mit einer kurzen Schilderung – nicht des losgelösten Sexualtriebs, sondern seiner Entwicklung im Ensemble des Trieblebens antworten. Biologisch wäre die Auffassung nicht zu halten, dass jeder Trieb eine sexuelle Komponente habe, also auch der Fresstrieb, der Schautrieb, der Tasttrieb usw. Man muss vielmehr annehmen, dass die Evolution im organischen Reich zu Ausgestaltungen geführt hat, die wir uns als Differenzierung ursprünglich vorhandener Zellfähigkeiten zu denken haben. So ist dem Willen und der Not zur Assimilation ein Nahrungsorgan gefolgt, ein Tast-, Gehörs-, Gesichtsorgan dem Willen und Zwang zum Fühlen, Hören, Sehen, ein Zeugungsorgan dem Willen und Zwang zu Nachkommenschaft. Die *Behütung* aller dieser Organe war so sehr nötig, dass sie von zwei Seiten in Angriff genommen wurde: durch Schmerz- und durch Lustempfindung. – Da dies nicht genügte, durch eine dritte Sicherung, durch ein Organ der Voraussicht, dem Denkorgan, dem Gehirn. Auf dem Experimentierfelde der Natur finden sich Variationen aller drei *Sicherungsgrößen*. Der Anstoß kommt aus Angriffen in der Aszendenz, die Deszendenz weicht aus. Bald kommt es zu peripheren Defekten, bald zu erhöhten Schmerz- und Lustempfindungen im minderwertigen Organ. Der variabelste Anteil, das Zentralnervensystem, übernimmt die endgültige *Kompensation*. Es ist ein zweifaches Unrecht, den Begriff des minderwertigen Organs und den der »erogenen Zone« (*Havelock Ellis*) zu konfundieren. Nur ein kleiner Teil der minderwertigen Organe zeigt erhöhte Lust- oder Kitzelgefühle im peripheren Anteil. Will man, wie *Sadger* versucht, einen minderwertigen Nierenleiter, eine Gallenblase, Leber–Pankreas, adenoide Vegetationen und Lymphdrüsen zu den erogenen Zonen zählen?[1] Die Otosklerose zeigt nach neueren Untersuchun[95]gen

---

1 [Solche Zusammenhänge waren in der Mittwochgesellschaft immer wieder nahegelegt worden, besonders aber von *Sadger* (vgl. Protokolle II 1977, S. 481 ff.; Sadger 1911).]

einen Mangel des Kitzelgefühls im äußeren Gehörgang. Ferner: Wo stellen Sie bei der Auffassung von den erogenen Zonen die Gehirnkompensation und Überkompensation hin?

Zweitens: Es präjudiziert der Begriff »erogene Zone«, und zwar mit Unrecht. Nicht als ob ich leugnen wollte, dass sich am minderwertigen Organ bewusste und unbewusste perverse Fantasien anknüpfen könnten. Aber erst im späteren Leben, unter Zuhilfenahme falscher Sexualvorstellungen oder unter dem Drucke bestimmter Sicherungstendenzen. Um erogen zu werden, bedürfen diese Zonen einer sekundären Triebverschränkung unter dem Drucke falscher Sexualtheorien oder gegensätzlicher *überflüssiger Sicherungstendenzen*. Die Behauptung, dass das Kind *polymorph-pervers* ist, ist ein Hysteron-Proteron, eine dichterische Lizenz. Die »*sexuelle Konstitution*« kann durch Erlebnisse, durch Erziehung, insbesondere auf Basis der Organminderwertigkeit beliebig gezüchtet werden. Selbst die *Frühreife* kann niedergehalten oder gefördert werden. *Sadistische und masochistische Regungen* aber entwickeln sich erst aus den harmloseren Beziehungen von regelmäßig vorhandenem Anlehnungsbedürfnis und Selbstständigkeitsregungen, sobald der männliche Protest in Frage kommt, mit seiner Aufpeitschung von Wut, Zorn und Trotz.

Das Sexualorgan entwickelt einzig und allein den sexuellen Faktor im Leben und in der Neurose. So wie die Sexualität Beziehungen eingeht zum gesamten Triebleben und seinen Ursachen, so gilt dies von jedem anderen Trieb. Bevor der Sexualtrieb eine nennenswerte Größe erreicht, etwa am Ende des ersten Jahres, ist das psychische Leben des Kindes bereits reich entwickelt. *Freud* erwähnt die Auffassung alter Autoren, denen sich *Czerny* anschließt, dass Kinder, die sich beim Stuhlabsetzen trotzig benehmen, oft nervös werden. Im Gegensatz zu anderen Autoren führt er ihren Trotz darauf zurück, dass sie bei der Stuhlverhaltung sexuelle Lustgefühle haben. Ich habe keinen einwandfreien derartigen Fall gesehen, will aber nicht leugnen, dass Kinder, die derartige Kitzelgefühle bei der Retention haben, wenn sie in die Trotzeinstellung geraten, *gerade diese Art* des Widerstandes bevorzugen. Dabei ist aber doch der Trotz maßgebend, und die Organminderwertigkeit ist für die Lokalisation und Auswahl des Symptoms ausschlaggebend. Ich habe viel öfters beobachtet, dass derartige trotzige Kinder den Stuhl knapp vor oder nach der Inszenierung des nötigen Apparates oder auch neben dem Apparat produzieren. Dasselbe gilt vom Urinieren solcher Kinder, dasselbe aber auch vom Essen und *[96]* Trinken. Man braucht gewissen Kindern das Trinken bloß einzuschränken, und ihre »libido« steigt ins Unermessliche. Man braucht ihnen nur zu sagen, dass man auf regelmäßiges Essen Wert legt, und ihre Libido sinkt auf null. Kann man diese »Libidogrößen« ernst oder gar energetisch nehmen und zu Vergleichen benützen? Ich sah einen dreizehn Monate alten Knaben, der kaum stehen und gehen gelernt hatte. Setzte man ihn in seinen Sessel, so stand er auf. Sagte man ihm: »Setze dich nieder!«, so blieb er stehen und sah schelmisch drein.

Seine sechsjährige Schwester rief ihm bei einer solchen Gelegenheit zu: »Bleib stehen!«, und das Kind setzte sich nieder. Dies sind die Anfänge des männlichen Protestes, und die inzwischen aufkeimende Sexualität ist seinen Stößen und seinem Drängen fortwährend ausgesetzt. Auch die Wertschätzung des Männlichen beginnt auffällig früh. Ich sah einjährige Kinder, Knaben und Mädchen, die männliche Personen sichtlich bevorzugten. Vielleicht ist es der Klang der Stimme, das sichere Auftreten, die Größe, die Kraft, die Ruhe, die dabei den Ausschlag gibt. Ich habe auf diese Wertschätzung in einem Referat über *Jungs* »Konflikte der kindlichen Seele« [Jung 1910/1972] kritisch[2] hingewiesen [Adler 1910m]. Sie löst regelmäßig den Wunsch aus, auch ein Mann zu werden. Neulich hörte ich ein Kind von zwei Jahren, einen Knaben, sprechen: »Mama dumm, Fräulein dumm, Toni (Köchin) dumm, Usi (Schwester) dumm, O-mama (Großmama) dumm!« Als er gefragt wurde, ob der Großpapa auch dumm sei, sagte er: »O-papa doß (groß).« – Allen fiel es auf, dass er den Vater ausgenommen hatte. Man hielt es für ein Zeichen des Respektes. Es war leicht zu verstehen, dass er die sämtlichen *weiblichen* Mitglieder seiner Umgebung für dumm erklären wollte, sich und die männlichen für klug. Er identifizierte dumm und weiblich, klug und männlich, *aber diese Imitation[3] verhalf ihm zur Geltung.*

Ich habe in mehreren Arbeiten hervorgehoben, dass vor allem die Kinder mit fühlbarer Organminderwertigkeit, Kinder, die an Fehlern leiden, deren Unsicherheit größer, deren Furcht vor Blamage und vor Strafe ausgiebiger ist, jene Gier und jene Hast entwickeln, die schließlich zur Neurose disponieren. Sie sehnen sich frühzeitig schon nach dem *Beweis ihres Wertes oder weichen Verletzungen ihrer Empfindlichkeit aus.* Sie sind schüchtern, erröten leicht, fliehen vor jeder Prüfung ihres Könnens und verlieren frühzeitig *[97]* die Natürlichkeit des Benehmens. Dieser unbehagliche Zustand drängt mit Macht *nach Sicherungen.* Bald wollen sie gehätschelt sein, bald alles allein machen, sie schrecken vor jeder Arbeit zurück oder lesen ununterbrochen. In der Regel sind sie frühreif. Ihre Wissbegierde ist ein *kompensatorisches Produkt ihrer Unsicherheit* und greift frühzeitig nach den Fragen über den Geburtshergang und über den Geschlechtsunterschied. Diese angestrengte und andauernde Fantasietätigkeit muss als ein Reiz für den Sexualtrieb aufgefasst werden, sobald primitive Kenntnisse von Sexualvorgängen zustande gekommen sind. Auch hier gilt ihnen als Ziel der *Beweis ihrer Männlichkeit.* Ich habe in der »Minderwertigkeitslehre« hervorgehoben, dass die Sexualminderwertigkeit mit ihrer oft größeren Lustempfindung zur Frühreife disponiert. Treffen, wie

---

2   Anm. Adlers: Wie ich derzeit sehe, mit Erfolg. Siehe *Hitschmann,* Freuds Neurosenlehre, 2. Aufl. [Hitschmann 1911], und *Jung* (Bleuler-Freud'sches Jahrbuch 1913). [Jung 1913b/1969]

3   Imitation] Änd. 1922: Gleichstellung

so häufig, männlicher Protest und größere Lustempfindung am Genitale zusammen, so resultieren Frühmasturbation und frühzeitige Sexualwünsche. Vorstellungen von den Schrecken und Schmerzen des Geburtsaktes, des Geschlechtsverkehres sind es, die den *Protest in männlicher Richtung* weitertreiben. Wo in der Neurose Geburtsfantasien, Kastrationsgedanken oder analog zu verstehende Gedanken vom Untensein, von Atemnot, vom Überfahrenwerden usw. auftauchen, sind es weder Wünsche noch verdrängte Fantasien, sondern *symbolisch gefasste Befürchtungen, zu unterliegen,* gegen die sich der Neurotiker zu sichern trachtet oder die er als *Warnungen* sich vor die Seele ruft. Ein nicht seltener Typus, den ich bisher nur selten in den Kreis meiner Erwägungen gezogen habe, meist Söhne starkgeistiger, männlicher Mütter, hat die *Angst vor der Frau* tief im Gemüte. In ihren Fantasien spielt die männliche Frau häufig eine Rolle, das ist die Frau, die oben, ein Mann sein will. Oder sie haben die symbolische Fantasie des Penis captivus, das heißt sie fürchten, von der Frau nicht loszukommen, wobei das Bild vom Sexualverkehr der Hunde entlehnt ist. Um nun recht achtzugeben, übertreiben sie maßlos. Ihre eigene Sinnlichkeit erscheint ihnen riesenhaft, das Weib wird zum Dämon, und so wächst ihr Misstrauen so weit, dass es sie geschlechtlich unbrauchbar macht. Sie müssen *jedes Mädchen peinlich prüfen, belauern, auf die Probe stellen* (Griselda!)[4]. Auch bei ihnen geht die Natürlichkeit der Beziehungen verloren.

Und es erhebt sich wieder die Frage: *Ist das, was uns der Neurotiker an Libido zeigt, echt?* Seine Frühreife ist erzwungen, sein Onaniezwang dient dem Trotz und der Si[98]cherung gegen den Dämon Weib, seine Liebesleidenschaft geht bloß auf den Sieg, seine Liebeshörigkeit ist ein Spiel, darauf berechnet, sich dem ernsthaften Partner nicht zu unterwerfen, seine perversen Fantasien, ja selbst seine aktiven Perversionen dienen ihm nur dazu, sich von der Liebe fernzuhalten. Wohl sind sie ihm ein Ersatz, aber nur, weil er seine Heldenrolle spielen will und weil er fürchtet, auf normalem Wege unter die Räder zu kommen. Zumal das sogenannte »Kernproblem« der Neurose, die Inzestfantasie, hat meist die Aufgabe, den Glauben an die eigene, übermächtige Libido zu nähren und deshalb jeder »wirklichen« Gefahr so weit als möglich aus dem Wege zu gehen.

Ich gehe nunmehr an die Analyse eines Falles aus der letzten Zeit. Der betreffende Patient ist noch nicht entlassen. Die Struktur seiner Neurose liegt aber so weit klar, dass ich sie auszugsweise vortragen kann, um an ihr meine Behauptungen noch deutlicher zu machen.

Ein 22-jähriger Bauzeichner klagt über Anfälle von Zittern in den Händen

---

4   [Seit Boccacio, Decameron (1493), letzter Abschnitt, häufig bearbeiteter Stoff, u. a. von Gerhardt Hauptmann 1909 (vgl. Protokolle II 1977, S. 166–174); Griselda ist den quälenden Proben des Ehemanns zu absoluter und demütigender Unterwerfung ausgesetzt (vgl. auch Rank 1912).]

seit eineinhalb Jahren und häufige nächtliche Pollutionen. Die ersten Erkundungen ergaben: Verlor den Vater im fünften Lebensjahr. Der Vater konnte die letzten drei Jahre kaum allein stehen oder gehen und war auf beiden Augen erblindet. Erst in seinem siebzehnten Lebensjahre erfuhr der Patient, dass sein Vater an Rückenmarksschwindsucht gestorben war; gleichzeitig gab man ihm als Ursache dieses Leidens übermäßigen Geschlechtsverkehr an. Diese Mitteilungen fielen in eine Zeit heftiger Masturbation und erfüllten den Patienten mit großem Schrecken für seine eigene Zukunft.

Für seine eigene Zukunft hatte er schon oft zu fürchten Gelegenheit gehabt. Zuerst als kleiner Knabe, da er, schwächlich und kleiner als seine Geschwister und Gespielen, stets Schutz bei seiner Mutter suchte, die ihn als Jüngsten auffällig verhätschelte. Ängstlichkeit und Schüchternheit hafteten seinem Wesen stets an. Doch wurde er bald rechthaberisch, wollte unter seinen Gespielen stets die erste Rolle spielen und konnte deshalb nie Freunde erwerben. Sein Wissensdrang zeigte sich bald, und zwar sowohl in sexuellen Dingen als in der Schule. Seine Sehnsucht war, ein großer Mann zu werden. Und so kam er als einziger einer großen Geschwisterschar in die Mittelschule. Eine Kindheitserinnerung, in der sich der männliche Protest seiner Kindheit widerspiegelt, ist folgender: *Wenn er im Grase auf dem Rücken lag, sah er oben in den Wolken das Bild seines Vaters.* Er, der weibliche Schwächling, in der weiblichen Position; [99] oben der Vater, der Mann. Er hatte bis in die letzten Jahre weibliche Züge und musste oft in seiner Kindheit beim Theaterspielen in weiblichen Kleidern Mädchenrollen spielen. Er schlief lange mit der um zwei Jahre älteren Schwester in einem Bett und befriedigte dort seine sexuelle Neugierde. In seinen Träumen gab es vereinzelt Inzestfantasien, die sich auf Mutter und Schwester bezogen. – Die Mutter hielt strenge auf Moral, und er hatte Gelegenheit, ihre Härte gegenüber den älteren Brüdern, sobald Liebesaffären vorfielen, zu beobachten. Bezüglich der Ehen ihrer Kinder sah sie in erster Linie auf materielle Güter und verfolgte eine ihrer Schwiegertöchter viele Jahre mit ihrem Hasse, weil sie arm in die Ehe getreten war. Alles in allem beherrschte ihn die Mutter in jeder Beziehung.

Erregungen und masturbatorische Beziehungen kamen bei unserem Patienten vom neunten Lebensjahre an vor. Später hatte er häufig Sexualerregungen, wenn er in Mädchengesellschaft war. Als er im vierzehnten Lebensjahr Masturbation zu üben begann, wurde ihm dadurch jede Mädchengesellschaft so sehr verleidet, dass er am liebsten allein blieb. Er vertiefte seine Überzeugung, dass seine Sexuallibido ungeheuer groß war und kaum zu bewältigen. Als er von der Krankheit seines Vaters erfuhr und gleichzeitig annehmen musste, dass dieser ebenso sinnlich wie er gewesen, gab ihm dies einen gewaltigen Ruck: Er ließ von der Masturbation! Oft ließ er sich hinreißen, trotz seiner Furcht vor Erektionen, Mädchen zu küssen, um nachher längere Zeit alle Orte zu meiden, wo er Mädchen treffen konnte.

War nun seine Libido wirklich so groß, als er *annahm*? War sie vor allem so groß, dass er zu Sicherungen, wie die der Gesellschaftsangst, greifen *musste*? Manches spricht strikte dagegen. Er war in Verhältnissen auf dem Lande aufgewachsen, später allein an einer Provinzrealschule, wo Gelegenheiten zum Geschlechtsverkehr reichlich zu finden waren. Manches der Mädchen war ihm weit genug entgegengekommen. Als er von der Krankheit des Vaters hörte und von deren angeblicher Veranlassung, setzte er sofort mit der Masturbation aus. Er nahm bald nachher normalen Verkehr auf, übte diesen aber selten aus und ließ sich durch Gedanken an die Geldausgaben leicht davon abhalten. Mädchen, die ihm freiwillig entgegenkamen, verließ er nach ihrer Eroberung, aus Befürchtung, nicht mehr von ihnen loszukommen. Er stellt sich jedes Weib als einen Dämon vor und äußerst sinnlich, der ihn beherrschen will, dem gegenüber er schwach sein könnte, und er bleibt *stark*. Dabei verachtet er die [100] Frauen, hält sie für minderwertig, misstraut ihnen und mutet ihnen stets egoistische Motive zu. Vor zwei Jahren wurde er mit einem schönen, aber armen Mädchen bekannt, zu dem er sich anfangs hingezogen fühlte. Als beide eine Heirat in Aussicht nahmen, war die Konsequenz die, dass er massenhafte Pollutionen bekam und bei Prostituierten Ejaculatio praecox oder Impotenz zeigte. Gleichzeitig machte er die Wahrnehmung, dass er im Amte zu zittern begann und seine Zeichnungen nur mit Mühe fertigbrachte. Eine genauere Untersuchung ließ erkennen, dass er nur dann Zittern und Stocken beim Sprechen zeigte, wenn er tags vorher Verkehr oder eine Pollution gehabt hatte. Die naheliegende Annahme, dass er das Zittern bei seinem Vater gesehen habe und nunmehr nachahme, um sich zu schrecken, konnte [der] Patient nicht bestätigen. Dagegen fiel ihm ein alter Professor der Mittelschule ein, der sowohl Zittern als Stocken in der Stimme zeigte, Erscheinungen, die unser Patient damals als Alterserscheinungen bei Leuten deutete, die in der Jugend viel Sexualverkehr gehabt hatten. Eine zweite Quelle, die er verwendete, ergab sich in einer Schrift über Pollutionen, in der als Folgen Zittern und Stocken der Stimme beschrieben wurden. Nähere Aufklärungen brachten seine Gedanken über die bevorstehende Heirat. Die Mutter wird unzufrieden sein. Seine reichen Verwandten würden ihn verachten. Das Mädchen heirate ihn nur aus materiellem Interesse. Sie sei sinnlich und werde ihn in den Taumel ihrer Sinneslust hineinziehen. Er selbst sei sinnlich. Die Folgen seiner Masturbation, seiner Pollutionen und seines Verkehrs träten bereits ein. Und so zog er sich *auf Grund dieser Arrangements* wieder von dem Mädchen zurück, ohne recht zu wissen, wie er ganz von ihr loskommen könne. *Dieses Schwanken ist einem Nein gleichwertig, sichert ihn auch zugleich gegenüber anderen Mädchen.*

Er zittert also jetzt schon, um sich daran zu erinnern, was ihm dereinst droht. Er zittert, um seiner Urangst zu entgehen, wieder, wie einst bei der Mutter, unter die Gewalt eines Weibes zu kommen. Er zittert, um sich vor dem Schicksal des Vaters, vor dem Schicksal jenes alten Lehrers zu bewahren. Er zittert, um dem Dämon Weib, und um seiner eigenen Sinnlichkeit wie der des Mädchens zu entgehen. Und er zittert, um, entgegen seinem eigenen Wunsch, *dem der Mutter zu genügen*, die der Heirat abhold wäre, was aber in letzter Linie ihm nur wieder seine Abhängigkeit vom Weibe be*[101]*weisen soll. – Deshalb seine Auffassung von seiner übergroßen Sinnlichkeit sowie von der des Weibes, darum die häufigen Erektionen und Pollutionen, die zum größten Teil zustande kommen, *weil er sie will, weil er sie braucht und weil er, um sie zu konstruieren, ununterbrochen an sexuelle Dinge denkt*. Und ich frage nochmals: *Wie soll man die Libido dieses Neurotikers abschätzen, wo alles gemacht, arrangiert, vergrößert, verzerrt*, ein tendenziös gekünsteltes und unnatürliches Produkt, Aktivum und Passivum zugleich, geworden ist?

Ein Traum des Patienten, der alle diese Züge wiedergibt, gleichzeitig *auch die bedeutsamste Tendenz des Traumes, die Sicherungstendenz*, hervorhebt, ist folgender:

»Ein Mädchen, jung, frisch, mit vollem Busen, sitzt nackt hingelehnt auf einem Diwan. Was sie sagte, weiß ich nicht. (Denkt an eine Dirne und zugleich, dass ihm beim Anblick der nackten Frau die Sinne schwinden.) Sie suchte mich zu verführen. (Der Dämon Weib.) Ich wollte darauf eingehen, aber im letzten Moment bekam ich das Bewusstsein, vor einer Pollution zu stehen, und hielt mich von ihr zurück. (Versuch, einen Weg ohne Frau zu nehmen. – Der ganze Traum zeigt die warnende Perspektive auf Pollutionen und Verkehr als die auslösenden Momente einer Tabes.)«

Die einfache Aufklärung, dass Tabes eine Folge von Lues sei, hatte keinerlei Wirkung. *Erst das Verständnis für seine übertriebenen Sicherungstendenzen* beendete das Zittern.

Wo ist nun das *Kernproblem dieser Neurose*? Die Inzestfantasie hatte gerade nur den Wert, ihm den Glauben an seine übergroße, verbrecherische Fantasie zu verbürgen. – *Die Verdrängung der Onanieneigung, die leicht gelang, musste von einer anderen gleichwertigen oder besseren Sicherung gefolgt sein, von den Pollutionen*. Erst, *als er vor einer Ehe stand*, als er fürchtete, wieder wie einst »*unten*« zu sein, nicht wie der Mann, der Vater »*oben*«, unter den Einfluss einer Frau zu geraten und so seine Minderwertigkeit vor allen eingestehen zu müssen, wurde er »*krank*«. Dass er es ebenso wenig vertrug, unter einem Manne zu stehen, den Kollegen gegenüber, die er fortwährend herabsetzen wollte und mit denen er sich stets zerschlug, den Professoren gegenüber, die ihm in häufigen Prüfungsträumen drohend erschienen, seinem Vorgesetzten gegenüber, vor dem *[102]* ihn an den bestimmten Tagen sein Zustand gewöhnlich überfiel, will ich nur nebenbei erwähnen.

Wie kommt die Sexualität in die Neurose und welche Rolle spielt sie also?

Sie wird frühzeitig geweckt und gereizt bei vorhandener Minderwertigkeit und starkem männlichen Protest, sie wird als *riesenhaft angesetzt und empfunden, damit der Patient rechtzeitig sich sichert*, oder sie wird entwertet und als

Faktor gestrichen, wenn dies der Tendenz des Patienten dient. Im Allgemeinen ist es nicht möglich, die Sexualregungen des Neurotikers oder Kulturmenschen als echt zu nehmen, um mit ihnen zu rechnen, geschweige sie, *in welcher Anschauungsform immer*, als den grundlegenden *Faktor des gesunden oder kranken Seelenlebens* weiterhin auszugeben. Sie sind niemals Ursachen, sondern bearbeitetes Material und Mittel des persönlichen Strebens.

Die wahre Einstellung zum Leben kann man *schon in den ersten Träumen und erinnerten Erlebnissen eines Menschen* deutlich wahrnehmen, ein Beweis, dass auch die Erinnerung an sie im Sinne eines planmäßigen Vorgehens konstruiert ist. Unser Fall gibt als die weitest zurückliegenden Träume, etwa aus dem fünften Lebensjahre, folgende an:

Erstens: »Ein Stier verfolgt mich und will mich aufspießen.«

Der Patient glaubt, den Traum kurz nach dem Tode seines Vaters geträumt zu haben, der an einer Rückenmarksschwindsucht lange Zeit sich zu Bette lag. Ziehen wir eine Verbindungslinie zu dem Fantasiebild des Vaters in den Wolken (Gott?), so drängt sich der Gedanke an eine Todesfurcht des Knaben auf. Die spätere »Rekonstruktion« (*Birstein*) dürfte auf die Tabes des Vaters und dessen Tod, die den Patienten so stark ergriffen hatte, Rücksicht genommen haben. Der Stier muss ferner dem auf dem Lande aufgewachsenen Knaben als *männlich* erschienen sein, was ihn, den Verfolgten, in einer unmännlichen, für die primitiv gegensätzliche Anschauung des Kindes also weiblichen Rolle des Verfolgten zeigte. Auch wer nicht so weit in der Deutung gehen will, dürfte aber das Gemüt dieses Kindes als von düsteren Ahnungen erfüllt nachempfinden können.

Der zweite Traum setzt diese schlimmen Erwartungen fort. *Es war ihm, als sei er abgestürzt und auf eine harte Unterlage gefallen.* Solche Fallträume deuten immer auf eine ins Pessi[103]mistische gerückte Vorsicht des Träumers, die mit bösen Möglichkeiten, mit dem »Untensein«, schreckt.

Die älteste Erinnerung seines wachen Lebens glaubt er darin zu finden, dass er am ersten Schultag mit *unaufhaltsamer Schnelle in die Mädchenschule seinen Weg nahm und sich nur unter Tränen in die Knabenschule abweisen ließ.* Wir dürfen dies als ein Gleichnis seiner Sehnsucht ansehen, nicht krank, elend, tot, »unten«, wie der Vater, sondern entsprechend einer weiblichen Rolle, die er bei seiner starken Mutter fand (die nach allgemeiner Aussage *wie ein Mann* die Wirtschaft führte), gesund, kraftvoll und lebendig seine Zukunft zu suchen.

Das Verzögern[5] in seiner männlichen Rolle mit allen dazugehörigen Erscheinungen, auch der krankhaft-nervösen, war also die Achse seines Seelenlebens geworden. Ihr entsprachen dann freilich auch die mit Notwendigkeit erwachsenen Erscheinungen seines *Sexuallebens*.

---

5 *Änd. 1922:* Das Zögern, der Mangel einer Vorbereitung

2. »Verdrängung« und »männlicher Protest«; ihre Rolle und Bedeutung für die neurotische Dynamik

Ich darf in diesem Kreise die Kenntnis des Wesens der »Verdrängung«, wie es von *Freud* entworfen und geschildert wurde, als gegeben voraussetzen. Die Ursachen der Verdrängung aber und der Weg, der von der Verdrängung zur Neurose führt, sind durchaus nicht so klar, als man in der Freudschule gemeiniglich annimmt. Die Zahl der Hilfsvorstellungen, die bei den Erklärungsversuchen zutage treten, ist überaus groß, und sie erweisen sich oft als unbewiesen oder aber gar als unbeweisbar. Gar nicht von denen zu reden, die (in plattester Weise) eine Analogie aus der Physik oder Chemie zu Hilfe nehmen, von »Stauung« und »erhöhtem Druck«, von »Fixierung«, vom »Zurückströmen in infantile Bahnen«, von »Projektionen« und »Regression« reden.

Schon die Ausführungen über die Ursachen der Verdrängung erweisen sich in den Arbeiten dieser Schule als äußerst summarisch gefasst, als dogmatisch gebrauchte Klischees, freilich auch als Intuitionen, deren Grundlagen festzustellen sich immer lohnt. Das Problem der gelungenen und misslungenen Verdrängung wird nur rätselhafter, wenn man es auf die »sexuelle Konstitution« zurückführt, die einfache Konstatierung zeigt aber nur den Mangel einer gegenwärtigen psychologi[104]schen Einsicht. Die Ursachen der »Sublimierung«, der »Ersatzbildungen«, sind ebenfalls nicht ergründet, wenn man einfach Tautologien als Tatsachen hinnimmt. Die »organische Verdrängung« erscheint da nur als ein Notausgang, als Beweis einer Möglichkeit von Umänderungen der Betriebsformen und hat mit der Theorie der Neurosen kaum etwas zu schaffen.

So kommen zur Betrachtung: verdrängte Triebe und Triebkomponenten, verdrängte Komplexe, verdrängte Fantasien, verdrängte Erlebnisse und verdrängte Wünsche. Und über allen schwebt als Deus ex Machina *eine Zauberformel*: die Lust, von der *Nietzsche* so schön sagt: »Denn alle Lust will Ewigkeit, will tiefe, tiefe Ewigkeit.«[6] Und *Freud*: »Der Mensch kann auf jemals empfundene Lust nicht verzichten.« Und so kommen dann – unter dieser Voraussetzung – jene drastischen Gebilde zustande, die jede Schülerarbeit aufweisen muss: der Knabe, der an der Brust der Mutter saugen muss, der Neurotiker, der den Genuss, mit Wein oder Fruchtwasser bespült zu werden, immer wieder sucht, bis hinauf zu den reineren Sphären, wo dem Suchenden kein Mädchen recht ist, weil er die unersetzliche Mutter sucht. War diese Art der Beobachtung, so bedeutend auch der Fortschritt war, den hier diese Methode schuf, geeignet, die in Wirklichkeit *arbeitende und auf Zukünftiges bedachte Psyche* zu vergegenständlichen und so in eine starre Form zu bringen, so war die Festle-

---

6 [Das sogenannte »Trunkene Lied«; F. Nietzsche: Aus »Also sprach Zarathustra«, IV: Das Nachtwandler-Lied.]

gung auf den Begriff des *Komplexes* ein weiterer Schritt, die *räumliche Anschauung über die dynamische zu setzen*. Natürlich ging dies nie so weit, dass man nicht das energetische Prinzip, das παντα ρει⁷ nachträglich hineinzubringen versucht hätte.

Die Frage lautet doch: Ist das treibende Moment in der Neurose die Verdrängung oder, wie ich vorläufig unpräjudizierlich sagen will, die *andersartige, irritierte Psyche*, bei deren Untersuchung auch die Verdrängung zu finden ist? Und nun bitte ich zu beachten: Die Verdrängung geschieht unter dem Drucke der Kultur, unter dem Drucke der »e«, wobei die Gedanken an eine abnorme sexuelle Konstitution, an sexuelle Frühreife zu Hilfe genommen werden. – Frage: Woher stammt unsere Kultur? Antwort: Aus der Verdrängung. – Und die »e«, ein Begriff, so pleonastisch und inhaltslos wie wenig andere? Haben sie nicht den gleichen »*libidinösen*« Charakter wie der Sexualtrieb? Fasst man aber die e nicht als etwas Starrgewordenes, Individuelles, sondern⁸ als die *Anspannung und Einstellung gegen die Außenwelt* auf, als ein [105] Geltenwollen, als ein Streben nach Macht, nach Herrschaft, nach oben, so muss man theoretisch wie praktisch zwei Möglichkeiten ins Auge fassen: 1. Das Geltenwollen kann auf gewisse Triebe hemmend, verdrängend, modifizierend einwirken. 2. Es muss vor allem steigernd einwirken. – Nun ist das Unwandelbare, für unsere Betrachtung Unveränderliche die Kultur, die Gesellschaft, ihre Einrichtungen, und unser Triebleben, dessen Befriedigung eigentlich als Zweck gedacht wird, muss sich begnügen, bloß *als richtunggebendes Mittel* aufzutreten, um, zumeist in ferner Zeit, Befriedigungen einzuleiten. Unser Auge, das Ohr, auch die Haut haben die eigentümliche Fähigkeit erlangt, unseren Wirkungskreis über die körperlich räumliche Sphäre hinaus zu erstrecken, und unsere Psyche tritt auf dem Wege der Vorempfindlichkeit aus der Gegenwart, also zeitlich, außer die Grenzen dieser primitiven Triebbefriedigung. Hier sind *erhöhte Anspannungen* ebenso dringlich als Verdrängungen, in diesen Beziehungen liegt die Nötigung zu einem ausgebreiteten *Sicherungssystem*, deren einen kleinen Teil wir in der Neurose zu erblicken haben.⁹

Diese Anspannungen aber beginnen am ersten Tage der Kindheit und wirken dermaßen verändernd auf alle körperlichen und psychischen Tendenzen, dass das, was wir sehen, *niemals etwas Ursprüngliches*, Unbeeinflusstes darstellt, etwa erst von einem späteren Zeitpunkt an Verändertes, sondern *die Einfügung des Kindes richtet* und modifiziert sein Triebleben so lange, bis es sich in irgendeiner Art an die Außenwelt angepasst hat. In dieser ersten Zeit eines psychischen Lebens kann von einer dauernden Vorbildlichkeit nicht gesprochen werden, auch nicht von Identifizierung, wenn das Kind sich nach

---

7 [Panta rhei: Alles fließt]
8 *Erg. 1922:* entsprechend den Feststellungen der Individualpsychologie
9 *Erg. 1922:* Das heißt aber: *Die Neurose ist in erster Linie Sicherung!*

einem Vorbild richtet. Denn dies ist oft der einzige Weg und die einzige Möglichkeit zur Triebbefriedigung.

Bedenkt man nun, in welch verschiedener Art und wie verschiedenem Tempo allerorts und zu allen Zeiten sich die Triebbefriedigung durchgesetzt hat, wie sehr sie von gesellschaftlichen Einrichtungen und von der Ökonomie abhängig war, so kommt man zu einem dem Obigen analogen Schlusse, dass die Triebbefriedigung und damit die Qualität und Stärke des Triebes jederzeit variabel und daher für uns unmessbar ist. Erinnern Sie sich, dass ich in meinem Vortrage über »Sexualität und Neurose« aus den Beobachtungen über den Sexualtrieb der Neurotiker gleichfalls zu dem Schlusse gekommen bin, *dass die scheinbar libidinösen und sexuellen Tendenzen in der Neurose wie auch beim Normalen durchaus keinen Schluss auf* [106] *Stärke oder Zusammensetzung seines Sexualtriebes zulassen.*

Wie vollzieht sich nun die Anpassung eines Kindes an ein bestimmtes, familiär gegebenes Milieu? Erinnern wir uns, wie verschieden sich die Äußerungen des kindlichen Organismus gestalten, und zwar, wo der Überblick noch am ehesten möglich ist, in den ersten Monaten. Die einen bekommen nie genug, die anderen verhalten sich recht gemäßigt bei der Nahrungsaufnahme, manche lehnen Änderungen in der Nahrung ab, andere wollen alles aufnehmen. Ebenso beim Sehen, beim Hören, bei der Exkretion, beim Baden, bei den Beziehungen zu den Personen der Umgebung. In den ersten Tagen schon fühlt sich das Kind beruhigt, wenn man es auf den Arm nimmt, Erziehungseinflüsse, die dem Kind den Weg ebnen, sind da von großer Tragweite. Schon in diesen ersten Anpassungen liegen Gefühlswerte gegenüber den umgebenden Personen. Das Kind ist beruhigt, fühlt sich sicher, liebt, folgt usw., oder wird unsicher, ängstlich, trotzig, ungehorsam. Greift man frühzeitig mit kluger Taktik ein, so resultiert ein Zustand, den man etwa mit sorgloser Heiterkeit[10] bezeichnen könnte, und das Kind fühlt kaum *den Zwang, der in jeder Erziehung steckt.* Erziehungsfehler, insbesondere bei mangelhaft ausgebildeten Organen, führen zu so häufigen Benachteiligungen des Kindes und zu Unlustgefühlen, dass es *Sicherungen* sucht. Im Großen und Ganzen bleiben da zwei Hauptrichtungen bestehen: *zu weit gehende Unterwerfung oder Auflehnung und Hang zur Selbstständigkeit.* Gehorsam oder Trotz – die menschliche Psyche ist fähig, in jeder dieser Richtungen zu arbeiten.

Diese beiden richtunggebenden Tendenzen modifizieren, verändern, hemmen und erregen jede Triebregung so sehr, dass, was immer angeborenerweise sich als Trieb geltend macht, von diesem Punkte aus nur zu verstehen ist. »Schön ist hässlich, hässlich – schön«, wie *Macbeths* Hexen singen.[11] Trauer wird Freude, der Schmerz wandelt sich in Lust, das Leben wird verworfen, der

---

10 *Erg. 1922:* Versöhnlichkeit
11 [Shakespeare, Macbeth, 1. Aufzug, 1. Szene]

Tod erscheint begehrenswert, sobald die Trotzregungen stark ins Spiel eingreifen. Was dem andern lieb ist, wird gehasst, was andere verwerfen, hoch gewertet. Was die Kultur verbietet, was Eltern und Erzieher widerraten, gerade das wird zum heiß ersehnten Ziel auserkoren. Ein Ding, eine Person erlangen nur Wert, wenn andere darunter leiden. Stets verfolgen sie andere und glauben sich doch immer verfolgt. So wächst eine Gier, eine Hast des Verlangens heran, die nur *eine* große Analogie besitzt, den mörderischen Kampf aller gegen alle, die Anfachung des Neides, des Geizes, [107] der Eitelkeit und des Ehrgeizes in unserer modernen Gesellschaft. – Die Spannung von Person zu Person ist beim Nervösen zu groß, sein Triebbegehren ist derart aufgepeitscht, dass er in unruhiger Erwartung stets seinem Triumph nachjagt. So erklärt sich das Festhalten an alten Kinderfehlern wie Lutschen, Enuresis, Kotschmieren, Nägelbeißen, Stottern usw., und man kann in diesen Fällen getrost von Trotz reden, wenn einer derartige, scheinbar »libidinöse« Regungen dauernd beibehalten hat.

Das Gleiche gilt von der sogenannten Frühmasturbation, von der sexuellen Frühreife und verfrühtem Geschlechtsverkehr. Ich kannte ein siebzehnjähriges Mädchen aus gutem Hause, das mit seinem vierzehnten Lebensjahr häufigen Geschlechtsverkehr hatte. Dabei war es frigid. So oft es mit der Mutter zankte, was immer nach kurzen Pausen eintrat, wusste es sich Geschlechtsverkehr zu verschaffen. Ein anderes Mädchen nässte das Bett nach jeder Herabsetzung von Seiten der Mutter und beschmierte es mit Kot.

Schlechter Fortgang in den Studien, Vergesslichkeit, mangelnde Freude am Beruf, Schlafzwang zeigen sich als *Protesterscheinungen* beim Nervösen und werden als wertvoll, ich sage nicht lustvoll, im Kampfe gegen einen Gegenspieler beibehalten. Einen Teil dieser Psyche schildert Siegmund in *Wagners* Walküre: »Wie viel ich traf, wo ich sie fand, ob ich um Freund, um Brüder[12] warb, immer doch war ich geächtet, Unheil lag auf mir. Was Rechtes je ich riet, andern dünkte es arg, was schlimm immer mir schien, andre gaben ihm Gunst. In Fehde fiel ich, wo ich mich fand, Zorn traf mich, wohin ich zog. Giert' ich nach Wonne, weckt' ich nur Weh: drum musst' ich mich Wehwalt nennen, des Wehes waltet' ich nur.«[13] –

So entwickelt sich die Charakterologie des Neurotikers, die ich am ausführlichsten in der »Disposition zur Neurose« [Adler 1909a] geschildert habe[14]. Woher stammt nun diese Gier nach Geltung, diese Lust am Verkehrten, dieses trotzige Festhalten an Fehlern und diese Sicherungsmaßregeln gegen ein Zuviel und Zuwenig (siehe die Ausführungen über *Pseudomasochismus* in der »Psychischen Behandlung der Trigeminusneuralgie«, Zeitschrift für Psycho-

---

12 [Statt »Brüder« muss es heißen: »Frauen«.]
13 [Richard Wagner, »Walküre«, 1. Aufzug, 2. Szene]
14 *Anm. Adlers:* Später im »Nervösen Charakter« [Adler 1912a]

analyse 1910 [Adler 1910f]), in welch letzterem Falle der Patient zur Selbstentwertung schreitet, nur um sich hinterher oder andernorts zu behaupten?

Wie Sie wissen, habe ich zwei Durchgangspunkte der psychischen Entwicklung dafür verantwortlich gemacht, die ich hier nur kurz an*[108]*führe. Der eine liegt im Aufkeimen eines beträchtlicheren *Minderwertigkeitsgefühles*, das ich immer im Zusammenhang mit minderwertigen Organen beobachtet habe, der andere ist ein mehr oder weniger deutlicher Hinweis auf eine ehemalige Befürchtung vor einer weiblichen Rolle. Beide unterstützen das Auflehnungsbedürfnis und die Trotzeinstellung so sehr, dass stets neurotische Züge sich entwickeln müssen, ob der Betreffende nun als Gesunder gilt, als Neurotiker in Behandlung steht, als Genie oder als Verbrecher sich einen Namen macht.

Und von diesem Punkte aus wird nun das Gefühlsleben *verfälscht*, es handelt sich nicht mehr um einfache, natürliche Beziehungen, sondern um ein Hasten und Haschen nach vermeintlichen Triumphen, die lockend und werbend in seiner Zukunft vor ihm zu liegen scheinen und seine krankhafte Einstellung dauernd festhalten. Der Neurotiker lebt und denkt auch viel weiter in die Zukunft als der Normale und weicht meist den gegenwärtigen Prüfungen aus. Sehr häufig verbirgt sich der Charakter des Neurotikers, und so konnte es geschehen, dass man, als ich davon sprach, diese Charakterzüge als selten, als Eigentümlichkeiten des Verschrobenen auffassen wollte. Was sagt der Neurotiker zu diesen seinen Charakterzügen? Manche wissen davon, wenn sie auch nicht den ganzen Umfang oder gar die Tragweite kennen. Viele haben es einmal gewusst und dann vergessen. Aus Ehrgeiz und Eitelkeit. Sie sichern sich dann vor diesem sie entwürdigenden Egoismus durch eine Art gegenteiligen Handelns. Immer sehen wir dabei, dass egoistische Triebregungen entwürdigender Art, zum Beispiel Geiz, Rachsucht, Bosheit, Grausamkeit von solchen wertvollen, ethischen Gehaltes[15] abgelöst werden. *Also muss doch die »Sucht zu gelten« drinnen stecken, die Führung übernommen haben!* Ein schönes Beispiel dieser Triebverdrängung habe ich in einem Vortrage in der Philosophischen Gesellschaft in Wien [Adler 1908e] mitgeteilt. Es betraf einen Fall von Stottern[16], einem Leiden, das in jedem Punkte durch den Mechanismus des männlichen Protestes konstituiert wird. Der Patient hatte ein Geschenk von 100 Gulden[17] im 7. Bezirke Wiens zu wohltätigen Zwecken abgeliefert, sollte in einem vornehmen Restaurant der inneren Stadt pünktlich eintreffen, verspürte schon großen Hunger und ging missmutig und matt zu Fuß den weiten Weg. Er wollte 12 Heller ersparen, wie sich bei der Analyse herausstellte. Wie bei allen Neurosen, kam bei ihm zutage: er wollte *alles haben*, alles

---

15 Änd. 1922: Regungen
16 [Siehe in diesem Band S. 59. Als Symptome werden dort nicht Stottern, sondern Angst und Zwangsvorstellungen, Appetitmangel und Verdauungsbeschwerden angegeben.]
17 *Im Text:* 100 ff. *Änd. 1928:* 200 K.

Geld, alle Weiber, alle Seelen, und suchte beständig andere zu entwerten. Auf die Wertschätzung, die man ihm entgegenbrachte, achtete er *[109]* gierig. Er konnte asketisch leben, wo es ihm Geltung verschuf, konnte übereifrig studieren, wenn es sich darum handelte, anderen den Rang abzulaufen, konnte wohltätig sein, wenn man es sah, geizte aber im Kleinen, wenn er sich unbemerkt glaubte. Wo einer etwas leistete, war er verstimmt, wo einer gefiel, griff er an. Unaufhörlich lag er mit seinem Vater im Kampf und schreckte vor Selbstmorddrohungen nicht zurück, wenn er seinen Willen haben wollte. Das Stottern war gegen seinen Vater gerichtet, machte dem einen Strich durch die Rechnung und verhalf meinem Patienten zu größerer Bewegungsfreiheit. Zugleich sicherte es ihn vor der Ehe. Jedes Verhältnis brach er nach einiger Zeit ab mit der Motivierung, solange er stottere, könne er nicht heiraten. Diese Erscheinung der »langen Liebesreihe«[18], wie *Freud* sie nennt[19], kam in Wirklichkeit zustande, weil er alle Frauen wollte (wie Don Juan) und weil er zweierlei fürchtete und sich davor sichern wollte: 1. dass er von einer Frau beherrscht werden, ihr dienstbar sein, andere aber aufgeben sollte; 2. dass er bei seinem Egoismus, der ihm allerdings nur gefühlsmäßig, nicht aber gedanklich bewusst war, ein schlechter Gatte und Vater sein müsste, von Frau und Kindern deshalb zur Strafe betrogen werden müsste. Die Aufdeckung dieser Protestcharakterzüge ergibt sich mir in der Regel als erstes Stück der Analyse, ist gewöhnlich von einer Besserung gefolgt, regelmäßig aber von heftig einsetzendem Widerstand, der sich in Versuchen zur Entwertung meiner Person kundgibt. Einer meiner Patienten kam aus Ungarn in meine Kur, wie sich in der Analyse herausstellte, weil er es nicht vertragen konnte, dass seine von mir geheilte Schwester gut von mir sprach. Sie werden sagen, er war in seine Schwester verliebt. Richtig! *Aber nur dann, wenn diese gut von einem Manne dachte.* Anfangs war er höflich, demütig fast und bescheiden, strotzte von Biederkeit und Wahrheitsliebe. Als ich ihm seine Rachsucht, Bosheit, Verlogenheit und seinen Neid nachwies, tobte er längere Zeit, gab schließlich alles zu, erklärte aber, er müsse nun bei mir in der Kur bleiben, bis er gesund sei, und wenn das mehrere Jahre dauerte. Als ich ihm antwortete, er werde so lange bleiben, als ich es für gut befände, saß er einige Zeit lang sinnend da. Dann fragte er mich lächelnd: »Hat sich bei Ihnen in der Kur schon jemand das Leben genommen?« Ich antwortete ihm: »Noch nicht, aber ich bin jederzeit darauf gefasst[20].« – Dieser Patient litt unter *[110]* anderem auch an Schlaflosig-

---

18 [Gemeint ist wohl die »Bildung einer langen Reihe« von Liebesobjekten, (Freud 1910c, S. 70).]
19 *Erg. 1922:* und fälschlich auf den »Ödipuskomplex« bezieht
20 *Anm. Adlers:* »Die Waffen aus der Hand schlagen«, d. h. die krankhaften Mittel des Nervösen unwirksam erscheinen zu lassen, ist das Ziel jeder psychotherapeutischen Taktik.

keit. Er drängte auf Besprechung dieses Symptoms, mit der Erklärung, dass er schon zufrieden wäre, wenn er seine Potenz bekäme. Die Aufklärung ging glatt vonstatten, und er hatte bereits längere Zeit seinen vollen Schlaf erreicht, bevor er mir davon Mitteilung machte.

Also hatte ja dieser Patient seine Charakterzüge verdrängt? Keineswegs. Sein ganzer männlicher Protest kam klar zutage, allerdings in einer Art, dass er weder nach innen noch nach außen allzu viel Anstoß erregte. Ähnlich aber schildert ja *Freud* das Ergebnis der missglückten Verdrängung. Die Spuren der verdrängten Triebregungen sind in der Neurose stets deutlich zu erkennen, eine Erkenntnis, zu der *Freud* selbst manches beigetragen hat. Sie sind zu erkennen nicht bloß in den Fantasien des Neurotikers und in seinem Traumleben, sondern vor allem mittels der psychologischen Analyse, die uns die kleinen und großen Disharmonien und Inkongruenzen des Seelenlebens sehen lernt und uns deren Einordnung gestattet.

Freilich ist die Arbeit noch recht unvollständig, wenn erst die Aufdeckung der neurotischen Charakterologie vorliegt. Aber sie ist wichtig, vor allem weil ihre Kenntnis den Patienten warnt. Das schwierigere Stück der Kur führt dann nach meinen Erfahrungen regelmäßig zu den zwei Durchgangspunkten der psychischen Entwicklung des Neurotikers, zu den Quellen der Neurose, *dem Gefühl der Minderwertigkeit und dem männlichen Protest.*

Nun die von Ihnen gewiss schon mit brennender Begier erwartete Hauptfrage: Wodurch erkrankt der Neurotiker? Wann wird seine Neurose manifest? *Freud* hat diesem Punkte weniger Aufmerksamkeit geschenkt. Doch wissen wir, dass er eine Gelegenheitsursache annimmt, bei der die Verdrängung stärker, der alte psychische Konflikt wieder neu genährt wird. Es lässt sich nicht leugnen, dass hier Unklarheiten vorliegen. Vielleicht ist die heutige Diskussion berufen, sie zu lösen. – Nach meiner Erfahrung antwortet der neurotisch Disponierte, der eigentlich stets leidet, auf *jede Erwartung oder auf jedes Gefühl der Herabsetzung* mit einem akuten oder chronischen Anfall. Letzterer gibt uns den Zeitpunkt, von dem wir den Ausbruch der Neurose datieren. Wenn nun neuerlich Triebverdrängungen eintreten, so sind dies Begleiterscheinungen, die sich unter dem erhöhten Zwang des männlichen Protestes, unter dem Druck des Geltungsdranges und der Sicherungstendenzen bilden. Ich will dies an unserem Falle aus meinem letzten Vortrage demonstrieren. Unser Patient erinnert [111] sich, zuerst beim Geigenspielen gezittert zu haben, zu einer Zeit, wo er mit einem Eheversprechen an Albertine, das von ihm scheinbar heiß geliebte Mädchen, herausrücken sollte. Er hörte deshalb auf, Violine zu spielen. Nun erfahren wir Folgendes: Albertine war eine vorzügliche Klavierspielerin, weshalb er oft daran denken musste, dass er sie gerne auf der Violine begleitet hätte, wenn er nur besser spielen gekonnt hätte. Und in der Ehe gar hätte es ein Konzert gegeben, bei dem ihm seine Frau entschieden *über* gewesen wäre. Solcher Art aber war die Furcht seines ganzen Lebens gewesen, eine

Frau, die ihm überlegen wäre. Ich habe noch keinen Neurotiker getroffen, der nicht zum Mindesten heimlich von dieser Furcht benagt würde. Aus der Literatur erwähne ich bloß den Fall Ganghofers, den Alexander *Witt* im 4. Heft des Zentralblattes für Psychoanalyse, 1. Jahrgang, zum Abdruck bringt, ferner einen ganz analogen Fall aus *Stendhals* Erinnerungen. In beiden Fällen handelt es sich um Kindheitserinnerungen, bei denen eine Frau über das Kind wegschreitet.[21] Fantasien von Riesinnen, Walküren, von Frauen, die Knaben binden oder schlagen, die zuweilen im Pseudomasochismus zur Ausführung gelangen, Märchen von weiblichen Unholden, Nixen, Nymphen, Frauen mit männlichen Genitalien, mit einem Fischschwanz oder ähnlich der Jugenderinnerung *Leonardo da Vincis* [22] sind häufig und finden ihr gleichwertiges und gleichsinniges Gegenstück in den ebenso häufigen Geburtsfantasien, Kastrationsgedanken und Wünschen nach einer Mädchenrolle. Letzterer Wunsch erscheint oft äußerst abgeschwächt, verblasst bis zur Frage: was wohl ein Mädchen fühle? –

Wie Sie sich entsinnen, hatte auch unser Patient eine analoge Kindheitserinnerung, dass eine Magd sich über ihm befunden habe[23]. Sie war nicht verdrängt, auch nicht vergessen, aber sie befand sich scheinbar *außer allem Zusammenhang mit seinem gegenwärtigen oder früheren psychischen Zustand. Sie war all' ihrer Bedeutung entkleidet worden.* War sie etwa ein wirksames Agens gewesen? Niemand kann das annehmen. Aus seiner Vorgeschichte tauchen Erinnerungen auf, an die energische Mutter, die als Witwe ihr großes Gut verwaltete, die ohne Mann ihr Auskommen fand und von der die Leute sagten, *sie sei wie ein Mann.* Diese Mutter, [112] die ihn verhätschelte, aber doch auch strafte, war ihm entschieden überlegen. Als dann seine Sehnsucht erwachte, dass er, das schwächliche Kind mit weiblichem Habitus, der oft verlachte und bestrafte Bettnässer, zum Manne werde, als er in Gedanken, Träumen und im trotzigen Bettnässen seinem männlichen Protest Ausdruck verlieh, kamen ihm Erinnerungen zu Hilfe wie die, dass er oft in weiblicher Kleidung Theater spielte, dass er am ersten Schultag mit seinen älteren Schwestern, an die er sich

---

21 [In Ganghofers Lebenserinnerungen ans vierte Lebensjahr heißt es: »Und stieg im Hemde über mich weg«, was in ihm einen »atembeklemmenden Schreck« auslöst. Siehe Witt (1911). – Bei Stendhal heißt es: »Sprang die lebhafte Frau [Mutter] behend wie eine Hirschkuh über meine Matratze weg in ihr Bett« [Stendhal (Henri Beyle) 1835/1923, 3. Kap.: Erste Erinnerungen]

22 [Vgl. die »Geierfantasie« bei Freud 1909: Protokolle II 1977, S.306–319, bes. 308 f. und Freud 1910a, S. 150 ff.]

23 *Anm. Adlers:* Das heißt: »*Die Frau ist stärker als der Mann!*« In den ersten Kindheitserinnerungen steckt wie in den Berufswahlfantasien immer die gestaltende Weltanschauung des Menschen, gleichgültig, ob es sich um echte, fantasierte oder rekonstruierte (*Birstein*) Erinnerungen handelt. Siehe Adler »Zur Schlafstörung« in »Fortschritte der Medizin«, Leipzig, 1913 [Adler 1913d].

am meisten gewöhnt hatte, *in die Mädchenschule lief* und sich unter Tränen weigerte, zu den Knaben zu gehen. Und immer noch gab es Verschärfungen, die ihn weiter in den männlichen Protest trieben. Die Crines pubis ließen lange auf sich warten, sein Genitale schien ihm kürzer als das seiner Altersgenossen. *Er steckte sein Ziel nur umso höher*, wollte Hervorragendes leisten, der Erste in der Schule, im Amte werden, bis er an Albertine kam, deren Überlegenheit er fürchtete. Er hatte alle Mädchen und Frauen, seine Mutter insgesamt entwertet, aber *aus Furcht*. Mit den gewöhnlichen Mitteln. Sie hätten keinen Verstand, keine Selbstständigkeit, seien leichtfertig. (Siehe *Hamlet*: »O, ich weiß auch mit Euren Mätzchen Bescheid. Ihr tänzelt, Ihr trippelt, Ihr gebt Gottes Kreaturen verhunzte Namen und stellt Euch aus Leichtfertigkeit unwissend. Geht mir, es hat mich toll gemacht!«)[24] Auch hätten sie einen schlechten Geruch. – Nebenbei: Diese »Geruchskomponente«, der *Freud* wiederholt eine besondere Wichtigkeit als *libidinöser Komponente* zugeschrieben hat, erweist sich mir immer mehr als neurotischer Schwindel. Eine Patientin, 54 Jahre alt, die aus Furcht vor dem Kindergebären schwer neurotisch geworden ist, träumt gegen Ende der Kur den nicht missszuverstehenden Traum: »Ich packe Eier aus. Alle stinken. Ich sage: Pfui, wie sie stinken.« Am nächsten Tage sollte ihr Mann kommen. Sie hat bereits alle medizinischen Kapazitäten Deutschlands und Österreichs entwertet. – Eine neurotische Schauspielerin kam auf Liebesverhältnisse zu sprechen. Sie sagt: »Ich schrecke keineswegs davor zurück. Ich bin eigentlich ganz amoralisch. Nur eins: Ich habe gefunden, dass alle Männer stinken, und dagegen kehrt sich meine Ästhetik.« Wir aber werden verstehen: Bei einer derartigen Einstellung kann man ohne Gefahr amoralisch sein. Im 4. Heft des Zentralblattes für Psychoanalyse 1911 (»Zur Lehre vom Widerstand« [Adler 1911d]) finden Sie einige solcher Fälle zusammengestellt. – Die männlichen Neurotiker machen es ebenso. Es ist die Rache an der Frau. Europäer und Chinesen, Amerikaner und Neger, Juden und Arier werfen sich gegenseitig ihren Geruch vor. [113]

Ein vierjähriger Knabe sagt, sooft er bei der Küche vorbeigeht: »Es stinkt.« Er lebt mit der Köchin in Feindschaft. – So auch unser Patient. Wollen wir diese Erscheinung als *Entwertungstendenz* bezeichnen, der analog die Fabel vom Fuchs und den sauren Trauben zusammengesetzt erscheint. –

Woher stammt die *Entwertungstendenz*? Aus der Furcht vor einer Verletzung der eigenen Empfindlichkeit. Sie ist also gleichfalls Sicherungstendenz, eingeleitet durch den Drang nach Geltung. Und steht psychisch im gleichen Rang mit dem Wunsche, oben zu sein, sexuelle Triumphe zu feiern, zu fliegen, auf einer Leiter oder Treppe oder am Giebel eines Daches (»Baumeister Solness«)[25] zu stehen. Fast regelmäßig findet man beim Nervösen die Tendenz,

---

24 [Hamlet zu Ophelia, 3. Akt, 1. Szene]
25 [Theaterstück von Ibsen, 1893]

die Frau zu entwerten und mit ihr zu verkehren, eng nebeneinander. Ja, das Gefühl des Neurotikers spricht es deutlich aus: Ich will die Frau durch den Sexualverkehr entwerten, herabsetzen. Er lässt sie auch dann leicht stehen und wendet sich andern zu. Ich habe dies den *Don-Juan-Charakter des Neurotikers* genannt, es ist nichts anderes als *Freuds* »Liebesreihe«, die er fantastisch deutet. Und die Entwertung der Frau, der Mutter sowohl wie aller Frauen, führt dazu, dass sich mancher der Neurotiker zur Dirne flüchtet[26], wo er sich die Arbeit der Entwertung spart und noch obendrein seine Angehörigen vor Wut platzen sieht. Der Knabe sieht oder ahnt, dass es männlich ist, oben zu sein. Zumeist ist die Mutter die Frau, der gegenüber er das Pathos der Distanz herzustellen sucht. Ihr gegenüber will er den Mann spielen, um sie zu entwerten, sich zu erhöhen. Er schimpft sie wohl auch und schlägt sie oder lacht sie aus, wird unfolgsam und störrisch gegen sie, versucht zu kommandieren usw. Ob und wie viel Libido dabei im Spiele ist, ist vollkommen gleichgültig. Auch gegen andere Mädchen und Frauen wendet sich sein männlicher Protest, zumeist in der Linie des geringsten Widerstandes auf Dienstboten und Gouvernanten. Später verfällt er auf Masturbation und Pollution, nicht ohne damit Sicherungstendenzen gegen den Dämon Weib zu verbinden. So auch unser Patient. Als er sein Ziel bei der Mutter nicht erreichen konnte, ihr Herr zu sein, wendet er sich dem Dienstmädchen zu, wo ihm dies mit sechs bis sieben Jahren besser gelingt. Er sieht sie nackt und greift ihr unter die Röcke. Bis in die Gegenwart war diese Art der sexuellen Aggression seine hauptsächlichste Betätigung. Nur bei Prostituierten kam er zum Ko[114]itus – bis es sich als notwendig erwies, sich zu beweisen, dass er nicht heiraten könne. Da stellten sich Pollutionen und Impotenz ein, und die Furcht vor seiner unbändigen Sexualität samt ihren vermeintlichen Gefahren der Paralyse und des Zitterns im Alter trat ihm vor Augen. Oder besser gesagt: Zittern und Stammeln stellten sich ebenso wie Pollutionen und Impotenz ein, weil sie ihn vor einer Ehe zu sichern in der Lage waren. – Wahrscheinlich hätte er rechtzeitig abgebrochen und wäre vor der ausbrechenden Neurose verschont geblieben, wenn nicht ein Dritter am Plan erschienen wäre. Dies war für seinen Stolz zu viel. Nun konnte er nicht weichen und wollte doch nicht zugreifen. Seine »libidinösen« Strebungen, der Wunsch, Albertine *zu besitzen*, erfüllte sein ganzes Bewusstsein, aber das Unbewusste sagte ein starres Nein und drängte ihn von der Brautwerbung ab, indem es Symptome arrangierte, die gegen eine Ehe sprachen. Ganz gleichwertig im Bewusstsein ist der Gedanke: Ich kann *erst* heiraten, *wenn* ich eine gute Stelle bekleide. Gleichzeitig aber stellen sich Krankheitserscheinungen ein, die eine Vorrückung im Amte unmöglich machen.

---

26 *Anm. Adlers:* Siehe *Adler,* Neurologische Betrachtungen zu *Bergers* »Eysenhardt«, Zeitschrift f. mediz. Psychologie und Psychotherapie, Stuttgart, 1913 [Adler 1913g] (s. Bd. 7 der Studienausgabe)

Was hat unser Patient »verdrängt«? Seinen Sexualtrieb, seine Libido etwa? Er war sich ihrer so sehr bewusst, dass er fortwährend daran dachte, sich davor zu sichern. Eine Fantasie? Kurz ausgedrückt, war seine Fantasie *die Frau über ihm*, die Frau als die Stärkere. Es bedurfte aller meiner Vorarbeiten, um den Zusammenhang dieser und ähnlicher Fantasien und der Neurose sichtbar zu machen. Und nun stellt sich heraus, diese Fantasie ist selbst nur *ein Schreckbild für den Patienten, aufgerichtet und festgehalten, um selbst auf Schleichwegen Geltung zu erhalten!* Hat er libidinöse Regungen zur Mutter verdrängt? Das heißt, ist er am Ödipuskomplex erkrankt? Ich sah genug Patienten, die ihren »Ödipuskomplex« genau kennen, ohne Besserung zu empfinden. Wenn man erst dem männlichen Protest darin Geltung trägt, dann kann man gerechterweise nicht mehr von einem Komplex von Fantasien und Wünschen reden, sondern wird auch den scheinbaren »Ödipuskomplex« *als kleinen Teil der überstarken neurotischen Dynamik* verstehen lernen, als ein an sich belangloses, im Zusammenhang allerdings *lehrreiches Stadium* des männlichen Protestes[27], von der aus die wichtigeren Einsichten in die Charakterologie des Neurotikers ebenfalls möglich werden.

---

27 *Anm. Adlers:* Als eine symbolisch aufzufassende Situation.

15. Über männliche Einstellung bei weiblichen Neurotikern (1911)

Editorische Hinweise
Erstveröffentlichung:
1911: Zentralblatt für Psychoanalyse. Medizinische Monatsschrift für Seelenkunde. Herausgeber: S. Freud, 1. Jg. H. 3, S. 174–178, Wiesbaden, Bergmann. Neudruck: Amsterdam, Bonset 1964.
Neuauflagen:
1920: Praxis und Theorie der Individualpsychologie S. 76–99
1924: Praxis und Theorie der Individualpsychologie S. 77–100
1927: Praxis und Theorie der Individualpsychologie S. 77–100
1930: Praxis und Theorie der Individualpsychologie S. 74–96

Dieser Aufsatz erschien im »Zentralblatt für Psychoanalyse« unter der Rubrik »Mitteilungen«. In der Veröffentlichung von 1920 ist er (ab Kapitel 3) um ein Vielfaches (etwa 20 Seiten) erweitert.

Der kurze erste Teil von 1911 untermauert Adlers Theorie des »männlicher Protests« anhand zweier Fälle. Änderungen und Ergänzungen dieses Teils werden vor allem 1920 und 1924 eingefügt und unterstreichen die theoretischen Aussagen.

Der neu hinzugefügte Teil von 1920 gibt reichen Einblick in Adlers Methodologie des Denkens, in seine Ansätze zur Interpretation von neurotischen Symptomen und Träumen und in seine therapeutische Haltung. Anhand von zwei Fällen wird der männliche Protest als Wunsch der »Umkehrung« der als minderwertig erlebten (weiblichen) Situation diskutiert. Adler zieht dafür verschiedene Charakterzüge, Symptome, Kindheitserinnerungen, vor allem auch Träume heran. Die verschiedenen Facetten und Ebenen sieht er als Einheit, aufeinander bezogen. Für unbewusste Prozesse verwendet er hier gelegentlich den Ausdruck »präpsychisch«. Er flicht einige theoretische Überlegungen zur korrigierenden und intentionalen Funktion des Denkens, der Fiktionen, der Träume und Symptome ein. Sie dienen der Voraussicht, der Überwindung von Unsicherheit, der Selbsterhöhung und der korrespondierenden Herabsetzung des andern (des Mannes). Adler wendet sich dabei gegen Freuds Traumdeutung als Wunscherfüllung. Die in einem Fall deutliche Inzesterfahrung bleibt durch Adlers Blickrichtung auf den Zweck auffällig unterbelichtet. Auch seine Auffassungen von therapeutischer Behandlung, von der Arzt-Patient-Beziehung und vom Konzept der Übertragung werden hier sichtbar. Der zweite Fall endet mit dem Scheitern der Therapie.

Änderungen und Ergänzungen dieses Teils stammen von 1924 und 1930.

Über männliche Einstellung bei weiblichen Neurotikern

¹ ² Ich habe in einer Reihe von Arbeiten über den Mechanismus der Neurose³ einen einheitlichen Befund beschrieben, der als Hauptmotor der neurotischen Erkrankung anzusehen ist: *der männliche Protest gegen weibliche oder weiblich scheinende Regungen und Empfindungen.* Der Ausgangspunkt der neurotischen Disposition ist eine *kindliche pathogene Situation*, in der sich die einfachste Gestaltung dieses Kräftespiels kundtut: einerseits die Unsicherheit der zukünftigen Geschlechtsrolle, andererseits verstärkte Tendenzen, mit den verfügbaren Mitteln eine männliche (herrschende, aktive, grausame⁴) Rolle zu spielen.

Abgesehen von der Sicherheit, mit der sich ganz allgemein diese Abkehr von seinen weiblichen⁵ Linien und die Verstärkung der männlichen⁶ beim Neurotiker in Handlungen, Wünschen und Träumen nachweisen lässt, ist es auch sonst nicht verwunderlich, dass die Phase der Geschlechtsfindung *[175]* beim Kinde unter starken Erregungen verläuft. Viele Patienten berichten von sonderbaren Unklarheiten bis in die späteren Kinderjahre. Andere tragen so deutliche Charakterzüge des übertriebenen männlichen Protestes zeitlebens an sich, dass ihre Einfügung in das gesellschaftliche Niveau, sei es im Beruf, in der Familie, in der Liebe und Ehe daran scheitert. Alle aber, und bei den weiblichen Neurotikern fällt dieses Zeugnis nur deutlicher in die Augen, erklären mit Bestimmtheit, sie hätten sich immer darnach gesehnt und diesem Wunsche in verschiedener Weise Ausdruck verliehen: *ein voller Mann zu sein.* Nach meinen Befunden halte ich die Behauptung für vollauf begründet, dass, was sich

---

1   *Erg. 1920: [klein gedruckt als Motto]* »Die Herrschsucht fängt von der Furcht an, von anderen beherrscht zu werden und ist darauf bedacht, sich beizeiten in den Vorteil der Gewalt über sie zu setzen« [Kant 1798/1975]. – »Wenn der verfeinerte Luxus hoch gestiegen ist, so zeigt sich die Frau nur aus Irrung sittsam und hat kein Hehl zu wünschen, dass sie lieber Mann sein möchte: wo sie ihren Neigungen einen größeren und feineren Spielraum geben könnte; kein Mann aber wird ein Weib sein wollen.« Kant, »Anthropologie« [Kant 1798/1975]
2   *Erg. 1924:* Nach den Erfahrungen der Individualpsychologie ist es ausgeschlossen, dass ein Mensch das Gefühl einer realen oder scheinbaren Minderwertigkeit glatt verträgt. Wo immer wir den Bestand von Minderwertigkeitsgefühlen feststellen können, finden wir auch Gefühle des Protestes und umgekehrt. Ja der *Wille* selbst, sofern er Handlungen vorausgeht – andernfalls ist er nur *Scheinwille* – geht immer in der Richtung von »unten« nach »oben«, was freilich zuweilen nur aus einer Zusammenhangsbetrachtung klar wird.
3   *Erg. 1930:* unter anderen
4   grausame] Änd. 1924: heldenhafte
5   weiblichen] Änd. 1924: in Anführungszeichen
6   männlichen] Änd. 1924: in Anführungszeichen

in diesen Bemerkungen unserer Neurotiker ziemlich kraftlos ins Bewusstsein drängt, mit dem größten Anteil seiner Kraft im Unbewussten[7] die neurotischen Symptome, die Handlungen und Träume des Neurotikers erzwingt. Ich will im folgenden einige Bruchstücke aus gegenwärtigen und früheren Analysen vorlegen, die uns gestatten, wie von einer Warte aus die männliche Einstellung weiblicher Neurotiker zu überblicken.

1. Erster Fall: Tendenz, durch Klugheit, List und Courage den Mangel der Männlichkeit zu ersetzen

Eine 24-jährige Patientin, die an Kopfschmerz, Schlaflosigkeit und überaus heftigen Wutausbrüchen, vorwiegend gegen die Mutter gerichtet, litt, erzählt folgende Erlebnisse: Sie ging eines Abends nach Hause, als ihr eine Szene ins Auge fiel: Ein Mann beschimpfte eine Prostituierte, weil sie ihn angesprochen hatte. Andere Männer versuchten begütigend auf ihn einzuwirken. Da fühlte Patientin ein unwiderstehliches Begehren, sich einzumengen und dem Aufgeregten das Törichte seines Tuns auseinanderzusetzen. Die Analyse ergab: *Sie wollte wie ein Mann handeln*, sich über ihre weibliche Rolle, die ihr Zurückhaltung gebot, hinwegsetzen[8].

Am selben Tage begab es sich, dass sie einer Prüfung als Zuhörerin beiwohnte. Der Prüfende, ein gebildeter, witziger, aber im männlichen Protest handelnder Herr, machte sich über die Kandidatinnen weidlich lustig, ließ auch des Öfteren Bemerkungen von »Gänsen« fallen. Unsere Patientin stand wütend auf, verließ den Prüfungssaal und war den Rest des Tages von Gedanken eingenommen, wie sie bei der Prüfung den Herrn Professor hereinlegen[9] wollte. Die Nacht verging schlaflos. Erst gegen Morgen schlief sie ein. Da träumte sie folgenden Traum:

»Ich war über und über in Schleier gehüllt. Da kam ein alter Mann und schalt dies als unnütz, man könne ja doch durch die Schleier durchsehen.«

Der alte Mann trägt die Züge eines bekannten Pathologen Deutschlands und ist, wie die Patientin hervorhebt, *eine ständige Traumfigur*. Nebenbei fallen ihr einige Personen ein, vor allem jener strenge, aber witzige Prüfer. Als gemeinsames Band hebt sie all dieser überragende Klugheit hervor. Der Ausdruck: »Man könne ja doch durch die Schleier durchsehen«, stammt aus der Kur. –

»Über und über in Schleier gehüllt.« – Sie denkt an den scheinbaren Gegensatz, an die Venus von Milo. Tags vorher hat sie von ihr gesprochen und

---

7 im Unbewussten] *Änd. 1924:* unverstanden
8 *Erg. 1920:* sich wie seinesgleichen, nur besser orientiert, benehmen
9 hereinlegen] *Änd. 1924:* belehren

sie als Kunstwerk gepriesen. Weitere Gedanken knüpften an die verdeckende Attitüde der mediceischen Göttin[10] und an den Mangel von Gliedmaßen der Venus von Milo an, wie leicht vorauszusehen war.

Ein dritter Gedankengang zog die Worte des Alten in Zweifel. Ob man nicht doch durch eine Anzahl von Schleiern – etwa wie bei Tänzerinnen – eine Blöße verhüllen könnte? – *[176]*

Ich brauche nicht auseinanderzusetzen, dass die Tendenz der Träumerin dahin ging, ihr Geschlecht zu verhüllen. Die Haltung der Hand bei der Mediceischen Venus, der Mangel an Gliedmaßen bei der Venus von Milo sprechen deutlich genug den schon lange vorher aufgedeckten Wunsch meiner Patientin aus: Ich bin ein Weib und will ein Mann sein.

Die beiden Tageserlebnisse, die Schlaflosigkeit, der Wunsch, sich in der Straßenszene wie ein Mann zu benehmen, den strengen Professor unterzukriegen und mich durch Verschleierungen zu düpieren, stellen einen Teil des Kontinuums dar, dessen Inhalt die Neurose dieses Mädchens bildet. Leise klingt im Traum der Zweifel an, ob die Verwandlung gelingen wird. Reduziert man diesen Zweifel auf die kindliche pathogene Situation, so muss er dort einer primitiven Unsicherheit entsprechen, der Unsicherheit bezüglich der künftigen Geschlechtsrolle[11]. An eine solche Phase knüpft späterhin die neurotische Charakterologie an, die sich zusammensetzt aus männlich scheinenden Zügen und Sicherungstendenzen, Letztere aufgebaut gegen die Gefahr, ins Weibliche zu geraten, nach unten zu kommen[12].

2. Zweiter Fall: Erziehung durch eine neurotische Mutter. Furcht vor dem Gebären als Ursache von Erziehungsfehlern

Eine 38-jährige Frau, die wegen häufiger Angstanfälle, anfallsweise auftretenden Herzklopfens, schmerzhaften Drucks auf der Brust und »Blinddarmschmerzen« in Behandlung stand, zeigte eine *sonderbare Beziehung zu ihrem einzigen Kinde*, einem Mädchen von zehn Jahren. Sie überwachte sie auf Schritt und Tritt, war stets unzufrieden mit ihren Fortschritten und nörgelte unaufhörlich an dem etwas zurückgebliebenen, sonst aber gutwilligen Kind. Kein Tag verging ohne Aufregung, oft bildeten Schläge den Abschluss einer belanglosen Kontroverse zwischen Mutter und Kind, oder es wurde der Vater zum Richteramt berufen. Das Kind war allmählich in die unbewusste Trotzein-

---

10 [Gemeint ist die »Geburt der Venus« von S. Botticelli, 1486.]
11 *Erg. 1930:* im Prototype
12 *Erg. 1930:* wie besonders bei ehrgeizigen Mädchen mit allen Folgen (wie Frigidität) beobachtet werden kann

stellung geraten und obstruierte, wie dies dann immer geschieht, beim Essen, Anziehen, Schlafengehen, Waschen und Lernen.[13]

Die ersten Anfälle waren im 19. Lebensjahre aufgetreten, kurz nachdem sich die Patientin mit ihrem gegenwärtigen Gatten heimlich verlobt hatte. Die Verlobung währte acht Jahre, erfuhr viele Anfechtungen von Seiten der Familie und brachte eine Unzahl frustraner Erregungen mit sich. Bald *[177]* nach der Heirat verschwanden die Anfälle, um bald nach der Geburt des Kindes wieder aufzutauchen. In dieser Zeit war der Gatte zu Coitus interruptus übergegangen. Als ihn ein Arzt auf die[14] Schädlichkeit desselben aufmerksam machte und die Anfälle der Frau darauf zurückführte, nahm er zu anderen Vorbeugungsmitteln seine Zuflucht. Der Erfolg war verblüffend, die Anfälle blieben eine Zeit lang aus. Plötzlich traten sie wieder ein, ohne dass das Sexualregime geändert worden wäre, und trotzten seit drei Jahren jeder Therapie. Sexualbefriedigung kam regelmäßig zustande.

Wenn es eine reine Aktualneurose, eine[15] Angstneurose, gäbe, dies wäre – bis vor drei Jahren – ihr Bild gewesen. In der Analyse[16] ergab sich ihr psychischer Gehalt und ihre hysterische Struktur. Die männlichen Protestcharaktere traten deutlich hervor: Trotz, Überempfindlichkeit, Herrschsucht, Ehrgeiz – während das Gefühl der Minderwertigkeit durch die *Fiktion über-*

---

13 *Anm. Adlers: Friedjung* hat in einer interessanten Statistik die Schicksale des »einzigen Kindes« dargelegt und klagt dort in erster Linie psychische Gründe an: Verzärtelung, Ängstlichkeit etc. [Friedjung 1911; Protokolle III 1979] – Unser Fall, sowie ähnliche andere, kann diese Aufstellung sowohl unterstützen als erweitern. Er deckt die vielleicht bedeutsamste Ursache einer ruhelosen, ewig nörgelnden Erziehung auf, *die Furcht der Mutter vor einer nochmaligen Geburt.* Die übertriebene Sorgfalt bei Tag und Nacht soll dem Beweise dienen, »dass es schon mit *einem* Kinde nicht auszuhalten ist«. Dazu kam, dass der Boden für die neurotische Entwicklung bei Mutter und Tochter durch mehrfache Organminderwertigkeit vorbereitet war. Beide waren im frühen Kindesalter recht schwächlich gewesen. Die Menses waren bei der Mutter erst im 18. Jahre eingetreten, die Geburt des Kindes war auffallend schwer durch Wehenschwäche und folgende Atonie (Genitalminderwertigkeit), und kurz nach der Entbindung trat ein langwieriger Spitzenkatarrh in Erscheinung (Respirationsminderwertigkeit). Ein Bruder litt an einem Kehlkopfpolypen, der Vater starb an Lungenentzündung. Die Tochter war an Scharlachnephritis mit Urämie (Nierenminderwertigkeit), später an Chorea (Gehirnminderwertigkeit) erkrankt und zeigte sich geistig zurückgeblieben. – Auch der Hausarzt riet von nochmaliger Schwangerschaft ab. *So spiegeln uns die Neurosen weiblicher Patienten in jedem Falle den Krampf wieder, der unsere Kultur erschüttert: den Horror der Frau vor dem Weiblichen, ihre Kindheitsangst vor dem ihr bevorstehenden Geburtsakt.* – *Erg. 1920: Moll* hat vor kurzem die obigen Tatsachen bestätigt.
14 *Erg. 1920:* angebliche
15 eine] *Änd. 1920:* in Form einer
16 *Erg. 1924:* aber

aus starker libidinöser Strebungen rezent erhalten wurde. Diese libidinösen[17] Strebungen bestanden seit dem achten Lebensjahr, hielten stets die Furcht, zu fallen und ein Kind zu bekommen, wach und erfüllten die Patientin mit der Angst vor der weiblichen Rolle. Als sie ihren Mann kennenlernte, und während ihres langen Brautstandes schuf sie sich aus dieser Angst, indem sie sie unbewusst (halluzinatorisch) arrangierte, eine verlässliche Sicherung, zu der noch Brust- und Bauchschmerzen hinzukamen, um einen illegalen Verkehr unmöglich zu machen. Ihre unbewusste Fantasie spiegelte ihr ihr Bild als das eines leidenschaftlichen und gleichzeitig willensschwachen Mädchens vor, eines verworfenen, ihrem Sexualtrieb blind folgenden Geschöpfes, und gegen diese Fiktion einer lüsternen Weiblichkeit hatte sie sich stets mit Angst und mit der Neurose gewehrt.[18] Dieser Kampf gegen die weiblichen Linien spielte sich im Unbewussten ab, gab aber seit früher Kindheit im Bewusstsein einen Niederschlag: *in dem bewussten Wunsche ein Mann zu sein.* – Sooft die Situation nun gespannter wurde – sei es, dass der ihr bedenklich scheinende Coitus interruptus die Gefahr einer Gravidität heraufbeschwor, sei es, dass ungünstige pekuniäre Verhältnisse, wie in den letzten drei Jahren, sie *diese Gefahr höher werten ließen* –, reagierte sie mit ihren Anfällen gegen ihre weibliche Rolle und damit gegen ihren Mann. Nachts kamen Anfälle, die ihn im wohlverdienten Schlummer störten: Sie sollten ihm vor Augen führen, wie unangenehm es wäre, in der Nacht durch Kindergeschrei geweckt zu werden. Auch konnte sie sich dem Manne jederzeit entziehen oder durch einen Anfall von Atemnot an die drohende Perspektive einer Tuberkulose nach einer Schwangerschaft gemahnen. Sie konnte Gesellschaften meiden und ihren Mann ans Haus fesseln, soweit es ihr genehm war, und sie zwang den etwas schroffen Mann, sich ihr in vieler Beziehung unterzuordnen.[19]

Als das bedeutungsvollste Ergebnis dieser Analyse aber will ich hervorheben, *wie ihr nörgelndes, quälendes Erziehungsverfahren ihrer unbewussten Tendenz diente.* Sie bewies durch ihre Hast, durch ihre fortwährende Unruhe und Vielgeschäftigkeit, dass ihr das *eine* Kind schon zu viel Mühe mache. Und ihre Umgebung hatte wohl den richtigen Eindruck, wenn es regelmäßig hieß: »Gott sei Dank, dass du nur eines hast.« Sie verfolgte das Kind auf Schritt und Tritt, besserte ununterbrochen aus, fiel aus einer Heftigkeit in die andere, verhütete sorgfältig, dass das Mädchen mit anderen Kindern zusammenkam und verhalf diesem aus der unbewussten Einstellung stammenden Gebaren zu ei-

---

17 libidinösen] Änd. 1920: in Anführungszeichen
18 *Erg. 1924:* Wo andere Mädchen ihre Moral haben, hatte sie ihre Angst und ihre hysterischen Schmerzen.
19 *Erg. 1924:* Bewusst stützte sich ihre Ablehnung gegen ein zweites Kind auf die Furcht, abermals ein imbezilles Kind zu bekommen.

ner *logischen Re*[178]*präsentation*: Das Mädchen soll nicht wie seine Mutter werden, soll nicht wie sie frühzeitig masturbieren[20]!

Andere Mütter handeln oft in der gleichen Einstellung anders, doch mit der gleichen Tendenz: *Sie kommen Tag und Nacht von dem Kinde nicht los.* Sie hätscheln es ununterbrochen, sind immer mit ihm beschäftigt und stören seine Nachtruhe nicht selten durch überflüssige Maßnahmen. Unausgesetzt beobachten sie seine Nahrungsaufnahme, seine Exkrementalfunktion, wägen, messen und nehmen Temperaturen ab. Wird das Kind krank, so beginnt erst recht das Schädigungswerk der Mutter. »Vernunft wird Unsinn, Wohltat Plage.«[21] Bis das Kind sachte seine Kraft zu spüren beginnt und der Mutter die Zügel anlegt, bis es aus allen kleinen Beziehungen in der Kinderstube eine Unterwerfungsabsicht herausfühlt, gegen die es sich in dauerndem Trotz aufbäumt.

Die Träume dieser Patientin ergaben regelmäßig einen Ausschnitt aus diesem Ensemble von psychischen Regungen und ließen die neurotische Dynamik, den psychischen Hermaphroditismus mit folgendem männlichen Protest klar hervortreten. Die Symbolik von »Unten und Oben« kehrte recht häufig wieder. Einer dieser Träume lautete:

»Ich flüchte vor zwei Leoparden und klettere auf einen Kasten. Ich erwache mit Angst.«

Die Deutung ergab Gedankengänge bezüglich eines zweiten Kindes, vor denen sie nach oben, in die männliche Rolle flüchtet. Identisch damit ist ihr neurotisches Hauptsymptom, die Angst, die ihr als wichtigste Sicherung gegen die weibliche Aufgabe des Gebärens dient. –[22]

3. Versuch der Umkehrung als männlicher Protest (1920)

Dass sich dieses »Umgekehrt«, dieses »Alles umkehren wollen« auf das Trachten des Patienten bezieht, sich männlich zu gebärden, kann ich auch in der Analyse einer Patientin zeigen, von der ich einen erlogenen Traum und im Anschluss daran die Analyse ihrer Symptome berichtete [Adler 1910h]. – Wenn ich dies »Umgekehrt« hier abermals an der Traumanalyse nachweise, so[23] fühle ich endlich die Verpflichtung, kurz auf ein Thema einzugehen, das

---

20 frühzeitig masturbieren] *Änd.* 1920: sexuell frühreif werden
21 [Goethe, Faust, erster Teil, Schülerszene]
22 *Erg.* 1920: Gleichzeitig liegt in der nach aufwärts gerichteten Bewegung im Traume der probeweise Versuch zutage, sich über ihre beiden Familienmitglieder zu erheben, die sie als gefahrdrohend hinstellt.
23 kann *bis* so] *Änd.* 1924: will ich in der Analyse eines Traumes zeigen. Vorerst

ich in der Einleitung dieses Buches[24] theoretisch abgehandelt habe. *Der Schlaf ist im Sinne unserer Auffassung der Psyche als eines Sicherungsorganes ein Zustand oder eine Hirnfunktion, bei der **die korrigierenden Fähigkeiten*** der psychischen Organisation ihre Arbeit teilweise eingestellt haben. Die »Schlaftiefe« bedeutet demnach den Grad dieser Arbeitseinstellung. Die biologische Bedeutung dieser Einrichtung könnte sein, die jüngsten und zartest organisierten spezifischen Gehirnfunktionen, als welche wir die korrigierenden verstehen, durch Ruhepausen zu schonen. Die Korrektur aber erfolgt durch Anspannung auf aufmerksame Betätigung unserer Sinnesorgane, zu denen wir auch den Bewegungsapparat zu rechnen haben. Da dieser empfindende Apparat im Schlafe teilweise ausgeschaltet ist, der uns die Sicherung unseres *Seins* über die körperlichen Grenzen hinaus gewährleistet, ist die Anpassung an die Außenwelt im weitesten Sinne verloren gegangen, dadurch aber auch die normale Möglichkeit einer Korrektur. Nun überwuchert die Fiktion, deren Inhalt selbst als primitive, analogische, bildhafte Sicherung gegen das Gefühl der Minderwertigkeit nachzuweisen ist. In dieser Fiktion wird nun *auf ein aktuelles Minderwertigkeitsgefühl* reagiert, als ob eine Gefahr bestünde, wieder nach unten zu kommen. Und da dieses Vorausempfinden als weiblich verstanden wird, in absichtlich zu weit getriebener Sicherungstendenz, reagiert die noch [81] wachende Psyche[25] mit dem männlichen Protest. Daraus entstehen dann im Jargon der kindlichen Seele Darstellungen von abstrakter, zerlegter, verdichteter, verkehrter, symbolischer, sexueller Art, deren imaginärer Ausbau ursprünglich gleichfalls aus der gesteigerten Sicherungstendenz entstanden ist. – Die symbolische, demnach fiktive und in ihren dynamischen Gehalt aufzulösende Darstellung des Traumes, respektive gewisser Traumkonstellationen, die von *Freud* und seiner Schule noch als real wirksam in nackter sexueller Bedeutung hingenommen werden, wie sexuelle Darstellungen, perverse Gedankengänge,[26] Inzestkonstellationen, scheint *Bleuler* vorgeschwebt zu sein, wenn er von der symbolischen Bedeutung der Sexualvorgänge spricht. Der Unterschied in der Traum- und Neurosenanalyse, wie sie *Freud* übt, gegenüber der meinen liegt von diesem Punkte besehen darin, dass *Freud* die absichtlich übertriebene Fiktion des Patienten als real wirkendes Erlebnis ansieht, die Absicht übersieht und ihn zum Verzicht auf die »bewusst gewordene Fantasie« anleitet. Meine Ansicht geht tiefer: die Fiktion des Patienten als[27] Erdichtung aufzulösen, sie zurückzuverfolgen bis zu ihrem Ursprung aus Minderwertigkeitsgefühlen und männlichem Protest. Die korrigierenden Fähigkeiten des Patienten, die durch seine affektive Ein-

---

24 [Praxis und Theorie der Individualpsychologie (Adler 1920a)]
25 *Erg. 1930:* mit dem Ziel der Überlegenheit
26 *Erg. 1930:* Sadismus und Masochismus
27 *Erg. 1930:* tendenziöse

stellung gebunden sind, werden[28] erlöst und zur Herstellung einer Harmonie von männlichen Protestregungen und Wirklichkeit verwendet. Denn das Wesen der Neurose und Psychose liegt in der Bindung korrigierender Kräfte, ein Zustand, bei dem die Fiktion des Patienten im Sinne des männlichen Protestes deutlicher hervortritt. Die Neurosenwahl aber ist bedingt durch die infantile Gestaltung dieser Fiktion und ist von der Art, wie sie in der Umgebung zur Geltung zu gelangen sucht, nach Art eines Ausströmens in der Linie des geringsten Widerstandes.

Die verkehrte Handlungsweise gewisser Neurotiker muss also an eine solche ursprüngliche Fiktion anknüpfen, die offenbar den Zweck hat, im Sinne eines männlichen Protestes ein gegebenes, als minderwertig empfundenes Verhältnis umzukehren. Die Tendenz, alles umzukehren, wird dann die Art der Neurose bestimmend beeinflussen. Unsere Patientin zeichnete sich dadurch aus, dass sie Moral, Gesetz, Ordnung etc. in und außer dem Hause umzukehren versuchte. Und der Ausgangspunkt ihrer protestierenden Handlungsweise war eine falsche Unterwertung ihrer weiblichen Rolle, deren Gefahren sie übertreibend empfand. Um dieser zu entgehen, versuchte sie den Ursprung ihrer Weiblichkeit aufzuspüren in der Erwartung, sich wieder ins Männliche umkehren zu können, und blieb mit ihren Erklärungsversuchen bei zwei Ereignissen haften. Sie kam, wie die Mutter ihr bei ihren Putschversuchen schon in den jüngsten Jahren vorhielt, verkehrt zur Welt, und sie kam nach einem männlichen Geschwister. So wollte sie nun alles umkehren, ihre Geburt und das Zuspätkommen[29]. – Ihr Gebaren war immer auf Umkehrungen aus. Bei mir versuchte sie anfangs stets die Überlegene zu spielen, mich zu belehren und die Unterhaltung zu stören. Eines Tages nahm sie auf meinem Stuhl Platz. Aus einer späteren Phase der Behandlung stammt folgender Traum:

»Ich sehe einem Ringelspiel[30] zu. Später steige ich auch hinauf. Es beginnt eine schnelle Drehung, und ich fliege auf die Person, die vor mir fährt, die mit mir auf eine andere und so weiter. Ich war ganz oben. Da sagte der Leiter der Ringelspiels[31]: ›Jetzt werden wir *verkehrt* drehen!‹ Und plötzlich waren wir wieder auf unserem Platz.« [82]

Die Einfälle der bereits gut geschulten Patientin ergeben Folgendes: ›Ringelspiel könnte ›das Leben‹ bedeuten. Vielleicht habe ich einmal scherzweise äußern gehört, das Leben sei ein Ringelspiel. Dass ich auf jemanden hinauffliege, ist eine aus früheren Deutungen bekannte Vorstellung, ich bin ein Mann, bin oben, und hat Beziehung zum Sexualverkehr. Übrigens sagt man

---

28 *Erg. 1924:* im Sinne des Gemeinschaftsgefühls
29 das Zuspätkommen] *Änd. 1924:* die Geburtenabfolge
30 *Änd. 1924:* Karussell
31 *Änd. 1924:* Karussells

in Wien, ich fliege auf jemanden, das heißt, ich möchte ihn besitzen. – Die räumliche Vervielfältigung dieser Szene ist zeitlich aufzulösen: ich fliege auf viele. Der Leiter müssen Sie sein, denn Sie sagen mir öfters, dass ich es verkehrt treibe, verkehrt haben wolle. Wenn es nach Ihnen ginge, dann wäre ich auf meinem Platz, wäre ein Weib.« –

Die Deutung dieses Traumes ist also bis zu der von mir aufgestellten Forderung gediehen, so dass man vorausversteht, die Träumerin beantwortet ein Empfinden ihrer weiblichen Rolle mit einem männlichen Protest. In ihrem Sinne heißt das, ihre natürliche Bestimmung umkehren, ins Gegenteil verkehren. Wie stark dieser Protest ist, sieht man unter anderem aus dem Versuch der öfteren Wiederholung des Hinaufliegens, was bei der Psychologie des Don Juan sowie des Messalinentypus[32], bei der Erotomanie[33] als charakteristisch anzusehen ist. Beim Messalinentypus ist die rastlose Eroberung der Rest der Umkehrungstendenz ins Männliche, bei Don Juan muss diese Wiederholung als gesteigerter Protest, demnach als Kompensation eines Minderwertigkeitsgefühles verstanden werden. Und noch ein weiterer Verrat dieser starken Sehnsucht nach Umkehrung zeigt sich in der *Umkehrung* des Gedankenganges im Traumbild. Der Sinn ergibt ein »Aufsteigen« zur Männlichkeit, der Wortlaut ein Absteigen auf ihren Platz, zur Weiblichkeit. *Freud* hat in seiner »Traumdeutung« darauf hingewiesen, dass man manche Träume verkehrt lesen müsste, ohne diese Merkwürdigkeit erklären zu können. Unsere Auffassung gestattet zu sagen, dass die Tendenz in der Traumfiktion auch das äußere Gefüge des Traumes umzukehren imstande ist.[34]

Aus der Krankengeschichte der Patientin ist noch hinzuzusetzen, dass sie oft über Kopfschmerzen des Morgens, wie diesmal nach dem Traume, klagte, die sie auf ihre merkwürdige Lage zurückführte, in der sie sich oft beim Erwachen fand. Bald hing der Kopf am Bettrand nach abwärts, bald lag sie verkehrt im Bett mit dem Kopf am Fußende. Beide Lagen erklären sich als Versuche, sich umzukehren. Von ihr stammt auch ein Traum, in dem alle Personen auf dem Kopfe standen. Ferner kommt noch ein Detail ihrer Krankengeschichte in Betracht, das besonders von den Eltern als krankhaft aufgefasst wurde: eine Tanzwut, die sie oft ergriff und zwang, sich in tollem Wirbel herumzudrehen. Die Deutung ergab »gleichzeitige«, also durch eine gemeinsame Tendenz verursachte Fantasien, in denen ein Mann mit Erfolg um ihre Liebe warb. Das Motiv der Umdrehung kehrt auch hier wieder, aber gemildert durch die aufrechte Haltung, bei der vermieden erscheint, was [die] Patientin am meisten fürchtete: die Überlegenheit des Mannes. Beim Tanz herrscht

---

32 [Messalina, Valeria, gest. 48 v. Chr.: dritte Frau von Claudius, sexuell ausschweifend, gilt als weibliches Pendant zu Don Juan.]
33 *Erg. 1924:* und Manie
34 *Erg. 1930:* Der Affekt dieses Traumes ist deutlich gegen mich gerichtet.

nach ihrer willkürlichen Einschätzung Gleichheit, es war ihr gefühlsmäßiger Eindruck: »Da kann ich auch den Mann spielen.«

Die Patientin litt dauernd an Harn- und Stuhlinkontinenz, weil ihr dieses Leiden, wie ihr die Mutter schon in der Kindheit versicherte, eine Heirat unmöglich machen konnte.

Wo war nun das³⁵ Gefühl der Minderwertigkeit, auf das die Patientin mit einer Tendenz der Umkehrung antwortete? Am Vortage des Traumes *[83]* hatte sie einer Freundin Vorwürfe gemacht, weil diese einen jungen Mann in seiner Wohnung besucht hatte. Die Freundin wandte ein, ob unsere Patientin nicht auch schon eine Dummheit gemacht habe. Nachträglich erinnerte sich [die] Patientin, dass sie vor mehreren Jahren, als von einer ärztlichen Behandlung bei ihr noch keine Rede war, zu mir mit einer persönlichen Bitte gekommen war, ohne dass die Mutter davon wusste. Bei der Art unserer Beziehungen konnte von einer zärtlichen Regung der Patientin gegen mich keine Rede sein. Nichtsdestoweniger griff ihr Widerstand in der Kur auch zu einer Fiktion, als sei sie ähnlich wie die Freundin »auf einen Mann geflogen«. Sie hielt daran umso lieber fest, als sie daraus einen kategorischen Imperativ machen konnte, niemals einen Mann zu besuchen, und zweitens, weil sie diese Stimmung gegen mich, der ihr überlegen zu werden drohte, Einfluss auf sie zu gewinnen schien, anwenden konnte. Der Traum ist ein trotziges Nein und hat neuropsychologisch die gleiche Wertigkeit wie Harn- und Stuhlinkontinenz. Denn es besagt: »Ich lasse mich nicht von einem Manne überreden, ich will oben sein, ich will ein Mann sein!« –

Während der Kur, als schon wesentliche Fortschritte im Befinden der Patientin eingetreten waren, begab es sich einmal, dass sie beobachtete, wie ihr Vetter, der bei ihnen wohnte, ein Dienstmädchen attackierte. Sie erschrak darüber so sehr, dass sie den ganzen Tag weinte. Weinend kam sie auch in die Ordination und schloss ihre Erzählung entrüstet: »Nun heirate ich den ersten Besten, damit ich nur aus diesem Hause hinauskomme!« Es war leicht zu vermuten, dass dieser Gedanke nach der Vorgeschichte des Mädchens, die immer ein Mann sein wollte, eine Fortsetzung in Art einer Reaktion bekommen musste, und ich erwartete, dass sich eine Wendung zum Schlimmeren einstellen würde. Denn bei der psychischen Konstitution dieses Mädchens musste die Reaktion derart ausfallen, dass der *Gedanke, den ersten Besten zu heiraten*, ein heftiges Bedenken in ihr auslösen musste, betreffend die Gefahren ihrer Handlungsweise. In der Tat konnte ich die Reaktion am nächsten Tage bereits beobachten. Sie war ungebärdiger als sonst, kam ausnahmsweise pünktlich, aber wie in einer Art Gegenwehr wies sie nachdrücklich auf diese Pünktlichkeit hin. Hierauf erzählte sie einen Traum:

»Mir war es, *als ob* eine Reihe von Heiratskandidaten in einer Reihe aufge-

---

35 *Erg.* 1924: aktuelle

stellt waren. Am Schlusse der Reihe standen Sie. Ich ging an allen vorbei und wählte Sie zum Manne. Mein Vetter wunderte sich sehr darüber und fragte, warum ich einen Mann wähle, dessen Fehler mir bereits bekannt seien? Ich antwortete: »Ebendeshalb!« Dann sagte ich zu Ihnen, ich möchte mich auf einen der Männer, die einen spitzen Kopf hatten, hinaufstellen. Sie sagten, ich solle das lieber sein lassen.«

»Eine Reihe von Heiratskandidaten« – Gestern sagte sie, sie wolle den Erstbesten heiraten. Im Traume, wo sie den Letzten nimmt, ist es *umgekehrt*. Dann fällt ihr ein Satz von *Herbarts* Pädagogik ein: Wenn eine Reihe von Vorstellungen hintereinander ins Bewusstsein treten, so hebt immer die nächste die vorhergehende auf. Aus dem Vergleich dieses Einfalls mit der entsprechenden »Skizze« des Mannes[36], (»eine Reihe von Heiratskandidaten«) geht hervor, dass sie *keinen* will, was ja von uns vorausgesehen wurde. Die Traumdeutung ergibt dann weiter: oder einen, den ich ganz kenne. Das wäre ich. Dabei eine Fortsetzung der Entwertung: da sie *meine Fehler* kennt. *[84]* Der Vetter soll sich wundern, so wie sie sich – umgekehrt – wegen seines Vorgehens gewundert hat. Der Mann mit dem spitzen Kopf ist einer ihrer früheren Verehrer, dessentwegen sie viel geneckt worden war. Er ist in den Traum eingeführt, um an ihm zu demonstrieren, wie sie dem Manne überlegen sein möchte, wie sie sich ihm auf den Kopf stellen möchte, um *oben* zu sein. Dieses »*Obenseinwollen*«, einer der prägnantesten Ausdrücke für den männlichen Protest, ist nur ein anderer Ausdruck für das »Umgekehrt«, kooperiert in diesem Traume mit dem »Umgekehrt« und kehrt folgerichtig wieder in der Herabsetzung meiner Person, »dessen Fehler sie schon kennt«. Ich sagte wirklich, »sie solle das lieber sein lassen«, nämlich den überhitzten männlichen Protest aufgeben. – Sie begnügt sich mir gegenüber mit einer harmlosen Herabsetzung.

Ihre Stellung zum Manne wurde durch die Erfahrung, die sie an ihrem Vetter machte, also nochmals verschärft. Sie begnügte sich aber diesmal im übertriebenen Ausdruck ihres männlichen Protestes, die Türe ihres Schlafzimmers zu sperren und sich so zu sichern, *als ob der Vetter* auch sie attackieren wollte, nicht mehr wie früher, wo sie als Schutz gegen die Ehe ihr Bett mit Urin und Stuhl beschmutzte.

Das Zurückgreifen in kindliche Situationen hängt mit dem Wesen der starken Abstraktion zusammen. Die Neurotiker sind Menschen, die anstatt wie die Künstler, Genies und Verbrecher[37] aktiv neue Wege zu finden[38] die Erinnerung ihrer Kindheit absuchen, wenn sie sich erheben und vor gegenwärtigen und zukünftigen Gefahren sichern wollen. Ebenso stark fällt dabei in die Wagschale, dass ihre kindliche analogische Apperzeption nicht in der

---

36 des Mannes *] Änd. 1924:* des Traumes
37 Genies und Verbrecher *] Änd. 1924:* und Genies in Anerkennung der Tatsachen
38 *Erg. 1930:* tendenziös

Richtung der Gemeinschaft korrigiert wird, sondern in der Richtung der starken[39] Sicherung um jeden Preis. So bekommt man den Eindruck des Infantilen, was aber nicht als psychische Hemmung zu verstehen ist, sondern im kindlichen Gleichnis darstellt, wie sich der Patient in der Welt zurechtzufinden sucht.

Recht häufig findet man die Tendenz zum »Umgekehrt« in einer Form des *Aberglaubens*, die dahin zielt, so zu handeln, *als ob* man das Gegenteil von heftig begehrten Befriedigungen erwartete. Man hat den Eindruck, als wollten diese Patienten *Gott* oder das Schicksal *foppen*, ein Versuch, der von vornherein erkennen lässt, ein wie starkes Gefühl der Unsicherheit vorwaltet, wie die Unternehmung dahin zielt, durch einen Kunstgriff einem Wesen beizukommen, das stärker und übelwollend ist. Mit diesem Charakterzug steht ein anderer oft in Verbindung, von der eigenen Lage einen schlechten Eindruck hervorrufen zu wollen, um den Neid, den Hass des anderen nicht zu wecken. Volkspsychologisch reiht sich hier die Furcht vor dem »*bösen Blick*« und das »*Opfer*« an, Letzteres dargebracht, um nicht die Missgunst mächtiger Wesen zu erwecken. Man erinnere sich an den »Ring des Polykrates«[40].

2. E. W., 24 Jahre alt, jüngstes Kind eines Tabikers, leidet seit fünf Jahren an Zwangserscheinungen. Bis vor einem Jahr hatte sie eine auffallende Erschwerung im Sprechen. Sie blieb stecken, suchte vergeblich nach Worten und hatte dabei stets das Gefühl, man beobachte sie beim Reden. Sie mied deshalb, soweit es ging, jede Gesellschaft, zeigte sich aber sehr niedergeschlagen und war nicht fähig, einen Unterricht zu genießen, den sie andererseits behufs ihrer weiteren Ausbildung sehr erstrebte. Ihre Mutter, eine nervöse, ewig nörgelnde Frau, *[85]* deren hervorstechendster Charakterzug Geiz war, versuchte sie durch Strenge, gelegentlich auch durch Kuren bei Nervenärzten von ihren trüben Gedanken abzubringen und ihre Sprachhemmung zu beseitigen. Da dies nicht gelang, schickte sie die Tochter zu Verwandten nach Wien, und in der Tat verschwand nach der Rückkehr die Sprachhemmung vollständig. In der Ordination bei mir, also ein Jahr nachher, zeigte sich keine Spur davon. Aber es hatten sich andere Symptome eingestellt. Das Mädchen wurde regelmäßig, sobald sie mit jemandem einige Worte gewechselt hatte, von dem Gedanken befallen, dass dem anderen ihre Gesellschaft, ihre Person unangenehm und peinlich sei. Und diese Zwangsvorstellung, die sie auch zu Hause, und wenn sie allein war, beschäftigte, warf sie jedes Mal wieder in eine *betrübte Stimmung* zurück, so dass sie nach wie vor jede Gesellschaft mied.[41]

---

39 *Erg. 1930:* persönlichen
40 [Ballade von Friedrich Schiller]
41 *Anm. Adlers:* Der paranoide Charakter, – die Schuld des anderen, – tritt deutlich hervor. *Erg. 1924:* Ihr Zwangsdenken hatte für sie den gleichen Wert wie ihr Sprachfehler: sich der Gesellschaft entziehen zu können.

Ich finde es immer mehr als einen bewährten Grundsatz, die ersten Mitteilungen aus dem Munde der Patientin dazu zu benutzen, mir ein ungefähres Bild zu entwerfen, was die Patientin mit ihrem Leiden bezwecke. Man muss dieses Bild nach Art einer Fiktion, nach Art eines »*Als-ob*« gestalten, in der Überzeugung, dass die weitere Analyse mancherlei Ausgestaltungen bringen werde. Dabei muss es gestattet sein, der eigenen Erfahrung entsprechend die Frage aufzuwerfen und zu beantworten, welches Bild die nunmehr Erkrankte normalerweise bieten sollte oder könnte. So gewinnt man den nötigen Vergleichspunkt und kann die Abweichung vom Normalen, somit den sozialen Schaden der Krankheit messen. Da zeigt sich nun regelmäßig, dass gerade das normalerweise zu erwartende Bild *aus irgendwelchen Ursachen den Patienten schreckt*, ja dass er ihm auszuweichen trachtet. In unserem Falle gelingt es unschwer zu erraten, dass es die normale Beziehung zum Manne ist, vor der sich das Mädchen zu sichern trachtet. Es wäre nun weit gefehlt anzunehmen, dass mit dieser vorläufigen Supposition das Rätsel gelöst wäre, wenngleich durch meine psychologischen Vorarbeiten auch das Hauptmotiv dieses Ausweichens, die Furcht vor dem Manne, die Furcht zu unterliegen, als vorläufiges summarisches Erklärungsprinzip vorweggenommen werden darf. Die Erwartung einer Heilung aber knüpft sich an die Aufdeckung der speziellen fehlerhaften Entwicklung, die durch einen pädagogischen Eingriff rückgängig gemacht werden muss. Dieser pädagogische Eingriff setzt an dem Verhältnis von Patient zum Arzt ein, das ja jede Phase der sozialen Einstellung der Kranken widerspiegeln muss. Auch dies muss vorausgesetzt werden, da sonst die Einreihung der Äußerungen der Patientin durch den Arzt mangelhaft wird und leicht wichtige Einstellungen für oder gegen den Arzt übersehen werden.

Schon die ersten Mitteilungen bestätigen und ergänzen diese Vermutungen. [Die] Patientin behauptet, stets ein lebenslustiges gesundes Kind gewesen zu sein und immer ihren Kolleginnen *überlegen*. Aus der bunten Menge ihrer Erinnerungen fördert sie Folgendes zutage:

Als sie acht Jahre alt war, habe ihre zweite Schwester geheiratet. Ihr neuer Schwager hielt sehr auf Reputation und äußeren Anstand und verwies ihr ihren Umgang mit armen und schlecht erzogenen Kindern. Überhaupt haben viele an *ihr genörgelt*. In der Schule erinnere sie [86] sich an einen Lehrer, der sie ungerecht behandelt habe. Sie sei durch ihn oft *heftig gekränkt* worden.

Als sie 18 Jahre alt war, sei in ihre Gesellschaft ein junger Student gekommen, um den sich alle ihre Freundinnen bewarben. Nur sie habe seine *Siegeszuversicht unangenehm empfunden* und sei ihm oft scharf entgegengetreten. Ihr Verhältnis zu ihm habe sich dadurch sehr verschlechtert, der Student habe sie in jeder Weise *gekränkt und zurückgesetzt*, so dass sie sich immer mehr aus der Gesellschaft zurückzog. Eines Tages ließ er ihr durch ein boshaftes Mädchen die Mitteilung überbringen, nun habe er sie erkannt, sie spiele nur eine Rolle und sei in Wirklichkeit ganz anders. Diese so wenig tiefsinnige und unbedeutende Bemerkung versetzte sie in einen Zustand der größten Unsicherheit.[42] Sie dachte fortwährend über diese Worte nach, und es entwickelte sich bei ihr eine außerordentliche Zerstreutheit im Verkehr mit anderen Leuten. Wenn sie ins Gespräch kam, tauchte immer der Student mit seiner Bemerkung vor ihr auf und hinderte sie an der Unbefangenheit mit jeder Gesellschaft. Sie wurde erregt, *wog jedes ihrer Worte ab* und musste oft im Gespräche stocken. So kam es, dass sie am liebsten allein war, das hieß für sie, sich auf die Gesellschaft ihrer zänkischen Mutter zurückzog, wo sie freilich auch nicht zur Ruhe kam. Sie kam öfters in ärztliche Behandlung, die jedes Mal resultatlos endete. Von großer Wichtigkeit ist, den Standpunkt der Mutter im Auge zu behalten, die immer unentwegt betonte, alles bei ihrer Tochter seien »Einbildungen«, und sie könnte schon anders sein, wenn sie nur wollte, eine Kritik, die die Tochter immer aufregte und der sie entgegenstellte, die Mutter verstände nicht, was in ihr vorgehe.

So vergingen vier Jahre, als man sich entschloss, das Mädchen, das immer seltener in Gesellschaft ging, allein nach Wien zu Verwandten zu schicken. Sie blieb einige Wochen und kehrte anscheinend gesund, das heißt ohne Sprachstockung zurück. Sie war aber viel zurückhaltender und schweigsamer geworden.

Kurz nach ihrer Rückkehr kam es zu den oben geschilderten Zwangsgedanken, und zwar nach einer erregten Szene mit dem Studenten, der sie abermals durch ihre Freundin herabzusetzen suchte.

Sie teilte noch weitere Erinnerungen mit. Der erwähnte Student hatte einmal aus Rache gegen ein Mädchen ein Komplott angestiftet und es zuwege gebracht, dass dieses Mädchen bei einem Tanzkränzchen von allen Jünglingen sitzen gelassen wurde, worauf es weinend den Saal verließ. Über ein anderes Mädchen hatte er sich geäußert, sie würde sich auf den Kopf stellen, wenn er es verlangte. Meine Frage, ob ihr der Student nicht sympathisch gewesen sei, beantwortete sie ungezwungen mit Ja.

In der nächsten Stunde teilte sie mir einen Traum mit, den ich, um den Zusammenhang dieser Eindrücke zu geben, samt seiner Deutung hier anführen will. Der Traum lautet: [87]

»Ich bin auf der Straße vor einem Arbeiter gegangen, der ein kleines blondes Mädchen führt.« – Nun erzählt die Patientin zögernd, sie wisse nicht, wie sie zu derlei sinnlichen Gedanken komme: »Der Vater habe sich in unerlaubter Weise an dem Mädchen vergriffen. Ich rief ihm zu: Lassen Sie das Kind in Ruhe!«

---

42 Anm. Adlers: Bei ihrer Spannung zu den Menschen kam ihr dieses Erlebnis sehr gelegen. Deshalb hielt sie die Erinnerung daran fest, weil sie sich mit ihr die Distanz zur Liebe sichern konnte. Die Distanz aber brauchte sie, um einer Hörigkeit, einer Niederlage auszuweichen. Für sie war eine Herabsetzung darin gelegen, wenn sie dem andern »opfern, dienen«, etwas geben sollte, also in der Entfaltung des Gemeinsinns.

Nach freundlichem Zureden entschließt sie sich zu folgender Mitteilung. Als sie vor einem Jahre bei ihrem Besuche in Wien im Theater war, habe sie *vor sich* während des Spiels einen Mann gesehen, der sein kleines Töchterchen unzüchtig berührte. Es war dies aber kein Arbeiter. Ungefähr um dieselbe Zeit wollte ein Cousin auf einem Ausfluge ihr unter die Röcke greifen. Sie wehrte ihn ab und rief: »Lassen Sie mich in Ruhe!«

Das kleine blonde Mädchen war sie selbst in der Kindheit. – Vor längerer Zeit habe sie in der Zeitung von einem Arbeiter gelesen, der sich an seinem Kind verging.

Der Ausgangspunkt dieses Traumes waren Gedanken über die Krankheit und den Tod des Vaters. Sie hatte, angeregt durch eine Frage, in der Kur, die Mutter danach gefragt und vernommen, dass der Vater an Rückenmarkschwindsucht gestorben sei. Meine Frage, ob sie über die Ursache dieser Krankheit im Klaren sei, beantwortet sie dahin, sie habe gehört, dass sie vom »vielen Leben« komme. Ich teile ihr mit, dass dies unrichtig sei, aber bis in die letzte Zeit überall so angesehen werde. Vom Vater berichtet sie weiter, dass er ein untätiges Leben geführt habe und zum ewigen Verdruss der Mutter den ganzen Tag im Wirtshaus und im Kaffeehaus zugebracht hätte. Als er starb, war sie sechs Jahre alt. Eine Schwester habe sich vor drei Jahren umgebracht, *weil sie der Bräutigam verlassen habe*.

Auf meine Frage, warum sie im Traume vor dem Arbeiter gehe, fällt ihr ein, »weil diese Ereignisse alle hinter ihr liegen«. – Den »Arbeiter« vermag sie nicht zu klären, sie weiß nur, dass er schlecht gekleidet, lang und hager war. Ich erinnere sie *getreu meiner vorgefassten Meinung* daran, sie wolle den Männern voraus, überlegen sein, und dass ihr Schwager sie vor dem Umgang mit schlecht gekleideten, offenbar Arbeiterkindern gewarnt habe, und so setze der Traum in anderer Absicht, nämlich um sie vor dem Umgang mit Männern zu warnen, diese Warnung fort. Dazu schweigt die Patientin. Eine Frage, die wegen der Anknüpfung an das Gespräch über den Vater sowohl als wegen des unverhüllt auftretenden Inzestproblems nahe genug lag, ob der Vater lang und hager war, wird bejaht.

Die Deutung des Traumes ergibt für sich allein, aber besonders klar im Zusammenhang mit der supponierten psychischen Situation der Patientin eine deutliche Warnung vor den Männern und damit auch die Bestätigung unserer Arbeitshypothese, dass die Erkrankung des Mädchens dazu dienen soll, sie vor den Männern zu schützen. Der Traum sowohl als die Erkrankung stellen sich demnach als eine *Aktion der Vorsicht* dar, wodurch der psychogene Charakter der Krankheit sichergestellt ist. Ich will diesen *Kernpunkt der Neurose als des Traumes*, der sich mir als *Versuch des Vorausdenkens zum Zwecke der Sicherung der persönlichen* Überlegenheit und Plusmacherei dargestellt hat, an diesem Material noch ausführlicher beleuchten. [88]

Das normale menschliche Denken, aber auch seine präpsychischen (unbewussten) Akte stehen unter dem Drucke der Sicherungstendenz. *Steinthal* hat in ähnlicher Weise die *Psyche als organische Gestaltungskraft* hingestellt, die in hohem Grade die Anforderungen der Zweckmäßigkeit erfüllt. Auch *Avenarius* [1876] und andere wiesen auf die empirische Zweckmäßigkeit des menschlichen Denkens hin.[43] Neuerdings *Vaihinger* (»Die Philosophie des als ob« [Vaihinger 1911]), dessen Betrachtungen ich lange nach Aufstellung der von mir beschriebenen Sicherungstendenzen und Arrangements kennengelernt habe. Bei ihm ist übrigens ein reiches Material auch aus andern Autoren angesammelt, die ähnliche Auffassungen vertreten. *Claparède* [1908][44] sucht vielfach neurotische Symptome als Atavismen zu erklären, ein Versuch, der wie der *Lombrosos*[45] abzuweisen ist, *da in der Richtung des geringsten Widerstandes die Möglichkeiten aller vergangenen Zeiten jederzeit wieder neu aufleben können ohne Zusammenhang mit früher existierenden Schutzeinrichtungen. Der Begriff der Zweckmäßigkeit aber schließt die Teleologie ein.* Doch sagt er nichts aus über die Art und innere Natur einer Anpassung. Meine Auffassung dieser »Zweckmäßigkeit« besagt ganz präjudizierlich, *dass die herrschende Tendenz der Psyche durch das Wesen der Vorsicht gegeben ist, die sich als kompensatorischer Überbau über organisch bedingte Empfindungen der Unsicherheit erhebt.* – Die quälendere Empfindung der Unsicherheit und Minderwertigkeit bei Kindern mit minderwertigen Organen oder mit stärkerer relativer Minderwertigkeit gegenüber ihrer Umgebung zwingt diese zu stärkerer Ausgestaltung, zur Forcierung ihrer Sicherungstendenzen, deren äußerliches Maß über die neurotische Disposition hinaus zur Psychose oder zu Selbstmord führt. Wir entsinnen uns, dass eine Schwester unserer Patientin in einem Stadium verstärkten Minderwertigkeitsgefühls, *als ihre Liebe verschmäht wurde,* zum Selbstmord schritt, eine psychische Wendung[46], die ich für grundlegend halte für das Verständnis der Selbstmordkonstellation. *In dieser ungeheuren, das Leben erfüllenden Dynamik ist als verstärkende Linie der männliche Protest eingetragen, »als ob« männlich sein gleichbedeutend wäre mit sicher, mit vollwertig.*

Überblicken wir das Material, das uns die Patientin bisher geliefert hat, so finden wir lauter Erinnerungen, in denen ein Mann die Oberhand gewinnt oder gewinnen will, und einen Traum, der diese Auffassung dadurch bestätigt, dass sie in einer Art Skizze ausnahmslos alle Männer, und somit *auch den Vater,* – und dies ist in diesem Falle der Sinn der Inzestkonstellation – als un-

---

43 [Die Zweckmäßigkeit liegt bei Avenarius im »Prinzip des kleinsten Kraftmaßes« als Ökonomie der Kräfte in der Seele.]
44 [vgl. Jahrbuch für psychoanalytische und psychopathologische Forschung. Bd. 2, 1910, S. 359]
45 [Cesare Lombroso, »Genie und Irrsinn«, 1864]
46 *Erg. 1924:* zur Wut und Rache

sittlich und maßlos hinstellt, und dass sie sich selbst vor diesen zügellosen Trieben wie ein Wild vor dem Jäger sichern will.

Diese zur Flucht, zur Rückzugslinie oder zur Gegenwehr gewandte Stellung muss irgendwo begonnen haben. Wir erwarten demnach Mitteilungen von Angriffen in weitestem Sinne des Wortes und von einer aus dem Unsicherheitsgefühl dieses Mädchens antwortenden Einstellung, die uns die Reaktionsweise der Patientin verstehen lehrt, nicht etwa[47] als ob aus einem Geschehnis[48] eine unbewusste Fixierung erfolgt wäre, sondern als[49] Ergebnis aus der Unsicherheit des Mädchens und aus den Beanspruchungen der Außenwelt. Eine vorsichtige Fragestellung, betreffend die allerersten Erinnerungen bestärkt durch ihr Ergebnis unsere *[89]* Erwartung. [Die] Patientin erinnert sich an Spiele mit andern Kindern aus dem vierten bis fünften Lebensjahre. Anfangs fällt ihr ein »Vater- und Mutterspiel« ein, bei dem sie meist die Mutter gespielt habe. Als Zweites nennt sie das überall vorzufindende »Doktorspiel«. Von ersterem Spiel ist zu sagen, dass es von der Sehnsucht des Kindes aufgebaut ist, es den Erwachsenen gleichzutun: Erotische Einschläge sind dabei häufig und leiten hinüber zu dem meist ganz erotischen »Doktorspiel«, bei dem meist Entblößungen und Berührungen der Genitalien[50] vorgenommen werden. Eine offene Erklärung dieser Art hatte zur Folge, dass die Patientin freiwillig erzählte, auch sie hätten damals derartige Berührungen vorgenommen. Und anschließend daran teilte sie mir mit, sie sei im Alter von fünf Jahren *von dem zwölfjährigen Bruder einer Freundin, der sie in einer Kammer eingesperrt hielt, zu masturbatorischen Berührungen verführt worden, die sie bis zu ihrem 16. Lebensjahr ausführte.*

Nun erörtert [die] Patientin den Kampf, den sie gegen die Masturbation geführt hätte. Das grundlegende Motiv dieses Kampfes war aber, sie könnte auf diese Weise sinnlich werden und dem *erstbesten Manne zum Opfer fallen.* Damit nähern wir uns wieder unserer anfänglichen Erwartung, die dahin lautete, die Patientin leide an der *Furcht vor dem Manne, und unterstreiche, um sicherzugehen, ihre eigene Sinnlichkeit,* die offensichtlich um kein Haar anders als die normale ist, im gegenwärtigen arrangierten Zustande aber gewiss nicht abgeschätzt werden kann. Sicher lässt sich sagen: dass [die] Patientin ihre Sinnlichkeit *überschätzt,* wir werden uns aber hüten, diese Schätzung zu der unseren zu machen.[51]

Schon diese Anfänge einer Analyse lassen erkennen, dass die Patientin *zu*

---

47 *Erg. 1924:* durch logische Verkettung
48 *Erg. 1924:* kausal
49 *Erg. 1924:* irrtümliches
50 der Genitalien *] Ausl. 1924*
51 *Erg. 1924:* Sie ist ein bestochener Richter, ihr Urteil über ihre Sinnlichkeit dient dem Endzweck: sich zu sichern.

ihrer eigenen Sicherheit den Mann entwertet. »Alle Männer sind schlecht, – wollen das Weib unterdrücken, beschmutzen, unterkriegen!«

Daraus schließt sich die Erwartung, dass die Patientin eine Anzahl von typischen und atypischen Versuchen erkennen lassen wird, die sämtlich darauf abzielen werden, unter allen Umständen die Überlegene zu spielen, die vermeintlichen und in unserer Gesellschaft tatsächlich bestehenden Privilegien des Mannes zu nullifizieren, kurz durch Charakterzüge und gelegentliche Putschversuche das Vorrecht des Mannes zu stürzen. Das *ganze Rüstzeug des sozialen Emanzipationskampfes der Frau wird sich in ihrem Gebaren wiederfinden, nur verzerrt, ins Unsinnige, Kindische und Wertlose umgebildet.* Dieser individuelle Kampf, sozusagen eine Privatunternehmung gegen männliche Vorrechte, zeigt aber als Analogon, als Vorläufer, oft auch als Begleiter des großen, wogenden sozialen Kampfes für Gleichberechtigung der Frau, dass er auf dem Wege aus der Minderwertigkeit zur Kompensation aus der Tendenz zur *Manngleichheit* (siehe *Dönniges, Memoiren*)[52] entspringt.

Als Charakterzüge wird man mehr [oder] weniger deutlich finden: Trotz, insbesondere gegenüber dem Manne (in unserem Falle gegenüber dem Studenten), Angst vor dem Alleinsein, Schüchternheit, öfters durch Arroganz markiert, Abneigung gegen Gesellschaften, offene oder versteckte Heiratsunlust, Geringschätzung der Männer, aber daneben oft starke Gefallsucht, um zu erobern, Befangenheit etc. – Die neurotischen Symptome unserer Patientin stehen an Stelle von Charakterzügen. Ihr Stocken beim Reden ist an Stelle der Befangenheit getreten, ihre Ge[90]sellschaftsflucht und ihre Zwangsgedanken, man sei ihr feindlich gesinnt, führen sie zum gleichen Ziel und stammen aus der Empfindung ihrer eigenen Feindseligkeit[53], und ein stetes bereites Misstrauen soll die Sicherung vollenden. Dabei kann die Moral, die Ethik, die Religion, der Aberglaube[54] zur Unterstützung herangezogen werden. Oft kommt es zu Unzukömmlichkeiten und Verkehrtheiten, zu Wünschen, alles anders haben zu wollen, zu einer ungemein betriebsamen Oppositionslust, die alle den Verkehr mit den Patienten erschweren. Wie ein richtiger Erzieher wird der Arzt mit allen diesen Charakterzügen zu tun bekommen, nicht weil der Patient *überträgt, sondern weil sie*[55] *da sind* und alle Kräfte und Tendenzen des Patienten ausmachen, weil die[56] Einstellung des Patienten es bedingt, dass er sich mit seiner rauen Seite aggressiv gegen alle stellen muss.

Daneben gibt es gelegentlich männlich geartete Putschversuche oder Aus-

---

52 [Helene von Dönniges/Racowitza (1909)]
53 *Erg. 1924:* aus dem mangelnden Gemeinschaftsgefühl
54 *Erg. 1924:* missbräuchlich
55 *Erg. 1930:* bei sozialer Betrachtung
56 *Erg. 1924:* antisoziale

fälle gegen den Mann, die der Arzt recht häufig zu spüren bekommt. Sie sind alle zu übersetzen: »Nein, ich will mich nicht unterordnen, ich will kein Weib sein. Sie sollen bei mir keinen Erfolg haben. Sie sollen unrecht haben!« Oder es kommt zu Versuchen, die Rollen zu wechseln, in der Kur anzuordnen, sich (wörtlich und figürlich) an die Stelle des Arztes zu setzen, ihm überlegen zu sein. So kam obige Patientin eines Tages mit der Mitteilung, sie sei seit der Kur noch aufgeregter. Ein andermal erzählte sie, sie habe gestern zum ersten Mal einen Stenografiekurs besucht und sei schrecklich aufgeregt gewesen. »Wie noch nie!« Als ich sie darauf verwies, dies sei gegen mich gerichtet, gab sie in diesem Punkte ihren Widerstand auf. Nicht etwa, weil eine Auflösung erfolgt sei, sondern weil sie den Eindruck gewann, ich nehme derartige Angriffe nicht ernst und wolle sie nicht klein machen.

Es kann bei diesen Anzeichen leicht vorhergesehen werden, dass Patienten in solcher Stimmung eine Einstellung annehmen, in der sie *alles verkehrt* machen wollen. »Als ob« dadurch der Schein der Weiblichkeit vermieden werden könnte. Eine meiner Patientinnen träumte in solcher Laune, alle Mädchen stünden auf dem Kopfe. Die Deutung ergab den Wunsch, ein Mann zu sein und auf dem Kopf stehen zu können, wie es die Knaben öfters tun, wie man es aber den Mädchen aus Sittlichkeitsgründen verwehrt. Dieser Unterschied wird »beispielsweise« festgehalten und wirkt fast symbolisch. Recht häufig kommt es zu Weigerungen, den Arzt zu besuchen, und [zu] Bitten, der Arzt möge – umgekehrt – den Patienten in seiner Wohnung aufsuchen. Am häufigsten aber findet man die Tendenz zur Umkehrung im Traume ausgedrückt durch Ersetzung eines Mannes durch eine Frau, wobei gleichzeitig die Entwertungstendenz in Kraft tritt, noch vorsichtiger angedeutet durch ein hermaphroditisches Symbol oder durch Kastrationsgedanken, wie *Freud*, ich und andere sie als ungemein häufig nachgewiesen haben. Nach *Freud* und anderen liegt die minder wichtige Seite dieser Gedanken in der Erschütterung durch eine Kastrationsandrohung. Ich habe erkannt, dass in den Kastrationsfantasien die Unsicherheit der Geschlechtsrolle ihre Spuren hinterlassen hat und dass sie der Möglichkeit einer Umwandlung aus einem Manne in eine Frau zum Ausdrucke dienen. Ein Traum unserer Patientin illustriert diese Gedankengänge so vortrefflich, dass er als Schulfall gelten kann.

»Ich war bei einem Nasenspezialisten in Behandlung. Der Arzt war bei einer Operation auswärts. Die Assistentin nahm mir einen Knochen weg.«
[91]

Wir hören in der Analyse dieses Traumes, den [die] Patientin als ganz harmlos hinstellt, dass sie vor einigen Jahren wegen Nasenwucherungen in Behandlung war. Der Arzt war ihr ungemein sympathisch. Dies genügte ihr, um Reißaus zu nehmen. Die Anknüpfung dieser Erinnerung an den Vortrag ergibt eine deutliche Beziehung auf meine Person. Auch mir war es gelungen, durch Umgehung ihrer vorgesetzten Vorurteile gegen den Mann ihre Sympathien zu erwecken, und so greift die Sicherungstendenz im Traume ein, um sie vor der Zukunft zu warnen. Ihre »große Sinnlichkeit«, das »brutale Begehren des Mannes« sind die Gefahren, vor denen sie sich im *Voraus* in den Traumgedanken schützen will. Die Assistentin war in Wirklichkeit keine Ärztin und hat nie operiert. Der Traum schafft die Institution der weiblichen Ärzte. Im Zusammenhang allerdings handelt es sich um die Umwandlung eines Mannes in ein Weib und um eine noch weiter gehende Entwertung desselben zur Assistentin. Dies leitet unsere Gedanken weiter auf das Problem der Verwandlung. Der Knochen, der abgeschnitten wird, wird als männlicher Geschlechtsteil gedeutet. Da [die] Patientin dies von sich berichtet, so ist zu vermuten, dass sie als Kind sich durch Kastration in ein Weib verwandelt glaubte, eine Vermutung, die von der Patientin geleugnet wird. Zahlreiche Beispiele haben mich gelehrt, dass diese Geschlechtstheorie und ihr analoge *präpsychisch* geblieben sein können, das heißt, dass alle Bedingungen zu ihrer Entstehung gegeben waren, dass diese Vorleistungen sich aber nicht zu einem bewussten Urteil[57] verdichteten. In vielen anderen Fällen gelingt der Nachweis einer derartigen bewussten Fiktion. Die Tatsache der Häufigkeit solcher bewussten Fiktionen, ebenso wie der Umstand, dass Patienten mit den Vorbedingungen der Fiktion in gleicher Weise sich gebärden, als wäre die Fantasie bewusst und gerechtfertigt, lässt einen bedeutsamen Schluss zu, der lauten muss: *Das Wirksame in der Psyche ist nicht die Erkenntnis, sondern das Gefühl der speziellen Minderwertigkeit und Unsicherheit, das zuerst präpsychisch die Linien zeichnet, die sich im Bewusstsein zum Urteil, zur Fantasie gestalten können, sobald es nötig wird.*[58] Ist aber, wie sich herausstellt, das Gefühl der Minderwertigkeit auf Empfindungen gegründet, die als weiblich gewertet werden, so haben wir in der leitenden Fiktion, in der Tendenz des Neurotikers die Kompensation in der Form des männlichen Protests zu erblicken.

Das Verständnis für den obigen Traum reicht nun weit genug, um zu sehen, dass die Träumerin ihre Weiblichkeit (Verlust des Knochens) beklagt, nicht ohne dagegen zu protestieren, dass der Mann ihr überlegen ist. Ihr männlicher Protest hält sich an ein persönliches Gleichheitsideal: *Der Arzt soll auch in ein Weib verwandelt werden.* Wer nicht am Worte klebt, wird in diesem Verlangen keinen Unterschied erblicken gegenüber ihrem Wunsche, ein Mann zu sein. Ist doch die Aufhebung ihres Minderwertigkeitsgefühls das Ziel ihrer Sehnsucht! Und diese erreicht sie sowohl durch Erhöhung ihrer

---

57   *Erg. 1930:* oder verbal (*Watson*) [Der Behaviorist Watson betont den Zusammenhang von Verbalisierung und Handeln und Gedächtnis (»Bewusstsein«) und sieht in unverbalisiertem Verhalten und Gefühl die Erklärung für Freuds Unbewusstes [Watson 1930/1968].

58   *Anm. Adlers 1924:* Auch von *Furtmüller,* später von *William Stern* in gleicher Weise so dargestellt.

Person als durch die Herabsetzung des höher gewerteten Mannes. Es fehlt uns noch das Verständnis für die Stelle des Traumes: »Der Arzt war bei der Operation auswärts.« [Die] Patientin kann dazu nur mitteilen, dass sie nie von ähnlichen Besuchen des Nasenspezialisten gehört habe. Der Tendenz des Traumes zufolge ergibt sich als Erklärung die Beseitigung des Mannes und sein Ersatz durch einen weiblichen Arzt. Etwa: »Alle Männer soll der Teufel holen!« *[92]*

Eine weitere Erwartung konnte auch kaum fehlgehen. Die obigen Gedankengänge weisen mit großer Deutlichkeit auf die Möglichkeit des *Arrangements einer Homosexualität.* Die Traumskizze sowohl als die psychische Situation der Patientin zeigen deutlich ihre Neigung, aus dem Manne eine Frau zu machen. Die weitere Leitung auf dieser Rückzugslinie vor dem Manne übernehmen Erinnerungen und Eindrücke masturbatorischen Charakters aus den erotischen Kinderspielen mit Mädchen.

Abschließend will ich bemerken, dass [die] Patientin Erinnerungen hat, ihre Ankunft sei von Mutter und ältester Schwester recht missgünstig aufgenommen worden. Insbesondere die älteste Schwester habe sie überaus streng behandelt, so dass immer ein schlechtes Verhältnis zwischen ihnen bestand. Im Zusammenhang mit der oben gekennzeichneten Rückzugslinie vor dem Manne muss sich als Resultat herausstellen, dass sie auch *einer Unterwerfung durch die Frau* sich entgegenstemmt. In der Tat war sie zeitlebens bestrebt, den Mädchen und Frauen ihres Kreises überlegen zu sein und wehrt auch übermäßig jeden Einfluss der Mutter ab. Für eine primär wirksame, angeborene Homosexualität im Sinne der Autoren liegt keinerlei Befund vor, ebenso wenig wie in allen anderen Fällen. Dagegen sieht man deutlich, wie ihre Erlebnisse und Tendenzen sie in diese »als ob«-homosexuelle Stellung drängen und diese obendrein im Detail determinieren, ohne entscheidend zum Ausdruck zu kommen.

Ihr Benehmen wird also in mancher Richtung als »verkehrt«, stellenweise auch als »pervers« empfunden werden, weil sie unter der Leitung einer Fiktion der Manngleichheit alles oder vieles umzukehren, zu verändern, verkehrt zu sehen sucht. Diese Sucht aber, die unter Umständen als Wahn [59] auftreten kann, ist großen Teils unbewusst und kann nur geheilt werden, wenn man der Patientin die Möglichkeit gibt, sie zu verstehen, ihre Introspektion zu vertiefen. Die Möglichkeit nun ist an den pädagogischen Takt des Arztes gebunden.

Gelegentlich gibt die Patientin in anderer Weise zu verstehen, dass man auf dem rechten Weg ist. Es fällt ihr ein, dass sie gar nicht abgeneigt wäre, eine

---

59 Anm. Adlers: Die Verwandtschaft dieses Falles mit paranoider Demenz ist nicht zu verkennen.

Liebesbeziehung anzuknüpfen. Nur müsste das Sexuelle ausgeschlossen bleiben. Auch in dieser Fassung dringt der männliche Protest durch. –

Als Nachtrag berichtet Patientin unter großem Zögern, dass der ihr sympathische Nasenarzt sie mehrere Male geküsst habe, was sie nur schwach abwehrte. Erst als sie, wo er ihr mit Gewalt einen Kuss rauben wollte, die Kraft fand, ihm zu sagen, dass sie sein Benehmen hässlich fände und dauernd von ihm Abschied nahm, sind ihre Beschwerden geschwunden, und fast drei Monate habe sie sich wohlgefühlt. Dann kam der Zusammenstoß mit dem Studenten, und kurz nach seiner eigentlich banalen Äußerung, sie zeige ein anderes Wesen als ihr wirklich zukomme, brach die Zwangsvorstellung aus, sie könne mit niemandem verkehren, weil man von ihr einen peinlichen Eindruck habe.

Dass sie sich von dem Arzte so leicht küssen ließ, scheint auf den ersten Blick auffällig und widerspricht scheinbar der Voraussetzung eines männlichen Protests. Die Erfahrung belehrt uns darüber, dass [93] die männlich geweckte Eroberungslust nicht selten zu weiblichen Mitteln greift oder [dass] das Geküsstwerden und Liebeerwecken als Machtbefriedigung empfunden werden können. Allerdings nur bis zu einem gewissen Grade. In dem Moment, wo der Partner seine Überlegenheit deutlich zu machen versuchte, als er zur Gewalt griff, musste sie ihm beweisen, dass sie ihm über sei. Dieser Fall ist in seiner psychologischen Struktur so typisch, dass er allgemein verständlich sein dürfte. Vielleicht jedermann weiß, wie das unerreichbar Scheinende, wie der noch nicht unterworfene Partner die »Liebe« zu steigern vermag, während offen gezeigte Zuneigung in der Regel schlecht aufgenommen wird. Neurotische Mädchen werden deshalb in jeder Beziehung zu einem Manne schließlich scheitern, weil ihnen in der Liebesbeziehung des Partners vor allem das Gefühl der Unterwerfung, die Liebeshörigkeit auffällt und unerträglich wird.[60] – Die Besserung im Befinden unserer Patientin ist leicht verständlich, da sie ja mit einem Sieg über den Arzt und über ihre als weiblich gewerteten sinnlichen Begierden triumphiert hat. – Als sie nun im Kampf mit dem Studenten den Kürzeren zog, als es diesem gelang, ihr sogar die Freundin abwendig zu machen, *da unterlegte sie seinen Worten einen alten Sinn.* Ihre Befürchtung war, dass man ihr die onanistischen Manipulationen, ihre »weibliche« Sinnlichkeit absehen könnte. Die Worte des Studenten lauteten, ganz allgemein, *er könne sehen, dass sie anders sei, als sie scheine.* Und so bekamen seine Worte die Deutung, jeder könne ihr ihre Sinnlichkeit ansehen und sich Ähnliches erlauben wie der Arzt. Sie selbst aber sei zu schwach, um sich gegen einen Mann wehren zu können[61]. –

---

60 *Erg. 1924:* Ein leichter Sieg, der fertige Triumph bringt die Erledigung dieser Aufgabe.
61 *Erg. 1924:* der sich nicht frühzeitig unterwirft

Diesem Nachtrag, den sie nur sehr schwer brachte, ging eine Stunde voraus, wo nur Klagen über ihren Zustand und Zweifel an ihrer Heilung zum Ausdruck gebracht wurden. Es war leicht zu verstehen, dass dieses Benehmen eine Spitze gegen mich hatte. Und ebenso leicht, dass sie sich mit dem Vortrage[62] gegen mich zu waffnen versuchte, der ich »ihrer Schwäche« die mannigfachen Geständnisse entrissen hatte. So musste sie sich, um mir gegenüber stark zu bleiben, auch in ihrem Zustande verschlechtert zeigen, was ja im gegenwärtigen Stadium der Kur bereits bedeutete, ich soll keine Macht, keinen Einfluss auf sie gewinnen können.

Kurz will ich dabei hinweisen, wie die Furcht vor dem Mann sich gleichfalls »umzukehren« sucht, nämlich in Gedankengänge, der Mann möge Furcht bekommen. Für das neurotische Empfinden der Patientinnen deckt sich diese Gedankenbewegung mit einer gefühlsmäßigen Welle von »unten nach oben«. Nicht nur in der Neurose, sondern auch in der Psychose, vor allem bei der Paranoia und bei der Dementia praecox findet man diesen Hang zur Umkehrung, der sich zuweilen darin äußert, das »Unterste zu Oberst« zu kehren, Tische, Sessel, Kasten umzudrehen[63]. Psychologisch gleichwertig damit ist die bekannte negativistische Einstellung, die man sich gedanklich stets durch ein »Umgekehrt!« ersetzen kann. Nebenbei sei darauf hingewiesen, dass bei unserer Patientin auch andere Gedankengänge zutage treten, die uns aus der Psychose geläufig sind, so die Empfindung, man könne sie durchschauen, jeder habe ein peinliches Gefühl in ihrer Nähe, jeder könne sie beeinflussen. Doch weiß sie zum Unterschied von Psychotikern ihre kindliche Fiktion, wie wir vorausschicken wollen, jedes Mal so weit mit der Realität in Einklang zu bringen, dass der Eindruck der Psychose vermieden wird. Nicht an der Fiktion also liegt es, die in unserem Falle dazu dient, die Patientin [94] noch vorsichtiger zu machen, sondern an der Korrelationsschwäche der korrigierenden Bahnen, an der Verpflichtung zur Logik. Unsere Patientin mag noch so sehr zur Sicherung ihrer angenommenen weiblichen Schwachheit ihre Fiktion, so zu handeln, als ob sie ein Mann wäre, verstärken, sie wird stets in der Korrelation ihres korrigierenden Apparates eine weitere Sicherung finden und sich »vernünftig« benehmen. Damit nähern wir uns dem Standpunkt *Bleulers*, [1911/1988] der als charakteristisch für die Schizophrenie eine »Lockerung der Assoziationen« ansieht. Unser Standpunkt setzt[64] nur die relative Minderwertigkeit des korrigierenden Apparates voraus, dessen Kompensationsfähigkeit nicht mehr genügt, sobald der fingierende Apparat zu stärkeren Leistungen schreitet.

Ich beobachtete vor Jahren einen Patienten mit Dementia praecox, die im

---

62 dem Vortrage] *Änd. 1924:* ihrem Zustand
63 *Erg. 1924:* und so gegen die Logik der Tatsachen zu revoltieren
64 *Erg. 1924:* für die Psychose

Abklingen war. Eines Tages zeigte er auf ein Rudel von Hunden und sagte mit bedeutungsvoller Miene, diese seien bekannte, schöne Damen, die er mir alle mit Namen nannte. Er stand unter dem Einfluss der Furcht vor der Frau und sicherte sich durch die Entwertung des hoch geschätzten weiblichen Geschlechts, indem er sie alle in Hunde verwandelte. Also »umgekehrt«. Sein korrigierender Apparat war nicht stark genug, den Einklang mit der Wirklichkeit so weit zu finden, dass er es etwa ins Scherzhafte gezogen oder als Beschimpfung verstanden hätte wissen wollen. Die Kompensation des korrigierenden Apparates setzte noch aus, der starken Entwertungstendenz des sichernden Apparates gegenüber. –

Ein Traum unserer Patientin, am Tage nach ihren Mitteilungen über das Benehmen des Nasenspezialisten geträumt, zeigt uns die gleichen psychischen Bewegungen. Sie träumte: »Ich ging einen Hut kaufen. Als ich nach Hause ging, sah ich von Weitem einen Hund, vor dem ich mich sehr fürchtete. Ich wollte aber, dass er sich vor mir fürchten sollte. Als ich näher kam, sprang er auf mich. Ich besänftigte ihn und klopfte ihm den Rücken. Dann kam ich wieder nach Hause und legte mich auf den Divan. Es kamen zwei Cousinen zu Besuch. Meine Mutter führte sie herein, suchte mich und sagte: Da ist sie. Ich empfand es unangenehm in dieser Lage überrascht worden zu sein.« –

Die Deutung ergibt zornige Gedanken wegen ihrer Mitteilung mir gegenüber. Sie muss auf ihrer »Hut« sein. Dies die Verstärkung ihrer Sicherungstendenz. Denn sie hat sich mir schwach gezeigt, war unterlegen, ich – der Hund – war auf sie gesprungen. Sie erfasst also ihre Niederlage in einem sexualsymbolischen Bilde, das durchaus nicht real zu nehmen ist. Gerade der symbolische Ausdruck aber, den sie für »Niederlage«, für das Gefühl der Weiblichkeit findet und der entschieden im Vergleich zu weit geht, sichert sie durch Aufstellung eines Memento, wie er selbst die mahnende, sichernde Tendenz zur Urheberin hat. So erniedrigt sie mich zu einem Hund, wobei sie durch den Nachsatz förmlich darauf hinweist, wie sie das eingetretene Ereignis meiner Überlegenheit »umzukehren« trachtet. »Ich wollte, dass er sich vor mir fürchten sollte!« Müdigkeit und Nötigung, sich auf dem Divan auszuruhen, empfand sie, als sie die ersten Tage aus der Kur kam. Diese Symptome waren ersichtlich arrangiert, um sich zu beweisen, wie sie selbst gelegentlich erwähnte, dass die Gespräche bei mir sie nicht beruhigten, sondern ermüdeten. Aber, was weit wichtiger, – so lag sie nach der Nasenoperation beim Arzte, der sie dabei geküsst hatte, ein Geheimnis, welches *[95]* ich ihr »entrissen« habe. Die beiden Cousinen sind derzeit verheiratet. Sie verkehrte mit ihnen früher, als sie noch ledig waren. Da kamen sie öfters, wenn Unterhaltungen waren, aber nie allein, sondern nur in Begleitung ihrer Mutter oder einer Tante. *Denn sie hätten es für unschicklich gehalten, allein irgendwohin zu gehen. Sie aber geht allein, nämlich zu mir in die Kur*, wie sie auch zu dem Nasenspezialisten allein ging, wo ihr solches widerfuhr. Im Traume geht sie allein einen Hut kaufen. Ihr letzter Einkauf eines Hutes vollzog sich in Gesellschaft der zänkischen Mama und verdross sie sehr, weil die Mama über die fortwährenden Geldausgaben jammerte. Die Besänftigung des Hundes weist darauf hin, wie sie einmal einen abgewiesenen Freier in seiner Betrübnis tröstete. So würde es auch mir gehen. –

Das Problem, das diesen Traum erfüllt, ist nun zu greifen. »Soll ich allein gehen oder mit der Mama?« Letzteres ist unangenehm, weil die Mutter mich immer zu unterdrücken sucht. Ich will aber überlegen sein, ich gehe allein. Ich fürchte mich aber vor dem Mann und will versuchen, die Rolle zu wechseln. Einmal habe ich einen Mann tief betrübt, der sich mir nähern wollte. Ich habe mich vor weiteren Schritten gefürchtet und habe ihn zurückgestoßen. So fürchte ich mich jedes Mal, wenn ich öfters mit einem Manne spreche. Nur das erste Mal kann ich ihn meine Überlegenheit fühlen lassen. Je öfter ich zum Doktor gehe, desto schwächer fühle ich mich. Dazu ist es auch noch unschicklich. (Aus dieser Überlegung, die arrangiert ist, stammt ihre Schicklichkeitstendenz, die sie gegen mich gelegentlich zur Anwendung bringen konnte. In der Tat ist sie zwei Tage später ohne Motivierung einmal aus der Kur geblieben.)

Kurz gesagt, das Gefühl ihrer Schwäche stammt aus der Furcht vor dem Manne und erlaubt nur eine Korrektur, so zu handeln, als ob sie ein Mann wäre. Auf diesem für sie dornigen Wege aber kommt es zu großen Widersprüchen, die sich aus der Irrationalität ihrer Fiktion ableiten. Denn die Wirklichkeit nimmt sie als Weib, und sie selbst ist weiblichen Regungen nicht unzugänglich, wenngleich sie sie stark unterstreicht, keineswegs verdrängt. Die Unterstreichung ihrer weiblichen Regungen aber leitet eine Umkehr ein, bewirkt sozusagen eine saure Reaktion, die dann zur Sicherungstendenz hinüberleitet: Ich will kein Weib, ich will ein Mann sein! – Und dies versucht sie wie überall, wie auch den Mädchen gegenüber, am Arzte. Dort aber muss sich ihre sichernde Fiktion auflösen und mit der Wirklichkeit in Harmonie gebracht werden. –

Die Fortsetzung der Kur bestand in der Tat in der schwersten pädagogischen Aufgabe des Nervenarztes, die darin liegt, den Patienten in eine Stimmung zu bringen, in der er eine Anleitung überhaupt verträgt. [Die] Patientin erscheint mit deutlicher Verstimmung im Blick, erklärt auf meine Frage, was sie heute berichten wolle, nichts, und antwortet endlich, als ich sie darauf hinweise, ihre Verstimmung müsse noch immer in der Linie der feindseligen Einstellung gegen mich liegen, mit den Worten: »Wie kommt das daher?« – Diese Worte höre ich nicht zum ersten Male aus ihrem Munde. Sie hat sie wiederholt gebraucht, als sie sich mit ihrer Mutter mir vorstellte, und zwar immer, wenn ihre Mutter in die Krankengeschichte der Tochter kritische Bemerkungen einflocht, als wolle die Tochter sich keine Mühe geben. Ich nehme also an, dass es der Patientin gelungen ist, mich in die Rolle der Mutter zu denken, das heißt, ähnlich wie in dem oben geschilderten Doktortraum, mich so anzusehen, als wäre ich kein Mann. Dies ist das Ziel *[96]* ihrer Absicht und mit dieser Entwertung meiner Person richtet sie sich auf. Was sie sonst an diesem Tage noch zum Ausdruck bringt, sind versteckte Vorwürfe gegen mich wegen der Verschlimmerung ihres Zustandes, so subjektiver Art, dass das corriger la fortune deutlich in die Augen springt, und feindselig geäußerte Gedanken, sie werde aus der Behandlung mindestens eine Zeit lang ausbleiben. Dass dies alles eine Spitze gegen mich hat, ist leicht zu verstehen, wenn auch die Patientin eine bewusst dahin gehende Absicht leugnet. Ich mache vorläufig die Voraussetzung, dass dieses ihr Verhalten ihre zwangsweise Antwort sei auf eine Empfindung des Unterliegens, des Weichwerdens, der Einfügung. Dabei ergibt sich der Zusammenhang mit ihrer Krankheitsform von selbst. Ihre Empfindungen sind dergestalt, dass sie im andern, vor allem im Manne den Stärkeren, Überlegenen, Feindseligen empfindet, weil sie ursprünglich *aus Gründen der Sicherungstendenz und Machtstreben[s]* ihre eigenen, übrigens normalen Empfindungen unterstrichen, einseitig gruppiert und als Schreckpopanz fingiert hat. Gegen diese Fiktion aus Sicherungsgründen wendet sich nun, da sie dieselbe als weiblich wertet, der männliche Protest, wie er beispielsweise in ihrer Haltung gegen mich zutage tritt. *Im Mechanismus des männlichen Protestes wirkt die Sicherungstendenz weiter und verstärkt alle Empfindungen von der Überlegenheit und Feindseligkeit des Mannes. Deshalb ergaben ihre ersten Erinnerungen stets Beispiele von Fällen, wo der Mann der Stärkere war.* Ihre Psyche steht also unter dem Einfluss einer sozusagen aufsteigenden Bewegung, deren Ausgangspunkt eine kraftvoll gefasste Fiktion ist: Ich unterliege, id est, ich bin allzu weiblich, deren ersehnter Endpunkt eine ebenso starke Fiktion ist: Ich muss mich benehmen, *als ob* ich ein Mann wäre, id est, ich muss den Mann kleinmachen, weil ich allzu weiblich bin und sonst unterliege. Innerhalb dieser beiden Fiktionen spielt sich die Neurose ab, und alle die Übertreibungen und Unterstreichungen sind gehalten durch die Sicherungstendenz.

Was war denn nun die Klage der Patientin? Sie habe die *Empfindung, dass die Menschen einen peinlichen Eindruck von ihr hätten, dass sie ihr feindlich seien!* Dieser Zwangsgedanke ergibt sich aus der psychischen Situation der Patientin mit Notwendigkeit, denn abgesehen davon, dass er die weibliche Fiktion der Patientin kräftig[65] zum Ausdruck bringt und als Memento wirkt, gibt er gleichzeitig der männlichen Fiktion Raum: Jetzt kann sie ihre weibliche Rolle abwerfen, und, so gut es geht, auf der männlichen Linie leben, sie kann sich so gebärden, als wäre sie, wie der Mutter gegenüber, ein Mann. Denn die Mutter ist die einzige Person, mit der sie dauernd seit ihrer Erkrankung in Berührung steht und die sie durch ihre Erkrankung *beherrscht*, aller-

---

65 *Erg. 1924:* über sich hinausweisend

dings auch zur Verzweiflung bringt. Ihre eigene Feindseligkeit findet sie gerne bei den anderen, denn: »Unheil fürchtet, wer unhold ist.«[66] Zu beachten ist der starke Mangel des Gemeinschaftsgefühls.

Erinnern wir uns auch, dass diesem Zwangsgedanken eine andere Krankheitserscheinung vorhergegangen ist: das Stocken im Gespräch sowie eine übergroße Befangenheit anderen Leuten gegenüber. In der Tat war dies der erste Akt ihrer ausgebrochenen Neurose, der Ausdruck ihrer erhöhten Anspannung gegenüber anderen Personen. Es ist, als ob sie sich beim Sprechen vorwiegend sichern hätte wollen, – um nicht zu unterliegen, aber noch fähig gewesen wäre, die sichernde Fiktion [97] ihrer Schwäche durch ein dem Stottern verwandtes System sich stets vor Augen zu führen. Bis sie durch Angriffe männlicher Personen, des Arztes, der Verwandten, *in ihrer Sicherung weitergehen musste*, in der Sicherung des männlichen Protestes: zu *kämpfen und fortzulaufen*. So weit war sie nun auch mir gegenüber gekommen, wie aus der obigen Schilderung hervorgeht. Aus den Analysen von Stotterern kann ich die gleiche Dynamik hervorheben. Ihr Stottern ist der Versuch, sich der Überlegenheit des andern durch eine Art passive Resistenz zu entziehen, deren Grundlage ein vertieftes Minderwertigkeitsgefühl, deren hartnäckig festgehaltene Absicht die Ausspähung, Prüfung und vorsichtige Beschleichung des Partners ist, wobei der Gedanke vortritt, durch masochistische Haltung auf den andern eine bannende Wirkung zu erzielen. Ferner: »Was hätte ich nicht schon alles erreicht, wenn ich kein Stotterer wäre!« So endlich trösten sich diese Patienten und umgehen dabei ihre eigene Empfindlichkeit.

Es ist mir bekannt, dass manche Leser meiner früheren Arbeiten gerade in dem Punkte Schwierigkeiten gesehen haben und die Frage ventilieren, wie denn jemand durch weibliche Mittel einen männlichen Protest herstellen könnte. Die Analogie mit der *passiven* Resistenz mag sie auch darüber aufklären. Es liegt in solcher Handlungsweise für die Analyse der häufigste[67] Sonderfall vor, dass »weibliche und männliche« Linien zeitlich fast zusammenfallen, ein Kompromiss bilden, nur dass die ununterbrochene Sicherungstendenz die Bewegung nach oben[68] weiter innehält. Am deutlichsten beim Messalinentypus, wo die Niederlage als Eroberung empfunden wird. Sollte dies wirklich so schwer zu verstehen sein?

Kehren wir zu unserer Patientin zurück. Wir können nun ihre beiden mir gegenüber geäußerten Gedankengänge einreihen. Ihre spitzen Bemerkungen, ihr subjektiv verschlechtertes Befinden sind ebenso Angriffe gegen mich, wie ihre Drohung, aus der Kur auszubleiben; Erstere erinnern mehr an ihre gegenwärtige Krankheitserscheinung, Letztere an die frühere. Auch den Anlass

---

66 [Richard Wagner, »Siegfried«, 1. Akt, 1. Szene]
67 häufigste] *Änd. 1924:* häufige
68 *Erg. 1924:* für den Anfänger schwer bemerkbar

zur Verstärkung ihres männlichen Protestes kennen wir schon: ihre Nachgiebigkeit in der Kur. Sie erzählt nunmehr, sie habe geträumt, wisse aber nur, *dass sie nach einem Schrei erwacht sei.*

Derartige Bruchstücke eines Traumes eignen sich ganz vorzüglich zur Deutung. Es ist, als ob man durch eine breite Bresche den Zugang zur Psyche gewänne, ohne dass weitere Details den Arzt abhalten. Meine Frage, wie sie denn geschrien hätte, beantwortet sie mit einer Mitteilung einer Erinnerung aus früher Zeit. Sie habe als Kind mörderisch geschrien, wenn ihr eines der Kinder oder sonst wer etwas zuleide tun wollten. Einmal sei sie in einen Keller gesperrt worden, und zugleich habe man sie damit erschreckt, dass dort Ratten seien. Auch beim Nasenspezialisten habe sie sehr geschrien. – Ich weise darauf hin, dass eine ähnliche Situation im Traume vorgefallen sein müsse, das heißt, sie habe unter der Traum-Fiktion geschrien, als ob ihr Ähnliches in der Zukunft geschehen sollte.

Jeder Traum kann am besten übersetzt werden mit der Einleitung: »Gesetzt den Fall ...« Ich habe vor längerer Zeit diesen Befund in meinen kleinen Arbeiten berichtet und bin nun so weit, eingehendere Mitteilungen machen zu können. Es wird sich dabei manches wertvolle Stück der *Freud'*schen Auffassung vom Traume bestätigen lassen, manches als nebensächlich und irreführend erweisen. So kann nicht genug hervorgehoben werden, dass erst *Freuds* Arbeiten über den Trauminhalt, [98] über die Traumgedanken und über den Tagesrest die Möglichkeit einer Traumanalyse gegeben haben. Was aber die *Freud'*sche Hauptfunktion des Traumes anlagt, alte Wünsche[69] aus der Kindheit zu beleben und einer Erfüllung (im Traume) zuzuführen, so ist es nunmehr an der Zeit, sich dieses leitenden[70] Gedankens zu entschlagen. Er war nicht mehr, konnte auch nicht mehr sein als eine Hilfsgröße, die, in sich widerspruchsvoll und gegen die Wirklichkeit gehalten nichtssagend, ihren Zweck allerdings, den Traum einem geordneten Denken zu unterwerfen, in meisterhafter Weise gelöst hat. Das Prinzip der Wunscherfüllung war selbst nicht mehr als eine Fiktion, nichtsdestoweniger aber in wundervoller Weise geeignet, das Verständnis des Traumes erheblich zu fördern. Was vom logischen Standpunkt die Bezeichnung des Prinzips der Wunscherfüllung als Hilfskraft selbstverständlich erscheinen lässt, ist der weite Rahmen einer solchen Abstraktion, in welchem alle seelischen Regungen untergebracht werden können. Ja, es ist nur nötig, bei Bruchstücken von Gedankengängen die dahinter liegenden Regungen oder auch nur möglichen Regungen aufzusuchen, eventuell ein Vorzeichen ins Gegenteil zu verändern, und der vorliegende Gedanke ist Bruchstück eines erfüllten Wunsches. Nichtsdestoweniger hat uns Neurologen die Aufstellung der *Freud'*schen Formeln ermöglicht, das

---

69 *Änd. 1930:* Sexualwünsche
70 *Erg. 1924:* irreführenden und wenig bedeutungsvollen

Material der Träume zu ordnen und zu überblicken. Der Rechnungsansatz konnte mit ihr gemacht werden (*Vaihinger*). Der sich bald ergebende Widerspruch, dass der Akzent auf alte Wünsche aus der Kindheit gelegt wurde, die durch analoge Konstellationen der Gegenwart »Blut getrunken und aufgewacht waren«, während doch selbstverständlich ein neuer Widerspruch mittelst Erfahrungen der Vergangenheit einer Lösung im Traume zugeführt werden sollte,[71] ergab die Unhaltbarkeit der *Freud*'schen Formel und zwang diesen Forscher zu weitergehenden Fiktionen.[72] Unter diesen lag ihm der Gedanke der Fixierung von inzestuösen Kindheitsbeziehungen am nächsten, die aber zu diesem Zwecke verallgemeinert und ins Grobsexuelle verzerrt werden mussten. Letzteres deshalb, weil die Traumfiktion mit sexuellen Analogien nicht selten zu arbeiten pflegt, um andere Relationen auszudrücken, wie es auch an Gasthaustischen vorkommt.

Auch was das Augenfälligste im Traume war, sobald die *Freud*'sche Formel den Rechnungsansatz gestattete, wurde durch eben diese Formel verdunkelt und geradezu in feindseliger Weise in den Hintergrund geschoben: *das Sorgende, Vorausblickende, Sichernde, das jeden Traum erzeugt und erfüllt. Die Hauptfunktion des Traumes ist der*[73] *Versuch der Sicherung des Persönlichkeitswertes und seiner Überlegenheit.* Und damit ist der Hauptcharakter der Traumarbeit gemäß unserer Anschauungen auch bereits festgelegt: Der Träumer sucht die männliche Linie zu gewinnen und wehrt sich wie der Neurotiker, wie der Paranoiker[74], wie der Künstler, wie der Verbrecher gegen ein aufkeimendes Gefühl der Niederlage[75]. Seine Wertungen von Männlich – Weiblich stammen aus der Kindheit, sind individuell[76] und bilden in ihrer Gegensätzlichkeit[77] die Hauptfiktion des Neurotikers. Die gedankliche Bewegung des Träumers und Neurotikers vollendet sich in Analogien, Symbolen und anderen Fiktionen, denen ein Gegensatz von Unten – Oben und gleichwertig damit von Weiblich – Männlich zugrunde liegt, wobei die Intention stets nach oben, nach dem männlichen Protest gerichtet ist, analog einer körperlichen Drehung, Erhebung des Schläfers. *[99]*

Wenden wir nun diese zwei Kategorien, nach welchen der Traum gerichtet sein muss, die *Leitbilder*, wie *Klages* in seinen »Prinzipien der Charakterologie« [Klages 1910a] sagt, auf dieses winzige Bruchstück eines Traumes,

---

71 *Erg. 1924:* wie die Individualpsychologie nachwies
72 *Anm. Adlers 1924:* Neuerdings hat *Freud* diesen Standpunkt fallen gelassen *Erg. 1930:* und den »Todeswunsch« in den Vordergrund gerückt.
73 Hauptfunktion *bis* der *] Änd. 1924:* Hauptlinie des Traumes geht parallel dem
74 wie der Paranoiker *] Ausl. 1924*
75 *Erg. 1930:* im Sinne seines Lebensstils
76 *Erg. 1924:* verschieden und individuell begründet
77 *Erg. 1924:* die Grundlage der

auf eine motorische Affektäußerung an, deren Verständnis sich aus der Ausführung der Patientin ergibt, so können wir feststellen, 1. dass [die] Patientin einen Gewaltakt befürchtet, ähnlich wie sie ihn in der Kindheit von einem Knaben, vor einiger Zeit von dem Nasenspezialisten erfahren hat, 2. dass sie auf diese *Vorhersehung*[78] ähnlich reagiert wie in der Kindheit auf die Erniedrigung. Dazu ist noch zu bemerken, dass die Patientin von einem Hinweis berichtet, den sie von mir erfahren hat. Ich hatte nämlich gesprächsweise, um die Verschiedenheit des psychischen Reaktionstypus von Mann und Frau darzustellen, erwähnt, dass man unter Männern und Frauen in Weiberkleidern die Frauen zumeist auch daran erkennen könnte, wie sie beim Erscheinen einer Maus sich betragen würden. Die Frauen würden ihre Kleider mit den Händen an die Beine pressen. Diese Erwähnung kehrt in der obigen Erinnerung an die Kellerhaft bei den Ratten wieder. Und so liegt in der motorischen Affektäußerung des Schreis ein psychischer Gehalt des Inhalts: Man wird mich einsperren, man wird mich zwingen wollen, man wird mich erniedrigen (Keller!), denn ich bin ein Mädchen! Und weiter ein psychischer Gehalt gleichsam als Gegenwehr und in Rücksicht auf die Empfindung der weiblichen Rolle: des männlichen Protestes, welcher besagt: ›Schrei‹!, damit man dich hört, damit man dich nicht bedrängt, damit man dich freilässt!«

Vergleichen wir diese beiden einander stützenden Gedankengänge mit ihrem Verhalten gegen mich, so finden wir den zweiten Gedankengang getreulich wiedergegeben und deutlich auf mich bezogen. [Die] Patientin »schreit«, das heißt, sie richtet sich gegnerisch gegen mich, wehrt sich gegen meine »Überlegenheit« und erklärt, sie wolle »frei sein«, das heißt aus der Kur fortbleiben. Also muss der erste Gedankengang, »Man überwältigt mich, erniedrigt mich, hält mich gefangen«, im vergessenen Traumstück dargestellt gewesen sein, eine Behauptung, die [die] Patientin ohne Entgegnung aufnimmt, als ich erkläre, *ich* müsste im Traume als der ihr überlegene Mann erschienen sein. – Ihr Widerstand dauert fort und wird nur wenig durch die Erklärung beeinflusst, dass sie sich aus übertriebener Vorsicht ein überflüssiges Schreckbild konstruiert habe, nach welchem sie befürchtete, sie werde mir unterliegen, gegen welches sie mit Schreien protestiert.

Auch ihr Gefühl einer weiblichen Rolle, die Möglichkeit eines Verlangens nach Liebe, ist sichtlich zu Sicherungszwecken übertrieben, *ihre Libido, vor der sie sich sichern will,* demnach *gefälscht*. Sie handelt so, als ob sie mir gegenüber schwach würde, und hält diese Fiktion für eine Wahrheit, weil sie sich dadurch am besten gesichert glaubt. Nun wird auch verständlich, was ihre Tendenz zur Umkehrung bedeutet. *[Die] Patientin will die Stärkere sein.*

Leider gelang es mir nicht, die Patientin länger als einige Tage in der Kur

---

78 Vorhersehung *] Änd. 1930*: Voraussicht

zu halten, was auch für die Schwere des Leidens, für ihre Unzugänglichkeit und Unfähigkeit zum rein menschlichen Kontakt spricht. – Ein Jahr später erfuhr ich, dass sich im Ausland ihr Zustand verschlechtert habe.[79]

---

79 *Erg. 1924*: V. *Ausgangspunkt zur »Umkehrung« im Traum einer Manisch-Depressiven.*
Eine Patientin von unerhörtem Ehrgeiz, die immer nur durch ihre Schönheit siegen wollte, andere Wirkungen *als einer schönen Frau sich nicht zutraute*, geriet, als sie ihre Schönheit einzubüßen fürchtete, in die depressive Phase. Als diese wich, zeigte sich eine unausgesetzte Rivalität gegenüber anderen Frauen. Eines Tages bemerkte sie, dass ihre Freundin, die jünger war, in der Gesellschaft Gefallen erregte. In der Nacht träumte sie: »Ich und meine Freundin sitzen auf einer Leiter, sie oben, ich unten. Ich bin sehr missmutig.«
In ihrem Missmut (Depression) zeigt sich ihr Minderwertigkeitsgefühl. Ebenso im »Untensein«. Die Affektstörung drängt selbstverständlich, *was im Traum nicht mehr behandelt wird*, zur Umkehrung der Situation. Zumindest wird sie im weiteren Verlauf Gesellschaften meiden, um keinen Vergleich zuzulassen. Sie wird die »Distanz zum Leben« vergrößern. Ihr Missmut deutet auch auf eine weitere Lösung hin, auf die Verschärfung ihrer schwindenden Depression. Gegen die Freundin aber wird ihr Ressentiment erwachen, sie wird durch Nörgeleien, Bosheiten und Beunruhigungen die Leiter umzudrehen versuchen.

16. Beitrag zur Lehre vom Widerstand (1911)

Editorische Hinweise
Erstveröffentlichung:
1911: Zentralblatt für Psychoanalyse. Medizinische Monatsschrift für Seelenkunde. Herausgeber: S. Freud, 1. Jg., H. 4, S. 214–219, Wiesbaden, Bergmann. Neudruck: Amsterdam, Bonset 1964
Neuauflagen:
1920: Praxis und Theorie der Individualpsychologie, S. 100–105, als: »Beitrag zur Lehre vom Widerstand in der Behandlung«
1924: Praxis und Theorie der Individualpsychologie, S. 101–107, als: »Beitrag zum Verständnis des Widerstands in der Behandlung«
1927: Praxis und Theorie der Individualpsychologie, S. 101–107, Titel wie 1924
1930: Praxis und Theorie der Individualpsychologie, S. 97–103, Titel wie 1924

Dieser Beitrag ist als »Originalbeitrag« noch in der Zeit des Bruchs mit Freud erschienen. Adler greift darin ein behandlungstechnisches Thema auf, das um diese Zeit im Freud-Kreis erst noch in den Anfängen stand und kontrovers diskutiert wurde. Aus diesen Diskussionen sind dann 1912/13 Freuds Beiträge zur Behandlungstechnik (G. W. 7) hervorgegangen.

Adler verweist immer wieder hochschätzend auf Freud, aber widerspricht ihm doch in zentralen Punkten. Seine Kritik fällt hier moderater, weniger pronionciert aus als in seinen Vorträgen im Januar/Februar 1911: »Kritik an der Freud'schen Sexualtheorie«, in diesem Band S. 161 ff.).

Mit Freud sieht Adler Widerstand und Übertragung in einem engen Zusammenhang und als zentralen Ansatzpunkt der psychoanalytischen Therapie. Jedoch ist für Adler der männliche Protest Quelle und Angelpunkt für Widerstand und Übertragung, was er anhand von Fallvignetten erläutert. Widerstand tritt für Adler ein, wenn sich der Patient dem Arzt gegenüber unterlegen fühlt, sei es durch dessen »Aufklärung« neurotischen Geschehens, sei es durch seine eigene Idealisierung des Arztes, der die Entwertung folgt. Die Idealisierung und Entwertung kann im sexuellen Gewand als »Liebesübertragung« erscheinen, die für Adler insofern »unecht«, nicht Ausdruck von »Libido« ist. Sie sieht nur wie Verliebtheit aus, ist aber eine sexuelle Regung im Dienst des männlichen Protests. Auch die Ödipussituation ist für Adler eine Erscheinung des männlichen Protests, in neurotischer Form als Ödipuskomplex.

Die meisten Änderungen nimmt Adler 1920 vor. Sie stellen Ergänzungen im Sinn von Erläuterungen seiner charakterologischen Beschreibungen, Betonungen seiner Positionen dar. Sie verstärken die Abgrenzung von Freud, die Infragestellung des Ödipuskomplexes und der Bedeutung der Übertragung.

Beitrag zur Lehre vom Widerstand

¹ Eine Patientin, die sich seit zwei Monaten in der psychoanalytischen² Kur befand, kam eines Tages und fragte, *ob sie das nächste Mal statt um drei Uhr um vier Uhr kommen könne.* So sehr auch Patienten in solchen und ähnlichen Fällen für die Notwendigkeit ihres Ersuchens plädieren, ist doch die Vermutung gerechtfertigt, dass der verlangte Aufschub ein Zeichen der verstärkten Aggression, des männlichen Protestes gegen den Arzt ist. Man hätte unrecht und handelte gegen die Absicht der Kur, den Patienten innerlich freizumachen, wenn man bei solchen Anlässen den Versuch unterließe, sich auf die Begründung ein wenig einzulassen.

[Die] Patientin gab also an, dass sie um drei Uhr zur Schneiderin gehen müsse, eine etwas schwächliche Begründung, die vielleicht nur unter Berücksichtigung der längeren Kur und der dadurch tagsüber eingeschränkteren freien Stunden ein wenig stärker wurde. Da ich die verlangte Stunde nicht frei hatte, schlug ich probeweise die Zeit von fünf bis sechs Uhr vor. Aber die Patientin *lehnte ab,* mit der Bemerkung, ihre Mutter sei um fünf Uhr frei und erwarte sie bei einer Freundin. Also abermals eine kaum genügende Begründung, so dass der Schluss gerechtfertigt war, [die] Patientin sei – im Sinne *Freuds*³ – im Widerstand gegen die Kur.

Freud hat wiederholt darauf hingewiesen, dass die Analyse vor allem an den Widerstandserscheinungen anzusetzen hat, ferner, dass letztere oft mit der

---

1 *Erg. 1924:* Unter den Symptomen der Neurose findet sich als das Allgemein-Menschlichste, Verständlichste, aber wenig Verstandene, niemals Fehlende ein Komplex von Erscheinungen, den man als *Starrsinn, als Eigensinn,* als Gegensätzlichkeit, als Feindseligkeit, als kämpferische Haltung empfindet, dann wieder als Rechthaberei, als Unzugänglichkeit, als Herrschsucht. Auch die klinischen Begriffe des Negativismus, der Abschließung, des Autismus (*Bleuler*) gehören hierher. Versuche des Patienten, solche Standpunkte logisch zu vertreten, fehlen fast nie, auch nicht in der Psychose. [*Erg. 1930:* Diese Erstarrung ist immer ein Zeichen eines Mangels an Kooperationsfähigkeit, dem einzigen, richtigen Maßstab im Verhältnis zur Norm.] In dieser gegensätzlichen Haltung zum Mitmenschen ist eigentlich die ganze irrtümliche Isolierungstendenz und die kraftlose, entmutigte Herrschsucht und Eitelkeit des Patienten zu begreifen. Indem die herabsetzende Stellungnahme des Patienten, oft in Demut, Folgsamkeit, Liebe oder Minderwertigkeitsgefühl verkleidet, aber stets unfruchtbar und die Umgebung schwächend, auch selbstverständlich dem Arzt gegenüber zum Ausdruck kommt, hat dieser die günstigste Gelegenheit, auch von diesem Symptom her die Persönlichkeit seines Patienten zu begreifen, ihm offen jeden Angriffspunkt zu entziehen und alle hierher gehörigen Äußerungen dem Verständnis des Kranken näherzubringen *Erg. 1930:* und seine Kooperationsfähigkeit zu trainieren.
2 *Änd. 1920:* individualpsychologischen
3 im Sinne Freuds] *Ausl. 1920*

Übertragung im Zusammenhang stünden. Da nach unserem Dafürhalten die psychischen Relationen für diese zwei Fragen zuweilen missverstanden werden, wollen wir sie an diesem Falle erörtern.

In erster Linie ist wohl ins Auge zu fassen, an welcher Stelle der Aufklärungen in der Kur der Widerstand sich geltend macht. In unserem Falle hatte die Patientin seit einigen Tagen von ihren Beziehungen zum Bruder gesprochen. Sie hatte bemerkt, dass sie zuweilen, wenn sie mit ihm allein sei, ein unerklärliches *Ekelgefühl* empfinde. Doch habe sie keine Aversion gegen ihn und gehe ganz gerne mit ihm in Gesellschaft oder ins Theater. Nur vermeide sie es, ihm auf der Straße den *Arm zu reichen*, aus Furcht, von fremden Leuten für seine Geliebte gehalten zu werden. Auch zu Hause unterhalte sie sich oft mit ihm, lasse sich auch oft von ihm, der dies häufig praktiziert, küssen. Sie selbst küsse leidenschaftlich gerne, *verspüre zuweilen eine wahre Kusswut*, sei aber dem Bruder gegenüber in der letzten Zeit viel zurückhaltender, da sie *mit ihrer feinen Nase bei ihm einen abscheulichen Geruch aus dem Munde verspürt habe*.

Die psychische Situation der Patientin im Verhältnis zu ihrem [215] Bruder ist klar genug. Sie findet in sich Gefühlsregungen und erwägt Möglichkeiten, *gegen die sie sofort zu Sicherungstendenzen* schreitet. Lauten die Ersteren im Sinne weiblicher Regungen (sich küssen lassen, den Arm nehmen, männliche Gesellschaft suchen), so antwortet sie darauf mit dem männlichen Protest, wenngleich sie diesem eine *unauffällige logische Repräsentation* verleiht.

Was tut sie also, um ihre kulturelle männliche Stellung zum Bruder aufrechtzuerhalten? Sie führt unbewusst *eine Schwindelwertung* ein, »wird äußerst scharfsinnig und voraussehend«, zuweilen so sehr, dass sie außerdem noch recht behält.[4] Freilich, die Furcht, man könnte sie für die Geliebte des Bruders halten, wenn sie ihm den Arm gibt, werden nur die nachfühlen können, die eine ähnliche Einstellung zu einem ihrer Geschwister gehabt haben. Aber mit dem Geruch aus dem Munde hat sie ja recht! Und doch ist der Umstand auffällig, dass *niemand sonst aus der Umgebung*, die von ihm nicht weniger oft geküsst wird, diesen üblen Geruch wahrgenommen hat. Unsere Patientin hat also in ihrer Einstellung gegen den Bruder eine Umwertung vorgenommen, die deutlich zeigt, wohin sie zielt. »Der Andere hört von allem nur das ›Nein‹!«[5]

---

4   Anm. Adlers 1920: Auch ein Toller kann recht haben. Wenn ich, was man bei Patienten mutatis mutandis oft findet, eine Aufgabe ausführen soll und dabei irgendwo einen wirklichen Druckfehler entdecke, so habe ich wohl recht, wenn ich auf denselben hinweise und immer wieder hinweise. Aber es handelt sich um meine Aufgabe, nicht um die Feststellung eines Druckfehlers.   *Erg. 1924:* Siehe auch Adler, »Forschritte der Indiv.-Psycholog.« in der Intern. Zeitschr. f. Indiv.-Psych., II. Jahrg., 1. Heft. Wien [Adler 1923c]

5   [Goethe, »Iphigenie auf Tauris«, 1. Akt, 1. Aufzug] *Anm. Adlers: Falsche Wertungen,*

Sollte jemand die Wahrscheinlichkeit bezweifeln, dass es irgendwelche Liebesregungen zwischen Bruder und Schwester gäbe, so würde ich nicht einmal auf das große Material der Geschichte, der Kriminalistik und der pädagogischen Erfahrung hinweisen, sondern hervorheben, dass *ich die Tiefe solcher Empfindungen nicht hoch veranschlage.* Es ist, als ob die zwei Geschwister, wie in der Kinderstube einmal, Vater und Mutter spielen würden, wobei sich das Mädchen kraft seiner neurotischen männlichen Einstellung jedes Mal zu sichern trachtet, um nicht zu weit zu gehen. Der Bruder ist längst für sie nicht mehr der Bruder, sondern er spielt jetzt die Rolle *des kommenden Bewerbers.* Sie aber lebt mit ihm *in einer zum Voraus konstruierten Welt,* in der sie zu zeigen versucht, *wessen sie fähig ist und wie sie sich davor zu sichern trachtet.*[6]
[216]

---

seien sie Über- oder Unterwertungen, sind für die psychische Dynamik im Leben und in der Neurose von größtem Belang und beanspruchen insbesondere das eingehendste Interesse in der Psychoanalyse [*Änd. 1920:* Individualpsychologie]. Der »Fuchs und die sauren Trauben« sind dafür ein lehrreiches Beispiel. Statt sich seiner eigenen Minderwertigkeit bewusst zu werden, entwertet der Fuchs die Trauben – *und bleibt bei guter Laune.* Er ist eben *auf Größenwahn* eingestellt. Diese Art psychischer Vorgänge dienen vor allem dazu, die Fiktion des »freien Willens« – damit im Zusammenhange – des *persönlichen Wertes* festzuhalten. Dem gleichen Zweck dienen die Überwertungen eigener Leistungen und Ziele, – sie sind erzwungen durch die Flucht vor dem dunklen Gefühl der eigenen Minderwertigkeit, sind *arrangiert* und stammen aus der übertriebenen Sicherungstendenz gegen das Gefühl des »Untenseins«. Dass die *übertriebene männliche Einstellung* bei weiblichen und männlichen Neurotikern von diesem Arrangement den größten Gebrauch macht, habe ich wiederholt gezeigt. Ebenso, dass die Sinne des Patienten, Gehör, Geruch, Gesicht, Haut-, Organ- und Schmerzempfindung mit Aufmerksamkeit überladen und in den Dienst dieser Tendenz [*Erg. 1920:* wobei der Patient Richter und Kläger in einer Person ist] gestellt werden. Vergleiche *Schillers* Epigramm: »Recht gesagt, Schlosser, man liebt, was man hat, man begehrt, was man nicht hat! Denn nur das reiche Gemüt liebt, nur das *arme* begehrt!« [Schiller und Goethe, »Xenien«] Versteht der Patient erst seine Einstellung, so korrigiert er, indem er seine Wertungen in Einklang mit den realen Kraftverhältnissen bringt. Seine Einfügung beginnt *Erg. 1924:* mit seinem Gefühl der Gleichwertigkeit *Erg. 1930:* und Kooperation.

6 *Anm. Adlers:* Dieses Vorausdenken, Vorempfinden mit anschließender Sicherungstendenz ist eine *Hauptfunktion des Traumes* und bildet unter anderem die Grundlage telepathisch und prophetisch scheinender Begebnisse, aber auch das Wesen jeder Art von Prognose. Der Dichter *Simonides* [von Keos (556–468 v. Chr.)] wurde einst von einem Toten im Traume vor einer Seereise gewarnt. Er blieb zu Hause und erfuhr später, dass das Schiff umgekommen sei. Wir dürfen wohl annehmen, dass der berühmte Dichter, der sich im Traume gegen die Reise »scharf« gemacht hat, wohl auch ohne Traum und ohne Warnung zu Hause geblieben wäre. *Erg. 1930:* Übrigens zeigen alle inzestuösen Regungen auf den Mangel an Kooperationsfähigkeit hin, dem-

Wessen sie aber fähig ist, das sagen ihr ihre Erinnerungen und die Empfindungsspuren vergessener Geschehnisse; deren Gesamteindruck lautet aber für die Patientin: *Ich bin ein Mädchen*, ich bin nicht stark genug, meinen Sexualtrieb zu beherrschen, ich hatte schon in der Kindheit wenig Energie, meine Fantasie spielte mit verbotenen Dingen, sogar dem Bruder gegenüber konnte ich mich nicht beherrschen! Man wird mich beschmutzen und misshandeln, ich werde krank werden, unter Schmerzen Kinder gebären, unterworfen und eine Sklavin sein! Ich muss frühzeitig und allezeit bedacht sein, meinen Trieben nicht zu unterliegen, mich keinem Manne fügen, *jedem Manne misstrauen, – weil ich selbst ein Mann sein möchte*[7]! Ihr weibliches sexuelles Empfinden wird der Feind, und dieser Feind wird mit unheimlicher Stärke und allen Tücken ausgestaltet. *So entsteht im Gefühlsleben des Neurotikers eine Karikatur des Sexualtriebs, die es doch zu bekämpfen lohnt.* Auch der männliche Neurotiker fürchtet die *ihm weiblich scheinenden Regungen*,[8] Neigungen, sich der Frau zu unterwerfen, die in seinem Liebesleben zutage treten, und karikiert sie zwecks sicherer Bekämpfung. Aus anderen nichtsexuellen Beziehungen des Lebens werden Analogien herbeigeschafft, körperliche Schwäche, Trägheit, Energielosigkeit dienen ebenso wie körperliche Züge und ehemalige Kinderfehler[9] zum Beweise des Vorhandenseins unmännlicher, das heißt weiblicher Züge und werden mit männlichem Protest beantwortet. Dass auch wirkliche Unfälle arrangiert oder eingeleitet werden, dass die Trotzeinstellung befähigt (so bei Mädchen, die sich im Trotz gegen die Mahnungen der Mutter auflehnen), die eigene weibliche Sexualbetätigung (Onanie, Koitus)[10] als männlichen Protest[11] zu verwenden oder bei männlichen Neurotikern weibliche Weichheit und Aboulie (häufig bei sogenannter »Neurasthenie«), Impotenz und Furcht vor der Liebe (oft als Sieg über den Vater)[12] festzuhalten, habe ich an anderen Stellen auseinandergesetzt. Alle diese arrangierten und oft kari-

---

zufolge der Patient, oft mit verstärktem Familiensinn, an der Grenze der Familie haltmacht.
7 ein Mann sein möchte] *Änd. 1924*: wie ein Mann auftrete
8 *Erg. 1920*: Zärtlichkeit
9 *Anm. Adlers*: Ich hatte einige Patienten in der Kur, die sich bei ihren Anfällen gerne auf deren periodischen Aufbau beriefen, damit auf ihre weibliche »Substanz« hinwiesen, mir aber dadurch verrieten, dass sie im Banne der übermächtigen Frage stehen geblieben waren: *Bin ich männlich oder weiblich?* Die Theorie gibt ihnen Beruhigung: Jeder ist männlich und weiblich! In der Analyse finde ich regelmäßig den Hinweis auf die Periodizität der Anfälle als Widerstand gegen den Arzt verwendet. *Erg. 1920*: Immer aber hatte der Patient bei seinen periodischen Anfällen die Hand im Spiele. *Erg. 1924*: Die Rezidiven aber und die Zyklothymie setzen immer an einer neuen Schwierigkeit an.
10 (Onanie, Koitus)] *Ausl. 1920*
11 *Erg. 1924*: gegen die Eltern, auch gegen die mädchenhafte Keuschheit
12 (oft *bis* Vater)] *Ausl. 1920*

kierten Binnenwahrnehmungen finden in dem Weben der Psyche ihren Platz, um als *Memento* den männlichen Protest und die Sicherung gegen das Unterliegen mit Macht heraufzubeschwören.

Wir sind also zu dem Schlusse gekommen, dass die Patientin heute wohl kaum Gefahr läuft, einen Inzest zu begehen, dass sie vielmehr *in ihrer Sicherungstendenz weiter ausholt* als unbedingt nötig wäre, und dass sie *damit noch einem Hauptzweck* ihrer männlichen Einstellung dient: ihre Zukunft *unabhängig vom Manne*, nicht in der weiblichen Rolle zu gestalten.

Die Entwertung des Mannes[13] ist die regelmäßigste Erscheinung bei Nervösen. Sie kann deutlich zutage liegen wie *[217]* in unserem Falle. Sie kann aber auch so tief versteckt sein, dass mancher, der diese Behauptung liest, vergeblich sein Material befragen wird, um sich über die Allgemeingültigkeit dieses Satzes zu belehren. Findet man doch so häufig bei Neurotikern masochistische und »weibliche« Züge, weitgehendste Tendenzen zur Unterwerfung und Hypnotisierbarkeit! Die hysterische Sehnsucht nach dem großen, starken Mann, vor dem man sich beugen kann, hat ja stets unsere Aufmerksamkeit gefesselt! Wie viele der neurotischen Patienten sind der Bewunderung voll für ihren Arzt und überhäufen ihn mit Lobeshymnen! Es sieht wie Verliebtheit aus. Das dickere Ende kommt aber nach[14]. Keiner kann diese Einfügung vertragen, und das weitere Räsonnement lautet: »Solch ein Schwächling bin ich! Solcher Unterwerfung bin ich fähig! Ich muss mich mit allen Mitteln sichern, um nicht zu fallen!« Und wie einer, der einen Hochsprung zu machen vorhat, weicht er einige Schritte zurück, um mit verstärkter Flugkraft über den anderen hinwegzusetzen. Eine meiner Patientinnen sprach öfters davon, dass sie amoralisch sei und jederzeit bereit, ein Verhältnis einzugehen. Nur, dass ihr die Männer aus ästhetischen Rücksichten zuwider seien! Ein Patient, der bei mir wegen Impotenz in Behandlung stand, war wegen seines Leidens mehrere Male von einem Kurpfuscher hypnotisiert worden. Beim Abschied erklärte der Hypnotiseur, wenn [der] Patient das Anhängsel seiner Uhr an die Stirne legte, so würde er einschlafen. Heilung der Impotenz kam allerdings nicht zustande, aber das Experiment mit dem Anhängsel gelang jedes Mal. [Der] Patient war nämlich seither bei mehreren Ärzten in Behandlung gewesen. Sooft die angewandten mechanischen und medikamentösen Mittel versagten, äußerte er den Wunsch, hypnotisiert zu werden. Keinem der Ärzte gelang die Hypnose. Da nahm zum Schlusse der Sitzung [der] Patient sein Anhängsel zu Hilfe und demonstrierte dem Arzte, wie er sich in Schlaf versenkte. Der Sinn seines Benehmens lautete: Ihr könnt nicht einmal das, was ein Kurpfuscher, ja nicht einmal, was mein Anhängsel vermag! – Sobald [der] Patient, der seit jeher

---

13 Mannes *] Änd. 1924:* Partners
14 *Anm. Adlers:* Siehe meine Ausführungen über den *Pseudomasochismus* in »Psychische Behandlung der Trigeminusneuralgie«, 1. u. 2. Heft dieser Zeitschrift [Adler 1910f].

misstrauisch und auf die Entwertung von Mann und Frau bedacht war, das Geheimnis seiner Psyche erkennt, verliert das Anhängsel seine Kraft.

Die psychoanalytische[15] Verfolgung dieser *entwertenden Einstellung gegen den Mann* führte mich regelmäßig in die kindliche pathogene Situation zurück, wo der Patient als Kind bereits[16] dem Vater »über« sein wollte und tatsächlich oder in seiner Fantasie alle Fechterstellungen an dem Vater, an den Brüdern und Lehrern ausprobierte. Dass es dabei in seiner psychischen Entwicklung durch die Ödipuskonstellation hindurchgehen muss, deren Aufdeckung wir *Freud* verdanken, ist ein überaus gesicherter Befund.[17] Nicht minder sicher aber scheint mir, dass der neurotische Charakter des disponierten Kindes, sein übertriebener Neid, sein Ehrgeiz und seine Herrschsucht diese Konstellation besonders vertieft und maßlos ausgestaltet[18].

Von diesem Standpunkt aus ist auch die Doppelrolle des neurotisch disponierten Kindes in seiner *Stellung zur Frau* leicht zu erfassen und an der Hand des analytischen[19] Materials zu überprüfen. Einerseits wird die Frau – wie alles, was man nicht gleich haben kann *[218]* – in der übertriebensten Weise idealisiert und mit allen Wundergaben der Kraft und Macht ausgestattet. Mythologie, Märchen und Volksgebräuche haben den Typus der Riesin, des weiblichen Dämons häufig zum Inhalt, demgegenüber – wie im Gedichte *Heines* »Loreley« – der Mann verschwindend klein oder rettungslos verloren ist. Der Neurotiker bewahrt recht häufig *als schreckende Spuren dieser infantilen Einstellung* bewusste oder unbewusste Fantasien oder Deckerinnerungen[20], Reminiszenzen an Frauen, die über ihm standen oder über ihn hinwegschritten (s. Heft 4 dieses Zentralblattes aus *Ganghofers* Biographie [Witt 1911]; Ähnliches berichtet *Stendhal*)[21], oder die Furcht vor dem Penis captivus[22]. Später findet sich im psychischen Überbau in irgendeiner Form die Scheu vor der Frau, die Furcht hängen zu bleiben, nicht von ihr loszukommen. Gegen diese drängende psychische Relation, die mit Unterwerfung unter das Weib droht,

---

15 Änd. 1920: individualpsychologische
16 Erg. 1930: als Prototype
17 Dass es *bis* Befund. *] Ausl. 1920*
18 diese Konstellation *bis* ausgestaltet *]* Änd. 1920: – sein Streben nach Macht ungeheuer aufpeitschen
19 analytischen *] Ausl. 1920*
20 Erg. 1920: (Freud)
21 [In Ganghofers Lebenserinnerungen ans vierte Lebensjahr heißt es: »Und stieg im Hemde über mich weg«, was in ihm einen »atembeklemmenden Schreck« auslöst. Siehe Witt 1911, S. 166. – Bei Stendhal heißt es: »sprang die lebhafte Frau [Mutter] behend wie eine Hirschkuh über meine Matratze weg in ihr Bett« (Stendhal (Henri Beyle) 1835/1923).]
22 oder *bis* captivus *] Ausl. 1920   Erg. 1930:* – alles Szenen, die nicht als Trauma, sondern als verräterische Zeichen des Lebensstils zu verstehen sind

richtet der Neurotiker seine Sicherungstendenz, verstärkt seinen männlichen Protest, verstärkt seine Größenideen und erniedrigt und entwertet aus seiner unbewussten Sicherungstendenz heraus die Frau. Recht häufig tauchen dann in den Fantasien und im Bewusstsein zweierlei Frauengestalten auf: Loreley und (Wiswamitras)[23] Geliebte, Ideal und derbsinnliche Gestalt, Mutter-(Marien-)Typus und Dirne (siehe O. *Weininger* [1903/1980]). – Oder es kommt eine Verschmelzung zustande: die reine Hetäre. Oder es tritt eine der beiden Typen scharf in den Vordergrund (Feministen und Antifeministen).

Schon im zweiten Halbjahr greift das Kind nach allen Gegenständen und ist nicht leicht bereit, sie abzugeben. Bald greift es[24] nach Personen, die gut mit ihm verfahren. An diese Tendenz des Besitzenwollens schließen sich Eifersucht als Sicherungstendenz.[25] Wird das Kind noch weiter zum Vorbauen gedrängt (Unsicherheit der Geschlechtsrolle), so entsteht Frühreife und der Ödipuskomplex[26]. Und ich bin zu dem Ergebnis gelangt, *in der Beziehung zu den Eltern*[27] *waltet schon jener später neurotische Zug, der sich das Unerreichbare*[28] *zum Ziel setzt und sich gleichzeitig davor*[29] *zu sichern trachtet*. – Diese Formen des[30] Erlebens, die *Freud* in klarster, unzweifelhaftester Weise dargestellt hat,[31] haben an sich keine treibende Kraft[32]. Sie sind selbst zu Grad und Ansehen gelangt, weil sie auffallende[33] Erscheinungen in der Dynamik der Neurose darstellten und weiterhin als *Memento oder als Ausdrucksweise* im

---

23 [König Wiswamitra in H. Heines Gedichtzyklus »Heimkehr«, 45. Gedicht]
24 *Erg. 1920:* unter dem Drucke des Machtstrebens   *Erg. 1930:* und des Gemeinschaftsgefühls
25 *Anm. Adlers 1924:* Bei einer Hebephrenen fand ich diese Form der Sicherung außerordentlich stark. Sie zeigte eine unüberwindliche Neigung, alles, was ihr gehörte, ewig und restlos an sich zu ketten, Mann, Kind, Kleider, Hüte, ihr eigenes Kinderspielzeug, befreundete Besucher, aber auch Wohnung und Plätze, wo sie längere Zeit geweilt hatte. Das Vorbild einer herrschsüchtigen Mutter und ihre eigene Herrschsucht, die sich z. B. in ihrer Vorliebe für Friedhöfe, wo sie täglich mit Begeisterung lustwandelte, symbolisierte, gaben die Erklärung. Begreiflicherweise führte ihre Herrschsucht dem Arzt gegenüber zum Widerstand, insbesondere weil seine Aufklärungen ihre Herrschaft bedrohten.
26 der Ödipuskomplex] *Änd. 1920:* Zaghaftigkeit
27 *Erg. 1924:* und Geschwistern
28 das Unerreichbare] *Änd. 1920:* die gottähnliche Überlegenheit
29 davor] *Änd. 1924:* vor Niederlagen durch die zögernde Attitüde und durch Ablehnung der Kooperation
30 *Erg. 1920:* friedlichen   *Änd. 1924:* kindlichen
31 die Freud *bis* hat] *Ausl. 1920*
32 *Erg. 1920:* sind nicht Ursachen, sondern Wegspuren. *Sie sind jedoch in der individuellen Machtperspektive erkannt und verwendet*, erinnert oder vergessen.
33 *Erg. 1924:* sinnvolle

Rahmen des männlichen Protestes in der Neurose ohne weiters Verwendung finden können. »Ich liebe (oder liebte) meine Mutter«, heißt demnach aus den Fantasien oder Träumen des Neurotikers übersetzt: »Meine Sinnlichkeit kennt keine Grenzen!« (zu ergänzen: »Folglich muss ich mich sichern!«). Oder:[34] »Ich konnte nie ertragen, dass ein anderer vor mir etwas voraushat!« (wie der Vater die Mutter hat). Oder: »Ich bin ein Schwächling den Frauen gegenüber! Schon als Kind unterwarf ich mich aus Liebe zu einer Frau. Ich fürchte die Frauen.« Dieser Furcht vor dem »dämonischen« Einfluss der Frau, vor dem »Rätselhaften«, »ewig Unerklärlichen« und »Gewaltigen« folgt *die Entwertung*[35] auf dem Fuße. Nun resultiert psychische Impotenz, Ejaculatio praecox, Syphilophobie, Furcht vor der Liebe und Ehe[36]. Bricht der männliche Protest in der Richtung auf Sexualverkehr durch, so findet der Neurotiker bloß die völlig entwertete Frau, *die Dirne, aber auch das Kind und die Leiche*[37] seiner »Liebe« wert[38]. *Die Ana[219]lyse deckt dann als echtes Motiv auf, dass er diese leichter beherrschen zu können glaubt*[39]. Oder der männliche Protest drängt[40] zum Donjuanismus[41].

Ich habe noch keinen männlichen Neurotiker gesehen, der nicht in irgendeiner Form die Inferiorität der Frau besonders betont[42] hätte. Vielleicht immer auch zugleich die des Mannes. Der Kampf gegen den Rivalen in der Liebe stammt aus dieser letzteren Tendenz[43], ist in erster Linie Neid, der bereits in den »Ödipuskomplex« als fertiger Charakter hineingelangt[44]. – Der weibliche Neurotiker entwertet noch regelmäßiger *Mann und Weib*. – Unsere Patientin nun, da sie es mit einem männlichen Arzt zu tun hat, wird wie immer bisher die Entwertung dieses neu auftauchenden Mannes betreiben. Und dies umso mehr, wenn sie merkt, dass er ihr an Wissen »über« ist. Auch in unserem Falle setzte der »Widerstand« nach wichtigen Aufklärungen ein, die ich ihr über den Protestcharakter ihrer Neurose geben konnte. Sie antwortete mit neuem Protest, »*weil ich in so vielen Dingen recht hatte*«. Recht aber wollte sie behalten! Wenn

---

34 »Ich liebe *bis* Oder] *Ausl.* 1920
35 *Erg. 1920:* oder Flucht
36 *Erg. 1930:* mangels der Kooperationsfähigkeit
37 *Anm. Adlers:* Das Widerstandslose, das nicht trügen, nicht beherrschen kann.
38 *Erg. 1924:* oder die starke Frau, die er herabzusetzen trachtet
39 *Erg. 1924:* oder sich sogar die Beherrschung der anderen zutraut
40 *Erg. 1920:* den Lebensfeigen
41 *Anm. Adlers:* Viele (zwei) Frauen auf einmal oder hintereinander *Erg. 1920:* keine dauernd. Nur das Gefühl eines flüchtigen Sieges *ohne Gegenleistung* ist verlockend.
42 *Erg. 1930:* und zu beweisen getrachtet
43 *Anm. Adlers:* Siehe auch die entsprechende Haltung des Patienten in der »Psychischen Behandlung der Trigeminusneuralgie«, l. c. [Adler 1910f]
44 der bereits *bis* hineingelangt] *Ausl.* 1920

sie sich nun in Träumen[45] Bilder ausmalte, in denen sie leichtsinnig und lasterhaft war, mit mir oder mit dem Bruder sexuelle Beziehungen anknüpfte, so war dies als neurotische Übertreibung zu verstehen, um sich davor zu sichern. Die »*Liebesübertragung*« auf den Arzt ist demnach unecht und nur als Karikatur zu verstehen, lässt demnach auch keine Einschätzung als »*Libido*« zu[46].

Der weitere Verlauf war typisch. Es begann der Endkampf um die Entwertung des Arztes. Alles wollte sie besser wissen, besser können. Kaum eine Stunde verging, wo sie nicht durch Einwürfe und Vorwürfe gröbster Art das ärztliche Prestige zu erschüttern versucht hätte.

Die Mittel der Psychoanalyse[47] sind völlig ausreichend, um das alte Misstrauen des Patienten gegen die Menschen aufzuheben. Geduld, Voraussicht und Vorhersage sichern dem Arzt den weiteren Fortschritt, der darin besteht, jene pathogene kindliche Situation aufzudecken, in der die spezielle männliche Protestregung wurzelt. Die »Übertragung« auf den[48] Arzt aber, deren Aufdeckung eines der Meisterwerke *Freuds* darstellt,[49] ermöglicht dem Arzt wie dem Patienten die volle Einsicht in das neurotische Getriebe, in die Unechtheit seiner Gefühlsregungen, in die fehlerhaften Voraussetzungen der neurotischen Disposition und in die überflüssige Kraftvergeudung des Neurotikers. Am Psychoanalytiker[50] lernt der Patient die Selbstfindung[51] und die Beherrschung seiner überspannten Triebe. Zum ersten Mal in seinem Leben! Und dazu dient uns die Auflösung der Übertragung und[52] des Widerstandes gegen den Arzt.[53]

---

45 *Erg. 1920:* oder Tagesfantasien
46 *Erg. 1920:* ist aber vor allem nicht »Übertragung«, sondern *Haltung*, Gewohnheit, die aus der Kindheit stammt und den Weg zur Macht darstellt
47 Psychoanalyse] *Änd. 1920:* Individualpsychologie
48 Die *bis* den] *Änd. 1920:* Die kameradschaftliche Beziehung zum
49 deren Aufdeckung *bis* darstellt] *Ausl. 1920*
50 *Änd. 1920:* Individualpsychologen
51 *Erg. 1930:* die Kooperation
52 der Übertragung und] *Ausl. 1920*
53 *Erg. 1920:* Ein Rest des Gemeinschaftsgefühls beim Neurotiker und psychologisch Erkrankten ermöglicht dem Arzte die Anknüpfung.   *Erg. 1924:* In merkwürdiger Weise deckt sich unsere Auffassung vom Widerstand mit den Äußerungen *Pestalozzis* in »Lienhard und Gertrud« [Pestalozzi 1781/1993] über einen anderen Fehlschlag der Entwicklung: »Menschen, die so lange verwahrlost sind, finden in jeder Bahn des Rechts und der Ordnung, zu der man sie hinführen will, ein ihnen unerträgliches Joch, und du wirst, wenn du bei deinen Endzwecken tiefer als auf die Oberfläche wirken und nicht bloß Komödie mit ihnen spielen willst, sicher erfahren, dass alles wider dich sein wird, alles dich betrügen, alles sich vor dir zu verbergen suchen wird. Du wirst erfahren, der lang und tief verwilderte Mensch hasst in jedem Verhältnis den, der ihn aus seinem Zustand herausreißen will, und ist ihm wie seinem Feind entgegen.«

17. Zur Erziehung der Eltern (1912)

Editorische Hinweise
Erstveröffentlichung:
1912: Monatshefte für Pädagogik und Schulpolitik, 4. Jg., H. 8 (Aug.), S. 225–236
Neuauflagen:
1914: Heilen und Bilden, S. 115–129
1922: Heilen und Bilden, S. 88–98
1928: Heilen und Bilden, S. 110–121

Diese pädagogische Arbeit ist ein Resultat von Adlers bisherigen theoretischen Überlegungen, in dem der psychoanalytische Hintergrund nur noch in Spuren sichtbar wird. Adler untersucht problematische, von unbewussten Vorstellungen und Wünschen getragene Haltungen und Verhaltensweisen von Erziehern und Eltern, die zu neurotisch disponierten Kindern und zur Auflehnung von Kindern im männlichen Protest führen. Fehler sieht er vor allem in übertriebener Autorität, unbewusster Ablehnung des Kindes, Bevorzugungen oder Zurücksetzungen von Geschwistern (Lieblingskind, Aschenbrödel) und Bevorzugung von Jungen gegenüber Mädchen. Die Darstellungen dieser unbewussten Haltungen und deren negativen Folgen für die Kinder sind lebenspraktisch gezeichnet und beziehen kritisch deren gesellschaftlichen Hintergrund mit ein.
Die Änderungen stammen im Wesentlichen von 1922.

Zur Erziehung der Eltern

Ob es wohl noch Erzieher gibt, die dem lehrhaften *Worte* allein eine bessernde Kraft zuschreiben? Man fühlt sich versucht, diese Frage nach allen pädagogischen Erfahrungen und Belehrungen zu verneinen, wird aber gut tun, der menschlichen Psyche genug Fehlerquellen zuzutrauen, dass irgendwer, der sich mit Bewusstsein ganz des Erziehens durch Worte entschlagen hat, in einer Art Anmaßung immer wieder seinem Wort so viel Gewicht beimessen könnte, um ins Reden statt ins Erziehen zu verfallen.

Aber das Kind zeigt von seinen frühesten Tagen an eine Neigung, sich gegen das Wort wie gegen das Machtgebot seiner Erzieher aufzulehnen. Verschiedene dieser aggressiven, aus einer gegnerischen Stellung zur Umgebung stammenden Regungen sind uns zu vertraut, als dass man sie nicht als Auflehnung fühlte. Wer seine Aufmerksamkeit auf die »Aggression«[1] des Kindes richtet,

---

1   *Anm. Adlers:* Wer die Einzelheiten dieser Auffassung kennenlernen will, findet diesel-

wird sich bald die feinere Witterung aneignen, die nötig ist, um zu verstehen, dass sich das Kind im Gegensatze zu seiner Umgebung fühlt und sich im Gegensatze zu ihr zu entwickeln sucht. Und es fällt weiter nicht schwer, alle sogenannten Kinderfehler und psychischen Entwicklungshemmungen, wenn bloß ein organischer Defekt ausgeschlossen werden kann, auf diese missratene Aggression gegen die Umgebung zurückzuführen. Trotz und Jähzorn, Neid gegen Geschwister und Erwachsene, grausame Züge und Erscheinungen der Frühreife, aber auch Ängstlichkeit, Schüchternheit, Feigheit und Hang zur Lüge, kurz alle Regungen, die die Harmonie des Kindes mit Schule und Haus oft dauernd stören, sind als schärfere Ausprägung dieser gegnerischen Stellung des Kindes zur Umgebung zu [226] verstehen, ebenso die krankhaften Ausartungen wie Sprachfehler, Ess- und Schlafstörungen, Bettnässen, Nervosität wie Hysterie und Zwangserscheinungen.

Wer sich kurzerhand von der Richtigkeit dieser Behauptungen überzeugen will, beachte nur, wie selten das Kind imstande ist, »aufs Wort« zu folgen oder sofort einer Ermahnung nachzukommen. Noch lehrreicher vielleicht ist die Erscheinung des »*gegenteiligen Erfolges*«.

Es wäre oft nicht schwer, Kinder wie auch Erwachsene durch Anbefehlen des Gegenteils auf den richtigen Weg zu bringen. Nur liefe man dabei Gefahr, alle Gemeinschaftsgefühle zu untergraben, ohne die Selbstständigkeit des Urteils zu fördern; und »negative Abhängigkeit« ist ein größeres Übel als Folgsamkeit.

Bei diesen Untersuchungen und bei dem Bestreben einer Heilung der missratenen Aggression wird man bald belehrt, dass zwei Punkte vor allem in Frage kommen. *Der – wie ich glaube – natürliche Gegensatz von Kind und Umgebung lässt sich nur durch die Liebe[2] mildern. Und der Geltungsdrang des Kindes, der den Gegensatz so sehr verschärft, muss freie Bahn auf kulturellen Linien haben, muss durch Zukunftsfreudigkeit, Achtung und liebevolle Leitung zum Ausleben kommen*[3].

Dies soll sich nun jeder vor Augen halten, der seine Feder eintaucht, um über Erziehungsfragen zu schreiben. Und ferner auch, dass man all die Regungen der Kinder mühelos wiederfindet im Leben der Erwachsenen, nicht anders, als wäre das Leben eine Fortsetzung der Kinderstube, nur mit schwer-

---

ben in des Autors »Der Aggressionstrieb im Leben und in der Neurose«, Fortschritte der Medizin 1908 [Adler 1908b]; »Der psychische Hermaphroditismus im Leben und in der Neurose«, a. o. O., 1910 [Adler 1910c]; »Das Zärtlichkeitsbedürfnis des Kindes«, Monatshefte für Pädagogik und Schulpädagogik, 1907 [Adler 1908d]; »Trotz und Gehorsam«, a. o. O., 1910 [Adler 1910d]; »Über den nervösen Charakter«, Wiesbaden, 1912 [Adler 1912a]. Diese Anm. Adlers] *Ausl. 1914*

2   die Liebe] *Änd. 1922*: das Mittel des Gemeinschaftsgefühles
3   *Erg. 1922*: ohne das Gemeinschaftsgefühl zu stören

wiegenden Folgen und persönlicherer Gefahr. Und der Prediger muss gewärtig sein, entweder gleich am Anfang niedergeschrien oder erst angehört und bald vergessen zu werden. Wie recht hat doch jene Anekdote, die von zwei Freunden erzählt, dass sie eines Tages über eine Frau in Streit gerieten, wobei der eine sie als dick, der andere als mager hinstellte! Unser geistiges Leben ist hochgradig nervös geworden, *reizsam*, möchte der Geschichtsforscher *Lamprecht* sagen, so sehr, dass jede lehrhafte Meinung oder Äußerung in der Regel den Widerspruch des andern wachruft. Und dies ist noch der günstigere Fall. Denn ist so das Gleichgewicht zwischen Schriftsteller und Leser einigermaßen hergestellt, dann wagt sich schüchtern auch die Anerkennung hervor, oder man trägt fürsorglich eine gewonnene Einsicht nach Hause. Besonders dem Erzieher, aber auch dem Arzte geht es so. Die Früchte ihrer sozialen Leistungen reifen spät. Denn wo gibt es einen Menschen, der sich nicht zum Erzieher oder Arzt geschaffen glaubte und deshalb munter herumdokterte an Kindern und Kranken?

Am besten, man lernt an den Kindern, wie man den Eltern mit Ratschlägen beikommt. Da muss nun in erster Linie anerkannt werden, was gut und klug erscheint. Und zwar unbedingt, womöglich ohne Übertreibung. Aber dieses Zugeständnis dürfen wir Pädagogen den Eltern machen, dass sie viele Vorurteile aufgegeben haben, dass sie bessere Beobachter geworden sind und dass sie nur selten mehr den Drill für ein Erziehungsmittel halten. Auch die Aufmerksamkeit und das Interesse für Wohlergehen des Kindes sind ungleich größer geworden, wo nicht das Massenelend allen Eifer und alles Verständnis erstickt oder den Zusammenhang von Eltern und Kindern zerreißt. Man trachtet mehr als früher nach körperlicher Ausbildung, weiß Verstocktheit und Krankheit besser zu trennen, sucht seine Grundsätze über Kinderhygiene den modernen Anschauungen anzupassen und beginnt sich loszulösen vom Wunderglauben an den Stock, von der Fabel, dass die Strafe im Kinderleben die Sittlichkeit stärke.

Und wir Pädagogen wollen uns nicht aufs hohe Ross setzen. Wir wollen gerne *[227]* zugeben, dass unsere Wissenschaft keine allgemeingültigen Regeln liefert. Auch dass sie nicht abgeschlossen, sondern in Entwicklung begriffen ist. Dass wir das Beste, was wir haben, nicht erdenken oder erdichten können, sondern in vorurteilsloser Beobachtung erlernen. Auch lässt sich Pädagogik nicht wie eine Wissenschaft, sondern nur als Kunst erlernen, und daraus geht hervor, dass mancher ein Künstler sein kann, bevor er ein Lernender war.

Das »Werk der guten Kinderstube« – dieses Wort verdanke ich einer klugen Mutter –[4] ist unvergänglich und ein sicheres Bollwerk fürs Leben. Wer möchte es nicht seinen Kindern schaffen? Am Willen fehlt es wohl nie. Was

---

4 dieses *bis* Mutter] *Ausl.* 1922

am meisten die ruhige Entwicklung des Kindes stört, ist die Uneinigkeit der Eltern und einseitige, oft unbewusste Ziele und Absichten des Vaters oder der Mutter. Von diesen soll nun die Rede sein.

Wie oft sind eines oder beide der Elternteile in ihrer geistigen Reifung vorzeitig stecken geblieben! Nicht wissenschaftliche, sondern soziale Reife kommt in Betracht, die Schärfung des Blicks für Entwicklung, für neue Formen des Lebens. Schon das Leben in der Schule und der Umgang mit Altersgenossen fördern häufig innere Widersprüche zutage, in denen die Achtung vor dem Elternhause verfliegt. Wird diese nun gar mit Gewalt festzuhalten versucht, so kommt das Kind leicht zu offener oder heimlicher Auflehnung. Es sieht die Eltern so oft im Unrecht, dass sein Geltungstrieb in ein einziges trotziges Sehnen ausläuft: alles im Gegensatz zu den Eltern zu tun! In den äußersten Fällen merkt man leicht am Gehaben des Kindes: *die Eltern sollen nicht recht behalten*. Der rückwärts gewandte Blick der Eltern hindert oft ihr Vorwärtsschreiten, sie hängen oft an Dogmen und veralteten Erziehungsweisen fest, weil sie im Kampf des Lebens sich und ihre Familie isoliert haben. Nun ist der Fortschritt des sozialen Lebens an ihnen vorübergegangen; sie sind von der Überlieferung alter Erziehungsweisen gefangen gesetzt, bis das Kind aus der Schule die neuen Keime nach Hause trägt und die Erkenntnis seines Gegensatzes zu seinen Eltern täglich stärker fühlt und erlebt. Auch die Verschiedenheit der Wertschätzung fällt ins Gewicht. In der engen Kinderstube gilt der Knabe als Genie, in der Schule stößt man sich an seinen frech-albernen Äußerungen. Zu Hause zurückgesetzt, bringt das Kind sich in der Schule zur Geltung. Oder es tauscht eine traditionell unzärtliche Häuslichkeit gegen verständnisvolles Entgegenkommen bei Altersgenossen und Lehrern. Dieser Umschwung in den Beziehungen tritt häufig ein und macht das Kind für lange Zeit unsicher[5].

Es muss ein Einklang bestehen zwischen den Forderungen in der Kinderstube und der Entwicklung unseres öffentlichen Lebens. Denn gerade die Kinder, die erst in der Schule und in der Außenwelt umsatteln müssen, die auf andersgeartete, kaum vermutete Schwierigkeiten stoßen, sind am meisten gefährdet. Die Eltern könnten es zur Not erreichen, dass sich das Kind ihnen völlig unterordnet und seine Selbstständigkeit begräbt. Die Schule aber und die Gesellschaft von Kameraden, von der Gesellschaft der Erwachsenen ganz zu schweigen, wird sich gerade an dieser Hilflosigkeit und an diesem unselbstständigen Wesen am meisten stoßen, sie werden den Schwächling verwerfen, krank machen oder erst aufrütteln müssen, wobei recht oft der kaum gebändigte Trotz über alles Maß hinauswächst und sich in allerlei Verkehrtheiten austobt.[6]

Zeitigt die Isolierung der Familie oft solche Fehler, so sollte man meinen,

---

5 *Erg. 1922:* oder sicherer
6 *Erg. 1922:* Oder Feigheit und Schüchternheit schlagen Wurzel.

dass ein einfacher Hinweis bereits genügt. Weit gefehlt! Eine genaue Einsicht hat gelehrt, dass die Eltern oder wenigstens ein Teil derselben *nicht imstande sind*, ihre oft unbewusste Stellung zur Gesellschaft aufzugeben, und dass sie immer wieder versuchen, [228] innerhalb ihrer Familie sich die Geltung zu verschaffen, die ihnen die Außenwelt verwehrt hat. Wie oft dieses Gehabe in offene oder versteckte Tyrannei ausartet, lehren die Krankheitsgeschichten der später nervös gewordenen Kinder. Bald ist es der Vater, der seine eigenen schlimmen Instinkte fürchtet, sie mit Gewalt bezähmt und nun bei den Kindern deren Ausbruch und Spuren mit Übereifer zu verhüten sucht, bald eine Mutter, die ewig ihre unerfüllten Jugendfantasien betrauert und ihre Kinder zum Opfer ihrer unbefriedigten Zärtlichkeit oder ihrer Launenhaftigkeit auserwählt. Oder: Der Vater sieht sich von einem heiß ersehnten Lebensziel abgeschnitten und peitscht nun den Sohn mit ängstlicher Hast, dass der ihm die Erfüllung seines Sehnens bringe. Hier eine Mutter, die sich zum übereifrigen Schutzengel ihrer Kinder aufwirft, jeden Schritt der vielleicht bereits Erwachsenen belauert, überall Ängstlichkeit und Feigheit züchtet, jede Willensregung des Kindes als gefahrvoll bejammert, vielleicht nur, um sich ihre Unentbehrlichkeit zu beweisen, vielleicht nur, um »der Kinder wegen« in einer liebeleeren Ehe standzuhalten[7].

Im Folgenden will ich einige dieser typischen Situationen zu schildern versuchen. Immer werden wir es mit Eltern zu tun bekommen, *die einem Gefühl der eigenen Unsicherheit durch übertriebene Erziehungskünste zu entkommen suchen*. Ihr ganzes Leben ist mit ausgeklügelten »*Sicherungstendenzen*«[8] durchsetzt. Mit Letzteren greifen sie in die Erziehung ein, machen ihre Kinder ebenso unsicher und im schlechten Sinne *weibisch*, wie sie selbst es sind, und legen so den Keim zu den stürmischen Reaktionen des »männlichen Protestes«, durch die der Geiz, der Ehrgeiz, der Neid, der Geltungsdrang, Trotz, Rachsucht, Grausamkeit, sexuelle Frühreife und verbrecherische Gelüste maßlos aufgepeitscht werden. Trotz des fortschreitenden Zusammenbruchs ihres Erziehungswerkes halten sich solche Eltern häufig für geborene Pädagogen. Oft haben sie den Schein für sich: Sie haben alle kleinen Möglichkeiten in den Bereich ihrer Erwägungen gezogen. Nur ein Kleines haben sie vergessen: den Mut und die selbstständige Energie ihrer Kinder zu entwickeln, den Kindern gegenüber ihre Unfehlbarkeit preiszugeben, ihnen den Weg freizugeben. Mit beharrlicher Selbstsucht, die ihnen selbst nicht bewusst wird, lagern sie sich

---

7 *Erg. 1922:* vielleicht nur um weiteren Kindersegen als Überlastung abzuwehren
8 *Anm. Adlers:* Der Nervenarzt muss sie zu den »Nervösen« rechnen, mögen sie in Behandlung stehen oder nicht. Ihre übertriebene Empfindlichkeit, ihre Furcht vor Herabsetzung und Blamage rufen die oben erwähnten »Sicherungstendenzen« hervor, die ich als den wesentlichen Charakter der Neurose wiederholt beschrieben habe.

vor die Entwicklung der eigenen Kinder, bis diese gezwungen sind, über sie hinwegzuschreiten.

Manchmal wird ihnen der Schiffbruch offenbar. Dann sind sie geneigt, diesen »Schicksalsschlag« als unbegreiflich hinzustellen und die Flinte rasch ins Korn zu werfen. In solchen Fällen muss man – man hat es ja mit nervös Erkrankten zu tun – vorsichtig eingreifen. Belehrungen werden regelmäßig als Beleidigungen aufgenommen. Manche verstehen es mit großer Geschicklichkeit[9], ein Fiasko der pädagogischen Ratschläge herbeizuführen, um den Arzt und Pädagogen bloßzustellen. Feines Taktgefühl, unerschütterliche Ruhe und Vorhersage der zu erwartenden Schwierigkeiten bei Eltern und Kindern sichern den Erfolg.

Und nun zu unseren Typen, zu den Fragen nach der Erziehung der Eltern.

1. Schädigung der Kinder durch Übertreibung der Autorität

Ich habe den bestimmten Eindruck gewonnen, dass die menschliche Psyche eine dauernde Unterwerfung nicht verträgt. Nicht unter die Naturgesetze, die sie durch List *[229]* und Gewalt zu überwinden trachtet, nicht in der Liebe und Freundschaft und am wenigsten in der Erziehung. In diesem Ringen frei, selbstständig zu werden, *oben zu sein*, liegt offenbar ein Teil jenes übermächtigen Antriebes zutage, der die ganze Menschheit empor zum Lichte führt. Selbst die Frommen und Heiligen hatten ihre Stunden des inneren Aufruhrs, und die fußfällige Anbetung der Naturgewalten dauerte nur so lange, bis ein Mensch den Blitz den Händen Gottes entriss, bis die gemeinsame Einsicht den tobenden Gewalten des Meeres und der Flüsse Dämme erbaute und die Herrschaft erlistete.

Über die Herkunft *dieses Drängens nach oben* erfährt man durch genaue Einzelbeobachtungen Folgendes: Je kleiner oder schwächer ein Kind sich in seiner Umgebung *fühlt*, desto stärker wird sein Hang, seine Hast und Gier, an erster Stelle zu sein; je unsicherer und minderwertiger es den Erziehern gegenübersteht, umso stürmischer sehnt es deren Überwindung herbei, um Anerkennung und Sicherheit zu finden. Jedes Kind trägt Züge dieser Unsicherheit und zeigt die Spuren des Weges dauernd in seinem Charakter, wie es sich zu schützen suchte, fürs ganze Leben. Bald sind es Charakterzüge, die wir als aktive, bald solche, die wir als passive empfinden. Trotz, Mut, Zorn, Herrschsucht, Wissbegierde sollen uns als *aktive Sicherungstendenzen* gelten, durch die sich das Kind vor dem Unterliegen, *vor dem »Untensein«* zu schützen sucht. Die deutlichsten Sicherungstendenzen *der passiven Reihe* sind Angst, Scham, Schüchternheit und Unterwerfung. Es ist wie beim Wachstum der Organis-

---

9   *Erg. 1922:* durch heimliche Sabotage

men überhaupt, etwa der Pflanzen: die einen durchbrechen jeden Widerstand und streben mutig empor, die andern ducken sich und kriechen ängstlich am Boden, bis sie sich zögernd und anklammernd erheben. Denn hinauf, zur Sonne, wollen sie alle. Das organische Wachstum des Kindes hat in dem seelischen Aufwärtsstreben, in seinem Geltungsdrang eine durchaus nicht zufällige Parallele.

Wie gesagt, da gibt es nun Eltern – und vielleicht sind wir alle ihnen ähnlich –, die sich nicht vollends ausgewachsen haben. Irgendwo sind sie im Wachstum gehemmt, geknickt, nach unten gebeugt, und nun steckt noch das machtvolle Drängen und Sehnen nach aufwärts in ihnen. Die Außenwelt nimmt keine Rücksicht auf sie. Aber innerhalb ihrer Familie darf nur ihr Wort gelten. Sie sind die brennendsten Verfechter der Autorität. Und wie immer, wenn einer die Autorität verteidigt, meinen sie stets die ihrige, nie die des anderen. Nicht immer sind sie brutale Tyrannen, obgleich sie die Neigung dazu haben. Auch Schmeichelei und List wenden sie an, um die andern zu beherrschen. Und immer sind sie voll von Grundsätzen und Prinzipien. Alles müssen sie wissen und besser wissen, stets soll ihre Überlegenheit zutage treten, die andern Familienglieder sind strenge verpflichtet, die Ehre und Bedeutung der herrschenden Person in der Außenwelt zu bekunden. Nur Lichtseiten des Familienlebens müssen der Außenwelt vor Augen geführt werden, in allen anderen Beziehungen muss gelogen und geheuchelt werden. Der geistige und körperliche Fortschritt der Kinder soll dem Ruhme des Vaters oder der Mutter dienen, jeder Tadel in der Schule und alle die kleinen Streiche der Kindheit werden zum Elternmord aufgeblasen und ununterbrochen verfolgt. Vater oder Mutter spielen dann lebenslänglich den Kaiser, den unfehlbaren Papst, den Untersuchungsrichter, den Weltweisen, und die schwache Kraft des Kindes zwingt sich vergeblich zum Wettlauf. Ewig beschämt und verschüchtert, bestraft, verworfen und von Rachegedanken gequält, verliert das Kind allmählich seinen Lebensmut oder flüchtet sich in den Trotz. Allenthalben schwebt das Bild des Erziehers als Autorität um den Heranwachsenden, droht und *[230]* fordert, hält ihm Gewissen und Schuldgefühl rege, ohne dass dabei mehr herauskommt als feige Unterwerfung mit folgender Wut oder trotziges Aufbäumen mit folgender Reue.

Des Kindes ferneres Leben verrinnt dann in diesem Zwiespalt. Seine Tatkraft wird gelähmt; die ihm auferlegten Hemmungen erscheinen ihm unerträglich. Man kann solche Menschen im späteren Leben leicht erkennen: sie zeigen *auffällig viele Halbheiten* in ihrem Wesen, stets ringen zwei entgegengesetzte Regungen um die Herrschaft in ihrer Seele, lösen jederzeit den *Zweifel* aus, der sich gelegentlich in die *Angst* vor der Tat oder in den *Zwang* zur Tat auflöst. Der Idealtypus dieser Art Menschen, der *psychische Hermaphrodit, ist auf halb und halb* eingestellt[10].

---

10   *Erg. 1922:* und fürchtet sich vor jeder Beziehung, die er als Zwang empfinden könnte

2. Schädigung der Kinder durch die Furcht vor Familienzuwachs

Wer wollte die große Verantwortlichkeit aus dem Auge lassen, die der Eltern wartet, sobald sie Kinder in die Welt setzen? Die Unsicherheit unserer Erwerbsverhältnisse, die Rücksicht auf die eigene Kraft, wie oft erfüllen sie ein Ehepaar mit Sorgen, wenn sie an die Erhaltung und Erziehung von Kindern denken! Nicht anders die Schmerzen und Qualen, die Krankheiten, Misswuchs und schlechtes Gedeihen der Kinder dem Elternherzen bereiten können. Dazu kommen noch andere Bedenken. Man war vielleicht selbst einmal krank. Irgendwer in der Familie litt an Nervosität, an Geisteskrankheit, an Tuberkulose oder Augen- und Ohrenkrankheiten. Wie leicht kann das Kind ein Krüppel, ein Idiot, ein Verbrecher werden. Wie leicht könnte die Mutter selbst unter der Mühe des Gebärens, der Pflege, des Stillens zusammenbrechen. Soll man so viel Schuld auf sich laden? Darf man ein Kind einer gefährlichen Zukunft aussetzen?

Solche Einwendungen werden oft mit unheimlichem Scharfsinn erdacht und begründet. Und doch! Manche der obigen Fragen sind bis heute noch nicht einwandfrei gelöst.

Aber gerade deshalb eignen sie sich ganz ausgezeichnet, den Schreckpopanz abzugeben. Und sobald diese Frage, *die nur sozial gelöst werden kann*, innerhalb der Familie oder durch private Initiative behandelt wird, muss sie notwendigerweise zu Schädigungen führen. Wir wollen bloß hindeuten auf die Verdrossenheit und Unbefriedigung, die dem Prohibitivverkehr zuweilen folgen. Ebenso ist zu bedenken, dass die künstliche Behinderung der Befruchtung meist ein Verhalten nötig macht, das vorhandene Nervosität steigert. Nicht weniger fällt ins Gewicht, dass es meist die allzu vorsichtigen Menschen sind, die den Kindersegen vorzubeugen trachten, dass diese ein ganzes Sicherungssystem ausbauen, wodurch ihre Vorsicht sich erheblich auswächst und auf alle Beziehungen des Lebens ausgedehnt wird. Ist in solchen Ehen noch kein Kind vorhanden, so zwingt die Sicherungstendenz die Eltern, ihre Lage grau in grau anzusehen. Allerlei hypochondrische Grübeleien werden angesponnen und festgehalten, damit die Gesundheit nur nicht einwandfrei erscheint. Fragen der Bequemlichkeit und des Luxus nehmen einen ungeheuren Raum ein und züchten einen ungemein verschärften Egoismus, so dass sich dieser Egoismus wie eine unübersteigliche Schranke gegen die Eventualität einer Nachkommenschaft aufrichtet. Kommt aber dann doch ein Kind, so befindet es sich in einer so untauglichen Umgebung, dass seine leibliche und geistige Gesundheit in Frage gestellt ist. Jedes der Elternteile sucht dem andern die Last der Erziehung zuzuschieben, wie wenn er ihm die Schwierigkeit der Kindererziehung verkosten lassen wollte, um vor weiterer Nachkommenschaft abzuschrecken. Alle Leistungen werden als Qual empfunden, das Stillgeschäft wird oft zurückgewiesen, *[231]* die gestörte Nachtruhe, die Abhaltung von

Vergnügungen überaus schwer und unter fortwährenden Klagen ertragen. Allerlei nervöse Symptome, Kopfschmerz, Migräne, Mattigkeit setzen ein und machen den Angehörigen recht deutlich, dass ein weiterer Zuwachs eine Gefahr, gewöhnlich für die Mutter, bedeuten würde. Oder die Eltern übertreiben ihr Pflichtgefühl in einer Weise, dass sie sich und das Kind dauernd schädigen. Fortwährend sind sie mit dem Kind beschäftigt, belauschen jeden Atemzug, wittern überall Krankheitsgefahr, reißen das Kind aus dem Schlafe und überschreiten jede Maßregel so sehr, bis »Vernunft [...] Unsinn, Wohltat Plage«[11] wird. So dass in allen Beobachtern der Gedanke laut wird: *wie schrecklich wäre es, wenn diese Eltern ein zweites Kind hätten.*[12]

In späterer Zeit werden alle die fehlerhaften Eigenschaften des »einzigen Kindes« klar zutage treten. Das Kind wird selbst übertrieben ängstlich, lauert auf jede Gelegenheit, die überängstlichen Eltern unterzukriegen, mit ihrer Sorge zu spielen und sie in ihren Dienst zu stellen. Trotz und Anlehnungsbedürfnis wuchern ins Ungemessene, und eine Sucht, krank zu sein, zeichnet solche Kinder aus, weil sie durch Krankheit am leichtesten zu Herren der Lage werden.

3. Schädigung des »Lieblingskindes« und des »Aschenbrödels«

Es ist für Eltern gewiss nicht leicht, ihre Sorgfalt und Liebe gleichmäßig auf mehrere Kinder zu verteilen. Der gute Wille fehlt selten.

Was bedeutet dies aber gegenüber einer unbewussten Einstellung, die ständig das Urteil und die Handlungsweise der Eltern zu beeinflussen versucht; was bedeutet dies vollends gegenüber dem feinen Gefühle der Kinder für Gleichberechtigung oder gar gegenüber einem einmal erwachten Misstrauen!

Schon unter den günstigsten Verhältnissen in der Kinderstube wird sich das jüngere von den Kindern hinter die älteren zurückgesetzt fühlen. Des Kindes Wachstumsdrang verleitet es dazu, sich ständig mit seiner Umgebung zu messen und stets seine Kräfte mit denen der andern Geschwister zu vergleichen. In der Regel stehen die jüngsten Kinder unter einem verstärkten seelischen Antriebe und entwickeln die größere Gier nach Geltung, Besitz und Macht.[13] Solange dieses Streben in den Grenzen des kulturellen Ehrgeizes bleibt, kann

---

11 [Goethe, Faust, erster Teil, Schülerszene]
12 *Erg. 1922:* Zuweilen steigert sich die Nervosität nach der Geburt bis zu schweren Dämmerzuständen und weist so auf die Furcht vor einer neuerlichen Schwangerschaft hin.
13 *Anm. Adlers 1922:* Ausführlicher in »Individualpsychologische Erziehung« (Praxis und Theorie der Individualpsychologie) [Adler 1918d/1920a] beschrieben.

man davon die besten Früchte erwarten. Nicht selten aber kommen starke Übertreibungen aktiver Charakterzüge zustande, unter denen Neid, Geiz, Misstrauen und Rohheit besonders stark hervorstechen. Die natürlichen Vorteile der älteren Kinder drücken wie eine Last auf dem Kleinsten und zwingen ihn zu verstärkten *Sicherungstendenzen*, wenn er sich auf ungefähr gleicher Höhe der Geltung erhalten will.

Nicht anders wirkt die Bevorzugung eines Kindes auf die anderen. Ein Gefühl und die Befürchtung der Zurücksetztheit mischen sich dann stets in alle seelischen Regungen, die Aschenbrödelfantasie breitet sich mächtig aus, und bald setzen Schüchternheit und Verschlossenheit ein. Das zurückgesetzte Kind sperrt sich seelisch ab und versetzt sich bei allen denkbaren Anlässen in eine Stimmung der Gekränktheit, die endlich in dauernde Überempfindlichkeit und Gereiztheit übergeht. Verzagt und ohne rechte Zuversicht blickt es in die Zukunft, sucht sich durch allerlei Winkelzüge vor stets erwarteten Kränkungen zu sichern und fürchtet jede Prüfung oder Entscheidung. Seine Tatkraft leidet durch die ewige Angst vor dem Nichtankommenkönnen, vor der Blamage, vor der Strafe. In den stärker ausgeprägten Fällen wandelt sich das Kind so sehr zu seinen Ungunsten, seine gereizte Trotzigkeit wird ein derart bedeutsames Hindernis *[232]* für seine Entwicklung, dass es schließlich die Zurücksetzung gegenüber den andern Kindern zu verdienen scheint. Wenn dann bei unliebsamen Zufällen und Streichen, an denen gerade dieses Kind beteiligt erscheint, die Eltern oder Lehrer zornig hervorheben: »Wir haben es immer gewusst! So musste es kommen!« – dann ist die bescheidene Erinnerung am Platze: »Gewusst? Nein! Ihr habt es gemacht!« – Zuweilen sind solche »*zurückgesetzte*« Kinder bloß in ihrem Verwandten- und Bekanntenkreis befangen, legen ihre Zurückhaltung aber ab, sobald sie in fremder Gesellschaft sind, so als ob sie unter dem Druck ihrer bekannt gewordenen Sünden stünden. Da hilft freilich dann nur Entfernung aus dem oft ungeeigneten Kreis oder – in schweren Fällen – vollkommene Erfassung der Lage durch das Kind und Loslösung, Erziehung zur Selbstständigkeit durch Heilpädagogik.

Oft liegt der *Grund zur Zurücksetzung im Geschlecht des Kindes*; sehr häufig wird der Knabe dem Mädchen vorgezogen, wenn auch das Gegenteil manchmal vorkommt. Unsere gesellschaftlichen Formen sind dem männlichen Geschlecht um vieles günstiger. Dieser Umstand wird von den Mädchen ziemlich früh erfasst, und das Gefühl der Zurücksetzung unter den Mädchen ist ziemlich allgemein verbreitet. Entweder wollen sie es in allem den Knaben gleichtun, oder sie suchen in ihrer, der weiblichen Sphäre ihr Gefühl der Zurückgesetztheit wettzumachen, sichern sich vor Demütigungen und Beeinträchtigungen durch übergroße Empfindlichkeit und Trotz und nehmen Charakterzüge an, die sich nur als *Schutzmaßregeln* verstehen lassen. Sie werden geizig, neidisch, boshaft, rachsüchtig, misstrauisch, und zuweilen versuchen sie sich durch Verlogenheit und Hang zu heimlichen Verbrechen schadlos zu halten.

In diesem Streben liegt durchaus *kein weiblicher* Zug, sondern dies ist der Protest des in seinem innersten Wesen unsicher gewordenen Kindes; es ist der unbewusste, unabweisbare Zwang, die gleiche Höhe mit dem Manne zu halten, kurz: *der männliche Protest.* Nicht etwa die Tatsache der Zurücksetzung fällt dabei ins Gewicht, sondern ein recht häufig verfälschtes, unrichtiges Gefühl einer Zurückgesetztheit. Mit der Zeit freilich, wenn das überempfindliche Kind unleidig wird, stets störend in die Harmonie des Zusammenlebens eingreift und seine überspannten, aufgepeitschten Protestcharaktere entwickelt, wird die Zurücksetzung zur Wahrheit, und das nervös disponierte Kind wird bestraft, strenger behandelt, gemieden, oft mit dem Erfolg, dass es sich in seinem Trotz versteift.

Oder die Umgebung gerät unter das Joch des zügellos gewordenen Kindes, für das jede persönliche Beziehung zu einem Kampf wird und jedes Verlangen in einen Hunger nach Triumph, nach einer Niederlage des andern ausartet. Damit gerät das Kind an die Schwelle der Neurose, des Verbrechens, des Selbstmordes. Zuweilen freilich auch an das Eintrittstor zur genialen Schöpfung. *Aus dem Gefühl der Zurückgesetztheit, der persönlichen Unsicherheit, aus der Furcht vor der zukünftigen Rolle und vor dem Leben entwickeln sich machtvoll übertriebene Regungen nach Geltung, Liebe und Zärtlichkeit,* deren Befriedigung fast nie gelingt, geschweige denn sofort. Im letzten Augenblicke noch schreckt das nervös disponierte Kind vor jeder Unternehmung zurück und ergibt sich einer Zagheit, die jedes tatkräftige Handeln ausschließt. *Alle Formen der Nervosität schlummern hier im Keime und dienen, einmal zum Ausbruch gekommen, dieser Furcht vor Entscheidungen.* Oder die aufgepeitschten Affekte durchbrechen alle moralischen und seelischen [233] Sicherungen, drängen mit Ungestüm zur Tat, die freilich oft genug auf den verbotenen Wegen des Verbrechens und des Lasters reif wird.

Was das *Lieblingskind,* das verhätschelte, verzogene Kind anlangt, so besteht dessen Schädigung vor allem darin, dass es schon frühzeitig *seine Macht fühlen und missbrauchen lernt.* Infolgedessen ist sein Geltungsdrang so wenig eingeschränkt und fügsam, dass das Kind jede Unbefriedigung, mag sie noch so sehr durch das Leben bedingt sein, *als eine Zurücksetzung fühlt.* Die Eltern schaffen also mit Fleiß und Absicht für ihren Liebling Zustände, die ihm die gleiche Gereiztheit und Überempfindlichkeit anheften wie dem zurückgesetzten Kinde. Dies wird freilich zumeist erst in der Schule oder außerhalb der Kinderstube klar. Die gleiche Unsicherheit, die gleiche Ängstlichkeit und das Bangen vor dem Leben charakterisieren die Lieblingskinder. Zuweilen sind diese Züge bloß durch anmaßendes Benehmen und Jähzorn verdeckt. Da diese Kinder gewohnt waren, sich ihrer Umgebung als einer Stütze zu bedienen, den Eltern und Geschwistern eine dienende Rolle zuzuweisen, suchen sie in ihrem ferneren Leben stets wieder nach ähnlichen Stützen, finden sie nicht und ziehen sich verschüchtert und grollend zurück.

Beiderlei Erziehungsweisen führen also zu Steigerungen der Affektgrößen und drohen mit dauernder Unzufriedenheit, Pessimismus, Weltschmerz und Unentschlossenheit. Nicht selten betrifft die Verzärtelung ein einziges Kind. Wie oft sich da die Schädigungen der Verwöhnung mit jenen summieren, die aus der Furcht vor weiterem Nachwuchs entstehen, ist leicht einzusehen. Auch übertriebenes Autoritätsgelüste der Eltern wirkt schärfer, sobald es sich nicht auf mehrere Kinder verteilen kann, sondern bloß auf ein einziges drückt.

Nun gibt es gerade in Hinsicht auf die Ursachen der Verzärtelung eine Anzahl von Schwierigkeiten, zu deren Beseitigung ein besonders heller Blick der Eltern und hervorragendes erzieherisches Feingefühl gehören. So in dem Falle, wenn es sich um ein *kränkliches oder krüppelhaftes* Kind handelt. Wen rührt nicht der Gedanke an die Liebe und treue Pflege der Mutter am Bett des kranken Kindes! Und doch kann dabei leicht ein Übermaß von Zärtlichkeit einfließen, besonders dort, wo dauernd kränkliche Kinder in Betracht kommen. Das Kind findet sich leicht in dem Gedankengang zurecht, dass ihm die Krankheit zur »Sicherung« im Leben dienlich sein kann, dass sie ihm zur vermehrten Liebe, zur Schonung und zu mehreren anderen Vorteilen verhilft. Von den kleinen, aber für das spätere Leben oft so bedeutsamen Vergünstigungen – im Bett der Eltern, in ihrem Schlafzimmer schlafen zu dürfen, beständig unter ihrer Obhut zu stehen, jeder Mühe überhoben zu werden – bis zum Verlust jeder Hoffnung und jedes Wunsches nach selbstständigem Handeln führt eine gerade Linie. Der Raub aller Lebenszuversicht, der an diesen von der Natur zurückgesetzten Kindern begangen wird, wirkt umso aufreizender, weil er oft nur mit Mühe umgangen werden kann. Aber so stark muss die Liebe und das erzieherische Pflichtgefühl sein, dass es auch um den Preis des eigenen Schmerzes den Krüppeln und Bresthaften zum Lebensmut und zum selbstständigen Wirken und Ausharren verhilft.

Auch die *Bevorzugung schön gebildeter und besonders wohlgeratener Kinder* entspringt meist einer bergreiflichen Stellungnahme der Eltern und Erzieher, geht aber oft, da unbewusste unkontrollierte Gefühle mitsprechen, um ein Erhebliches zu weit. Man muss nur auch den Fehler zu vermeiden trachten, den gesunden und geratenen Kindern ihrer natürlichen Vorzüge wegen schärfer zu begegnen, wozu man sich manchmal aus übertriebenem Gerechtigkeitsgefühl gedrängt glaubt.

Nun gibt es eine Art der Bevorzugung, die mehr als alle anderen ins Gewicht [234] fällt, die aus gesellschaftlichen, realen Ursachen hervorgeht, von den Eltern und Erziehern aber oft bedeutsam gefördert wird, so dass häufig genug nicht bloß das bevorzugte, sondern auch das zurückgesetzte Kind Schaden leidet. Ich meine die überaus großen Vorteile, deren sich im Allgemeinen *das männliche Geschlecht* erfreut. Diese Vorteile beeinflussen das Verhalten der Eltern allzu sehr, und es ändert an dem Schaden nur wenig, wenn Mädchen in der Familie keine Zurücksetzung erfahren. Das Leben und unsere gesellschaftlichen Zustände legen den Mädchen das Gefühl ihrer Minderwertigkeit so nahe, dass der Psychologe ausnahmslos die Regungen erwarten darf, die einer Reaktion auf dieses Gefühl der Zurückgesetztheit entspringen: Wünsche, es dem männlichen Geschlecht gleichzutun, Widerstand gegen jeden Zwang, Unfähigkeit sich zu unterwerfen, sich zu fügen. Selbst bei der geeignetsten Erziehung wird sich des Mädchens, aber auch des mädchenhaften Knaben ein Gefühl der Unsicherheit, ein Hang zur Verdrossenheit und eine meist unbestimmte Empfindung von ängstlicher Erwartung bemächtigen. *Die Einordnung in die Geschlechtsrolle geht unter ungeheurer Anspannung der Fantasie vor sich.* Eine Phase der Undifferenziertheit (*Dessoir*),[14] lässt regelmäßig Regungen erstarken, die eine *Hast, männlich zu werden,* verraten – stark, groß, hart, reich, herrschend, mächtig, wissend zu erscheinen –, die von Furchtregungen begleitet werden, als deren psychologischen Ausdruck man eine gewisse Unverträglichkeit gegen Zwang, gegen Gehorsam, gegen Unterwerfung und Feigheit, kurz gegen weiblich Züge finden wird. Alle Kinder nun, deren Undifferenziertheit länger und deutlicher zum Ausdruck kommt – psychische Hermaphroditen –, werden kompensatorisch als Gegengewicht gegen das wachsende Gefühl ihrer Minderwertigkeit negativistische Züge entwickeln, Knaben wie Mädchen, Züge von Trotz, Grausamkeit, Unfolgsamkeit, ebenso auch von Schüchternheit, Angst, Feigheit, List und Bosheit, oft ein Gemisch mehr oder weniger aggressiver Neigungen, die ich den *männlichen Protest* genannt habe. So kommt ein aufgepeitschtes Verlangen in diese Kinderseelen, aus unbewussten Fantasien reichlich genährt: *männlich zu scheinen, und sofort den Beweis von der Umgebung zu verlangen.* Und nie fehlt die Gegenseite dieses Verlangens: die Furcht vor der Entscheidung, vor der Niederlage, vor dem »Untensein«. Aus diesen Kindern werden die Stürmer und Dränger in gutem wie im schlechten Sinne, die stets Verlangenden, nie Zufriedenen, hitzige, aufbrausende Kampfnaturen, die doch stets wieder an den Rückzug denken. Stets leiden ihre sozialen Gefühle, sie sind starre Egoisten, haben aber oft die Fähigkeit, ihre Selbstsucht vor sich und anderen zu verstecken, und arbeiten ununterbrochen an der Entwertung aller Werte. Wir finden sie an der Spitze der Kultur, ebenso im Sumpfe. Der größte Teil von ihnen scheitert und verfällt in Nervosität.

Ein Hauptcharakter ihrer Psyche ist der *Kampf gegen das andere Geschlecht*, ein oft heftig, oft still, aber erbittert geführter Kampf, dem stets auch Züge von Furcht sich beimengen. Es ist, als ob sie zur Erlangung ihrer erträumten Männlichkeit die Niederlage eines Geschlechtsgegners nötig hätten. Man glaube aber nicht, dass die Züge offen zutage liegen. Sie verstecken sich gewöhnlich

---

14 [Max Dessoir (1894) nimmt eine zwei Stadientheorie der Sexualentwicklung an: von der Undifferenziertheit zur Differenziertheit. Im undifferenzierten Stadium sei das Triebziel noch nicht ausschließlich hetero- oder homosexuell festgelegt.]

unter ethische oder ästhetische Rücksichten und gipfeln in den Jahren nach der Pubertät in der Unfähigkeit zur Liebe[15].

Was können Eltern und Erzieher tun, um diesem Schaden vorzubeugen, der aus dem Umstande entspringt, dass das Kind die Frau und ihre Aufgaben geringer wertet? Die Wertdifferenz zwischen männlichen und weiblichen Leistungen in unserer *[235]* allzu sehr auf Werte erpichten Gesellschaft können sie nicht aus der Welt schaffen. Sie können aber dafür sorgen, dass sie im Rahmen der Kinderstube *nicht allzu aufdringlich hervortritt*. Dann wird *die Angst vor dem Schicksal der Weiblichkeit* nicht aufflammen können, und die Affekte bleiben ungereizt. Man darf also die Frau und ihre Aufgaben in der Kinderstube nicht verkleinern, wie es oft zu geschehen pflegt, wenn der Vater seine Männlichkeit hervorzuheben sucht oder wenn die Mutter verdrossen über ihre Stellung im Leben zürnt. Man soll Knaben nicht zum Knabenstolz anhalten, noch weniger dem Neid der Mädchen gegenüber den Knaben Vorschub leisten. Und man soll in erster Linie den Zweifel des Kindes an seiner Geschlechtsrolle nicht nähren, sondern von der Säuglingszeit angefangen seine Einfügung in dieselbe durch geeignete Erziehungsmaßnahmen fördern.

---

15 *Erg. 1914:* und in der Furcht vor der Ehe

18. Das organische Substrat der Psychoneurosen (1912)

Editorische Hinweise
Erstveröffentlichung:
1912: Zeitschrift für die gesamte Neurologie und Psychiatrie, Bd. 13, S. 481–491, Berlin.
Neuauflagen:
1924: Praxis und Theorie der Individualpsychologie, S. 168–176
1927: Praxis und Theorie der Individualpsychologie, S. 168–176
1930: Praxis und Theorie der Individualpsychologie, S. 161–169

Dieser Aufsatz basiert auf einem Vortrag auf dem Internationalen Kongress für Psychotherapie und medizinische Psychologie in Zürich, September 1912. Adlers umfassendstes Werk »Über den nervösen Charakter« (Adler 1912a) war bereits erschienen.

Anhand von vielen einzelnen Charakterzügen und Symptomen und mit einem Fall von »arrangierter Angst« stellt Adler die Neurose als einen kategorischen, planmäßigen Versuch dar, ein »hochgespanntes Persönlichkeitsideal« zu erreichen. Dieses ins Unbewusste verlegte Ziel entspringt einem Minderwertigkeitsgefühl, das durch eine Organminderwertigkeit verursacht und durch Erziehung verstärkt wurde. Anhand der Falldarstellung kritisiert er wieder Freuds Sexualtheorie und die Bedeutung des »Inzestkomplexes«. Positiv bezieht er sich auf Hans Vaihinger, Henri Bergson und Ludwig Klages.

Die sehr vielen Änderungen – von denen hier nur die wichtigsten vermerkt sind – stammen vorwiegend von 1924, einige wenige von 1930. Er betont hierin die intentionale und ganzheitliche (Ausdrucks-)Bewegung, hebt das Unbewusste hervor, unterstreicht seine Kritik an Freud (Sexualität als Gleichnis). An einigen Stellen ersetzt er »Neurotiker« durch »Nervöse«. 1930 wird die »Fähigkeit zur Kooperation« eingefügt, und er bezieht sich auf die ganzheitliche Gestaltpsychologie.

Das organische Substrat der Psychoneurosen

[1] Der Habitus des Nervösen lässt nach kurzer Beobachtung regelmäßig erkennen, dass er kategorischer und prinzipieller als der annähernd Normale seine persönliche Überlegenheit innerhalb seines Milieus in irgendeiner, oft absonderlichen Form durchzusetzen sucht. Geht man den Ursachen dieses angespannten Strebens nach, so findet man regelmäßig ein *Gefühl der Unsicherheit und der Minderwertigkeit*,[2] auf denen sich ein Streben aufbaut, das[3] man nicht anders als planmäßig nennen kann. Mit andern Worten: es ist nicht ein blindes Drängen, etwa eine ziellose Flucht vor Herabsetzungen irgendwelcher Art, was uns die Analyse der neurotischen Phänomene zeigt[4], sondern ein Weg, ein Modus Vivendi, der aus der Unsicherheit herausführen soll[5], der aber freilich der Kritik des Lebens nicht standhält.[6]

In den seltensten Fällen geht die Einsicht des Patienten so weit, dass man von einer Lebensanschauung, etwa von einer Privatphilosophie des Patienten sprechen könnte. Man sieht, sobald man die Linie des neurotischen Bestrebens erkannt hat, vielmehr Attitüden, gewohnheitsmäßige Allüren und Gebärden des Patienten, *deren Dynamik für ihn im Dunkeln bleibt*, wenngleich die Handlungen und gelegentliche Gesten den Eindruck machen, »als ob« der Patient ein Ziel vor Augen hätte. So wird eine Hysterica bei der Ankunft einer bevorzugten Schwester die Attitüde der Gereiztheit annehmen, während sie äußerlich von Liebe überströmt. Ein Neurotiker, der seit Kindheit mit dem älteren Bruder rivalisiert, wird einen Suizidversuch unternehmen, bevor er die Stelle antritt, für deren Erlangung er sich kurz vorher bei seinem Bruder bedankt hat. Eine Patientin mit Platzangst[7] wird so viel Angst entwickeln als nötig ist, um

---

1   *Erg. 1924:* Wer sich mit den Phänomenen des Lebens, der Psyche, des Charakters, der Nervosität befasst, mag oft über die Flüchtigkeit der Ausdrucksbewegungen Klage führen. Nicht ganz mit Recht! Denn eine tiefere Betrachtung kann uns belehren, dass jede verschwindende Gebärde von einer neuen gefolgt wird, die in sich, wie der einzelne Ton einer Melodie oder wie das einzelne Bild eines Kinematographenfilms Spuren der Vergangenheit und Ansätze für die Zukunft enthält. Und auch was alle diese Ausdrucksbewegungen innerlich verbindet, entgeht unserer Intuition und unserer vergleichenden psychologischen Erforschung nur zum Teil: die unverrückbar gewordene Lebenslinie, der Habitus der Persönlichkeit.   *Anm. Adlers 1930:* Die Analogie mit der späteren »Gestaltpsychologie«, wohl der einzigen Richtung, die der Ganzheitsbetrachtung der Individualpsychologie nahekommt, dürfte allgemein bekannt sein.
2   *Erg. 1924:* der Entmutigung
3   ein Streben *bis* das] *Änd. 1924:* eine Bewegung aufbaut, die
4   zeigt] *Änd. 1924:* sofern wir den Zusammenhang nicht übersehen, erschließt
5   Erg. 1924: sie verkleinern soll
6   *Erg. 1930:* Eine Aktion, und keine Reaktion.
7   *Erg. 1924:* die sich selbst nichts zutraut

ihre Angehörigen in ihren Dienst zu stellen und zu beherrschen. Patienten mit Masturbationszwang und Perversionsneigung werden *so viel Libido* zeigen, als zur Ausübung ihrer abnormalen Sexualbetätigung gehört. Schmerzanfälle wie Migräne, Neuralgien, Herz- und Leibschmerzen treten immer motiviert auf; und zwar wenn die Nötigung besteht, das bedrohte Persönlich*[482]*keitsgefühl zu schützen. Ebenso ereignen sich Ohnmachtsanfälle und psychogene epileptische Insulte immer in einer Situation, in der der Patient – eben aus seiner psychischen Situation heraus – zur Sicherung seiner Herrschaft durch den Anfall schreiten muss; es gelingt, sobald man die Einfühlung in die Psyche des Patienten gewonnen hat, mit ziemlicher Sicherheit, aus der seelischen Nötigung des Patienten den Anfall vorauszusagen. So wird sich auch etwa Tremor einstellen oder ähnlich hindernde Phänomene, wenn der Nervöse zum Beispiel durch sie einem Beruf[8] ausweichen kann, ähnlich wie bei Studenten Gedächtnisschwäche[9] oft die ausbrechende Neurose vor Prüfungen einleitet. In allen ähnlichen Fällen steht der Patient körperlich[10] unter dem Zwang einer[11] *Aggressionshemmung*, die immer planvoll und systematisch wirkt; die sprechen kann, wenn man sie richtig fragt. Im Allgemeinen wird man in ähnlichen Fällen finden, dass die psychische Richtung und die Ausdrucksbewegungen des Patienten einheitlich und prinzipiell geworden sind, so dass man sie als ein allgemeines Zögern, als die »*zögernde Attitüde*« begreifen kann.

Vom Standpunkt einer psychischen Dynamik sind diese Erscheinungen als »*Sicherungen*« zu verstehen, in die der Patient *allmählich* hineingewachsen ist, weil er mit ihrer Hilfe sein Persönlichkeitsgefühl am besten schützen kann. Sie drücken allesamt sozusagen körperlich ein »Nein« aus, während der Mund oft unaufhörlich zu einer bevorstehenden Frage des Lebens ein »Ja« sagt. Aber gerade dieser zwiespältige Gestus des Nervösen, die Grundlage des double vie, zeigt uns, wie hier ein Mensch unter schwierigen Verhältnissen[12] einen Weg gesucht hat, um auf die Höhe zu kommen, einen Weg, der fast immer in schwer zu durchschauenden Windungen verläuft.

Dieser unweigerliche Eindruck sowie die Tatsache der prinzipiell festgehaltenen Phänomenologie, die mit ihrer Vorausbestimmtheit und mit ihrem berechenbaren Abbrechen vor dem zu hoch gesteckten Ziel[13] an die Technik einer Maschine erinnert, der Ausschluss und die psychische *Entwertung* von Betätigungsmöglichkeiten, die das Bild der Einschränkung und einer Flucht in

---

8   Nervöse *bis* Beruf] *Änd. 1924:* neurotisch Disponierte durch ihn einem Beruf und gewissen Entscheidungen
9   *Erg. 1924:* oder die arbeitsstörende Schlaflosigkeit
10 *Erg. 1924:* und seelisch
11 *Erg. 1930:* intendierten
12 schwierigen Verhältnissen] *Änd. 1924:* inneren Schwierigkeiten
13 *Erg. 1924:* schablonenhaft anmutet und

die Krankheit[14] ergeben, zwingt uns zu dem Schlusse, wie er regelmäßig zu erhärten ist: *dass die Neurose ein Versuch* ist, ein hochgespanntes Persönlichkeitsideal zu erreichen, während der Glaube an die eigene Bedeutung durch ein tief sitzendes Minderwertigkeitsgefühl erschüttert ist.

Um zu einer Handlung zu gelangen, sind aber zwei[15] Voraussetzungen nötig:
1. eine ungefähre[16] Einschätzung der eigenen Fähigkeiten und
2. ein Ziel, das mit diesen Fähigkeiten und mit den Möglichkeiten der Welt[17] rechnet[18]. Von der Selbsteinschätzung des Neurotikers können wir mit Bestimmtheit sagen, dass sie *ursprünglich* eine besonders *[483]* niedrige ist. Vom Ziel wissen wir, dass es zu hoch gespannt ist. Eine Erörterung betreffs des neurotischen – man kann auch sagen betreffs des menschlichen unbewussten – Zieles habe ich in meinem Buche »Über den nervösen Charakter« (Wiesbaden, *Bergmann* 1912) ausführlich zur Darstellung gebracht. Ich bin zu dem Ergebnis gelangt, dass dieses im Unbewussten gesetzte und immer wirksame Ziel einer *Kompensationstendenz oder Sicherungstendenz*[19] entspringt,[20] und dass die auf dieses Ziel gerichtete Leitlinie kategorischer und dogmatischer als die Leitlinien des Gesunden innegehalten wird, dass sie auf den unausweichlichen Wegen der nervösen Bereitschaften, der nervösen Charaktere und Symptome den Versuch bewerkstelligt[21], im Chaos der Welt aus der angenommenen (deshalb empfundenen)[22] Unsicherheit zur Sicherheit, aus dem Gefühl der Minderwertigkeit zum Empfinden der eigenen Größe[23], zur Erfüllung des Persönlichkeitsideals zu gelangen.

Solange man von dieser *Zielstrebigkeit*, von dieser *Anbetung eines selbst geschaffenen Götzen* nichts weiß, ist es nahe liegend, in den Irrtum einer[24] teleologischen Abhängigkeit des Seelenlebens zu verfallen; ein Irrtum, der durch

---

14 *Flucht in die Krankheit*] *Änd. 1924:* Ausschaltung notwendiger Betätigungen in der Gemeinschaft
15 *Änd. 1924:* drei
16 *Erg. 1924:* selbstbewusste
17 Möglichkeiten der Welt] *Änd. 1924:* realen Möglichkeiten
18 *Erg. 1924:* 3. eine *optimistische Stimmungslage*, die den Einsatz aller Kräfte ermöglicht
19 *Erg. 1924:* des Unsicheren
20 Anm. Adlers: Entsprechend *Vaihingers* [1911] Lehre: dass dieses Ziel, obgleich unsinnig, doch zum neurotischen Handeln nötig ist. Um aber das Handeln zu ermöglichen, worauf es einzig ankommt, gebraucht die Psyche *den Kunstgriff, das Ziel ins Unbewusste zu verlegen.* Diese Anm. Adlers] *Ausl. 1924*
21 den Versuch bewerkstelligen] *Änd. 1924:* die Versuche in jene Richtung weist
22 (deshalb empfundenen)] *Ausl. 1924*
23 eigenen Größe] *Änd. 1924:* Überlegenheit über die anderen
24 *Erg. 1924:* von außen geschaffenen

die Tatsache verschuldet wird, dass der erste Akt jeder Handlung[25] schon von einer Zielsetzung begleitet wird, sowie auch der élan vital[26], der »Strom des Lebens« unter dem Zwang eines in der Kindheit gesetzten, in seiner Urform im Unbewussten bleibenden, fiktiven Endziels abläuft.[27] Es gereicht mir zur besonderen Ehre, dass ich bei Besprechung dieser seelischen Phänomene neben meinen Befunden und Anschauungen die fundamentalen Lehren *Vaihingers* [1911] und *Bergsons*[28] zitieren darf, und dass ich auf mannigfache Berührungspunkte mit den Darstellungen *Klages* [Klages 1910a; 1910b] verweisen kann.

Sind wir so über die Zielsetzung und ihr Besonderes in der Seele des Nervösen ins Reine gekommen, so bedarf es noch weiterer Ausführungen betreffs der Ursachen dieser Besonderheiten. Wie schon hervorgehoben, liegen diese Ursachen in einem besonders vertieften *Minderwertigkeitsgefühl* des dermaßen disponierten Kindes, und es erübrigt uns nur noch, dessen Entstehung und Entwicklung klarzustellen. Ich habe seit dem Jahre 1907 (»Studie über Minderwertigkeit der Organe«, *Urban & Schwarzenberg*, Wien) die Anschauung vertreten, dass die uns aus der Pathologie bekannte Organminderwertigkeit den Anstoß gibt zu einem *Gefühl der Minderwertigkeit*, und ich konnte aus dieser verstärkten Unsicherheit des Kindes, einer Relation zwischen eigenem Unvermögen und der Größe der äußeren [484] Anforderungen,[29] – jene *erhöhte Anspannung* ableiten, die unter anderem zu den neurotischen Kompensationsversuchen den Anlass gibt. Hierher gehören alle Infantilismen und Organminderwertigkeiten, Konstitutionsanomalien, Keimverschlechterungen und Störungen der inneren Drüsensekretionen usw. Es würde zu weit führen, wollte ich das psychische Bild beschreiben, das solche konstitutionell minderwertige Kinder in ihren ersten Lebensjahren bieten. Summarisch[30] lässt sich anführen, dass sie alle die Schwierigkeiten des Lebens stärker und schwerer empfinden, was durch eine unvernünftige Erziehung erheblich vermehrt werden kann, indem bald durch Strenge, bald durch Verzärtelung die Situation erschwert wird. Ein ganzes Heer von Übeln bedroht diese Kinder mit Schmer-

---

25 *Erg. 1924:* unbewusst und unmerklich
26 [Henri Bergson]
27 *Erg. 1924:* Und die Erfassung dieses Zusammenhanges gibt auch auf die Frage nach der *Auswahl des Symptoms* eine erschöpfende Erklärung.
28 [Auf Deutsch waren von Henri Bergson erschienen: Materie und Gedächtnis (1908), Zeit und Freiheit (1911), Schöpferische Entwicklung (1912).]
29 *Anm. Adlers 1930:* Unbesonnene Kritiker, denen die Individualpsychologie eine ewig verschlossene Wissenschaft zu sein scheint, folgern im eigenen Unverstand, dass das »Minderwertigkeitsgefühl« die Kenntnis des Vollwertigkeitsgefühls voraussetze. In Wirklichkeit entstammt das Minderwertigkeitsgefühl einem positiven Erleben und Erleiden.
30 *Anm. Adlers 1924:* siehe *Oswald Schwarz*, »Sexualpsychologie«, in: Internat. Zeitschr. f. Individualpsychologie, II. Jg., 3. H. Wien 1924 [Schwarz 1924].

zen, Schwächen, Kinder- und Entwicklungsfehlern, mit Hässlichkeit, Plumpheit und verminderter geistiger Entwicklung. Zu dem vermeintlichen *Gefühl der Zurückgesetztheit* gesellt sich – meist als Folge ihrer Unleidigkeit – eine wirkliche Zurücksetzung, die ihnen recht zu geben scheint, und drängt sie auf den Weg der *seelischen Kunstgriffe und Finten*. Der natürliche Wettkampf des Kindes um seine Geltung wird ins Ungeheure übertrieben, das Ziel des persönlichen Strebens wird überaus hoch angesetzt, seine Seele zeigt sich dem Pläneschmieden, den Anschlägen und Träumereien ungemein geneigt, die *starke Benützung fiktiver Anhaltspunkte drängt zum analogischen und symbolischen Denken,* und jeder Schritt des Kindes verrät seine übergroße Vorsicht und übertriebene Geltungssucht. Alle Unbefangenheit geht verloren, das Messen mit jedermann nimmt kein Ende, die Erwartungen werden aufs Höchste gespannt, und die geringfügigsten Entscheidungen gelten als Urteil über Leben und Tod. Immer sucht es nach Stützen, immer verlangt es die Unterwerfung der andern. Seine Fehler werden ihm zu Hilfen, denn die andern müssen nun eingreifen. Seine Ängste werden ihm zu Angriffswaffen, denn die andern müssen ihm beistehen. Seine Schüchternheit, seine Ungeschicklichkeit und Plumpheit werden ihm zu Vorwänden, um die andern in seinen Dienst zu stellen. Und alles wird ihm zur Ausrede, wie ihm die Krankheit zur Notwendigkeit wird, damit sein Stolz und sein Größenwahn durch den Mangel des Erreichten und durch die Dürftigkeit des Erreichbaren nicht empfindlich verletzt werden. Ich werde nicht weiter auf die Schilderung dieses ungemein packenden Seelenzustandes eingehen, von dem ich das Maßgebende bereits in meinem »Nervösen Charakter« [1912a] beschrieben habe.

Nun bliebe mir noch die Aufgabe, jene pathologischen Momente zu schildern, die es ausmachen, dass jenes Begehren aller Kinder, mehr zu sein als ihre Erzieher, sich so maßlos steigern kann. Was ich davon im Einzelnen sah, betraf alle möglichen Konstitutionsanomalien, und zwar begreiflicherweise zumeist die leichteren Formen, die lymphatische *[485]* Konstitution mit ihren Konsequenzen wie körperliche Schwäche, adenoide Vegetationen usw., ferner Formen von exsudativer Diathese mit Krankheitsbereitschaften in den Atmungs- und Verdauungsorganen wie in der Haut[31], Hypo- und Hyperfunktionen der Schilddrüsen, der Epithelkörperchen, der Keimdrüsen und der Hypophyse, betraf Rachitis, Hydrocephalus und Dysplasie der blutbereitenden Organe – alle mit einer Unzahl von Krankheitsbereitschaften, die körperliche oder geistige Minderwertigkeit bedeuten. Alle Organminderwertigkeiten ferner, die das Größenwachstum und die körperliche Schönheit beeinträchtigen, können wie die bereits genannten das Minderwertigkeitsgefühl vergrößern und so stärkere Kompensationstendenzen erzwingen. Häufig findet man Insuffizienz der Sinnesorgane, meist verbunden mit organischer Überempfindlichkeit,

---

31 *Erg. 1930:* (*Czerny*)

oder Funktionsanomalien der Exkretionsorgane mit den Kinderfehlern der Enuresis oder mit unwillkürlichem Stuhlabgang. Von großer Bedeutung ist der Mangel einer exquisit männlichen Ausbildung, der es zuwege bringt, dass alle Mädchen sowie Knaben mit mädchenhaftem Aussehen, mit Dysplasien oder Hypoplasien der Genitalorgane an verstärkten Minderwertigkeitsgefühlen leiden. Zu den gleichen Konsequenzen geben Erziehungsfehler Anlass, von denen ich einige in meiner Arbeit: »Zur Erziehung der Erzieher« (Monatshefte f. Pädagogik, H. 8, Wien 1912 [Adler 1912f]) geschildert habe.

Von den mannigfachen Kunstgriffen und Konstruktionen des großenteils unbewussten Seelenlebens, die sich hier anschließen, sind besonders zwei leicht zu verstehen und zu studieren: *Sicherungen und Umwege*. An einem einfachen Fall von *nervöser Angst* will ich diesen Mechanismus aufzudecken versuchen.

Dieser Fall betrifft eine 32-jährige Frau, die nach achtjähriger Ehe in die Hoffnung kam und nach schwieriger Geburt ein Kind zur Welt bringt. Schon zu Beginn der Schwangerschaft wurde die Patientin schlaflos und erkrankte an Angstzuständen. Dabei betonte sie immer, wie sehr sie sich nach einem Kinde sehne und wie peinlich ihr die gelegentlichen Hinweise und Bemerkungen ihrer Angehörigen wegen ihrer Kinderlosigkeit seien. Der erste Angstanfall trat ein, als ihr Mann, ein Reisender, sie wieder verlassen sollte. Seine Abreise war geradezu in Frage gestellt. Selbst des Nachts musste er öfters seinen Schlaf unterbrechen, um seine Frau zu beruhigen, die zeitweise durch unbestimmte Angstgefühle getrieben nach ihm rief. Als Erklärung für diesen Zustand ergab sich, dass [die] Patientin auf ihre körperliche Veränderung durch die Gravidität, die sie als vollkommene Verweiblichung, demgemäß als Minderwertigkeit empfand und wertete, mit der Konstruktion der Angst reagierte, die ihr ermöglichte, den Mann *stärker als bisher* in ihren Dienst zu stellen. Er musste nunmehr seine Gewohnheiten einschränken, musste auch seine Sexualwünsche fast ganz *[486]* in das Belieben seiner Frau, das heißt zurückstellen, und durfte auch gewärtig sein, dass er auf seiner bevorstehenden Reise nicht mehr wie früher sexuelle Freiheit genießen werde.

Dieser letztere Umstand verdient eine genauere Betrachtung; er kann uns nämlich durch seine Aufhellung über das Maß und die Bedeutung der »Libido« dieser Patientin belehren. Sie hatte nach langjährigem Brautstand angeblich aus Liebe geheiratet und war auch keineswegs unaufgeklärt in die Ehe getreten, wehrte sich aber nichtsdestoweniger heftig gegen den Geschlechtsverkehr und erinnert sich, wochenlang an einem nervösen Zittern gelitten zu haben, ähnlich wie es sich bei ihren gegenwärtigen Zuständen zeigte. Auch Angstgefühle hatte sie in gleicher Weise wie jetzt.

Hier kann ich einen methodologischen Irrtum der *Freud*'schen Schule berichtigen, der als eine falsche Grundanschauung in seinen Konsequenzen schwere Fehler zeitigen musste. Meine Auflösung dieser Erscheinungen sowie der weiter zutage getretenen ergab, dass [die] Patientin, seit jeher mit ihrer weiblichen Rolle unzufrieden, sich aller Wege und Umwege zu bedienen geneigt war, die ihr die Folgen dieser nie angenommenen Rolle ersparen konnten. Als sie nach achtjähriger Ehe gefühlsmäßig das Zutrauen gewann, sie werde wenigstens vor Schwangerschaft und Entbindung behütet bleiben, war es ihr möglich, einen weniger auffälligen Weg der Manngleichheit zu gehen: Sie errang die faktische Herrschaft über ihren Mann, über die Schwester und über die im Hause lebende Mutter und wehrte sich auch mit gutem Erfolg gegen den Sexualverkehr, der ihr ihre weibliche Rolle stets vor Augen führte. Ja sie kam in der *Entwertung der Sexualität* so weit, dass sie es ohne Bedauern merkte, wenn ihr Mann auf seinen Reisen die Schranken der ehelichen Treue überschritt. Von Charakterzügen, die sie zum Zweck ihrer führenden Rolle, also im Sinne ihrer Manngleichheit ausbaute, waren insbesonders zu merken: *Überhebung* über ihre Angehörigen und Verwandten, *herabsetzende Kritik* gegen dieselben und *Sparsamkeit*, der sie es verdankte, dass ihr Ansehen in der ärmlichen Familie ständig wuchs, da die Patientin es zu einigem Vermögen brachte. Entsprechend unserer Auffassung vom *»männlichen Protest«* ist es verständlich, dass sie immer *frigid* geblieben ist. Als sie nun durch die Schwangerschaft gezwungen war, weiter in die weibliche Rolle einzurücken, brauchte sie stärkere Kompensationen und fand den Griff, ihrem Manne weitere Verpflichtungen aufzuerlegen. Dies konnte sie aber nur durchsetzen *durch das Arrangement der Angst*. Folglich hatte sie Angst.[32]

Der weitere Verlauf erwies die Richtigkeit dieses Befundes. Bis zur Geburt des Kindes verschwanden im Zusammenhang mit unseren Besprechungen die Angstanfälle. Als letzte Ursache ihrer *zur Siche*[487]*rung und zum männlichen Protest drängenden Minderwertigkeitsgefühle* erwies sich kindliche körperliche Schwäche, die sich besonders im Verhältnis zu ihrer um fünf Jahre älteren Schwester, dem Liebling des Vaters, ungünstig fühlbar gemacht hatte. Ebenso schlecht wirkten starke materielle Einbußen der Familie in der Kindheit der Patientin, die es mit sich brachten, dass sie diese Verschlechterung mitempfand und mit fortdauerndem *Neid* auf ihre gut situierten Verwandten blickte. Eine Minderwertigkeit des Harnapparats ließ sich durch den Kinderfehler der *Enuresis* erschließen. Wie weit Keimdrüsenanomalien im Spiele waren, wage ich nicht zu entscheiden, doch möchte ich im gegebenen Zusammenhang auf die späte Schwangerschaft, auf die übernormale Größe der Patientin sowie auf einen frühzeitig sichtbar gewordenen Schnurrbart hinweisen.

Als ihr Kind – es war eine schwere Geburt vorhergegangen – einige Wochen alt war, erschien die Patientin wieder mit Klagen über neuerliche Angst, über Mattigkeit und Depression. Um kurz zu sein, übergehe ich den Ablauf der Aufklärungen und komme zum Endergebnis der Analyse: [Die] Patientin han-

---

32 *Erg. 1930:* Nicht infolge unterdrückter Sexuallibido, sondern infolge der Eignung für ihr Ziel.

delte jetzt *abermals im Sinne ihres männlichen Protestes*, indem sie sich durch ihre gegenwärtigen Symptome gegen ein zweites Kind zu schützen suchte. Durch ihre Angst – ich habe nie einen Unterschied zwischen Angstneurose und Angsthysterie gefunden – bekam sie den Schlüssel zur Situation in die Hand; ihres Leidens wegen konnte ihr niemand eine erneute Schwangerschaft zumuten, ihre Müdigkeit zeigte ihr und ihrer Umgebung, dass schon ein einziges Kind und seine Pflege für diese Mutter zu viel war, und ihre Depression vollends setzte dem Manne eine Fleißaufgabe: jederzeit bedacht zu sein, dass er den Willen seiner Frau nicht verletze. Mit andern Worten: Da das Ziel, ein Mann zu sein, unverrückbar feststand, geschah im Rahmen der Möglichkeit alles, was sie diesem Ziel näherbringen konnte. Und dies umso kraftvoller, je größer die Distanz zur Manngleichheit anwuchs.

Die *Freud*'sche Schule findet in allen Fällen von Neurosen und Psychosen als ausschlaggebendes Moment eine in mystisches Dunkel gehüllte angeborene sexuelle Konstitution. Es wäre ein Leichtes, in diesem Fall eine solche hineinzukonstruieren: Den männlichen sekundären Sexualcharakteren (Größe, Bart, späte Gravidität, schwieriger Partus) müsste eine männliche psychosexuelle Konstitution entsprechen. Mit einer kleinen Abänderung müsste man annehmen, um den *Freud*'schen Gedankengängen näher zu kommen: die Patientin habe eine stärkere angeborene homosexuelle Komponente. Und aus dem Material der Analyse müssten nun alle Punkte derart gruppiert werden, dass die homosexuelle Verliebtheit in die Schwester aus dem Unbewussten zutage käme.[33] *[488]*

Dies wäre bis zu einem gewissen Grade möglich. Beide Schwestern liebten sich nach anfänglicher Gegnerschaft, zwar ohne jemals an das sexuelle Gebiet zu streifen; aber bei der Dehnbarkeit der *Freud*'schen Terminologie, bei der Eignung des Begriffs der Sublimierung, *alle Beziehungen des menschlichen Lebens auf ein sexuelles Bild* zurückzuführen, könnte man der Diskussion zuliebe diesem Gedanken näher treten. Ich zweifle auch nicht, dass man es beiden Schwestern – die eine hatte ich kurz vorher geheilt aus der Behandlung entlassen – hätte plausibel machen können: sie wären in dieser Art homosexuell in einander verliebt. Leider zeigte sich bei beiden, dass sie in dieser Welt, wenn sie Objekte *ihrer Herrschsucht* finden wollten, aufeinander angewiesen waren. Und sie suchten einander lange Zeit durch Liebe und durch einseitig aus ihr abgeleitete Pflichten zu beherrschen, bis die ältere, die durch ihr Schicksal viel mehr eingeschränkt war, den Bann durchbrach und der Patientin den Gehorsam kündigte. Auf diese Änderung, die nicht ohne Zusammenhang mit der

---

33 *Anm. Adlers:* Die ursächliche, wirksame Stellung der resultierenden Minderwertigkeitserscheinungen blieben dabei dennoch in Kraft. Und nach einem überflüssigen Exkurs in das Sexualproblem müsste schließlich das Minderwertigkeitsgefühl als treibender Faktor herangezogen werden. Diese Anm. Adlers *] Ausl. 1924*

besprochenen Schwangerschaft war³⁴, einer Senkung des Machtniveaus vergleichbar, schritt unsere Patientin zur Konstruktion von Angst. Zugleich konnte sie ja diese Angst, die sie aus der Krankheit der älteren Schwester als ein Mittel des Zwanges kennengelernt hatte, gegen den Gatten verwenden. Mit andern Worten: Die Angst musste in dem Moment als stärkere Sicherung eintreten, als weder die Liebe noch Einschüchterungen imstande waren, die *Unterordnung der Schwester* zu erzwingen.

Setzen wir einmal den Fall, die Patientin wäre bis zur Ausübung der Homosexualität vorgedrungen. In dem geschilderten Zusammenhange wäre auch der sexuelle Impuls *nur als Mittel der Macht* verständlich. Wäre aber die Patientin dadurch gesund geworden? Keineswegs! Denn andere Patienten kommen gerade in diesem Stadium der Homosexualität zur Behandlung und zeigen neben diesem einen neurotischen Symptom der Inversion oder einer Perversion eine ganze Anzahl anderer Symptome.

Eine weitere hier noch mögliche Argumentation im Sinne *Freuds*, die Patientin sei an der Verdrängung der Homosexualität erkrankt, könne aber auch durch Freimachung derselben nicht gesund werden, weil sie sie nicht verträgt, ist durch und durch gekünstelt, fällt übrigens von selbst aus der Rechnung, sobald wir auf die falsche Prämisse dieser Lehre zu sprechen kommen werden.

Betrachten wir den zweiten Grundpfeiler der *Freud*'schen Neurosenätiologie, den sogenannten »Kernkomplex der Neurose«, den Inzestkomplex. *[489]*

Der Vater der beiden Mädchen stand intellektuell und an Bedeutung weit über der Mutter, die an anfallsweiser Dipsomanie litt und dabei ungeheure Quantitäten Alkohol zu sich nahm. Das Familienleben war das denkbar schlechteste, und die *nervöse Familientradition*, bei der jeder den andern zu beherrschen sucht, stand in Blüte. Kein Wunder, dass sich beide Mädchen zu dem Vater hingezogen fühlten, der die ältere verhätschelte. Kein Wunder auch, dass beide Mädchen – *und dies bildete den Kern ihrer späteren Erkrankung* – der Rolle einer Frau, einer Mutter wenig Neigung entgegenbrachten und lieber, *so weit es ging*, ihre leitende unbewusste Fiktion zu erfüllen suchten und sich in einen Mann zu verwandeln trachteten. Besser gelang dies der älteren, deren Krankheitsbild ich ausführlich in meinem Buch³⁵ geschildert habe. Unserer Patientin dagegen, die von Natur aus schwächlich, noch mit einer um fünf Jahre älteren Schwester um die Herrschaft ringen sollte, waren nur *die stärkeren Umwege* zum Ziel der Manngleichheit³⁶ offengeblieben. Also beschritt sie diese und wahrte ihren Vorteil durch List, scheinbare Nachgiebigkeit, Anlehnung *mit folgender Fesselung* ihrer Umgebung, durch ihr Streben nach Wohlstand

---

34 *Erg. 1924:* (Neid!)
35 *Anm. Adlers:* »Über den nervösen Charakter«, Bergmann, Wiesbaden 1912.
36 *Erg. 1924:* durch weitgehende Versuche, die weibliche Rolle auszuschalten

mittels übertriebenen Geizes, verriet aber Schwachen gegenüber – im Kampfe mit der gealterten Mutter oder mit Dienstmädchen – ihre herrschsüchtige Art ganz unverhüllt. Sie war auch liebenswürdig und freundlich gegen ihren Mann, bis sie seiner ganz sicher war; dann aber verdarb sie ihm gerne das Spiel und verbitterte ihm das Leben durch Nörgelei und zänkisches Wesen.

Und nun nehmen wir einmal an: diese Patientin hätte ein normales Sexualleben geführt. Hätte ihre Erkrankung jemals bei ihr eintreten können? *Diese Frage ist ganz belanglos.* Denn wie hätte sie denn[37] ein solches führen können? Sie war ja schon lange vorher neurotisch, war in die Sicherungstendenz verstrickt und wollte die symbolische Verwandlung in einen Mann durchsetzen. So musste das *Symptom der abnormalen Psychosexualität* zutage treten, die in gleicher Weise aufzufassen ist wie ihre ganze neurotische Leit- und Lebenslinie: *als*[38] *ein Teil ihres neurotischen Systems*, keine natura naturans, sondern naturata, nicht am Beginn, sondern am Wege gelegen zu ihrem fiktiven fünften Akt, zu ihrem unbewusst geschaffenen Finale, in welchem ihr männliches Persönlichkeitsideal zur Erfüllung kommen sollte.

Resümee

I. In der Kindheitsgeschichte jedes Neurotikers[39] finden sich Erinnerungs- oder Gefühlsspuren einer geringen Selbsteinschätzung, verbunden mit Hinweisen auf ein überaus hoch angesetztes Ziel; Letzteres [490] bleibt richtunggebend für alle körperlichen und geistigen Anstrengungen des Patienten, speist seine Fantasie und wirkt wie ein Zwang auf die Richtung seines Lebens und Denkens[40].

II. Die ursprünglich geringe Selbsteinschätzung des Neurotikers[41] baut sich auf körperlich vermittelten Empfindungen der Schwäche, des Leidens, der körperlichen und geistigen Unsicherheit auf und bildet einen wichtigen psychischen Durchgangspunkt für die seelische Entwicklung des Kindes, in dem deutlich zum Ausdruck kommt: die Relation, in die sich das Kind zu seiner Umgebung, zur Außenwelt gesetzt hat. Die Selbsteinschätzung ist demnach schon eine Antwort, die das Kind auf das Problem des Lebens gegeben hat. In dieser Selbsteinschätzung als einer Relation liegen alle Empfindungen der kindlichen Dürftigkeit und Unsicherheit, alle erfassbaren und erfassten Vergleichsresultate und die Richtungslinien für die Zukunft.

III. Die kindliche Unsicherheit ist das Resultat von objektiven und subjektiven Vorgängen, die sich natürlich niemals rein und ungemischt darstellen.

---

37 *Erg. 1930:* ohne rechte Fähigkeit zur Kooperation
38 *Änd. 1930:* tiefer liegend! als
39 Neurotikers] *Änd. 1924:* Nervösen
40 und Denkens] *Ausl. 1924*
41 Neurotikers] *Änd. 1924:* Nervösen

Die Wahrscheinlichkeit subjektiver Fehlerquellen (zum Beispiel Glaube an die grenzenlose Verwandlungsmöglichkeit) kann nie ausgeschaltet werden.[42] Es muss vielmehr die Unfähigkeit des Kindes, ein reales Weltbild zu erfassen, stets im Auge behalten werden.

IV. Die objektiven Tatsachen, die hier in Betracht kommen, beziehen sich
a) auf die normale kindliche Schwäche und Unsicherheit;
b) insbesondere auf deren pathologische Steigerungen, wie sie durch angeborene Minderwertigkeit der Organe zustande kommen.

V. Die subjektiven Tatsachen betreffen die Position des Kindes im Rahmen der Familie, gegenüber Vater, Mutter und Geschwistern, seine Eindrücke und Wertungen von Schwierigkeiten der Welt, der Zukunft[43]; in diesem *Messen und Vorbauen* für die Zukunft, in der *vorbereitenden Attitüde* des Kindes für sein künftiges Leben, zur Bewältigung der Außenwelt liegen immer auch die Erfahrungsspuren seiner objektiven Unsicherheit und seines Schicksals.

VI. Die Unsicherheit des Kindes, die größere des konstitutionell minderwertigen, erfordern ein Ziel und Richtungslinien, um der Sehnsucht nach Sicherheit und nach vollkommenen Leistungen zu genügen. Je geringer die Selbsteinschätzung des Kindes, umso höher stellt es sein Ziel, umso prinzipieller hält es daran fest, umso kategorischer baut es seine Richtungslinien aus und umso deutlicher treten einseitige Charaktere und ebensolche psychische Bereitschaften zutage. Umso ungewöhnlicher auch und sonderbarer, sei es in unmittelbarster Nachahmung, sei es im Gegensatz zu seiner Umgebung, sei es durch allmähliches *Hineinwachsen in eine brauchbare Attitüde* unter dem wirklichen oder vermeintlichen Druck der Umstände[44], wird *[491]* dann seine Haltung, bis diese dem neurotischen System genügt, mittels dessen sich das Kind als den Herrn der Verhältnisse fühlt[45].

VII. So kommt es, dass in diesem sich entwickelnden[46] Lebensplan die Distanz zur Umgebung, die Familientradition und bewusste sowie unbewusste Erziehungsmaximen ihre Eintragung finden. Insbesondere sind aus Letzteren der Druck einer strengen Erziehung, aber auch Verzärtelung als Ursachen hervorzuheben, die das Unsicherheitsgefühl des Kindes, zumal des disponierten, namhaft erhöhen.[47]

---

42 Die Wahrscheinlichkeit *bis* werden.] *Änd. 1924:* Die Notwendigkeit subjektiver Fehlerquellen leuchtet ein.
43 *Erg. 1924:* die in gleicher Weise unreif ausfallen wie die des Wilden und deshalb ähnliche Sicherungstendenzen zu wiederholen scheinen
44 *Erg. 1930:* sei es infolge körperlicher Symptome als Zeichen seelischer Spannung vor einem Problem
45 *Erg. 1930:* ohne seine Kooperationsfähigkeit bewähren zu müssen
46 sich entwickelnden] *Änd. 1924:* entwickelten unbewussten
47 *Erg. 1924:* Seine Anstrengungen ferner, ein Ziel zu erreichen, das einer vollendeten Möglichkeit entspringt, drängt es gleichnisweise auf sexuelle Leitlinien und lässt seine

VIII. Von den starren Systemen des neurotisch disponierten Kindes sind insbesonders jene von Unfällen bedroht, deren Endziel, sozusagen ihr fünfter Akt, in abstrakter Weise sich einer Gottähnlichkeit nähert[48]. Denn ihre Träger sind ganz besonders *auf den Schein*[49] angewiesen, und die sonderbarsten Attitüden[50] und Umwege sowie die stärksten Sicherungen, Sonderbarkeiten, Krankheitsbeweise, neurotische und psychotische Erscheinungen[51] sind nötig, um im Drange der Welt das bedrohte Persönlichkeitsideal zu schützen. Ebenso werden planmäßige Aggressionshemmungen[52] erforderlich, um gefährlichen Entscheidungen und vermuteten Niederlagen auszuweichen.

IX. Unter den Realien, die das Gefühl der Unsicherheit des Kindes am stärksten ausgestalten, stehen die konstitutionellen Erkrankungen des Kindesalters obenan. Sie wirken auf die Psyche durch ein Heer von Übeln, durch Schmerzen, Todesfurcht, Schwäche, Kleinheit, Plumpheit, verlangsamte körperliche und geistige Entwicklung, durch Hässlichkeit, Verunstaltungen, Mängel der Sinnesorgane und durch Kinderfehler. Von dieser Basis der Minderwertigkeitsgefühle aus strebt das disponierte Kind seinem überspannten Ziele zu, mit einem unaufhaltsamen Elan, der ihm zum dauernden Rhythmus seines Lebens wird. Innerhalb dieser aufgepeitschten, aber starren Rhythmen entspringen die seltenen großen Leistungen von Persönlichkeiten, deren Überkompensation gelungen ist, und die häufigen armseligen Leistungen der Neurose und Psychose.[53]

X. Das organische Substrat der Psychoneurose[54] und Psychose ist in der Minderwertigkeit des Keimplasmas und der aus ihm entspringenden konstitutionell minderwertigen Organe zu suchen. Die spezifischen Angriffe von außen erfolgen durch die Lues, durch den Alkoholismus, durch den dauernden Zwang zur Domestikation, durch Überleistungen und Massenelend. Das neurotische System wird gefördert durch die nervöse Familientradition mit ihren innerhalb der Familie waltenden nervösen Charakteren.

---

innere psychische Bewegung so erscheinen, *als ob* sich das Kind aus der Weiblichkeit zur männlichen Vollendung erheben wollte.

48 sich *bis* nähert] *Änd. 1924:* aber im unerschütterlichen Zwang des Unbewussten das Ideal einer Gottähnlichkeit festhält
49 *Erg. 1930:* und auf ein Alibi
50 *Erg. 1924:* Finten
51 *Erg. 1924:* und Ausschaltungen normaler Beziehungen
52 Ebenso *bis* Aggressionshemmungen] *Änd. 1924:* Ein weit verzweigtes Sicherungsnetz, planmäßig wirkende Aggressionshemmungen werden
53 *Erg. 1924:* Letztere beide dann, wenn Entmutigung eintritt   *Erg. 1930:* und das Gemeinschaftsgefühl mangelhaft entwickelt ist.
54 *Anm. Adlers 1930:* siehe auch die späteren Darstellungen *Kretschmers* und *A. Holub*: »Aus der neuesten Literatur der Organminderwertigkeit«. In: Internat. Zeitschr. f. Individualpsych., 7. Jg., S. 325 [Holub 1929]

19. Organdialekt (1912)

Editorische Hinweise
Erstveröffentlichung:
1914: Heilen und Bilden, S. 130–139
Neuauflagen:
1922: Heilen und Bilden, S. 99–106
1928: Heilen und Bilden, S. 122–129

Adler gibt als Entstehungsjahr für den Aufsatz 1912 an, hat ihn aber erst 1914 veröffentlicht.

Mit »Organdialekt« meint Adler die »Form des Redens«, den »Modus Dicendi« (»Dialekt«), in dem Zustände, Haltungen, Affekte in körperlichen Metaphern und Fiktionen ausgedrückt werden, um den Affekt zu verstärken. Das eigentliche Ziel, das Persönlichkeitsgefühl zu erhöhen, Überlegenheit auszudrücken, wird durch diese Sprache – die eine Fiktion darstellt – im Sinn eines »Kunstgriffs« abgelenkt, kaschiert oder anderswie gesichert. Adler hebt mit der Metapher »Organdialekt« besonders die sexuellen Bilder, den »Sexualdialekt« hervor und flicht hier mehrmals seine Kritik an Freuds Libidotheorie ein.

»Organdialekt« bezieht sich aber auch allgemeiner auf Körpersprache, körperlichen Ausdruck, körperliche Störungen. Dabei spielt die Organminderwertigkeit oder das Gefühl minderwertiger Organe für die Wahl des (Ausdrucks-)Organs eine maßgebliche Rolle. Damit liefert Adler einen weiteren Beitrag zum psychosomatischen Verständnis von Krankheiten. Ganzheitlich gedacht begreift er »Ausdrucksbewegungen« als Gleichnis des unbewussten Lebensplans. Er bezieht sich darin am Ende des Aufsatzes ausführlich auf Ludwig Klages.

Der Ausdruck »Organdialekt« kommt bei Adler an anderer Stelle kaum noch vor, nur in den 1930er Jahren (vgl. Adler 1912a; vgl. Adler 1934h; 1936m) gebraucht er gelegentlich ähnliche Begriffe, wie: Organsprache, Organjargon, sexueller Jargon oder Sexualität als Jargon und Modus Dicendi.

Änderungen von 1922 sind wenig bedeutsam.

Organdialekt

Im Jahre 1910 habe ich in einer Arbeit über Psychische Behandlung der Trigeminusneuralgie (Zeitschrift für Psychoanalyse, Heft 1 [Adler 1910f]) von einer allgemein verbreiteten menschlichen Neigung gesprochen, die seelische *Überwältigung einer Person* durch die andere, ihre Überlegenheit in einem sexuellen Bild zu erfassen oder auszudrücken. Besonders bei nervösen Personen kann die Wirkung eines solchen »inneren Schlagwortes« (*Robert Kann*) so weit gehen, dass dabei auch die Geschlechtsorgane in die entsprechende Angriffsstellung geraten. Die Sprechweise bedient sich oft solcher bildlichen Eindrücke. Beispiele scheinen mir in den Wörtern: vergewaltigen, übermannen, Jungfernrede, schicksalsschwanger und in zahllosen Schimpf- und Spottreden vorzuliegen, wie sie uns die Volkskunde liefert.

Diese Tatsachen, die es mir erlaubten, in der Kritik der *Freud*'schen Libidotheorie einen weiteren Schritt vorwärtszugehen und zu zeigen, dass auch das geschlechtliche Gebaren und Fühlen des Nervösen und Gesunden nicht in »banaler« Weise als ausschließlich geschlechtlich zu verstehen ist, geschweige denn seine übrige psychische Haltung, werden heute auch von den ehemaligen Gegnern anerkannt. Insbesondere die Arbeiten der Schweizer Psychoanalytiker tragen dieser Auffassung in weitestem Maße Rechnung.

Der psychologische Vorgang dieses Übergreifens aus einer Denk-, Gefühls- und Willenssphäre, zum Beispiel des Willens zur Macht, auf eine zweite, zum Beispiel der Sexualvorgänge, geschieht offenbar *zum Zweck einer Verstärkung des Affekts*, der auf eine Erhöhung des Persönlichkeitsgefühls hinzielt. Und eine solche Person spricht, denkt, handelt dann so, *als ob* sie einen Sexualakt letzter Linie vorhätte. Dabei ist es fraglos, dass [sich] diese Person – abgesehen vom Wahn in der Neurose und Psychose, im Traum, im Mythos und im Märchen – im Klaren ist, dass ihr Endziel nicht durch das Sinnbild, nicht durch das bildliche Element gegeben ist, sondern dass dieses nur als Modus Dicendi, als Form des Redens, als *Dialekt* angesehen werden kann, wogegen das Handeln und Denken auf die wahre Natur der Dinge gerichtet bleiben muss. Im Sinne Vaihingers[1] haben wir es demnach *[131]* mit einer echten »Als-ob«-Konstruktion, mit einer Fiktion, mit einem Kunstgriff des Geistes zu tun, und es obliegt uns noch die weitere Erörterung der Frage, was mit der Sexualisierung oder mit einem anderen Organdialekt des Denkens und Fühlens bezweckt ist. Leichtverständlicherweise ist auch unser Begriff: *Organdialekt* als eine »Als-ob«-Bildung zu nehmen, weil auch er sich auf das Fühlen und Handeln erstreckt, und nicht bloß auf die Sprache.

Die allgemeine Antwort, die ich oben gegeben habe, dass diese Kunstgriffe auf eine Erhöhung des Persönlichkeitsgefühls hinzielen, erfordert auch noch eine Beschreibung der Wege, auf denen dieses Ende zu erreichen gesucht wird. Der eine Weg verläuft in der künstlich hinzugesellten Bahn, lenkt also vom ursprünglichen Ziele ab und schafft einen Ersatz. In der »Liebkosung des Windes«, in der »seligen Hingabe« an die Kunst, in der »Vermählung« mit der Muse kann ebenso wie im »Klingen kreuzen« mit einem wissenschaftlichen Gegner etwa eine solche Ablenkung vom ursprünglichen Ziele liegen, wo wir

---

1 *Anm. Adlers: Vaihinger,* Die Philosophie des Als-ob, Berlin, Reuther & Reichard, 1911 [Vaihinger 1911]

unter Umständen annehmen dürfen, dass der geradlinige Weg zur Liebe, zum Kampf aus Gründen einer inneren Vorsicht gemieden wird (Furcht vor der Entscheidung). In anderen Fällen bringt diese »Triebversschränkung« oder auch das »Junktim« die zur Persönlichkeitserhöhung nötige Resonanz hervor, bedient sich die Person zum Zwecke des eindrucksvollen Sprechens, Denkens und Handelns der daraus fließenden fälschenden Affektbegleitung, um ihr Ziel zu sichern. So, wenn ich das Weib als Sphinx, den Mann als Angreifer denke, wo immer ein sexuelles Schicksal mit dem Gedanken einer Niederlage verbunden ist. Ein zweiter Weg ergibt sich gradliniger, sobald die Fantasie die Lockung eines gesetzten Zieles dadurch verstärkt, dass sie auf bekanntere oder besonders reizvolle Genüsse auffordernd hinweist: Rosenlippen, Mannesehre, Paradies der Kindheit usw.

Unfassbare Qualitäten werden dabei durch einfachere, fassbare erklärt, ergänzt, verstärkt und übertrieben. Bei günstiger Darstellung fehlt nie der »Naturlaut«. Was den einen besonders ergreift oder ihn selbst zum Organdialekt treibt, stammt aus seiner Vorgeschichte, wesentlich aus seinen Hauptinteressen und aus seiner körperlichen Anlage, soweit sie sich einem Endziel ausgleichend eingeordnet hat. Menschen mit empfindlichen Sehorganen werden bis in ihre Ausdrucksweise hinein eine Häufung von Begriffen des Sehens, Einsehens, der Anschauung usw. aufweisen, wie kürzlich erst *von der Pfordten* in geistreicher *[132]* Weise wieder gezeigt hat.[2] Überhaupt spielt in die Begriffswelt der Menschen der Abglanz ihrer minderwertigen, empfindlicheren Organe hinein. In den nervösen Symptomen, kommt diese Beziehung zu greifbarer Gestalt. So kann ein nervöses Asthma (minderwertiger Atmungsapparat, Czernys exsudative Diathese) eine bedrängte Lage ausdrücken helfen, in der einem »die Luft ausgeht«, eine Hartleibigkeit unter anderem Sperrung von Ausgaben, nervöser Trismus (Kieferkrampf) auf Denkumwegen, aber gehor-

---

2 *Anm Adlers:* O. v. d. *Pfordten,* Weltanschauung und Weltgestaltung (Deutsche Revue, 1912 [Pfordten 1912]) sagt in einer Polemik gegen den Begriff »Weltanschauung«: »Es ist nirgends Sicheres zu finden, wer zuerst den Terminus ›Weltanschauung‹ geprägt hat. Es heißt, *Goethe* sei es gewesen. Es würde sehr gut zu seiner ganzen Denkart passen, die durchaus auf Intuition gegründet war. Jedenfalls wimmeln seine Werke, vor allem der »Faust«, besonders der zweite Teil, von den Worten: *Schauen, Anschauen, Anschauung* ... Darin liegt eine *Einseitigkeit,* denn Worte haben ihre Sous-entendus, die an ihnen hängen: die Nebengedanken, die sie unweigerlich erwecken, möge [*Orig.:* mag] man sie definieren wie man will. – Immer hat ›Anschauung‹ einen optischen – und einen kontemplativen Charakter« (S. 241 f.). Bekannt ist die Kurzsichtigkeit *Goethes.* Auf dieser baut sich vielleicht bei allen Dichtern die visuelle Begabung auf. Siehe auch *Adler,* »Organminderwertigkeit in ihrer Beziehung zur Philosophie und Psychologie« [Adler 1908e], mit einem solchen Hinweis auf *Schiller.*

chend dem »inneren Schlagwort«, Hinhaltung von Einnahme, etwa auch von Empfängnis (Schwangerschaft).³

Die verstärkende Wirkung dieses fiktiven Denkens⁴, Sprechens und Handelns ist leicht einzusehen. Auch versteht es sich, dass Sexualgleichnisse dabei gehäuft auftreten, weil unter anderem der männliche Einschlag (männlicher Protest) im Leitideal solche Wendungen fördert.

Es ist leicht nachzuprüfen, wie sehr die Sprache und Gestaltungskraft [133] von Dichtern durch die Überkompensation ihrer minderwertigen Augen beeinflusst wird, und wie ihnen danach ihre wirksamen Probleme geraten. So weist *Goethes* Farbenlehre mit Sicherheit auf die ursprüngliche, aber mit größerer Empfindlichkeit bedachte Augenminderwertigkeit hin. Irgendwo schildert *Jules Verne* einen Journalisten und hebt von ihm hervor, dass er die Verkörperung eines Auges sei. Dies und die gesteigerten psychischen Leistungen könnten zur Not im Sinne *Freuds* als gesteigerte sinnliche Begabung, als erogene Sehzone erfasst werden. Wenn wir aber regelmäßig Anzeichen finden, wie diese begabteren Organe und ihr Überbau mit innewohnenden Minderwertigkeiten, mit Zeichen des Niedergangs, mit Erkrankungen und mit erblichen und familiären Schwächen im Bunde stehen, so dass man zur unsicheren Annahme einer stärkeren Sinnlichkeit erst recht eine Organminderwertigkeit als Erklärungsgrund fordern muss, dann bleibt wohl keine andere Wahl, als die Libidotheorie zu verwerfen und an ihre Stelle die Lehre von der Organminderwertigkeit und ihren Folgen zu setzen. So ist die spätere Erblindung von *Jules Vernes* fantastischen Augen ein Beweisstück, das hundert ungestützte Spekulationen aufwiegt.

Die Wirkung dieser allgemein verständlichen und somit leichter fühlbaren Leistungen des Organdialektes kann bei Rednern und Dichtern, in der symbolischen Ausdrucksweise, in Gleichnissen und im Vergleich am besten erwogen werden. So werden in der folgenden Stelle aus *Schillers* »*Maria Stuart*« (2.

---

3 *Anm. Adlers:* Das Übergreifen auf das veranlagte Organ ist bei Kundgabe des Schlagwortes fast regelmäßig zu finden. Die Annahme einer »Verschiebung« ist überflüssig. *Erg. 1922:* Die Ausdrucksbewegungen bei Gefühlen und Affekten zeigen uns eine beredte Stellungnahme an, die spricht.

4 *Anm. Adlers: Bleulers autistisches* (selbstisches) *Denken* [Bleuler 1912] deckt sich fast mit unserem *Hervortreten der fiktiven (erdichteten) Leitlinie.* Leider ist uns dieser hervorragende Forscher auf diesem Gebiete noch die Antwort auf die Frage nach den Ursachen dieser Anomalien schuldig geblieben. *Freud* hat mit dem Hinweis auf das Lustprinzip und seine Geltung beim Nervösen die gleiche Lücke gelassen, ohne den ganzen Kreis des »autistischen Denkens« zu erschöpfen. Erst als *richtendes Vorausdenken, verlockt von einem überspannten Endziel,* wie ich es im *psychischen Hermaphroditismus* als Forderung für die Erforschung der Neurose gesetzt hatte, wird dieser Mechanismus der Abkehr von der Wirklichkeit und seine Ursache klarer. Diese Anm. Adlers] *Ausl. 1922*

Aufzug) die Keuschheit als Festung und sinnliche Wünsche als französische Kavaliere geschildert, während Engländer die Sicherungen herstellen. Der auffallende Zug in der *Schiller'schen* Geistesrichtung, Überschätzung der Frau, wie er in der »*Jungfrau von Orléans*«, «Maria Stuart«, in zahlreichen Gedichten durchbricht, gelegentlich begleitet von starken männlichen Protestregungen (»Ich bin ein Mann«), führt auch an dieser Stelle wieder zur Eingebung, die Frau siegen zu lassen. Das Problem Mann – Frau wird in ein Junktim mit einer kriegerischen Leistung gebracht, und dies führt eine besondere, eindrucksvolle Wirkung herbei:

> Kent: ... denn, wisst,
> Es wurde vorgestellt die keusche Festung,
> Die Schönheit, wie sie vom Verlangen
> Berennt wird – Der Lord Marschall, Oberrichter,
> Der Seneschal nebst zehen andern Rittern
> Der Königin verteidigten die Festung,
> Und Frankreichs Kavaliere griffen an. *[134]*
> ... Umsonst! Die Stürme wurden abgeschlagen,
> Und das Verlangen musste sich zurückziehen.[5]

Der gesteigerte Aggressionstrieb führt demnach im Denken und Handeln und Sprechen zu solchen Ausgleichungen, die über die ursprünglich gegebene Machtsphäre (des Wortes, der Tat, des Gedankens) hinausreichen, damit ein höheres Ziel erreicht werde. Und wir haben gesehen, wie selbst im Bereich der Sprache, des Denkens dieser Weg zur Kraftsteigerung durch die Heranziehung eines aus dem Organleben stammenden Gleichnisses betreten werden kann.[6]

Es wird uns deshalb nicht wundernehmen, zu erfahren, dass die Seelentätigkeit, um zu einem wirkungsvolleren Ergebnis zu gelangen, sich außerhalb der Sprache ähnlicher Kampfesmittel bedient, einen Organdialekt spricht, der in der Mimik und Physiognomie, in den Ausdrucksbewegungen der Affekte, in den Rhythmen des Tanzes, der religiösen Verzückung, in der Pantomime, in der Kunst, vor allem ausdrucksvoll in der Musik auf die Verständigungsmittel der Sprache verzichtend, um auf uns einzuwirken. Die Gemeinsamkeit des Kulturkreises, die ähnlich tätigen und ähnlich erregbaren Aufnahmsorgane der Menschen lassen solche Wirkungen ohne weiteres zu. Und sie geben wohl nicht die Eindeutigkeit des wirkenden Wortes, eher die *stärkere Resonanz* der

---

5 [»Maria Stuart«, 2. Aufzug, 1. Auftritt]
6 *Anm. Adlers:* Über das verstärkende oder affektauslösende Arrangement in der Neurose siehe *Adler,* »Individualpsychologische Behandlung der Neurosen«. Jahreskurse für ärztliche Fortbildung. Lehmann, München, 1913. [Adler 1913a), Studienausgabe Bd. 3]

bildlichen Sprache, und verraten damit ihre Tendenz, sich als besondere Kunstgriffe durchzusetzen, wo das gesprochene Wort versagt, eine *Herrschaft und Überlegenheit* zu erringen über die Grenzen des Gewöhnlichen hinaus. So ist uns auch kraft der uns innewohnenden Stärke der Persönlichkeit ein Einfluss gegeben, indem die gewohnheitsmäßigen Äußerungsformen des Wirkens und Erregtwerdens im Verkehr der Menschen aufeinanderstoßen. Das Hervortreten solcher Kunstgriffe aber erweist allein schon die Verstärkung des Angriffs, den nun die Lenkerin jeden Fortschritts, αναγκη [Ανánke], die innere Not, zu erringen imstande ist. Die Lehre von der Organminderwertigkeit und ihren Folgen (Gefühl der Minderwertigkeit – Unsicherheit – Kompensation und Überkompensation – stärkeres Drängen nach höheren Zielen – verstärkter Wille zur Herrschaft) kann allein uns über die Bedeutung dieser Kunstgriffe belehren und uns die Halbheit begreiflich machen, zu der wir durch das verstärkte Wollen im Gegensatz zu einem gering eingeschätzten Können gelangen. Denn die *[135]* Furcht vor der Entscheidung bringt es zuwege, dass solche Menschen auf »Halb und Halb« eingestellt sind.

Diese Betrachtung zeigt uns auch den Weg des Verständnisses für die auffälligeren Erscheinungen des krankhaften Seelenlebens, und wie es sich durch körperliche Haltungen und Ausdrucksweisen, abermals durch einen Organdialekt, auf die Bahn der Kunstgriffe begibt, um die Persönlichkeit zur Geltung zu bringen. *Da tauchen schon in der Kindheit Empfindungen des minderwertigen Organs auf*, deren sich der Wille zur Macht bedient, und verbleiben bei dem ungeheilten Nervösen das ganze Leben lang. Der Verdauungsapparat, die Atmungsorgane, das Herz, die Haut, der Sexualapparat, die Bewegungsorgane, der Sinnesapparat, die Schmerzbahnen werden je nach ihrer Wertigkeit und nach ihrer Brauchbarkeit für den Ausdruck des Machtbegehrens durch die Neigung zu herrschen in Erregung versetzt und zeigen die Formen des feindseligen Angriffs, der Aggression oder des Stillstands und der Flucht, Aggressionshemmung, beides in Übereinstimmung mit der Lebenslinie des Patienten, mit seinem heimlichen Lebensplan. Um kurz auf Beispiele von Organdialekt hinzuweisen: Trotz kann durch Verweigerung normaler Funktionen, Neid und Begehren durch Schmerzen, Ehrgeiz durch Schlaflosigkeit, Herrschsucht durch Überempfindlichkeit, durch Angst und durch nervöse Organerkrankungen zum Ausdruck kommen. Sexualerregungen entstehen dabei gelegentlich als gleichgerichtete Formen der Ausdrucksbewegungen, ihre Analyse erweist sich als besondere Art und Leistung des *Aggressionstriebes*, die ursprüngliche und grundlegende Bedeutung der Sexualität aber, die die *Freud'sche* Schule immer wieder zu behaupten versucht, lässt sich nirgends in den Erscheinungen des krankhaften Seelenlebens und seiner Ausdrucksformen erweisen. Die Flucht in die Begriffserweiterung aber, wie: dass man den Begriff der »libido« (deutsch: Liebe) eine asexuelle Bedeutung zu geben trachtet oder dass man *gemäß unserer Anschauung* ein Verständnis zu schaffen sucht, um hinterdrein im Sexualdialekt eine symbolische sexuelle Formulierung anzustreben, die naturgemäß kein weiteres Verständnis ermöglichen kann, ist auf die Dauer aussichtslos und schrullenhaft.[7] Bei dem stetigen Ziele von Denkern und Forschern, mit der Wirklichkeit so innig als möglich zusammenzutreffen, kann als Prüfstein der Echtheit wohl angesehen *[136]* werden: die Fähigkeit, Irrtümer aufzugeben und haltbarere Anschauungen *offen* anzuerkennen.

Unter den Autoren, die in der Erfassung der Grundlagen und gewisser Ausführungen der hier behandelten Fragen auffällige Leistungen aufweisen, müssen wir in erster Linie *Dr. Ludwig Klages* nennen, der in den »Problemen der Graphologie« [Klages 1910b] und in den »Prinzipien der Charakterologie« (Leipzig, J. A. Barth, 1910) [Klages 1910a] besondere Ergebnisse aus seiner Lehre der Ausdrucksbewegungen mitteilt. Schon im Jahre 1905 hat dieser Forscher in einer Arbeit über »Graphologische Prinzipienlehre« zur persönlichen Ausdrucksform Gedanken entwickelt (Graphologische Monatshefte, München, 1905, Seite 7 und 8) [Klages 1904–1908], die wir wegen ihrer Bedeutung und klassischen Form mit Zustimmung des Autors hierher setzen wollen:

»*Jede innere Tätigkeit* nun, soweit nicht Gegenkräfte sie durchkreuzen, *wird begleitet von der ihr analogen Bewegung*: das ist das Grundgesetz des Ausdrucks und der Deutung.

Mit ihren allgemeinsten Zustandsmerkmalen beispielsweise müssen folgende der Bewegung korrespondieren: mit dem Streben vordringende, mit dem Widerstreben rückläufige Bewegungen; mit dem inneren Fortschreiten der Bewegungsabfluss, mit dem Stillestehen die Bewegungsunterbrechung; mit den Widerstands-, Hemmungs- und Spannungsgefühlen diejenigen Funktionen, die als gegen *physische Widerstände* gerichtet befähigt wären, gesteigerte Kontaktempfindungen wachzurufen. (Man denke etwa an das Sich-Ballen der Fäuste!)

Von zahllosen subtil unterschiedenen Zuständen lässt sie (die Sprache) uns wissen, welches ihre Art des Daseins *wäre*, wofern sie sich verwandeln könnten in Körper, Formen, Farben, Vorgänge, Temperaturen oder Gerüche. Sie sagt uns, dass, falls es anginge, innere ›Weichheit‹ zum Beispiel als ein Weiches, ›Schwermut‹ als ein Schweres, ›Trübsinn‹ als ein Trübes, ›Kälte‹ als ein Kaltes, ›Bitterkeit‹ als ein Bitteres in die Erscheinung träte[8], und sie wählt diese For-

---

7   Anm. Adlers: Siehe *Hinrichsen,* »Unser Verstehen der seelischen Zusammenhänge in der Neurose und Freuds und Adlers Theorien«, Zentralblatt für Psychoanalyse, Bergmann, Wiesbaden, 1913 [Hinrichsen 1913].

8   Anm. Adlers: So gewiss wir zwar für jeden der betreffenden Zustände mancherlei andere, obwohl schwerlich prägnantere Sinnbilder angeben könnten, so gewiss doch hat die Sprache die ihrigen aus einer objektiven Nötigung des Geistes gewählt: daher auch der gleiche Zustand in den verschiedensten Sprachen an ähnlichen Bildern ver-

men ihrer möglichen Erscheinungsweisen, um die Zustände für uns festzuhalten.*[137]*

Für die Psychologie von größter Wichtigkeit, aber ungleich schwieriger verwertbar als die abstrakten Metaphern sind zumal die unter ihnen, welche innere Vorgänge nach *bestimmten Verrichtungen und Organen des Körpers* benennen. Das geschieht etwa, indem man durch die Attribution ›beißend‹ die Ironie mit den Zähnen und ihrer Tätigkeit oder durch den Zusatz ›verknöchert‹ pedantisches Wesen speziell mit den Knochen in Verbindung bringt oder ersichtlich zwar nicht den ›Sitz‹, wohl aber das Organ der Beredsamkeit substituiert in der Kennzeichnung des Redegewandten als eines, der ›nicht auf den Mund gefallen‹. Unter derartigen Wendungen wieder die größte Bedeutung hat die uralte Scheidung von ›Kopf‹ und ›Herz‹, deren dieses in zahlreichen Kombinationen mit staunenerregender Konsequenz für Gefühl und Pathos, jener ebenso ausnahmslos für Intellekt und Willen steht, womit übereinstimmend ›*Kopflosigkeit*‹ die Abwesenheit der Einsicht, ›*Herzlosigkeit*‹ hingegen die Abwesenheit des Gemütes bedeutet.[9] Neben gewissen Körperempfindungen (worüber sogleich Genaueres) haben zu solchen Organunterschiebungen auch noch beigetragen symbolische Vorstellungen mannigfachster Art[10], die als aufs engste mit philosophischen und religiösen Lehren verflochten in *[138]* die Vergangenheit der Geistesgeschichte und selbst auf die Beson-

---

sinnlicht wird. Die »Schwermut« etwa kehrt im lateinischen »gravitas mentis«, der damit fast identische »Trübsinn« im französischen »sombre« (von umbra) wieder. Und wenn auch andere Völker andere Sinnesqualitäten bevorzugen, so gibt es doch keines, das mit dem Kummer etwa die Helle, Höhe, und Bewegtheit, mit der Freude die Finsternis, Niedrigkeit und Bewegungslosigkeit in Verbindung brächte.

9 *Anm. Adlers:* Zum Belege führen wir aus der großen Anzahl einschlägiger Wörter und Wendungen folgende an: Herzenskälte, Herzenswärme, Herzlichkeit, hartherzig, weichherzig, mildherzig, herzlos, gutherzig, herzzerreißend, offenherzig, Mutterherz (*Gefühl*). – Herzensangst, Herzfreude, Engherzigkeit, Männerherz, Weiberherz, Hasenherz, hochherzig, kleinherzig, leichtherzig, mattherzig, herzhaft, beherzt (*Pathos*). – Ein schweres Herz haben, das Herz auf dem rechten Fleck haben, sich etwas zu Herzen nehmen, etwas nicht übers Herz bringen können, jemandem sein Herz ausschütten, es geht einem etwas zu Herzen, jemandem ins Herz sehen, jemanden im Herzen tragen, gebrochenes Herz, sein Herz verlieren (*Gefühl*). – Scharfer Kopf, klarer Kopf, offener Kopf, kopflos, etwas im Kopf haben, etwas im Kopf behalten, sich den Kopf zerbrechen, Dummkopf, Kindskopf (*Intellekt*). – Querkopf, starrköpfig, hartköpfig, seinen eigenen Kopf haben, Dickkopf, sich etwas in den Kopf setzen, seinen Kopf durchsetzen, mit dem Kopf durch die Wand wollen; kalter Kopf, den Kopf oben behalten, den Kopf verlieren, kopfscheu werden; Brausekopf, hitzköpfig (Eigensinn – Selbstbeherrschung – Reizbarkeit: *Wille*).

10 *Anm. Adlers:* So bildet der Kopf zu Geist und Willen schon darum eine Analogie, weil er als den Körper überragend ihn so zu beherrschen scheint wie jene beiden die Seele.

derheiten altertümlicher Bräuche zurückweisen können. Das jetzt für Übelreden gebrauchte ›Anschwärzen‹ zum Beispiel gibt von einer nicht mehr vorhandenen Sitte des gegenseitigen Schwarzmachens bei gewissen Gelegenheiten Kunde; ›linkisch‹ hieß ursprünglich nur linkshändig und verblasste zum Synonym für ›unbeholfen‹ erst mit zunehmender Verpönung der Linkshändigkeit; die ›Einbildungskraft‹ führt uns den fast vergessenen Bildzauber vor Augen, indem sie früher einmal wörtlich die Kraft bedeutete, etwas ›einzubilden‹, das heißt durch Willenskonzentration und magische Beihilfen ein, sei es heilsames, sei es schädliches ›Bild‹ (zum Beispiel die Vorstellung einer Krankheit) auf eine andere Person zu übertragen. Man sieht, die konkreten Metaphern bergen an physiognomischen Winken zwar manchen Schatz; aber es bedarf, ihn zu heben, oft entlegener Studien und um nichts weniger nahe liegender Erwägungen. Die drei zuletzt genannten Beispiele leiten zu einer dritten Gruppe von Bezeichnungen über, die wieder unmittelbar belehrend ist: zu den unbildlich gemeinten, den direkten Namen.

Wenn ältere Mediziner mit der Wendung, beim Erschrecken ›erstarre das Blut in den Adern‹ oder werde ›zu Eis‹, die Ansicht stützen, dass es tatsächlich koaguliere, so ist das zwar eine Naivität. Allein schon das für verwandte Gefühle gebrauchte ›Schauern‹ oder ›Gruseln‹ nennt zweifellos Körperempfindungen, welche von der Blutleere der Haut herrühren. Das Volksmärchen lässt durchaus folgerichtig, die Wirkung gräulicher Spukgesichte auf den, der ›auszog, das Fürchten zu lernen‹, übertroffen werden von einem Guss kalten Wassers, in welchem Gründlinge schwimmen. Auch die ›Finsterkeit des Gemüts‹ und, was ihr gemäß, ›alles in den schwärzesten Farben zu sehen‹, hat noch andere als nur metaphorische Gründe. Es wird dem tatsächlich wohl einmal ›dunkel vor den Augen‹, und längere Depressionen können unserem Weltbild dauernd die Farbe rauben, indem sie machen, dass wir Helles nimmer hell, Dunkles noch dunkler nicht zwar sehen, aber zu sehen meinen. Unfraglich vollends nehmen auf Wahrgenommenes Bezug viele Wendungen, die vom Herzen handeln. Aussagen wie: etwas ›schneide ins Herz‹ oder ›nage am Herzen‹ oder das ›ziehe das Herz zusammen‹ sind zu besonders, als dass sie nur gleichnishaft verstanden sein wollen. Dasselbe gilt von den betreffenden Redensarten wie: es sei uns ›beklommen‹ oder ›schwül‹ zumute, oder wir hätten ein Gefühl der ›Erleichterung‹. Die volkstümliche Terminologie ist überaus reich an solchen Beobachtungsnieder[139]schlägen, an deren einigen wir endlich abermals das Grundgesetz des Ausdrucks illustrieren.

Von der Redewendung, dass ihm jemand ›geneigt‹ sei, pflegt wohl niemand mehr den Ursinn mitzudenken, den das Wort uns bewahrt hat: die vorgeneigte Körperhaltung nämlich des freundlich Gestimmten. Auch die zwar ist nur teilweise Ausdruck, teilweise Geste, wovon wir für unseren Zweck jedoch absehen. Der Charakter der Positivität in der Tätigkeit des bezeichneten Gefühls müsste nach dem Gesetz jedenfalls zu adduktiven oder vordringenden Bewegungen führen, was außer ›geneigt‹ auch ›zugeneigt‹, ›entgegenkommend‹, zuvorkommend‹, ›verbindlich‹ bestätigen. Mit dem *Wider*streben der umgekehrten Stimmung andererseits sollten rückläufige Funktionen korrespondieren, und in der Tat lassen Wörter wie ›abgeneigt‹, ›zurückhaltend‹, ›ablehnend‹ keinen Zweifel übrig, dass es sich wirklich so verhalte. – Schließlich sei noch des Zustands der Trauer, des Kummers, des Grams gedacht. Dem inneren Druck entspricht hier laut Namenszeugnis des Körpers: der Bekümmerte fühlt sich ›niedergeschlagen‹, er ist sorgen*beladen*‹, der Kummer ›lastet‹ auf ihm; und so sehr gibt davon seine Haltung Kunde, dass sein zuschauender Nebenmensch diese Gemütsverfassung ›kopfhängerisch‹ taufte.«

In Fortsetzung dieser Gedanken gelangt der Autor zu dem Ergebnis: »*Die Ausdrucksbewegung ist ein generelles Gleichnis der Handlung.*« Es waren in vielen Punkten ähnliche Betrachtungen, die mich später zu dem Schlusse führten: *Ausdrucksbewegung, Handlung, Affekt, Physiognomie und alle anderen seelischen Phänomene, die krankhaften mit inbegriffen, sind ein Gleichnis des unbewusst gesetzten und wirkenden Lebensplanes*[11].

---

11 *Anm. Adlers:* Diese Arbeit war bereits gesetzt als Hofrat *S. Exner* über *Affektäußerungen als Ausdrucksbewegungen* vorgetragen hat.

20. Zur Theorie der Halluzination (1912)

Editorische Hinweise
Erstveröffentlichung:
1920: Praxis und Theorie der Individualpsychologie, S. 36–40
Neuauflagen:
1924: Praxis und Theorie der Individualpsychologie, S. 36–41
1927: Praxis und Theorie der Individualpsychologie, S. 36–41
1930: Praxis und Theorie der Individualpsychologie, S. 35–39

Der Beitrag wurde auf 1912 datiert, aber 1920 erstmalig veröffentlicht.
Auf diese spätere Zeit verweisen vor allem der Rückgriff auf die Termini »Gemeinschaft« und »Gemeinschaftsgefühl«, aber auch die Rede vom »Schöpferischen« und die Darlegung des Falls eines Kriegsneurotikers (mit Rentenbegehren).
Am Beispiel der Halluzination stellt Adler seine Position vom schöpferischen Akt in der Wahrnehmung und im Fühlen, von der Zielgerichtetheit aller seelischen Bewegungen dar. Dabei sei das Ziel nur individuell, vom Ganzen der Persönlichkeit her zu verstehen. Die Individualpsychologie frage nach Wohin und Warum, nach Vorgeschichte, Gegenwart und Zukunft (was Adler im »Nervösen Charakter« [Adler 1912a)] »vergleichende Individualpsychologie« nennt). Halluzination zum Beispiel ist für ihn ein schöpferischer, zielgerichteter Akt, der der Logik des gesellschaftlichen Lebens widerspreche. Dies erläutert er anhand von drei Fallvignetten.
Die wenigen Änderungen stammen mit einer Ausnahme von 1924.

Zur Theorie der Halluzination

Die[1] Realien der Hirn- und Nervenerregungen, in deren Bereich man gewöhnlich die Empfindungen, Wahrnehmungen, zuweilen auch die Erinnerungen, Reflexe und motorischen Impulse annimmt, führen nicht über die Hypothese von Schwingungen und Wellenbewegungen der Nervensubstanz und von chemischen Veränderungen derselben hinaus. Mehr aber als plausible, ewig unerweisbare Zusammenhänge hier zu suchen ist ein logischer Fehlschluss, der nur der Vulgärpsychologie erlaubt ist. Der Aufbau eines Seelenle-

---

1 Die] Änd. 1924: Unter den tausendfachen Arrangements der Neurose, die durch das Endziel einer fiktiven Überlegenheit erzwungen werden, denen eine Verstärkung der halluzinatorischen Fähigkeit der Seele zugrunde liegt, treten neurotisch-zweckdienlich gelegentlich auch Halluzinationen auf. Die Betrachtung der

bens aus mechanischen, elektrischen, chemischen oder analogen Erregungen ist derart unfassbar, dass wir viel lieber zu der andern Hilfshypothese greifen, anzunehmen, dass im Begriff und Wesen des »*Lebens*« bereits ein Seelenorgan mitgedacht werden muss, das nicht subordiniert, sondern koordiniert, aus kleinen Anfängen erwachsend auf jene Erregungen antwortend seine endgültige Form bezieht.

Wo immer wir dieses seelische Organ betrachten, immer finden wir es in Reaktion begriffen auf innere und äußere Eindrücke[2], immer bereitet es das Tun und Handeln des Individuums vor. Aber es ist nicht Wille allein, sondern zugleich[3] planvolle Einordnung der Erregung, bewusstes und unbewusstes Verständnis derselben und seiner Zusammenhänge mit der Welt, Voraussicht und Lenkung des Willens in eine für das Individuum charakteristische Richtung. Immer in Bewegung läuft seine Linie stets in der Richtung einer Verbesserung, Ergänzung, Erhöhung, so als ob alles Empfinden der persönlichen Lage Anlass zu einer leichteren oder schweren Empfindung der Unruhe und Unsicherheit wäre. Die stets wachen Bedürfnisse und Triebe hemmen den Schlaf des seelischen Organs. Und in jeder seiner von uns festgehaltenen Erscheinungsform können wir die Unruhe als Vorgeschichte, die Gegenwart als Reaktion und die Zukunft als fiktives Ziel der Erlösung wahrnehmen. Dabei wirkt die Aufmerksamkeit durchaus nicht als unvoreingenommene Bereitschaft, die etwa unbefangene Erinnerungen mit tendenzlos erlittenen Eindrücken zu einem objektiven Ergebnis summiert. Dem individualpsychologisch nicht geschulten Untersucher und Beobachter verschwinden selbst die gröberen Unterschiede, und des ausschlaggebenden individuellen Untertons wird er niemals bewusst. Ihm ist beispielsweise Angst gleich Angst. Es ist aber für die Menschenkenntnis viel bedeutsamer, ob einer Angst hat, um davonzulaufen oder um einen zweiten als Hilfskraft in seinen Dienst zu stellen. Prüfe ich seine Erinnerungsfähigkeit oder Gedächtnisstärke, seine Aufnahmsfähigkeit oder Schlagfertigkeit, so weiß ich noch immer nicht, wo er hinauswill.[4] Deshalb ist die experimentelle Psychologie allein nicht imstande, uns über Begabung oder Wert eines Menschen zu belehren, weil wir von ihr nie erfahren können, ob einer sein seelisches Vermögen zum Guten oder zum Schlechten gebrauchen wird, ganz abgesehen davon, dass viele für eine Prüfung begabt sein *[37]* können, ohne es fürs Leben zu sein. Ebenso wird der Erfolg der Prü-

---

2 in Reaktion *bis* Eindrücke] *Änd. 1930:* auf innere und äußere Eindrücke in Aktion, nicht bloß in Reaktion begriffen
3 ist *bis* zugleich] *Änd. 1924:* erschöpft sich nicht als Wille allein, sondern ist
4 *Erg. 1924:* Die Hauptfrage der Individualpsychologie bei jedem seelischen Phänomen lautet: *Was ist die Folge davon?* Ihre Beantwortung erst gibt uns Aufschluss über den zu erwartenden Vorgang und ermöglicht ein Verständnis des Individuums.

fung davon abhängen, in welcher Gemeinschaftsbeziehung Prüfer und Geprüfter, Prüfling und das Gebiet der Prüfung stehen.

Bei jeder Vorstellung oder Wahrnehmung handelt es sich um komplizierte Leistungen, bei denen die jeweilige seelische Situation eine große Rolle spielt und die Aufmerksamkeit[5] hervorragend beeinflusst. Schon die einfache Wahrnehmung ist nicht objektiver Eindruck oder nur Erlebnis, sondern eine schöpferische Leistung von Vor- und Hintergedanken, bei der die ganze Persönlichkeit in Schwingung ist. Wahrnehmung und Vorstellung sind aber nicht prinzipiell verschiedene Akte. Sie verhalten sich wie Anfang und vorläufiges Ende eines Vorgangs zueinander. In die Vorstellung fließt alles ein, was wir im gegebenen Moment von ihr brauchen und erhoffen, um uns unserem individuellen Ziele zu nähern. Auch der Grad der Lust und Unlust, den wir dabei verspüren, ist gerade so groß, dass er die Erreichung des vorschwebenden Zieles fördert, ja dass er sogar dazu anspornt. Dass es sich bei der Vorstellung um einen schöpferischen Akt handelt, geht daraus hervor, dass man sich Gegenstände und Personen von einer Seite vorstellen kann, ebenso wie bei der Erinnerung, die man bei unmittelbarer Wahrnehmung nie hätte sehen können. So, wenn man in der Erinnerung sich selbst im Bilde sieht. Dieser schöpferische Akt einer angeborenen seelischen Fähigkeit, die sich entfaltet hat und durchaus mit der Außenwelt Fühlung besitzt, liegt auch der halluzinatorischen Fähigkeit zugrunde. Es ist die gleiche psychische Kraft, die in der Wahrnehmung, Vorstellung, Erinnerung und Halluzination eine schöpferisch aufbauende Tätigkeit gestattet, wenn auch in verschiedenem Maße.

Diese im Allgemeinen als halluzinatorische Komponente der Seele zu benennende Qualität ist sicherlich in der Kindheit leichter wahrzunehmen. Ihr Widerspruch gegen die Logik, diese Funktion und Bedingung des gemeinschaftlichen Lebens, zwingt uns zu einer weitgehenden Drosselung, ja Ausschaltung der reinen Halluzination. Die in ihr wirkende seelische Kraft bleibt im Rahmen der gesellschaftlich geltenden Funktionen der bis zu einem hohen Grad beweisbaren Wahrnehmung, Vorstellung und Erinnerung vorbehalten. Nur wo sich das Ich aus der Gemeinschaft heraushebt und sich der Isolierung nähert, im Traum, wo es die Überwältigung der andern sucht, in der tödlichen Unsicherheit des Verschmachtens in der Wüste, die aus der Qual des langsamen Vergehens eine tröstende Fata Morgana aus sich entbindet, in der Neurose und Psychose, den Zustandsbildern isolierter, für ihr Prestige kämpfender Menschen, weichen die Klammern, und mit ekstatischer Glut taumelt die Seele in die Bahn des Gemeinschaftslosen, des Irrealen, baut sich eine zweite Welt, in der die Halluzination Geltung hat, weil die Logik nicht so viel gilt. Meist ist noch so viel Gemeinschaftsgefühl in Kraft, dass die Halluzination als unwirklich empfunden wird. So meist im Traume und in der Neurose.

---

5 *Erg. 1924:* in ihrer Stärke und Richtung

Einer meiner Patienten, der durch tabische Sehnervenatrophie das Augenlicht verloren hatte, litt unausgesetzt an Halluzinationen, die ihn, wie er sagte, aufs Äußerste quälten. Die landläufige Annahme, als ob die mit dem Leiden zusammenhängenden Reizzustände im Optikus zu Erregungen führten, die eine Umdeutung und Rationalisierung erfahren, geht unserer Frage aus dem Wege. Erregungen in der Sehsphäre seien ohne Weiteres zugegeben. Ihre eigenartige Umdeutung in bestimmte In[38]halte, deren Gemeinsames immer wieder als Qual für den Patienten zum Vorschein kommt, zwingt uns zur Annahme einer gleichmäßig wirkenden Tendenz, die sich jener Erregungen bemächtigt, sich ihrer als Material bedient. Auf diesem Wege kommt man zu Erklärungen psychologischer Natur. Die bisherige Forschung ging der Frage nach: Was sind Halluzinationen?, und endete in einer nichtssagenden Tautologie: Erregungen in der Sehsphäre. Wir setzen wie bei allen Grundtatsachen des Lebens und der Natur, wie etwa bei der objektiven Tatsache des Lebens, der Assimilation, der Elektrizität, eine gewisse Unnennbarkeit und Unerkennbarkeit ihrer Wesen voraus und sehen in der Halluzination eine der Logik und dem Wahrheitsgehalt des gesellschaftlichen Lebens widersprechende Äußerung der seelischen Fähigkeit, wie sie andeutungsweise in der Vorstellung und in der Erinnerung zu finden ist, deren Wesenheit unserem Verständnis auch bis zu einem gewissen Grade verschlossen ist. So lehrt uns diese Betrachtung, dass sich der Halluzinant aus dem Bereiche des Gemeinschaftsgefühls entfernt hat und mit Umgehung der Logik, unter Drosselung des Wahrheitsgefühls einem anderen als dem uns gewohnteren Ziele nachstrebt.

Dieses Ziel ist aus der Halluzination nicht ohne Weiteres zu erschließen. Sie ist wie jedes aus dem Zusammenhang gerissene seelische Phänomen vieldeutig.[6] Der wahre Sinn der Halluzination, ihre Bedeutung, ihr Wohin und ihr Warum – dies sind die Fragen unserer Individualpsychologie – ist nur aus dem Ganzen des Individuums, aus seiner Persönlichkeit zu verstehen. Als deren Ausdruck in einer besonderen Position gilt uns auch die Halluzination.

In unserem Falle war also die Sehfähigkeit erloschen, die halluzinatorische Fähigkeit aber gesteigert. Ununterbrochen klagte der Patient über »Wahrnehmungen«, die uns nicht durchwegs als quälend erscheinen könnten. So, wenn er Farben sah oder Bäume oder die Sonne, die ihm ins Zimmer nachfolgte. Wir müssen nun hervorheben, dass der Kranke zeit seines Lebens ein Quälgeist war und das ganze Haus tyrannisierte, und wir konnten aus seinem ganzen Vorleben den Eindruck gewinnen, einen Menschen vor uns zu haben, der seine Größe darin gefunden hatte, stets tonangebend zu sein und den Kreis seiner Familie unausgesetzt mit sich zu beschäftigen. Seit seine Erblindung eingetre-

---

6 *Anm. Adlers:* Manche Deutungskünstler wie die Sexualpsychologen haften ganz oberflächlich an der Zweideutigkeit des Phänomens und reden dabei von Tiefenpsychologie.

ten war, gelang ihm dies nicht mehr auf dem Wege der normalen Geschäftsbetätigung und seiner Oberaufsicht im Hause, wohl aber durch den fortwährenden Hinweis auf seine quälenden Halluzinationen. Er hatte das Mittel gewechselt. Da auch sein Schlaf vielfach unterbrochen war, tat der Impuls seiner Herrschsucht sein Übriges auch des Nachts. Aus »den Erregungen seiner Sehsphäre« baute er eine weitere Halluzination auf, die ihm Gelegenheit gab, seine Frau gänzlich an sich zu binden. Er sah, wie Zigeuner seine Frau raubten und sie misshandelten. In einer Anwandlung von Grausamkeit, wohl auch von Rachsucht ob des Verlustes seines Augenlichtes weckte er die Frau unaufhörlich aus dem Schlaf, um sich von der Unrichtigkeit seiner Halluzination zu überzeugen, auch um zu verhindern, dass man die gequälte Frau aus seiner Nähe brächte.

So wie dieser Patient durch eine intensive Präokkupation und durch Ausbildung seiner halluzinatorischen Fähigkeit, nachdem ihm alle Macht [39] entrissen schien, wieder in seinem Herrschaftsgelüste obenauf kam, sah ich eine ganze Anzahl von Halluzinanten, die in ähnlicher Tendenz zu ihrem Leiden gekommen waren. Ein schöner Fall mit lehrreicher Struktur aus einer späteren Zeit war folgender: Ein Mann aus guter Familie mit ausreichender Vorbildung, aber eitel, ehrgeizig und lebensfeig, hatte in seinem Berufe Schiffbruch erlitten. Zu kraftlos, um selbsttätig das hereinbrechende Schicksal zu wenden oder zu ertragen, wandte er sich dem Alkohol zu. Mehrere Delirien mit Halluzinationen brachten ihn ins Krankenhaus und erlösten ihn von der Erfüllung seiner Lebensaufgabe. Eine solche Wendung zum Alkoholismus ist häufig und versteht sich – ebenso wie Faulheit, Verbrechen, Neurose, Psychose und Selbstmord – als die Ausreißerei haltloser Ehrgeizlinge vor der erwarteten Niederlage und als Revolte gegen die Forderungen der Gemeinschaft. Als er das Krankenhaus verließ, war er vom Alkoholismus endgültig befreit und wurde abstinent. Seine Vorgeschichte aber war ruchbar geworden, seine Familie hatte sich von ihm zurückgezogen, und so blieb ihm nichts anderes übrig, als sich durch schlecht entlohnte Erdarbeiten seinen Lebensunterhalt zu verdienen. Kurze Zeit nachher stellten sich Halluzinationen ein und störten ihn bei seiner Arbeit. Er sah fast ununterbrochen einen Mann, den er nicht kannte, der ihm durch höhnisches Grinsen die Arbeit verleidete. An die Wirklichkeit der Gestalt mochte er nicht glauben. Übrigens kannte er aus der Zeit seines Alkoholismus die Bedeutung und das Wesen von Halluzinationen. Eines Tages warf er, um sich seines Zweifels zu entledigen, ein Beil nach der Gestalt. Sie wich geschickt aus, versetzte aber hernach dem Patienten eine tüchtige Tracht Prügel.

Diese merkwürdige Reaktion legt natürlich den Gedanken nahe, dass unser Patient imstande war, gelegentlich auch einen wirklichen Menschen für seine Halluzination zu nehmen, ähnlich wie es in *Dostojewskis* »Doppelgänger« [Dostojewskij 1846/1920] an einzelnen Stellen angedeutet wird.

Ein Zweites lehrt uns dieser Fall. Es genügt nicht immer, jemanden zur Abstinenz zu bringen. Man muss auch einen andern Menschen aus ihm machen. Anderenfalls wird er in eine andere Art von Ausreißerei verfallen, als welche uns in diesem Falle die Halluzination und ihre störenden Folgen entgegentreten. Ferner verbietet, wie im ersten Fall, die Position des Kranken, sich aus dem Kreis der Familie entfernen zu lassen – weil die Prestigepolitik dabei leiden würde –, so zwingt die Furcht vor dem Eingeständnis einer Niederlage im Leben – also die gleiche Prestigepolitik –, im zweiten Falle zur Krankheitserklärung und zum Aufsuchen des Krankenhauses. Denn nur so ist dieser Fall zu verstehen, dass die Halluzination genau so wie vorher der Alkoholismus einen Trost und Vorwand abgeben mussten für das Entschwinden ehrgeiziger, eigensüchtiger Hoffnungen. Erst wenn er aus seiner Isolierung der Gemeinschaft wiedergegeben werden könnte, wäre dieser Fall zu retten.

Zugleich sehen wir, wie der Alkoholismus mit seiner Fähigkeit, Halluzinationen zu produzieren, Material und Eignung für die spätere Entwicklung zum Halluzinanten bot. Ohne alkoholisches Vorstadium hätte eine andere Präokkupation, eine andere Neurose einsetzen müssen.

Der dritte Fall stammt aus der Zeit nach dem Kriege und betrifft einen Mann, der nach den gewöhnlichen, unmenschlich grausamen Kriegserlebnissen an Erscheinungen von fugue, von großer Reizbarkeit und Angstzuständen mit Halluzinationen erkrankte. Derzeit stand er in [40] ärztlicher Untersuchung wegen einer Invalidenrente, zu der er sich wegen namhaft geminderter Erwerbsfähigkeit voll berechtigt glaubte. Er berichtete, dass er häufig, besonders wenn er allein ging, hinter sich eine Gestalt auftauchen sah, die ihm ungeheure Angst einjagte. Alle diese Erscheinungen zusammengenommen – und eine auffallende Zerstreutheit – hätten es ihm unmöglich gemacht, so gute Arbeit zu leisten wie zuvor.

Der Klage über verminderte Erwerbsfähigkeit, über Verlust von ehemals erworbenen Fähigkeiten nach dem Kriege begegnet man bei Kriegsteilnehmern außerordentlich häufig. Es kann nicht bezweifelt werden, dass viele von ihnen tatsächlich viel von ihrer Leistungsfähigkeit durch die langjährige Entwöhnung eingebüßt haben. Immerhin ließe sich manches davon wieder einholen. Man sieht aber bei vielen von ihnen jene Bewegungen nicht, die darauf hinzielten, sich die früheren Fertigkeiten wieder zu erobern. Und man kann genug Fälle beobachten, die so sehr alle Hoffnung aufgegeben haben, dass es bereits der Logik widerspricht. Ihre Vorgeschichte entlarvt sie als alte nervöse Charaktere, die immer schon vor Entscheidungen zurückgebebt sind, und nun, neuerlich vor eine Prüfung gestellt, wie in alten Zeiten in *neurotisches Lampenfieber* verfallen. Eine Steigerung erfährt ihre »zögernde Attitüde« noch, weil sie die Rentenentschädigung lockt, weil sie mit Inbrunst ein Privileg suchen, das sie weiterer Kraftleistungen und Erprobungen überhebt. Wie eine Zärtlichkeit und Liebkosung suchen sie die Rente, zuweilen wie die Bestätigung ihres Rechts und des Unrechts der andern. Der Geldwert kommt nur scheinbar in Betracht, sofern er die Höhe ihres Leidens kennzeichnet. Die Höhe der nervösen Erscheinungen muss deshalb bis zu jenem Punkte gedeihen, an dem die Leistungsfähigkeit des Patienten sichtlich geschädigt erscheint.

Vor Simulationsverdacht schützt sie die Vorgeschichte. Oft diese allein. Unser Patient stand immer isoliert. Er hatte keine Freunde und keine Liebesbeziehungen, lebte zurückgezogen bei seiner Mutter und hatte selbst die Beziehungen zu seinem einzigen Bruder völlig abgebrochen. Erst der Krieg brachte ihn wieder in eine Gemeinschaft, ohne dass diese ihn für sich hätte gewinnen können. Als eines Tages in seiner Nähe eine Granate platzte, stellten sich Angsterscheinungen ein und die obige, die Angst interpretierende Halluzination. Seine Erkrankung ermöglichte es ihm, sich aus der ihm unliebsamen Gemeinschaft wieder zurückzuziehen. Seine Stellung zur Gesellschaft war noch feindlicher geworden. Diese heimlich revoltierende Haltung musste sich im Berufe geltend machen, der im tiefsten Sinne die Bejahung der gesellschaftlichen Mitarbeit bedeutet. Dem Mitspielen mehr als früher abgewandt, mochte er wohl selbst die dadurch geminderte Leistungsfähigkeit empfinden. Seine Zerstreutheit spricht dafür, dass er nicht recht bei der Sache war. Die Gesellschaft aber, deren Feind er immer war, sollte ihm ihren letzten Angriff büßen. Sie sollte ihm in Gestalt der Rente wie einem Sieger ihren Tribut zahlen. Als er von der Front zurückwollte, entwertete er die Logik und kam so zur rettenden Halluzination. Sie blieb ihm auch nach dem Kriege, bis er die Rente als siegreiches Symbol errungen hatte.

Auch in diesem Falle wäre eine Heilung nur durch eine bessere Einfügung in die Gemeinschaft zu erwarten. Ein Verschwinden des Symptoms, wie es auch ohne Behandlung in spannungsloseren Situationen vorzukommen pflegt, wäre nur ein Scheinerfolg.

Literatur

Adler, A. (1905a): Das sexuelle Problem in der Erziehung. In: Neue Gesellschaft 8: 360–362. In diesem Band S. 35–40

Adler, A. (1905b): Drei Psycho-Analysen von Zahleneinfällen und obsedierenden Zahlen. In: Psychiatrisch neurologische Wochenschrift 7: 263–266. In diesem Band S. 41–47

Adler, A. (1907a): Studie über Minderwertigkeit von Organen. Wien

Adler, A. (1907a/1977b): Studie über Minderwertigkeit von Organen. Mit einer Einführung von W. Metzger. 4. Aufl., Frankfurt a. M.

Adler, A. (1907c): Zur Ätiologie, Diagnostik und Therapie der Nephrolithiasis. In: Wiener klinische Wochenschrift 20: 1534–1539

Adler, A. (1908b): Der Aggressionstrieb im Leben und in der Neurose. In: Fortschritte der Medizin 26: 577–584. In diesem Band S. 65–76

Adler, A. (1908d): Das Zärtlichkeitsbedürfnis des Kindes. In: Monatshefte für Pädagogik und Schulpolitik 1: 7–9. In diesem Band S. 78–81

Adler, A. (1908e): Die Theorie der Organminderwertigkeit und ihre Bedeutung für Philosophie und Psychologie. In: Universität Wien: Philosophische Gesellschaft, Wissenschaftliche Beilage 21: 11–26. In diesem Band S. 52–63

Adler, A. (1908f): Zwei Träume einer Prostituierten. In: Zeitschrift für Sexualwissenschaft 1: 103–106. In diesem Band S. 48–50

Adler, A. (1909a): Über neurotische Disposition: Zugleich ein Beitrag zur Ätiologie und zur Frage der Neurosenwahl. In: Jahrbuch für psychoanalytische und psychopathologische Forschungen 1: 526–545. In diesem Band S. 83–102

Adler, A. (1909b): Myelodysplasie oder Organminderwertigkeit? In: Wiener medizinische Wochenschrift 45: 2631–2636

Adler, A. (1909d/1977d): Zur Psychologie des Marxismus. In: H. Nunberg u. E. Federn (Hg.), Die Protokolle der Wiener Psychoanalytischen Vereinigung. Band 2 (1908–1910). Frankfurt a. M., S. 155–156. Adler, A. (1910b): Über den Selbstmord, insbesondere den Schülerselbstmord. In: Diskussionen der Wiener psychoanalytischen Vereinigung. Bd. 1. Wiesbaden, S. 44–50. In diesem Band S. 115–121

Adler, A. (1910c): Der psychische Hermaphroditismus im Leben und in der Neurose. In: Fortschritte der Medizin 28: 486–493. In diesem Band S. 104–113

Adler, A. (1910d): Trotz und Gehorsam. In: Monatshefte für Pädagogik und Schulpolitik 2: 321–328. In diesem Band S. 122–131

Adler, A. (1910f): Die psychische Behandlung der Trigeminusneuralgie. In: Zentralblatt für Psychoanalyse 1: 10–29. In diesem Band S. 133–153

Adler, A. (1910h): Ein erlogener Traum: Beitrag zum Mechanismus der Lüge in der Neurose. In: Zentralblatt für Psychoanalyse 1: 103–108. In diesem Band S. 154–160

Adler, A. (1910m): [Rezension] C. G. Jung: Über Konflikte der kindlichen Seele. Jahrbuch für psychoanalytische und psychopathologische Forschungen 2 (1910). In: Zentralblatt für Psychoanalyse 1: 122–123

Adler, A. (1911d): Beitrag zur Lehre vom Widerstand. In: Zentralblatt für Psychoanalyse 1: 214–219. In diesem Band S. 214–222

Adler, A. (1912a): Über den nervösen Charakter: Grundzüge einer vergleichenden Individual-Psychologie und Psychotherapie. Wiesbaden. Siehe Studienausgabe Bd. 2

Adler, A. (1912a/1997): Über den nervösen Charakter: Grundzüge einer vergleichenden Individualpsychologie und Psychotherapie: Kommentierte textkritische Ausgabe. Hg. v. K. H. Witte, A. Bruder-Bezzel u. R. Kühn. Göttingen

Adler, A. (1912c/1914a): Organdialekt. In: A. Adler u. C. Furtmüller (Hg.), Heilen und Bilden. Ärztlich-pädagogische Arbeiten des Vereins für Individualpsychologie. München, S. 130–139. In diesem Band S. 250–259

Adler, A. (1912e/1920a): Zur Theorie der Halluzinationen. In: Praxis und Theorie der Individualpsychologie. Vorträge zur Einführung in die Psychotherapie für Ärzte, Psychologen und Lehrer. München, S. 36–40. In diesem Band S. 260–266

Adler, A. (1912f): Zur Erziehung der Eltern. In: Monatshefte für Pädagogik und Schulpolitik 4: 225–235. In diesem Band S. 223–236

Adler, A. (1913a): Individualpsychologische Behandlung der Neurosen. In: D. Sarason (Hg.), Jahreskurse für ärztliche Fortbildung. Bd. 1. München, S. 39–51. Siehe Studienausgabe Bd. 3

Adler, A. (1913d): Individualpsychologische Ergebnisse bezüglich Schlafstörungen. In: Fortschritte der Medizin 31: 925–933. Siehe Studienausgabe Bd. 3

Adler, A. (1913g): Neuropsychologische Bemerkungen zu Alfred Bergers »Hofrat Eysenhardt«. In: Zeitschrift für Psychotherapie und medizinische Psychologie 5: 77–89. Siehe Studienausgabe Bd. 7

Adler, A. (1914a/1973c): Heilen und Bilden: Ein Buch der Erziehungskunst für Ärzte und Pädagogen. Hg. v. A. Adler u. C. Furtmüller. Neu hg. v. W. Metzger, [Neudr. der 3. Aufl v. 1928]. Frankfurt a. M.

Adler, A. (1914k/1920a): Das Problem der ›Distanz‹: Über einen Grundcharakter der Neurose und Psychose. In: Praxis und Theorie der Individualpsychologie. Vorträge zur Einführung in die Psychotherapie für Ärzte, Psychologen und Lehrer. München, S. 70–76. Siehe Studienausgabe Bd. 3

Adler, A. (1917b): Das Problem der Homosexualität. München. Siehe Studienausgabe Bd. 7

Adler, A. (1918a/1920a): Über die Homosexualität. In: Praxis und Theorie der Individualpsychologie. Vorträge zur Einführung in die Psychotherapie für Ärzte, Psychologen und Lehrer. München, S. 127–135

Adler, A. (1918a/1974a): Über die Homosexualität. In: Praxis und Theorie der Individualpsychologie: Vorträge zur Einführung in die Psychotherapie für Ärzte, Psychologen und Lehrer. Neu hg. v. W. Metzger [Neudr. d. 4. Aufl. v. 1930]. Frankfurt a. M., S. 188–202

Adler, A. (1918d/1920a): Über individualpsychologische Erziehung. In: Praxis und Theorie der Individualpsychologie. Vorträge zur Einführung in die Psychotherapie für Ärzte, Psychologen und Lehrer. München, S. 221–227

Adler, A. (1920a): Praxis und Theorie der Individualpsychologie: Vorträge zur Einführung in die Psychotherapie für Ärzte, Psychologen und Lehrer. München

Adler, A. (1920a/1927s): Praxis und Theorie der Individualpsychologie: Vorträge zur Einführung in die Psychotherapie für Ärzte, Psychologen und Lehrer. 3. Aufl., München

Adler, A. (1920a/1974a): Praxis und Theorie der Individualpsychologie: Vorträge zur Einführung in die Psychotherapie für Ärzte, Psychologen und Lehrer. Neu hg. v. W. Metzger [Neudr. d. 4. Aufl v. 1930]. Frankfurt a. M.

Adler, A. (1923c): Fortschritte der Individualpsychologie. In: Internationale Zeitschrift für Individualpsychologie 2: 1–7, 10–12. Siehe Studienausgabe Bd. 3

Adler, A. (1927a/1966): Menschenkenntnis. Mit einer Einleitung von Oliver Brachfeld [Neudruck der 2. Aufl. v. 1928]. Frankfurt a. M. Siehe Studienausgabe Bd. 5

Adler, A. (1928l): Besuch bei Dr. Alfred Adler: Interview mit Artur Ernst. In: Neues Wiener Tagesblatt, 1. Juli, S. 5–6

Adler, A. (1934h): Körperliche Auswirkungen seelischer Störungen. In: Internationale Zeitschrift für Individualpsychologie 12: 65–71. Siehe Studienausgabe Bd. 3

Adler, A. (1936m): Weiteres zur Zwangsneurose. In: Internationale Zeitschrift für Individualpsychologie 14: 193–196

Ansbacher, H. L. u. Ansbacher, R. R. (1972b): Alfred Adlers Individualpsychologie: Eine systematische Darstellung seiner Lehre in Auszügen aus seinen Schriften. Mit einer Einführung und Anhang von Ernst Bornemann. München u. Basel

Asnaourow (1913): Sadismus und Masochismus in Kultur und Erziehung. München

Avenarius, R. (1876): Philosophie als Denken der Welt gemäß dem Prinzip des kleinsten Kraftmaßes. Prolegomena zu einer Kritik der reinen Erfahrung. Leipzig

Baer, A. A. (1901): Der Selbstmord im kindlichen Lebensalter. Eine social-hygienische Studie. Leipzig

Bartel, J. (1908): Über die hypoplastische Konstitution und ihre Bedeutung. In: Wiener Klinische Wochenschrift 21: 783–790

Birstein, J. (1913): Ein Beitrag zur Neurosenpsychologie. In: Zentralblatt für Psychoanalyse 3: 316–320

Bleuler, E. (1906): Affektivität, Suggestibilität und Paranoia. Halle

Bleuler, E. (1911/1988): Dementia praecox oder Gruppe der Schizophrenien. Leipzig u. Wien

Bleuler, E. (1912): Das autistische Denken. In: Jahrbuch für psychoanalytische und psychopathologische Forschungen 4: 1–39

Böhringer, H. (1985): Kompensation und common sense. Zur Lebensphilosophie Alfred Adlers. Königstein

Bruder-Bezzel, A. (1983): Alfred Adler. Die Entstehungsgeschichte einer Theorie im historischen Milieu Wiens. Göttingen

Bruder-Bezzel, A. (2004a): Adlers Aggressionstrieb und der Beginn psychoanalytischer Triebkritik. In: Bruder-Bezzel, A.; Bruder, K.-J., Kreativität und Determination, Göttingen, S. 11–52

Bruder-Bezzel, A. (2004b): Nietzsche, Freud und Adler. In: Bruder-Bezzel, A. ; Bruder, K.-J., Kreativität und Determination, Göttingen, S. 122–169

Bruder-Bezzel, A. (2005): Die Einheit von bewusst und unbewusst in der Theorie von Alfred Adler. In:Buchholz, M; Gödde, G. (Hg.), Macht und Dynamik des Unbewussten, Bd. I, Gießen S. 361–382

Claparède, E. (1908): Quelques mots sur la definition de l'hystérie. In: Archives de Psychologie 7: 169

Czerny, A. (1908/1942): Der Arzt als Erzieher des Kindes. 9. Aufl., Wien

Dessoir, M. (1894): Zur Psychologie der Vita Sexualis In: Allgemeine Zeitschrift für Psychiatrie 50: 941–975

Die Kinderfehler (1896–1899): Bd. 1–4. Danach: Zeitschrift für Kinderforschung. Organ der Gesellschaft für Heilpädagogik. Langensalza

Dollard, J.; Doob, L.; Miller, N.; Mowrer, O.; Sears, R. (1939): Frustration und Aggression. Weinheim 1971

Dönniges, H. v. (1909): Von Anderen und mir. Erinnerungen aller Art [Helene von Racowitza]. Berlin

Dostojewskij, F. (1920): Der Doppelgänger. Ein Petersburger Poem. Sämtliche Werke. Abt. 2, Bd. 14. München

Eder, F.X. (1993): »Die Theorie ist sehr delikat ...« Zur Sexualisierung der »Wiener Moderne«. In: Nautz, J; Vahrenkamp, R. (Hg.), Die Wiener Jahrhundertwende. Köln/Graz, S. 159–178

Fließ, W. (1906): Der Ablauf des Lebens. Grundlegung zur exakten Biologie. Leipzig u. Wien

Freschl, R. (1913): Das »Lustprinzip« bei Nietzsche. In: Zentralblatt für Psychoanalyse 3: 516–518

Freschl, R. (1914): Von Janet zur Individualpsychologie In: Zentralblatt für Psychoanalyse 4: 152–164

Freud, A. (1980): Das Ich und die Abwehrmechanismen. Die Schriften der Anna Freud. Bd. 1. München

Freud, S. (1900): Traumdeutung. G. W. Bd. 2/3. Frankfurt a. M.

Freud, S. (1904): Psychopathologie des Alltagslebens. G. W. Bd. 4. Frankfurt a. M.

Freud, S. (1905): Drei Abhandlungen zur Sexualtheorie. In: G. W. Bd. 5. Frankfurt a. M., S. 27–145

Freud, S. (1907): Zur sexuellen Aufklärung der Kinder. In: G. W. Bd. 7. Frankfurt a. M., S. 18–27

Freud, S. (1908a): Charakter und Analerotik. In: G. W. Bd. 7. Frankfurt a. M., S. 203–209

Freud, S. (1908b): Über infantile Sexualtheorien. In: G. W. Bd. 7. Frankfurt a. M., S. 171–188

Freud, S. (1909): Analyse der Phobie eines fünfjährigen Knaben. In: G. W. Bd. 7. Frankfurt a. M., S. 243–377

Freud, S. (1910a): Eine Kindheitserinnerung des Leonardo da Vinci. In: G. W. Bd. 8. Frankfurt a. M., S. 127–211

Freud, S. (1910b): Zur Einleitung der Selbstmord-Diskussion. In: G. W. Bd. 8. Frankfurt a. M., S. 62–63

Freud, S. (1910c): Beiträge zur Psychologie des Liebeslebens. In: G. W. Bd. 8. Frankfurt a. M., S. 65–91

Freud, S. (1914): Zur Geschichte der psychoanalytischen Bewegung. In: G. W. Bd. 10. Frankfurt a. M., S. 43–113

Freud, S. (1915): Triebe und Triebschicksale. In: G. W. Bd. 10. Frankfurt a. M., S. 210–232

Freud (1920g): Jenseits des Lustprinzips. In: G. W. Bd. 13. Frankfurt a. M., S. 2–69

Friedjung, J. K. (1911): Die Pathologie des einzigen Kindes. In: Wiener medizinische Wochenschrift 61: 376–381

Furtmüller, C. (1912): Psychoanalyse und Ethik. In: Furtmüller, L. (Hg.), Carl Fürtmüller: Denken und Handeln. München/Basel, 1983, S. 53–73

Gast, L. (1992): Libido und Narzissmus. Vom Verlust des Sexuellen im psychoanalytischen Diskurs. Eine Spurensicherung. Tübingen

Groos, K. (1904): Das Seelenleben des Kindes. Berlin

Handlbauer, B. (1990): Die Adler-Freud-Kontroverse. Frankfurt a. M.

Hauptmann, G. (1909): Griselda. Lustspiel. Berlin

Hermann (1908): »Gefühlsbetonte Komplexe« im Seelenleben des Kindes, im Alltagsleben und im Wahnsinn. In: Zeitschrift für Kinderforschung, mit besonderer Berücksichtigung der pädagogischen Pathologie (Die Kinderfehler) 13: 129–143

Herzer, M. (1992): Magnus Hirschfeld. Leben und Werk eines jüdischen, schwulen und sozialistischen Sexologen. Frankfurt a. M.

Hinrichsen, O. (1913): Unser Verstehen der seelischen Zusammenhänge in der Neurose und Freuds und Adlers Theorien. In: Zentralblatt für Psychoanalyse 3: 369–393

Hitschmann, E. (1911): Freuds Neurosenlehre. Leipzig u. Wien

Holub, A. (1929): Aus der neuesten Literatur der Organminderwertigkeit. In: Internationale Zeitschrift für Individualpsychologie 7: 325–328

Jean Paul (1809/1920): Des Feldpredigers Schmelzle Reise nach Flätz. München

Jung, C. G. (1909/1969): Die Bedeutung des Vaters für das Schicksal des Einzelnen. In: G. W. Bd. 4. Zürich u. Stuttgart, S. 345–370

Jung, C. G. (1910/1972): Über Konflikte der kindlichen Seele. In: G. W. Bd. 17. Zürich u. Stuttgart, S. 13–47

Jung, C. G. (1913a/1960): Zur Frage der psychologischen Typen. In: G. W. Bd. 6. Zürich u. Stuttgart, S. 541–551

Jung, C. G. (1913b/1969): Versuch einer Darstellung der psychoanalytischen Theorie. In: G. W. Bd. 4. Zürich u. Stuttgart, S. 109–255

Kant, I. (1798/1975): Anthropologie in pragmatischer Hinsicht. In: W. Weischede (Hg.), Werke in zehn Bänden. Bd. 10. Darmstadt, S. 395–690 [= Kant-Studienausgabe, Bd. 6, S. 395–836]

Kaus, O. (1913): Die Onanie. (Rezension) In: Zentralblatt für Psychoanalyse 3: 243–249; 366 f.

Klages, L. (1904–1908): Graphologische Prinzipienlehre. In: Graphologische Monatshefte

Klages, L. (1910a): Prinzipien der Charakterologie. Leipzig

Klages, L. (1910b): Probleme der Graphologie. Leipzig

Kotzebue, A. (1906): Menschenhass und Reue. Drama. Berlin

Kretschmer, E. (1921): Körperbau und Charakter. Untersuchungen zum Konstitutionsproblem und zur Lehre von den Temperamenten. Berlin

Leitner, M. (2001): Ein gut gehütetes Geheimnis. Die Geschichte der psychoanalytischen Behandlungs-Technik von den Anfängen in Wien bis zur Gründung der Berliner Poliklinik im Jahr 1920. Gießen

Lichtenberg, G. C. (1983): Schriften und Briefe. Hg. v. Franz H. Mautner. Bd. 1. Sudelbücher, Fragmente, Fabeln, Verse. Frankfurt a. M.

Mentzos. St. (1993): Der Krieg und seine psychosozialen Funktionen. Frankfurt a. M.

Moebius, P. (1900): Über den physiologischen Schwachsinn des Weibes. Halle

Müllner, A. (1816): Schuld. Trauerspiel. Leipzig

Müllner, A. (1828/2002): Der Kaliber. Aus den Papieren eines Kriminalbeamten. Novelle. Waging a. See

Mutschmann, H. (1920): Milton und das Licht. Halle

Observator [Pseudonym] (1922): Über die Nervosität im deutschen Charakter. Entwurf zu einer Analyse der deutschen Volksseele von der Reichsgründung bis zum Zusammenbruch. Leipzig

Pestalozzi, J. H. (1781/1993): Lienhard und Gertrud. Ein Buch für das Volk. Bad Heilbrunn

Pfister, O. (1909a): Psychoanalytische Seelsorge und experimentelle Moralpädagogik. In: Protestantische Monatshefte 13: 6–42

Pfister, O. (1909b): Wahnvorstellung und Schülerselbstmord. In: Schweizer Blätter für Schulgesundheitspflege 7: 8–15

Pfister, O. (1913): Die psychoanalytische Methode. Leipzig u. Berlin

Pfordten, O. v. d. (1912): Weltanschauung und Weltgestaltung. In: Deutsche Revue 37 (April): 240–248

Preyer, W. (1882): Die Seele des Kindes. Leipzig

Protokolle I (1976): Protokolle der Wiener Psychoanalytischen Vereinigung. Hg. v. H. Nunberg u. E. Federn. Bd. 1. 1906–1908. Frankfurt a. M.

Protokolle II (1977): Protokolle der Wiener Psychoanalytischen Vereinigung. Hg. v. H. Nunberg u. E. Federn. Bd. 2. 1909–1910. Frankfurt a. M.

Protokolle III (1979): Protokolle der Wiener Psychoanalytischen Vereinigung. Hg. v. H. Nunberg u. E. Federn. Bd. 3. 1910–1911. Frankfurt a. M.

Rank, O. (1912): Der Sinn der Griselda-Fabel. In: Imago 1: 4–48

Reich, J. (1908): Kunst und Auge. In: Österreichische Rundschau. Deutsche Kultur und Politik 15 (Mai): 388 f.

Sadger, I. (1911): Haut-, Schleimhaut- und Muskelerotik. In: Jahrbuch für psychoanalytische und psychopathologische Forschungen 3: 535–556

Schiller, F. (1782/1973): Kastraten und Männer. In: K. Mommsen (Hg.), Anthologie auf das Jahr 1782 [Faksimile]. Stuttgart

Schrecker, P. (1913) Zur Psychologie des Stotterns. In: Zentralblatt für Psychoanalyse 3: 236 f.

Schröder, C. (1995): Der Fachstreit um das Seelenheil. Psychotherapiegeschichte zwischen 1880 und 1932. Frankfurt a. M.

Schwarz, O. (1924): Sexualpsychopathologie. Bemerkungen zu der gleichnamigen Monographie von A. Kronfeld. In: Internationale Zeitschrift für Individualpsychologie (3): 50–53

Stendhal (Henri Beyle) (1835/1923): Das Leben des Henri Brulard. Nachlaß 1893. In: Bekenntnisse eines Ichmenschen. G. W. Bd. 7. Berlin

Swoboda, H. (1910): Schülerselbstmorde. In: Österreichische Rundschau. Deutsche Kultur und Politik, Jg. 22

Vaihinger, H. (1911): Die Philosophie des Als-Ob. System der theoretischen, praktischen und religiösen Fiktionen der Menschheit auf Grund eines idealistischen Positivismus. Mit einem Anhang über Kant und Nietzsche. Berlin

Vischer, F. T. (1879): Auch Einer. Eine Reisebekanntschaft. Berlin

Watson, J. B. (1930/1968): Behaviorismus. Köln u. Berlin

Weininger, O. (1903/1980): Geschlecht und Charakter. München

Weltrich, R. (1907): Schillers Ahnen. Eine familiengeschichtliche Untersuchung. Weimar

Witt, A. (1911): Sexuelle Eindrücke beim Kinde. In: Zentralblatt für Psychoanalyse 1: 165 f.

Wulffen, E. (1910): Der Sexualverbrecher. Berlin

Personenverzeichnis

Abraham, Karl (1877–1925), Dr. med., Psychoanalytiker, Berlin 71, 114
Ansbacher, Heinz, L. (1905–2006), Prof. f. Psychologie, Individualpsychologe 20, 268
Anton, Gabriel (1858–1933), Neuropsychiater 51
Aristoteles (384/3–322/1), altgriech. Philosoph 73
Aron (Bruder von Moses) 62
Asnaourow, Felix russ. Pädagoge 90, 110, 268
Augustinus, Aurelius (354–430), Kirchenlehrer 74
Avenarius, Richard (1843–1896), Philosoph 197, 268
Baer, Abraham Adolf (1834–1908), Dr. med. 114, 268
Balint, Michael (1896–1970), Dr. med., Psychoanalytiker 14, 16
Bartel, Julius (1874–1925), Pathologischer Anatom 118, 268
Beethoven, Ludwig van (1770–1827), Komponist 63
Berger, Alfred, Freiherr v. (1853–1912), Dr. phil, Dr. jur., Dramaturg, Theaterdirektor 179
Bergson, Henri (1859–1941), französ. Philosoph 237, 241
Bergson, Henri (1859–1941) Philosoph 241
Birstein, I. B. russ. Psychiater, Odessa 169
Bleuler, Eugen (1857–1939), Prof. f. Psychiatrie 82, 87, 134, 164, 188, 204, 214, 253, 268
Boccaccio, Giovanni di (1313–1375), italien. Dichter 165
Botticelli, Sandro (1445–1510), italien. Maler 184
Braun, Heinrich (1854–1927), Sozialdemokrat (Revisionismus), Berlin, Wien 35
Braun, Lily (1865–1916), Sozialdemokratin, Frauenrechtlerin 35
Breuer, Josef (1842–1925), Dr. med., Wien 9, 83, 84, 122, 138

Bruder-Bezzel, Almuth 14, 17, 18, 22, 51, 267, 268, 269
Böhringer, Hannes 51, 268
Charcot, Jean-Marie (1825–1893), französ. Prof. f. Psychiatrie 138
Cicero, Marcus Tullius (106–43 v. u. Z.), röm. Anwalt, Redner, Politiker, Philosoph 43
Claparède, Edouard (1873–1940), Prof. f. Psychologie 197, 269
Czerny, Adalbert (1863–1941), Prof. f. Pädiatrie 25, 163, 242, 269
Da Centa, Guercino (eigentlich: Giovan Francesco Barbieri) (1591–1666), italien. Maler 62
Darwin, Charles (1809–1882), Naturforscher 14, 18, 51
De la Francesca, Piero (1411/15–1492), italien. Maler 62
Demosthenes (348–322 v.Chr.), griech. Politiker 62, 119
Demoulins, Camille (1760–1794), französ. Revolutionär 57, 62
Dessoir, Max (1867–1947), Prof. f. Philosophie, Sexologe 104, 235, 269
Dostojewski, Fjodor M. (1821–1881), russ. Dichter 95, 264
Dreikurs, Rudolf (1897–1972), Dr. med., Individualpsychologe 20
Dönniges, Helene v. (Racowitza, v.) (1846–1911), Geliebte von Ferdinand Lassalle (der im Duell um sie 1864 gestorben ist.) 199, 269
Eder, Franz 14, 269
Ellis, Havelock (1859–1939), Psychiater, Sexologe 162
Exner, Sigmund v. (1846–1926), Prof. Physiologie 259
Fairbairn, William Ronald Dodds (1889–1964), Dr. med., Psychoanalytiker 16
Federn, Paul (1871–1950), Dr. med., Psychoanalytiker 103, 271
Fließ Wilhelm (1858–1928), Dr. med., Berlin 9, 92, 104, 105, 269

Franz, Robert (1815–1892), Musiker 63, 270
Freschl, Robert, Individualpsychologe 19, 269
Freud, Anna (1895–1982), Tochter Freuds, Kinderpsychoanalytikerin 64, 269
Freud, Sigmund (1856–1939) 9, 10, 11, 12, 13, 14, 16, 17, 18, 19, 20, 21, 22, 25, 26, 27, 28, 35, 36, 41, 42, 48, 51, 60, 64, 65, 68, 71, 78, 82, 83, 84, 85, 88, 89, 90, 103, 104, 114, 122, 123, 132, 134, 147, 154, 158, 161, 163, 170, 175, 176, 177, 178, 181, 188, 190, 200, 210, 213, 214, 219, 220, 237, 253, 269, 270
Friedjung, Josef Karl (1871–1946), Pädiater, Psychoanalytiker 56, 114, 185, 270
Furtmüller, Aline (1883–1941), Dr. phil. Individualpsychologin 131
Furtmüller, Carl (1880–1951), Dr. phil., Gymnasialprofessor, Stadtschulrat, Individualpsychologe 114, 115
Ganghofer, Ludwig (1855–1920), bayer. Volksdichter 177, 219
Gast, Lilli 10
Goethe, Johann Wolfgang (1749–1832) 187, 215, 231, 252
Grün, Heinrich (1868–1924), Dr. med., Wien, praktischer Arzt, sozialdemokratischer Standes- und Kommunalpolitiker 25
Groos, Karl (1861–1946), Prof. f. Philosophie und Psychologie 28, 270
Grosz, Siegfried (1869–1922), Prof. f. Dermatologie 70
Habermann, v. 55
Halban, Josef v. (1870–1937), Prof. f. Gynäkologie 104
Handlbauer, Bernhard 9, 270
Hansemann, Paul v. (1858–1920), Neuropathologe 57
Hauptmann, Gerhard (1862–1946), Dichter 165, 270
Hegel, Georg Wilhelm Friedrich (1770–1831), Philosoph 60
Heine, Heinrich (1797/99–1856), Dichter 219
Hellwig, Albert (1880–1950), Dr. jur., Kriminologe 159, 160
Henschen 148
Herbart, Johann Friedrich (1776–1841), Prof. f. Pädagogik 192

Hermann 114, 123, 270
Herzer, Manfred 48, 270
Hinrichsen, Otto (1870–1941), Dr. med. Psychiater, Zürich 256, 270
Hirschfeld, Magnus (1868–1935), Dr. med., Sexologe, Berlin 48, 104, 270
Hitschmann, Eduard (1871–1957), Dr. med., Psychoanalytiker, Wien 164, 270
Holub, Arthur (1876–1941), Dr. med., Wien, Individualpsychologe 249, 270
Ibsen, Henrik (1828–1906), norweg. Dramatiker 178
Jean Paul (1763–1825), Romanschriftsteller 135, 270
Jung, Carl Gustav (1875–1961), Psychiater, Zürich 11, 68, 82, 106, 123, 132, 164, 267, 270
Künkel, Fritz (1889–1956), Dr. med., Nervenarzt, Berlin, Individualpsychologe 115
Kahane, Max (1866–1923), Dr. med., Psychoanalytiker, Wien 9
Kann, Robert 163, 251
Kant, Immanuel (1724–1804), Philosoph 155, 182, 270, 271
Kaus, Otto, Publizist, Kommunist, Individualpsychologe, Wien, Berlin 270
Klages, Ludwig (1872–1956), Psychologe, Graphologe 210, 237, 241, 250, 256, 270
Kohut, Heinz (1913–1981), Dr. med., Psychoanalytiker 16
Kotzebue, August Friedrich v. (1761–1819), Jurist, Staatsrat, Dramatiker, politischer Publizist 42, 270
Krafft-Ebing, Richard v. (1840–1902), Prof. f. Psychiatrie, Wien 104, 105
Kramer, Josef, Individualpsychologe 131
Kretschmer, Ernst (1888–1964), Prof. f. Psychiatrie 56, 70, 105, 134, 270
Kries, v. 130
Lamarck, Jean-Baptiste (1744–1829), Naturforscher 18, 51
Lamprecht, Karl (1856–1915), Historiker 82, 87, 225
Leitner, Marina 11, 17, 270
Lenbach, Franz v. (1836–1904), Maler 62
Lessing, Gotthold, Ephraim (1729–1781), Dichter 73

Lichtenberg, Georg Christoph (1742–1799), Naturforscher, Aufklärer 72, 73, 270
Lombroso, Cesare (1836–1909), italien. Prof. f. Psychiatrie 51, 61, 197
Müllner, Adolph (1774–1829), Jurist, Schauspieler, Literaturkritiker, Schriftsteller 43, 271
Manet, Edouard (1832–1863), französ. Maler 62
Marx, Karl (1818–1883) 14, 18
Mateyko (Matejko), Jan (1838–1893) poln. Maler 62
Mentzos, Stavros 14, 271
Milton, John (1608–1674), engl. Dichter 62, 271
Molitor = Karl Furtmüller 114, 115
Moll, Albert (1862–1939), Prof. f. Neurologie, Sexologe 104, 185
Moses 62
Mutschmann, Heinrich (1885–1955), Prof. f. engl. Philologie 62, 271
Napoleon 59, 74
Nestroy, Johann (1801–1862), Wiener Volkstheaterdichter 140
Nietzsche, Friedrich (1844–1900), Philosoph 14, 15, 18, 119, 170, 269, 271
Observator 70, 271
Oppenheim, David Ernst (1881–1943), Altphilologe, Gymnasialprofessor, Wien, Individualpsychologe 114, 115, 131
Pawlow, Iwan P. (1849–1936), russ. Prof. f. Physiologie 66
Pestalozzi, Johann Heinrich (1746–1827), Pädagoge 222, 271
Pfister, Oskar (1873–1956), Theologe, Psychoanalytiker 68, 123, 271
Pfordten, Otto Freiherr v.der (1861–1918), Chemiker 252, 271
Pikler, Julius 146
Preyer, Wilhelm (1841–1897), Prof. f. Psychologie 28, 271
Rank, Otto (1884–1939), Dr. phil., Psychoanalytiker, Wien 62, 165, 271
Reich, Julius, Wien 62, 119, 162, 271
Reitler, Rudolf (1865–1917), Dr. med., Psychoanalytiker 114
Reitler, Rudolf (1865–1917), Dr. med., Psychoanalytiker 9

Roux, Wilhelm (1850–1924), Anatom, Biologe 51
Sadger, Isidor Isaak (1867–1942), Dr. med., Psychoanalytiker 104, 114, 162, 271
Schiller, Friedrich (1759–1805) 62, 107, 193, 216, 252, 271
Schopenhauer, Arthur (1788–1860), Philosoph 119
Schrecker, Paul, Individualpsychologe 271
Schröder, Christina 25, 271
Schumann, Klara (1819–1896), Musikerin/Pianistin 63
Schwarz, Oswald (1883–1949), Dr. med. Urologe, Individualpsychologe 241, 271
Shakespeare, William (1564–1616), engl. Dichter 43
Simonides (556–468 v. Chr.), griech. Dichter 216
Smetana, Friedrich (1824–1884), tschech. Komponist 63
Steinthal, Hajm (1823–1899), Völkerpsychologe 197
Stekel, Wilhelm (1868–1940), Dr. med., Psychoanalytiker 9, 19, 114, 132
Stendhal (Henri Beyle) (1783–1842), französ. Schriftsteller 177, 219, 271
Stern, William (1871–1938), Prof. f. Psychologie 152, 201
Strümpell, Adolf (1853–1915), Dr. med., Internist und Neurologe 138
Swoboda, Hermann (1873–1963), Philosoph, Psychologe, Biologe, Wien 104, 114, 271
Tandler, Julius (1869–1936), Prof. f. Anatomie, Wien 70
Tolstoi, Leo Nikolajewitsch Graf (1828–1910), russ. Dichter 74
Traube, Ludwig (1818–1876), Prof. f. innere Medizin 51
Unus multorum = David Ernst Oppenheim, 114
Vaihinger, Hans (1852–1933), Prof. f. Philosophie 17, 18, 197, 210, 237, 251, 271
Vasari, Giorgio (1511–1574), italien. Kunsthistoriograph 62
Verne, Jules (1828–1905), französ. Schriftsteller 253

Vischer, Friedrich Theodor (1807–1887), Schriftsteller 135, 271
Wagner, Richard (1813–1883), Komponist 75, 173, 208
Watson, John, Broadus (1878–1958), amerikan. Prof. f. Psychologie 201, 272
Weininger, Otto (1880–1903), Philosoph, Schriftsteller, Wien 104, 119, 220, 272

Weltrich, Richard (1844–1913), Literaturhistoriker 62, 272
Witt, Alexander 177, 219, 272
Wittels, Fritz (1880–1950), Dr med., Psychoanalytiker, Wien 16
Wulffen, Erich (1862–1936), Dr. jur, Ministerialdirektor, Kriminologe, Kriminalpsychologe 158, 159, 272

Sachverzeichnis

A

Aberglaube 41, 74, 199
Abhängigkeit, negative 224
Aboulie 109, 217
Affekt 57, 133, 145, 149, 153, 190, 233, 236, 250, 254, 259
Affektbegleitung 252
Affektivität 82, 87
Affektsteigerung 155
Affektverschiebung 72
After 111, 158
    Afterbohren 157, 158
    Geburtsfantasie 158
Aggression 13 ff., 21, 64 f., 73, 77, 80, 90, 96, 98 f., 106 f., 110, 117, 119, 141, 143, 179, 214, 223 f., 255
    feindselige 95, 100
    kulturelle 80, 88, 99
Aggressionsbahn 80
Aggressionsfähigkeit 91, 100
Aggressionshemmung 74 f., 82 f., 85 f., 88, 94 f., 100, 107, 239, 255
Aggressionsneigung 80, 90
Aggressionsstellung 155
Aggressionstendenz 90, 126
Aggressionstraum 75
Aggressionstrieb 10, 12–15, 53, 61, 64, 65 ff., 69, 71–78, 82, 85, 90 f., 94, 98, 101, 106, 109, 120, 123, 138 f., 145, 155, 224, 254 f.
Aktualneurose 185
Alkohol 246, 264
Alkoholismus 27, 29, 38, 249, 264 f.
Als-ob 194, 200
Als-ob-Bildung 251
Als-ob-Konstruktion 251
Alter 26, 33, 36, 38 f., 62, 69, 105, 137, 148, 157, 179, 198
Altruismus 74
Analcharakter 89
Analerotik 89
Analogie 57, 119, 170, 173, 208, 238, 257
Anaphylaxie
    psychische 95, 102

Angriffsneigung 125
Ängstlichkeit 38, 90, 117 f., 125, 166, 185, 224, 227, 233
Angst 31, 46, 48 f., 59, 68, 75, 80, 88, 100, 107, 109, 110, 116, 130, 136, 138, 141, 146, 148, 150, 155, 157, 165, 174, 186, 187, 199, 228 f., 232, 235–238, 243 f., 246, 255, 261, 265, 266
Angstaffekt 49
Angstanfall 243
Angsthysterie 245
Angstneurose 9, 42, 101, 138, 185, 245
Angsttraum 141
Angstvorstellung 42
Anlage 27, 60, 98, 126, 252
Anlehnung 80, 117, 137, 147, 246
Anlehnungsbedürfnis 92, 94, 105, 107, 125, 163, 231
Anpassung 34, 69, 72, 172, 188, 197
Antithese 60, 74
Antithetik 113
Anus 86, 88, 111
Apathie 109
Apparat 61 f., 69, 79, 153, 163, 188, 204 f.
Apperzeption, analogische 192
Arrangement 132 f., 140 f., 157, 167, 197, 202, 216, 244, 254, 260
Arzt 12, 15, 25–29, 31, 33 f., 38, 49, 67, 82, 94, 107, 154 f., 181, 185, 194, 199, 200–203, 208 f., 213 f., 217 f., 220 ff., 225, 228
    ärztlich 40, 123, 191, 195, 222, 254, 265
    ärztlicher Pädagoge 40
    als Erzieher 12, 15, 25 f., 82
    erzieherische Kraft 27
Aschenbrödel 92, 223
Aschenbrödelfantasie 125, 232
Askese 71, 100
Ästhetik 63, 68, 178
Asthma 75, 108, 112, 135, 143, 252
Ätiologie 9, 10, 12, 15, 46, 82 f., 105, 134, 153
    der Neurose 9 f., 15
    sexuelle 14, 84

Attitüde 184, 238, 248
  zögernde 220
  zögernde Attitüde 220, 239, 265
audition colorée 66
Aufklärung 25 f., 34, 40, 123, 127, 157, 168, 176, 213
Auflehnungsbedürfnis 174
Ausdruck 15, 38, 41, 44, 45, 57, 58, 80, 91, 104, 106 f., 113, 122, 138, 144, 159, 177, 181 ff., 192, 202, 204 f., 207 f., 213 f., 235, 247, 250, 255, 258, 263
Ausdrucksbewegung 259
Ausdrucksform 57, 255, 256
Außenwelt 26, 35, 37, 49, 57 ff., 66, 68–71, 80, 113, 117, 125, 139, 171, 188, 198, 226 f., 229, 247 f., 262
Autismus 214
Autoanalyse 41 f.
Autoerotismus 14, 113, 120
Autorität 34, 131, 159, 223, 228 f.
Autoritätsglaube 73, 131

B

Barmherzigkeit 74
Baumeister Solness 178
Beachtungswahn 68
Befriedigung 13, 29, 36 ff., 64, 66, 69–72, 78 f., 81, 85, 108 f., 117, 120, 171, 233
  Teilbefriedigung 79
Befriedigungstendenz 80
Befruchtungsfantasie 158
Begabung 66, 252 f., 261
Begehren 69, 79, 126, 183, 201, 242, 255
Behandlung 11, 29, 34 f., 37, 59, 124, 129, 132–135, 137, 139, 141, 143, 145, 147, 149, 151 ff., 155, 173 f., 181, 184, 189, 191, 195, 200, 207, 213, 218, 221, 227, 245 f., 250, 254, 266
  medikamentöse 84
  physikalische 84
Beichte 32, 39, 49
Belohnung 31, 108, 117, 131
Berufswahl 58, 66
Berufswahlfantasie 177
Beschneidung 142
Bettnässen 119, 177
Bevorzugung 30, 39, 85, 97, 118, 145, 148, 223, 232, 234

Bewegung 17, 25, 187, 207, 208, 210, 237 f., 249, 256, 261
bewusst, das Bewusste 11, 13, 17, 26, 30, 40, 46, 68, 86, 113, 143, 163, 175, 180, 188, 201, 207, 216, 219, 227, 248, 261
Bewusstsein 17, 31, 35, 42, 46 f., 58, 65, 66, 69, 75, 99, 117, 124, 128, 138, 160, 168, 179, 183, 186, 192, 201, 220, 223
  Spaltung des 106, 113, 120
Biologie 18, 51, 52, 70
Bisexualität 104

C

Charakter 11, 15, 17, 19, 22, 30, 31 f., 39, 50, 59, 64, 66, 70 f., 75, 79 f., 83, 88–91, 93, 96, 102, 105, 114, 122, 123, 125, 128, 130, 138, 144, 171, 173 f., 179, 193, 196, 202, 219, 221, 224, 227 f., 237, 238, 240, 242, 246, 248, 252, 258, 260, 265
  masochistischer 80, 88
  mutloser 80
  nervöser 80, 237, 240, 242, 249, 260, 265
Charakteranlage 58, 60, 78
Charakterbild 124
Charaktertyp 81
Charakterzug 57, 80, 95, 104, 107, 117, 123 ff., 127, 130, 132, 135, 136, 140, 141, 143 f., 149, 153, 174, 176, 181 f., 193, 199, 228, 232
Coitus interruptus 185 f.
corriger la fortune 207

D

Deckerinnerung 219
Defekt 54, 89, 145, 156, 224
Degeneration 56, 133
Degenerationspsychose 83
Degenerationszeichen 56, 60, 70, 90, 134
Delirium 133, 264
Dementia praecox 68
Demütigung 26, 110
Depression 109, 155, 212, 244
Determination 43, 47, 61
Determinismus 9, 10, 41
Deus ex Machina 170
Dialekt 96, 250 ff.
Dialektik 60, 125
  dialektischer Umschlag 118, 136

Sachverzeichnis

Dichter 62, 66, 73, 95, 119, 128, 216
Dichtung 160
Diebstahl 38, 128
Dirne 168, 179, 220 f.
disponiert 152, 164
    neurotisch disponiert 82, 132, 219, 223, 249
Disposition 12, 15, 38, 54, 101, 105 f., 110, 134, 141, 153, 173, 182, 222
Disposition, neurotische 82 f., 117, 123, 132, 134, 140, 142, 197
Distanz 21, 75, 113, 179, 195, 212, 245, 248
Doktor spielen 38
Don Juan 120, 175, 190
Donjuanismus 221
Donquichotterie 110
Doppelgänger 264
Doppelrolle 103, 106, 117, 119, 219
double vie 113, 120, 239
Dreieckssituation 148

E

Egoismus 174, 230
Ehrgefühl 30
Ehrgeiz 68, 70, 86, 92, 97, 99, 108, 136, 138, 145, 147, 156, 174, 185, 212, 219, 227, 255
Eifersucht 30, 220
Eigenliebe 68, 80
Eigensinn 31, 214, 257
Eigenwille 117
Einfühlung 58, 68, 138, 153, 239
Einstellung 122, 125 f., 128, 130 f., 138, 140, 142, 144 f., 150 ff., 154–158, 169, 171, 174, 178, 186 f., 189, 194, 198, 199 f., 204, 206, 215 f., 218 f., 231
Eitelkeit 31, 68, 71, 72, 118, 136, 173, 174, 214
Ejaculatio praecox 167
Ekel 39, 91
élan vital 241
Emanzipation 91
Emanzipationskampf 16, 199
Emanzipationstendenz 107
Empfindlichkeit 86 f., 89, 91 f., 96, 108 f., 111, 119, 135, 164, 178, 208, 227, 232, 253
Endziel 94, 107, 128, 143, 157, 249, 251 ff., 260

Energielosigkeit 217
Entbehrung 80
Entwertung 175, 179, 192, 201, 205, 207, 213, 218, 221 f., 235, 239, 244
Entwertungstendenz 178, 200, 205
Enuresis 38, 92, 105, 111, 118 f., 129, 134, 137, 155 ff., 173, 177, 224, 243 f.
enuretisch 111, 156 f.
Epilepsie 29, 38, 74 f., 153
Erektion 110, 112
Erinnerung 68, 73, 145, 157, 169, 192, 195, 200, 209, 211, 232, 262 f.
erogene Zone 163
Erotomanie 190
Erstarrung 214
Erwerbsfähigkeit 265
Erythrophobie 93, 108
Erziehbarkeit 73
Erzieher 25–28, 32, 34, 38 ff., 79, 81, 106, 110, 122, 127, 173, 199, 223, 225, 229, 234, 236, 242
    Rolle des 27
Erziehung 12, 17, 26–33, 35, 37, 40, 77, 80, 90, 101, 118, 122, 123, 127, 130, 163, 172, 184 f., 223, 225, 227–233, 235, 237, 241, 243, 248
    geistige 28
    Hebel der 79
    körperliche 28
    verzärtelnde 33
    zur Reinlichkeit 29
Erziehungsfehler 81, 111, 118, 172, 243
Erziehungskunst 27, 36
Erziehungswerk 37
Evolution 39, 162
Exhibitionismus 67, 68
exhibitionistisch 143
exhibitionistische Züge 112

F

Fallträume 112, 169
Familie 34, 55, 59, 62, 66, 87, 90, 95, 101, 136, 182, 185, 217, 226, 229, 230, 234, 244, 246, 248 f., 263 ff.
Fantasie 58, 68, 73, 83 f., 86, 92, 96, 106, 111, 125, 136, 141 f., 149, 151, 159 f., 165, 168, 170, 176 f., 180, 186, 188, 190, 201, 217, 219, 221, 235, 247, 252
Faulheit 137, 141, 157, 264

Faust (Goethe) 43, 49, 187, 231, 252
Feigheit 26, 32, 101, 106, 125, 140, 224, 226 f., 235
Feindseligkeit 199, 207 f., 214
Fellatiofantasie 157
Feminist 220
Antifeminist 220
Fetischismus 112
Fiktion 17, 111, 132, 140, 158, 181, 185, 188 f., 191, 194, 201 f., 204, 206–211, 216, 246, 250 f.
fiktiv 22, 188, 241 f., 247, 253, 260
Finalität 10, 77, 260
Finte 242
Fixierung 87, 99, 111 f., 136, 140 f., 155 f., 157, 170, 198, 210
Flegeljahre 34
Folgsamkeit 32, 119, 131, 159, 214, 224
Frauenrolle 129
Freude 80, 172, 173, 257
Friedhof 49, 50
Frömmelei 26
Frömmigkeit 48 ff.
Frühmasturbation 96, 165, 173
Frühreife 34, 35, 37–40, 101, 163 ff., 173, 220, 224
Frühsexualität 120
funktionelle Erkrankung 141
funktionelle Neurose 138
Furcht 31, 40, 46, 48, 50, 73, 88, 91, 93, 108, 110, 118, 135, 140, 148, 157 f., 164, 166, 176, 178, 182, 184 ff., 193 f., 198, 204 ff., 215, 217, 219, 221, 227, 230 f., 233–236, 252, 255, 265

G

Ganzheitsbetrachtung 238
Gebrauch 60, 216
Gebären 150, 184
Geburt 45, 55, 59, 97, 111, 146, 184, 185, 189, 231, 243 f.
Geburtenabfolge 189
Geburtsfantasie 111, 143, 177
Geburtsproblem 86
Gefühlskomplex 79
Gefühl 15, 17, 34, 36, 42, 48, 60, 69, 77, 79, 81, 90 ff., 95, 103, 105, 107, 109–113, 117–120, 125, 127 f., 130 f., 134 ff., 139–142, 145 f., 151 ff., 155 f., 176, 179, 182,

185, 188, 191, 193, 201, 203–206, 210, 211, 216, 221, 227, 231–235, 238, 240 f., 249 ff., 255, 257 f.
der Minderwertigkeit 105, 109, 118–121, 125, 127 f., 130 f., 134 ff., 139–142, 145, 147, 152, 155, 176, 185, 188, 191, 201, 240 f., 255
der Unsicherheit 112, 142, 156, 193, 235, 238, 249
der Zurückgesetztheit 125, 127, 134, 145, 232, 233, 235, 242
gegengeschlechtliche Psyche 105
Gegenwart 156, 171, 179, 210, 260, 261
Gehirn 162
Gehirnfunktion 188
Gehirnkompensation 57 ff., 61, 163
Gehirnsphäre 78
Gehorsam 12, 15, 26, 105, 117, 119, 122, 125–128, 130 ff., 137, 140, 172, 224, 235, 245
Gehorsamkeit 32
Gehörshalluzination 146
Geierfantasie 177
Geisteskrankheit 116, 230
Geiz 58 ff., 67, 71, 93, 108, 119, 123, 173 ff., 193, 227, 232, 247
Geld 40, 68, 175
Gelten 30
Geltenwollen 171
Geltung 71, 106, 110, 112, 124, 133, 137, 139, 146 f., 151, 155, 164, 173, 175, 178, 180, 189, 226 f., 231, 233, 242, 253, 255, 262
Geltungsdrang 138, 224, 227, 229, 233
Geltungsstreben 15, 132
Geltungssucht 143, 148, 242
Geltungstrieb 226
Gemeinschaft 14, 34, 88, 111, 133, 140 ff., 193, 240, 260, 262, 264 ff.
Gemeinschaftsbeziehung 262
Gemeinschaftsgefühl 10, 22, 34, 60, 65, 67 f., 70, 72, 75–79, 81, 93 ff., 110, 121, 140, 152, 189, 199, 208, 220, 222, 224, 249, 260, 262, 263
Gemeinschaftsgefühle 14, 77, 79, 224
gemeinschaftslos 262
Gemeinsinn 195
Genie 61, 134, 174, 197, 226
Gerechtigkeit 32

Sachverzeichnis

Gerechtigkeitsfanatiker 88
Geruchskomponente 178
Geschlecht 15 f., 103, 111, 127, 184, 232, 234 f.
geschlechtliche Aufklärung. *Siehe* Sexualaufklärung
Geschlechtscharaktere 104 f.
Geschlechtsehre 50
Geschlechtsfindung 182
Geschlechtskrankheit 27, 29
Geschlechtsorgan 127, 251
Geschlechtsrolle 82, 90, 103, 112, 120, 122, 127 f., 142, 146, 151 f., 182, 184, 235 f.
  Unsicherheit der 126, 130, 200, 220
Geschlechtsteile 37
Geschlechtstheorie 201
Geschwister 59, 90, 166, 189, 215 f., 224, 231
Gesellschaftsangst 167
Gesellschaftsflucht 130
Gestaltpsychologie 237 f.
gesund, der/die Gesunde 28 f., 41, 55, 65 f., 69, 84, 87, 122, 135, 169, 175, 195, 234, 240, 246, 251
Gewissensregung 144
Gleichgewicht 54, 65, 72, 80, 84, 113, 225
Gleichstellung der Frau 16, 130
Gleichwertigkeit 216
Gott 31, 94, 169, 178, 186, 193, 228
Gottähnlichkeit 249
Gouvernante 30, 128
Grausamkeit 66, 74, 119, 174, 227, 235, 264
Griselda 165
Größenfantasie 15, 122
Größenidee 143
Größenwahn 71, 216, 242
Großmannssucht 31, 117 ff.
grumus merdae 159 f.

H

Habitus 105, 134, 145, 177, 238
Halluzinant 263
Halluzination 12, 18, 53, 68, 147, 260, 262–266
halluzinatorisch 61, 75, 138, 186, 260, 262 ff.
Haltung 32, 57, 65, 88, 181, 184, 190, 207 f., 214, 221 f., 248, 250 f., 255, 259, 266

Hamlet 99, 110, 178
Härte 166
Hass 88, 93, 119, 126, 128, 137, 193
Hauptachse des Seelenlebens 124
Hauptlinie 108 ff.
Heilsarmee 115
Heilung 29, 110, 115, 145, 151, 154, 194, 204, 218, 224, 266
Heiterkeit 36, 172
Heldenrolle 110, 139, 143, 165
Helotenaufstand 154
hereditär 55 f., 134, 158
Heredität 55 f., 59, 62, 66, 69 f., 90, 121. *Siehe auch* Vererbung
Hermaphrodit, psychischer 12, 103, 117, 122, 157
Hermaphroditismus 12, 15, 82, 103 ff , 107, 109 ff., 113, 117, 119, 122 f., 127, 137, 140, 142, 147, 152, 187, 224, 253
  psychischer 15, 104, 107, 119, 140. 142, 147, 152, 187, 253
Hero und Leander 43
Herrschaft 108, 119, 171, 220, 228 f., 239, 244, 246, 255
Herrschsucht 31, 66, 72, 139, 145, 151, 182, 185, 214, 219, 220, 228, 245, 255, 264
Hetäre 220
heuristische Methode 59. Siehe Methode
Hirn 260
Hirnkompensation 59
Hirnleistung 56
Homosexualität 48, 50, 67, 86, 104, 112, 114, 132, 152, 202, 246
homosexuell 112, 151
Hygiene 55, 123
hypnoider Zustand 138
Hypnose 218
Hypochonder 88
Hypochondrie 74, 93, 94, 113, 118
Hysterica 238
Hysterie 9, 11, 72, 74 ff., 83, 94, 101, 107, 117, 133, 138, 141, 154, 224
hysterisch 42, 46 f., 59, 68, 74, 153 f., 185 f., 218

I

Ich 32, 41, 65, 92, 107 f., 131, 140, 143, 147, 151, 212, 217, 221
Ichtrieb 82, 140, 171

Identifizierung 147, 171
Idiosynkrasie 91
Illusion 68
Impotenz 74, 91, 109, 138, 141, 151, 167, 179, 217 f., 221
Individualpsychologie 10, 18–21, 26, 60, 67 f., 71, 83, 97, 99, 107, 116, 118, 121 ff., 128, 132, 171, 181 f., 188, 210, 213, 216, 222, 231, 237 f., 241, 260 f., 263
vergleichende 260
Individuum 10, 37, 44, 58, 261
als Einheit 10
infantiles Erlebnis 139
Inferiorität 105, 221
inneres Schlagwort 251
Instinkt 78, 128, 227
Insuffizienz 92, 109, 242
Intelligenz 155
Introspektion 58, 68, 202
Introversion 65, 68
Invalidenrente 265
Inversion 104, 151, 246
Inzest 120, 218
Inzestfantasie 143, 165, 168
Inzestgedanke 100
Inzestkomplex 246
Inzestkonstellation 197
Inzestproblem 196
Inzestregung 140
inzestuös 67, 139, 210, 216
irritierte Psyche 171
Isolierung 151, 226, 262, 265

J

Jargon 133, 142, 156, 188, 250
Jasager 31
Jungfrau von Orléans 254
Junktim 252, 254

K

Kaltwasserkur 84
Kastration 156, 201
Kastrationsdrohung 142, 200
Kastrationsgedanke 165, 177, 200
Kausalität 86
Kind
älteres 30
einziges 234, 245
jüngstes 193

kleineres 39
nervöses 78
unerziehbare Kinder 80
zügellos 80, 233
Kinderfehler 56, 57 f., 60, 62, 70, 90, 92, 105, 107, 111, 112, 118, 125, 129, 141, 217, 224, 244, 249
Kindheit 17, 21, 31, 34, 49, 80, 87, 89, 100, 106, 110, 112, 118, 120, 125, 128, 136, 138, 142, 146 f., 150, 152 f., 157, 159, 166, 171, 186, 191 f., 196, 209 ff., 217, 222, 229, 238, 241, 244, 252, 255, 262
Kindheitseindruck 84
Kindheitserinnerung 147, 166, 177, 181
Kleidung 124, 127, 136, 177
Kleinheitsidee 125
Kleinheitswahn 107, 131
weiblicher 111
Kleptomanie 95
klinische Medizin 51 f.
Koedukation 34
Koitus 45, 217
Kompensation 10, 12 f., 15 f., 21, 51 f., 54–57, 60, 65, 70, 94, 101, 103, 111, 132, 139, 162, 190, 199, 201, 205, 255
Kompensationsfähigkeit 204
Kompensationsstörung 70
Kompensationstendenz 89, 91, 240
Komplex 35, 180, 214
Kompromiss 47, 106, 208
Kompromissbildung 109, 111
Kompromisscharakter 116
Konstitution 56, 118, 191, 242, 245
konstitutionell 120, 133, 135, 241, 248 f.
konstitutioneller Faktor 133
Konstruktion 243, 246, 251
Kontraststellung 60, 117
Kooperation 153, 216, 220, 222, 237, 247
Kooperationsfähigkeit 214, 216, 221, 248
Kopfschmerz 142, 153, 183, 231
korrigierend 59, 181, 188, 204 f.
korrigierende Bahnen 204
korrigierende Fähigkeiten 188
korrigierende Funktion d. Denkens 181
korrigierende Hirnkompensation 59
korrigierende Kräfte 189
korrigierender Apparat 205
Kotschmieren 112, 157 ff., 173
Krankheit 28, 53 ff., 70, 84, 118 f., 129, 133,

150, 166 f., 194, 196, 225, 231, 234, 240, 242, 246, 258
Krankheitsgefühl 74, 153
Krankheitsphänomen 83
Krieg 10, 19, 72, 266
Kriegserlebnisse 265
Kriegsneurotiker 260
Kriegsteilnehmer 265
Kriminalität 158
Kultur 16, 26 f., 29, 35, 37 ff., 52, 59 ff., 64 f., 67 ff., 72, 78 ff., 82, 90, 94, 101, 115, 127, 135, 148, 171, 173, 185, 235
   Hemmung der 72
   Krebsschaden der 16
Kulturbetrieb 125
kulturell minderwertig 33
kulturelle Aggression 80, 88, 99
kulturelle Bahnen 81
kulturelle Befriedigung 80
kultureller Fortschritt 54
kulturelle Umwandlung 67, 74
kulturelle Ziele 27
kulturelle Zwecke 37
Kulturfähigkeit 37
kulturwidrige Elemente 26, 32
Kunst 18, 59, 62, 73, 76, 119, 123, 225, 251, 254
Kunstgriff 193, 240, 242, 251, 255
Künstler 62, 66, 74, 128, 147, 192, 210, 225
künstlerische Leistung 53, 109

L

Lebensaufgabe 69, 264
Lebensfeige, der 221
Lebenslinie 238, 247, 255
Lebensplan 248, 255
Lebensstil 153, 210
Leitbild 210
Leitideal 253
Leitlinie 240, 249, 253
Lesbierin 50
lesbisch 48 ff.
libidinös 171 ff., 178 ff., 186
Libido 14, 46, 50, 77, 84, 161, 163, 165, 167 f., 179 f., 211, 213, 222, 239, 243
Libidotheorie 14, 250 f., 253
Liebe 15, 26, 29, 34 f., 39, 50, 67, 76, 79 f., 88, 90, 105, 108, 117, 120, 125, 126, 128, 143, 147 ff., 151, 154, 165, 182, 190, 195, 197, 203, 211, 213 f., 217, 221, 224, 228, 231, 233 f., 236, 238, 243, 245, 252, 255
   als Erziehungsmittel 15
Liebesreihe 175, 179
Liebesübertragung 213, 222
Liebkosung 14, 30, 39, 251, 265
Lieblingskind 223, 231, 233
Lieblosigkeit 118
Linkshändigkeit 92, 258
Lob 26, 31, 117
Locus minoris resistentiae 51
Logik 27, 204, 260, 262 f., 265 f.
Loreley 219
Lues 38, 49, 168, 249
Luetiker 50
Lüge 31, 128, 154 ff., 158 ff., 224
Lügenhaftigkeit 32, 155
Lust 38 f., 58, 69, 80, 88, 124, 162, 170, 172 f., 262
   sexuelle 69, 163
Lustbegehren 69
Lustempfindung 162, 164
Lusterwerb 66
Lustgewinn 52, 58, 69, 71
Lustgewinnung 16, 68, 72, 123, 125, 161
Lustprinzip 253
lutschen 112

M

Macbeth 43, 172
Macht 15 f., 21, 30, 91, 104, 106, 109, 124, 140, 161, 164, 171, 204, 218 f., 222, 231, 233, 246, 251, 264
Machtbegehren 255
Machtgefühl 67
Machtperspektive 220
Machtsphäre 254
Machtstreben 21 f., 61, 65, 72, 74, 77 ff., 83, 91, 133, 207, 220
Maler 73, 119
Manie 101, 190
Manngleichheit 199, 202, 244 ff.
männlich 15 f., 66, 85 f., 88, 103–113, 115, 119 f., 127, 129, 131 f., 140, 143 f., 146 f., 151 f., 155–158, 161, 163–166, 169 f., 176, 179, 181–185, 187, 189, 191, 193, 195, 197, 199, 201, 203, 205, 207–211, 213, 215 ff., 221 f., 233 f., 245, 247, 253
männliche Einstellung 156, 181 ff., 185, 187,

189, 191, 193, 195, 197, 199, 201, 203, 205, 207, 209, 211, 216
männliche Linie 210
männliche Rolle 88, 107, 129, 151, 187
männliche Schüchternheit 106
männliche Sexualwünsche 143
männliche Tendenz 112
männlicher Charakterzug 107
männlicher Masochismus 106
männlicher Neurotiker 105, 142, 178, 216 f., 221
männlicher Protest 15, 103 f., 109, 119, 132, 146, 156, 161, 165, 170, 176, 179, 187, 201, 253
männlicher Trotz 157
männliches Endziel 157
Männlichkeit 16, 88, 106, 119 f., 127, 129, 131, 146, 151 f., 164, 183, 190, 235, 236
Märchen 111, 126, 177, 219, 251
Maria Stuart 253 f.
Masochismus 65 f., 73, 90, 110, 117, 137, 188
Masochist 151
masochistisch 66, 80, 88, 109, 113, 125, 140, 143, 151, 155, 163, 208, 218
masochistische Regung 125, 140, 143, 163
masochistischer Charakter 80, 88
masochistischer Kleinheitswahn 131
Masturbant 45
Masturbation 26, 33, 39, 45, 67, 95, 100, 120, 141, 166, 167, 179, 198
Masturbationsperiode 40, 96
Masturbationszwang 120, 239
Mediceische Göttin 184
Mehrleistung 57, 119
Melancholie 94, 101
Memento 140, 143, 147, 205, 207, 218, 220
Menschenkenntnis 20, 261
Messalina 120, 190
Messalinentypus 190
Messiasideen 74
Methode 9, 41, 65, 83, 114, 116, 121 f., 133, 170
   heuristische Methode 59
   Psychoanalytische 116, 118, 121
Migräne 75, 137, 148, 153, 231, 239
Minderwertigkeit 13, 17 f., 51–57, 59, 69–71, 78, 89, 92, 96 f., 103, 105, 109, 117–120, 124 f., 127 f., 130 f., 133–136, 139–142, 145, 147, 152 f., 155 f., 168, 176, 182, 185, 188, 191, 197, 199, 201, 216, 235, 238, 240–244, 249, 255
   überkompensierte 55
   angeborene 55, 89, 98, 118, 134, 156, 248
   kompensierte 55
   reine 55
   relative 54, 204
Minderwertigkeitserscheinung 89
Minderwertigkeitsgefühl 12, 15, 18, 21, 52, 77, 82, 95, 103, 115, 120, 122, 125 ff., 132, 135, 139, 153, 188, 197, 201, 208, 212, 214, 237, 240 ff., 245. *Siehe auch* Gefühl der Minderwertigkeit
Minderwertigkeitslehre 51, 164
Mitleid 73, 74, 111, 117, 137
Mittwochgesellschaft 9–12, 14, 16, 162
Modus Dicendi 250
Modus Vivendi 238
monistische Naturauffassung 34
Mundperversion 47
Musterkind 126, 137
Mut 33, 85, 125, 227, 228
Mythologie 18, 219
Mythos 62, 251

N

Nachempfindlichkeit 88
Nachträglichkeit 86, 89, 108
Nägelbeißen 38, 138, 173
Narzissmus 14, 21, 143
Nasenbohren 38, 138, 158 ff.
Nebenlinie 120
Negativismus 91, 214
negativistisch 204, 235
Neid 90, 93, 97 ff., 108, 119, 173, 175, 193, 219, 221, 224, 227, 232, 236, 244, 246, 255
Neinsager 31
nervös 163, 225, 227 f., 233 *siehe auch* neurotisch
nervöse Bereitschaft 240
Nervosität *siehe* Neurose
Neugierde 34, 71, 98, 123, 166
Neuralgie 150
Neurasthenie 12, 25, 74, 83, 101, 107, 116, 138, 141, 217
Neurose 11 ff., 16, 18, 25, 34, 40, 51 ff., 59,

61, 64 ff., 70 f., 74 f., 78, 81–85, 87–90,
  92 f., 95 f., 100 f., 103–107, 109 f., 114 f.,
  117 f., 120, 123, 126, 133–136, 138, 140,
  142–145, 147, 150–156, 161–165, 167–
  177, 179 f., 184 ff., 189, 196, 204, 207 f.,
  214, 216, 220 f., 224, 227, 230 f., 233,
  235, 237–240, 245 f., 249, 251, 253 f.,
  256, 260, 262, 264 f.
  Einheit der 82
  manifeste 95
  Mechanismus der 85, 182
  Schema der 100, 103
  Therapie der 103 f., 140
Neurosenlehre 83, 89, 115, 164
Neurosenwahl 82 f., 146, 189
Neurotiker 27, 101, 104, 106, 137, 140 ff.,
  144, 147, 151, 154 f., 158, 160, 165, 170,
  172, 174, 176, 178 f., 182, 189, 192, 210,
  217, 219, 221 f., 237 f.
neurotisch 11, 42, 53 f., 56, 60, 65, 68, 71,
  75, 78, 80, 82, 84, 96, 98, 105, 116, 118,
  120, 122, 126, 128 f., 131 ff., 135, 163, 169,
  176, 178, 193, 219, 223 ff., 227 f., 231,
  233, 237, 239 f., 243, 246 f., 249, 251 f.,
  255, 260,
  265
neurotisch disponiert 82, 132, 219, 223,
  249
neurotische Dynamik 117, 161, 170, 187
neurotischer Anfall 76
neurotisches Lampenfieber 265
Notzucht 120
Nymphomanie 143

O
Oben 187, 210
oben
  nach oben 171, 187, 204, 208, 210,
  228
oben sein (wollen) 156, 165, 178 f., 189,
  191, 192, 228
Obenseinwollen 192
oben und unten 155
Objekt 14, 21, 26, 61, 77, 79, 120
Objektbeziehungstheorie 21, 77
Ödipuskomplex 175, 180, 213, 220 ff.
Ödipuskonstellation 219
Ödipusmotiv 113
Ödipussituation 104, 213

Ohnmachtsanfall 239
Onanie 217
Onanieneigung 168
Onaniezwang 108, 112, 165
Ophelia 178
Opposition 52
Organ 13, 18, 25, 51–59, 61 f., 64, 66, 68–
  72, 75, 90 f., 105, 135, 138 f., 162 f., 216,
  250, 253, 255 f., 261
Organbedürfniss 66
Organbetätigung 58, 68, 72, 125
Organdialekt 12, 17 f., 250–255, 257, 259
Organgefühl 69
organisches Substrat 12, 17
Organminderwertigkeit 10, 12 f., 15, 51 f.,
  54–57, 59, 62, 65, 72, 75, 89, 91–95,
  100, 103, 107, 111, 118, 122 f., 125, 132,
  134 f., 152, 156, 158, 163 f., 185, 237, 241,
  249, 250, 252 f., 255
  absolute 135
  relative 135
  subjektiv empfundene 107
Organminderwertigkeitszeichen 90
Organsystem 123
Organtrieb 124, 140
Organüberbau 58
Organwertigkeit 70

P
Pädagoge
  ärztlicher Pädagoge 40
Pädagogik 18, 51, 77, 85, 98, 113, 115 f.,
  122 f., 128, 192, 223 ff., 243
pädagogischer Eingriff 194
pädagogischer Takt 202
panta rhei 171
Paranoia 61, 68, 74, 83, 87, 94, 101, 107,
  117, 204
paranoid 193, 202
Paranoiker 61, 210
Pathologie 51 f., 241
Pavor nocturnus 146
Pechvogel 145
Pedanterie 94, 119, 156
Penis captivus 165, 219
Persönlichkeit 10, 15, 27, 28, 124, 214, 238,
  255, 260, 263
  ganze 262
Persönlichkeitsgefühl 67, 124, 239, 250 f.

Persönlichkeitsideal 237, 240, 247, 249
Persönlichkeitswert 155, 210
perverse Fantasie 163
perverse Neigung 47
perverse Regung 46
perverse Sexualerfahrung 111
perverse Wünsche 111
Perversion 37, 46 f., 49, 246
  Mundperversion 47
Perversität. *Siehe* Perversion
Pessimismus 234
Philosophie 18, 51 f., 58, 63, 123, 197, 251 f.
Phobie 11, 42, 107, 141
Physiognomie 56, 254, 259
Physiognomik 70
Platzangst 68, 148, 238
Plusmacherei 31, 196
Pollution 167 f., 179
polymorph-pervers 163
Position 13 f., 16, 52, 95, 134, 161, 166, 248, 260, 263, 265
Positionserkrankung 134
präpsychisch 181, 196, 201
Prestigepolitik 149, 152, 265
Primärtrieb 72
Privatphilosophie 238
Prohibitivverkehr 230
Projektion 170
Prophylaxe 27, 34, 55, 116
Prostituierte 48 f., 183
Prostitution 50, 104
Protest 15 f., 103, 107–113, 115, 120, 126 f., 130 ff., 140, 143, 145, 151 f., 155, 158, 160, 163, 165 f., 168, 176 f., 180–183, 187 f., 190, 192, 197, 203, 207 f., 210, 213, 215, 217, 220 f., 223, 233, 235, 244
Protestcharakter 175, 185, 221, 233
Protesterscheinung 173
Prüfungsangst 118, 128
Prüfungstraum 168
Prügel 30, 39, 87, 264
Pseudomasochismus 143, 173, 177, 218
Psychagogik 25
psychische Achse 52, 58
psychische Erkrankung 61
psychische Fähigkeit 52
psychische Kraft 13, 262
psychische Leistung 52, 58, 67
psychischer Apparat 79

psychischer Determinismus 13
psychischer Überbau 53, 57, 69, 219
psychisches Feld 72
psychisches Gebilde 78
psychisches Gleichgewicht 65, 80, 84
psychisches Korrelat 57
Psychoanalyse 9–15, 17–21, 51, 60, 64 f., 67 f., 73, 75, 78, 83 f., 93, 99 f., 107, 114, 122 ff., 132, 143, 152, 154, 156, 161, 174, 177 f., 181, 213, 216, 222, 250, 256
psychoanalytische Methode 116, 118, 121
psychoanalytische Wissenschaft 123
psychogen 132 ff., 135, 144, 153, 196, 239
Psychologie 9, 13, 18, 48, 50 ff., 63 f., 82, 97, 123, 161, 179, 190, 237, 252, 257, 261
Psychoneurose 138, 249
Psychopathologie 41 f., 84
  des Alltagslebens 41
Psychose 120, 133 ff., 189, 197, 204, 214, 249, 251, 262, 264

Q
Querulant 88

R
Racheakt 120
Rachsucht 86, 108, 119, 174, 227, 264
Reaktion 13, 15, 21, 80, 91, 108, 110 f., 121, 191, 206, 235, 238, 261, 264
Reizbarkeit 90, 257, 265
reizsam 225
Reizsamkeit 15, 82, 87
Religion 33, 48, 50, 68, 73, 199
Religiosität 116 f.
Rente 265, 266
Rentenentschädigung 265
Repräsentation, logische 47, 69, 87, 215
Ressentiment 212
Richtungslinie 247 ff.
Rückzugslinie 142, 198, 202

S
Sadismus 64 ff., 90, 110, 119, 143, 188
sadistisch 66, 106, 125, 137, 139, 143, 155
Saugakt 36
Säuglingsforschung 14
Säuglingssterben 27
Scham 39, 91, 228

Schamgefühl 38f., 71, 112
Scheinwille 182
schizoid 105
Schizophrenie 204
Schlaf 53, 75, 176, 188, 218, 243, 261, 264
Schlaflosigkeit 75, 176, 183f., 239, 255
Schlafstörung 137, 177, 224
Schläge 30, 156, 184
Schlagwort
    inneres 251
Schmerz 72, 74f., 94, 96, 98, 109f., 120, 127, 133, 135, 137, 141, 144, 146–149, 150f., 153, 162, 165, 172, 186, 217, 230, 234, 242, 249, 255
    hysterische Schmerzen 74
Schmerzanfall 75
Schmerzempfindung 216
Schneewittchen, Schneewittchenfantasie 157
Schneewittchenmotiv 159
schöpferisch 15, 17, 260, 262
schöpferische Kraft 15
Schreck 177, 219
Schreckhaftigkeit 80
Schüchternheit 26, 32, 71, 88, 92, 125, 136, 138, 166, 199, 224, 226, 228, 232, 235, 242
Schuld 40, 43f., 90, 95, 118, 148, 193, 230
Schuldbewusstsein 94ff.
Schuldgefühl 99ff., 110, 114, 132, 140, 144, 229
Schule 32, 34, 38, 83, 96, 114f., 117, 130f., 136f., 156, 166, 170, 178, 188, 194, 224, 226, 229, 233, 243, 245, 255
Schülerselbstmord 114f., 123
Schulhygiene 28
Schwangerschaftsfantasie 143
Schwindelwertung 215
Seelenleben 28, 32, 41f., 65, 76, 78, 122f., 161, 169, 176, 240, 243, 255, 261
Seelenorgan 261
seelische Kraft 262
Selbstbeschuldigung 100
Selbstbestrafung 94, 100, 140
Selbsteinschätzung 240, 247f.
Selbstentwertung 174
Selbstmord 12, 73f., 114–122, 134, 137, 197, 264
Selbstpsychologie 21

Selbstständigkeit 26, 31, 40, 80, 92, 105, 117, 172, 178, 224, 226, 232
Selbstvertrauen 29, 33, 80
Selbstvorwurf 143
Selbstvorwürfe 94, 100
Selbstzucht 80
Sexualapparat 255
Sexualaufklärung 98, 123
Sexualdialekt 250, 256
Sexualfantasie 86, 159
Sexualgleichnis 253
Sexualisierung 251
Sexualität 9, 11f., 34ff., 38f., 40, 46, 66, 69, 78, 114, 120, 133, 139, 140, 161f., 163, 168, 172, 179, 237, 244, 250, 255
    Frühsexualität 120
    kindliche 35
Sexuallibido 166, 244
Sexualminderwertigkeit 164
Sexualproblem 86, 95, 245
Sexualpsychologe 263
Sexualpsychologie 241
Sexualrolle 112
Sexualsymbol 68, 205
Sexualtheorie 19, 21, 35f., 52, 65, 78, 161ff., 165, 167, 169, 171, 173, 175, 177, 179, 213, 237
Sexualtrieb 12ff., 64, 66, 67, 71ff., 77, 84, 96, 99, 108, 120, 140, 151, 162ff., 171f., 180, 186, 217
Sexualüberbau 52
Sexualunterschied 111
Sexualverbrecher 158, 159
Sexualvorstellung 163
Sexualziel 86
sexuell 14, 34f., 37ff., 58, 69, 84, 86, 96, 98, 100f., 104, 108f., 123, 126, 132, 139, 140f., 143, 145, 148, 162f., 166, 168, 170f., 178, 187f., 190, 213, 217, 222, 227, 243, 245, 246, 249, 250, 252, 256
sexuelle Anästhesie 108
sexuelle Frühreife 34, 36ff., 99, 101, 126, 143, 171, 173, 220, 227
sexuelle Konstitution 84, 163, 170, 191, 245
sexuelle Triebfeder 37
sexuelle Verirrungen 40
sexueller Jargon 132f., 142, 156, 250
sexueller Urwille 36

sexuelles Erlebnis 84
sexuelles Trauma 96
Sicherung 15, 94f., 121, 135, 141, 143, 146ff., 162, 168, 171, 186ff., 193, 196, 199, 204, 208, 210, 218, 220, 234, 239, 246
Sicherungsgröße 162
Sicherungsnetz 249
Sicherungsorgan 188
Sicherungssystem 141, 171, 230
Sicherungstendenz 141, 157, 168, 178, 188, 197, 201, 205–208, 216, 218, 220, 230, 240, 247
Sicherungsvorkehrung 94
Simulationsverdacht 266
sinnlich 36f., 39, 80, 166f., 198, 253, 254
 sinnliche Erregbarkeit 36, 38
 sinnliche Lust 38, 39, 123
Sinnlichkeit 36ff., 165, 168, 198, 201, 203, 221, 253
Sozialgefühl 80
Sparsamkeit 58, 71, 141, 244
Spiel 28f., 31f., 37, 52, 58, 74, 81, 86, 94, 131, 165, 173, 179, 198, 217, 244, 247
Sprache 17, 59, 66, 250f., 253f., 256
Sprachfehler 92, 118, 193, 224
Sprachhemmung 193
statistische Erhebung 115
Stimmung 16, 34, 191, 193, 200, 206, 232, 259
Stottern 56, 138
Strafe 26, 30f., 33, 35, 40, 90, 92f., 96, 99, 110, 128, 135, 140, 155, 164, 175, 225, 232
Streben 58, 87, 103f., 106, 108, 119, 120, 140, 149, 157, 171, 219, 231, 233, 238, 246, 256
streben 28, 142, 229
Strebung 15, 179, 186
Stuhlinkontinenz 92, 191
Stuhlgeburtsfantasie 158
Sublimierung 27, 64, 67, 88, 101, 109, 170, 245
Suggestibilität 73, 117, 138
Suizidversuch 238
symbolisch 151, 165, 180, 188, 200, 205, 242, 247, 253, 256f.
symbolisieren 142, 151, 157
Symbolisierung 109

Sympathie 137
Symptom 27, 31, 38, 47, 83, 98, 108, 138, 148, 157, 214, 246, 247
Syphilis 49

T

Ta panta rhei 171
Tadel 30, 134, 229
Tagesrest 209
Teleologie 197
Telepathie 73
Telepathische Fähigkeit 73
Tell (Schiller) 62
Temperament 26, 70
tendenziös 83, 110, 168, 188, 192
Teufelsaustreibung 157
Tiefenpsychologie 263
Tod 21, 48, 50, 116, 119, 169, 173, 196, 242
Todeswunsch 210
Trauer 172, 259
Traum 12, 19, 21, 48ff., 58, 104, 108, 111f., 136, 147, 150f., 154, 156f., 159f., 168f., 178, 181, 183f., 187, 189–192, 195f., 197, 200f., 205f., 209f., 212, 216, 251, 262
 Albtraum 112
 Angsttraum 112, 141
 enuretischer 111, 157
 erlogener 154f., 157, 159
 Tagtraum 108, 149
 Wunschtraum 13, 48
Trauma 96, 219
Traumanalyse 187, 209
Traumarbeit 210
traumatische Situation 102
Traumbild 75, 190
Traumdeutung 9, 28, 48f., 78, 90, 151, 181, 190, 192
Traumfigur 183
Traumfiktion 190, 210
Traumgedanken 48, 50, 201, 209
Trauminhalt 209
Traumkonstellation 188
Traumleben 50, 80, 108, 176
Traumschöpfung 49
Traumtechnik 49
Tremor 75, 239
Trieb 9, 12–16, 21, 36, 49, 58, 60, 64, 65–76, 80, 91, 99, 101, 108, 117, 123, 139, 161f., 163, 170ff., 222, 261

Sachverzeichnis

Esstrieb 66f., 71f., 117
Harntrieb 91
Hörtrieb 66, 71
Ichtrieb 47, 82, 140, 171
Nahrungstrieb 58
Primärtrieb 72
Riechtrieb 66
Schautrieb 61, 67f., 70ff., 98, 117, 124, 139, 162
Schmutztrieb 139
Sehtrieb 66
Selbsterhaltungstrieb 14, 140
Sexualtrieb 12ff., 64, 66, 67, 71f., 77, 108, 140, 151, 163f., 171f., 180, 186, 217
Stuhltrieb 66
Tasttrieb 162
Triebausbreitung 124f., 139, 140
Triebbefriedigung 67, 80, 108, 117, 124, 125f., 171f.
Triebbegehren 173
Triebfeder 35
Triebhemmung 64, 67, 72, 75, 122
Triebintensität 90
Triebkomplex 79
Triebleben 52f., 66, 68f., 73, 78f., 95, 109, 124, 126, 132, 139, 140, 162f., 171
Triebregung 77, 79, 93, 100, 172, 174, 176
Triebrichtung 67, 95, 144
Triebstärke 69, 70, 72
Triebverdrängung 16f., 162, 174
Triebverkehrung 64
Triebverschränkung 64, 66, 69, 124, 163
Triebverwandlung 64, 71, 73, 139
Trigeminusneuralgie 12, 17, 75, 132, 133, 135, 137, 139, 141, 143–149, 151, 153, 173, 218, 221, 250
Trotz 12, 15, 42, 89ff., 108, 117, 119, 122f., 125–132, 137ff., 147, 151, 155ff., 163, 165, 172f., 185, 187, 199, 217, 224, 226–229, 231f., 235, 255
Tuberkulose 27, 29, 186, 230
Typus 32, 59, 70, 127, 165, 219

U

Überbau 42, 53f., 57, 59, 61, 69, 75, 197, 219, 253
  Gesamtüberbau 72
  nervöser 54
  psychischer 53f., 57, 69, 219
Sexualüberbau 52
Überdetermination 41, 47
Überempfindlichkeit 15, 25, 82, 87ff., 91–100, 109, 113, 118f., 126, 136f., 156, 185, 232f., 242, 255
  organische 89
  psychische 82, 87
Überhebung 94, 244
Überkompensation 51, 54, 60, 61f., 89, 92, 101, 107, 119, 163, 249, 253, 255
Überlegenheit 83, 88, 91, 94f., 98, 104, 151, 160, 178, 188, 190, 196, 203, 205–208, 210f., 220, 229, 238, 240, 250, 255, 260
  persönliche 238
Übermaß 30f., 37, 81, 234
Übertragung 11, 17f., 37, 88, 181, 213, 215, 222
Überwertigkeit 92
Überwindung 12, 17f., 26, 53, 55ff., 101, 119, 139, 181, 228
Umdrehung 190
Umkehrung 73f., 181, 187, 190f., 200, 204, 211f.
Umwandlung 67, 74, 78, 124
Umweg 73, 79, 134, 151, 243f., 246, 249
Umwertung 215
unbewusst, das Unbewusste 11, 17, 21, 47, 110, 161, 179, 186, 201f., 215, 237, 240f., 247, 259
Undifferenziertheit 235
Unfallneurose 138, 153
Ungeschicklichkeit 92, 107, 117, 124, 242
Unlust 69, 72, 124, 262
Unlustvermeidung 124
Unsicherheit 107, 112, 118, 120, 122, 125f., 128, 130, 134ff., 142, 145ff., 151f., 156, 164, 181f., 184, 193, 195, 197, 198, 200f., 220, 227f., 230, 233, 235, 238, 240f., 247f., 249, 255, 261f.
unten 187, 210
von unten nach oben 204
Untensein 165, 169, 212, 228, 235
Unterempfindlichkeit 89
Unterwerfung 103, 106, 110, 117, 119, 126f., 132, 137, 140, 151, 165, 172, 202f., 218f., 228f., 235, 242
Unterwertung 189

Unterwürfigkeit 73, 105, 117
unverdrängt, das Unverdrängte 47

V
Vaginismus 108, 141
Venus von Milo 183 f.
Verbrechen 66, 134, 143, 232 f., 264
Verbrecher 30, 80, 95, 140, 159, 174, 192, 210, 230
verbrecherisch 83, 128, 139, 168, 227
Verdrängung 16, 47, 49, 50, 67 f., 70, 74, 84, 104, 161, 168, 170 f., 176, 246
Verdrängungsmechanismus 60
Verdrängungstendenz 70
Vererbbarkeit 56, 60, 78
Vererbung 34, 66
Verfolgungswahn 61
Vergesslichkeit 141, 173
Verhätschelung 39
Verkehrung 64, 67, 71, 74
Verkettung, logische 198
Verschiebung 64, 67, 68, 84, 109, 253
Verschlossenheit 232
Verschränkung 64, 66, 71, 73, 78, 98 f.
Verwandlung 39, 60, 111 f., 184, 201, 247
Verwöhnung 15, 234
Verzärtelung 26, 77, 117 f., 185, 234, 241, 248
Volkserziehung 28
Volksgebräuche 219
Volkskunde 251
Volksmythen 62
Volksseele 28
Vorausdenken 216, 253
Vorausempfinden 188
Voraussicht 56, 162, 181, 211, 222, 261
Vorempfindlichkeit 88, 93, 171
Vorgeschichte 140, 150, 177, 191, 252, 260 f., 264 ff.
Vorsicht 38, 94, 116, 135, 140, 141, 169, 196 f., 211, 230, 242, 252
Vorstellung 46, 60, 93, 189, 258, 262 f.

W
Wahn 123, 202, 251
Wahnidee 87
Wahrheit 211, 233
Wahrnehmung 73, 167, 260, 262
Walküre 173

Weib 45, 49 f., 105, 108, 143, 146 f., 150 f., 157, 165, 167, 182, 184, 190, 199, 200 f., 206, 219, 221, 252
Dämon Weib 165, 168, 179
weibisch 227
weibische Züge 80
weibliche Linie 108
weibliche Psyche 105
weibliche Regung 206
weibliche Rolle 86, 246, 109, 183, 186, 207, 244
weibliche Tendenz 107
weiblicher Charakterzug 107
weiblicher Kleinheitswahn 111
weiblicher Neurotiker 147, 183
weibliches Mittel 107
Weiblichkeit 49, 103, 106, 109, 119 f., 142, 147, 151, 186, 189 f., 200 f., 205, 236, 249
Weltanschauung 11, 40, 93, 106, 113, 177, 252
Weltbild 53, 59, 83, 248, 258
Weltkrieg 10, 19, 22
Wert 16, 32, 42, 115, 130, 138, 163 f., 168, 173, 193, 216, 261
Widerstand 11 f., 17, 27, 34 f., 49, 125, 175, 178, 191, 200, 211, 213 ff., 217, 220 ff., 229, 235
Wille 26, 88, 106, 128, 162, 175, 182, 225, 231, 245, 255, 257, 261
  zur Herrschaft 255
  zur Macht 255
Wissbegierde 71, 98, 123, 164, 228
Wiswamitra 220
Wunscherfüllung 49, 95, 181, 209
Wunschfantasie 138, 139
Würgegefühl 46

Z
Zaghaftigkeit 88, 99, 220
Zahlenanalyse 42
Zahleneinfälle 11 f., 19, 41
Zahlenfurcht 46
Zahlenphobie 42, 113
Zarathustra 170
Zärtlichkeit 14, 77, 79 ff., 90, 99, 107, 117, 217, 227, 233 f., 265
Zärtlichkeitsbedürfnis 12 ff., 65, 77–82, 85, 92, 105, 123, 224
Zärtlichkeitsregung 79, 86

Zärtlichkeitstrieb 80f.
Zentralnervensystem 54, 57, 69, 89, 162
Zerstreutheit 195, 265, 266
Ziel 15 ff., 26, 33 f., 37, 39, 62, 66 f., 72, 78 ff., 83, 86, 91, 100, 108 ff., 133, 142, 151, 155 f., 161, 164, 173, 175, 178 f., 188, 199, 201, 207, 216, 220, 226, 237–240, 242, 244–251, 254 f., 256, 260, 261 ff.
Zielbewusstheit 44
Zielstrebigkeit 240
zögern 133, 195, 229
zögernde Attitüde 239, 265. Siehe Attitüde
Zorn 73, 163, 173, 228
Zukunft 17, 31, 142, 166, 169, 174, 201, 209, 218, 230, 232, 238, 247 f., 260 f.
Zurückgesetztheit 125, 127, 134, 145, 232 f., 235, 242

Zurückgezogenheit 32
Zurücksetzung 136, 151, 232 ff., 242
Zusammenleben 233
Zwang 26, 32, 66, 70, 103, 108, 112, 152, 155, 162, 172, 176, 229, 233, 235, 239, 241, 247, 249
Zwangserscheinung 120
Zwangshandlung 157, 159
Zwangsidee 75, 95
Zwangsneurose 83, 94, 101, 107, 116, 138
Zwangsonanie 143
Zwangsvorstellung 193, 203
Zweckmäßigkeit 197
Zweifel 34, 50, 80, 86, 88, 90, 96, 99, 103, 106 f., 109 ff., 116, 118, 120, 125, 127, 141 f., 155, 184, 204, 229, 236, 259 264
Zweigeschlechtlichkeit 131
Zyklothymie 217